BRIEFWECHSEL
AUGUST WILHELM VON SCHLEGEL
MARIA LÖBEL

»Meine liebe Marie« – »Werthester Herr Professor«

DER BRIEFWECHSEL
ZWISCHEN AUGUST WILHELM VON SCHLEGEL
UND SEINER BONNER HAUSHÄLTERIN MARIA LÖBEL

HISTORISCH-KRITISCHE AUSGABE

Herausgegeben und kommentiert
von

Ralf Georg Czapla und Franca Victoria Schankweiler

BERNSTEIN • BONN 2012

ZUR EDITION

Die vorliegende Edition bietet zum ersten Mal den Briefwechsel, den August Wilhelm von Schlegel auf seinen Reisen nach Berlin, London und Paris mit seiner Bonner Haushälterin Maria Löbel führte, die von 1820 bis zu ihrem Tod 1843 in seinen Diensten stand. Der geringe Bekanntheitsgrad dieses sowohl für die Alltagskultur der ersten Hälfte des 19. Jahrhunderts als auch für das Leben in der jungen Universitätsstadt Bonn höchst aufschlussreichen Briefwechsels beruht nicht zuletzt auf seiner disparaten Überlieferung: So werden Schlegels Briefe im Nachlass Eduard Böckings in der Bibliothèque nationale et universitaire de Strasbourg aufbewahrt, während sich diejenigen Maria Löbels im Schlegel-Nachlass in der Sächsischen Landesbibliothek – Staats- und Universitätsbibliothek Dresden befinden. Nach Kollationierung der beiden Bestände ließ sich für die Zeit von Schlegels Lehrtätigkeit in Berlin (1827) ein nahezu vollständiger Briefwechsel rekonstruieren. Für seine Aufenthalte in London und Paris war dies nicht möglich. Die strengen Quarantänebestimmungen, die staatlicherseits erlassen wurden, um die Ausbreitung der Anfang der 1830er Jahre in Europa grassierenden Cholera zu verhindern, dürften zum Verlust von Maria Löbels Briefen geführt haben.

Die Wiedergabe der Texte erfolgt streng diplomatisch, das heißt, etwaige Verstöße gegen die Regeln der Interpunktion, der Orthographie und der Grammatik werden nicht emendiert, sondern im Erläuterungsteil im Abschnitt »Korrekturen« vermerkt. Dies scheint um so zwingender geboten, als bei Maria Löbel Abweichungen von der hochsprachlichen Norm oftmals durch den ripuarischen Dialekt bedingt sind, den sie als gebürtige Bonnerin spricht. Anpassungen des Lautstandes hätten ihre Briefe des regionalen Kolorits beraubt, das in der Konfrontation mit der elaborierten Schriftsprache ihres Dienstherrn einen nicht unwesentlichen Reiz dieser ungewöhnlichen Korrespondenz ausmacht. Groß-, Klein-, Getrennt- und Zusammenschreibungen werden originalgetreu wiedergegeben. Wo der graphische Befund eine Unterscheidung nicht zuließ, wurden autorenspezifische Schreibgewohnheiten berücksichtigt. Das Abbruchzeichen ℓ wird in Angleichung an das Schriftbild der Texte wiedergegeben, Geminationsstriche dagegen werden zur Doppelschreibung aufgelöst. Tilgungen und Korrekturen der Briefschreiber werden als Bestandteile der Texte betrachtet, zumal sie Auskunft über deren Genese geben. Bei ihrer Wiedergabe wurden entzifferbare Buchstaben, Silben und Wörter von solchen unterschieden, die durch mehrfache Streichung, Kringelung oder Schwärzung unleserlich geworden sind, und entsprechend gekennzeichnet. Wurde ein Buchstabe überschrieben bzw. durch Überschreibung korrigiert, so wurde letztere durch Hochstellung kenntlich gemacht. Nachträgliche Einfügungen werden durch die Zeichen ⌐ und ⌐ sowie durch Hochstellung angezeigt, sofern sie von oben her erfolgt sind; wurden sie von unten her in den Text eingebracht, so ist dies durch die Zeichen ∟ und ⌐ sowie durch Tiefstellung gekennzeichnet. Wo von den Briefschreibern der Duktus der Kurrentschrift zugunsten der lateinischen unterbrochen wird, um Namen oder Werktitel hervorzuheben, wird dies durch Sperrung angezeigt. Die räumliche Verteilung des Geschriebenen auf der jeweiligen Manuskriptseite wurde in der Edition nachgeahmt, da sich nicht sicher entscheiden lässt, ob Spatien und Leerzeilen nur zufällig entstanden sind oder aber der gedanklichen Gliederung dienen. Da die Größe der Spatien variiert, haben sich die Herausgeber in diesem Fall für eine strukturelle anstatt einer diplomatischen Wiedergabe entschieden. Analog werden Einrückungen und Leerzeilen zu Beginn oder am Ende eines Absatzes oder Briefes behandelt. Ergänzungen der Herausgeber wie z.B. von Seitenzahlen eines Briefes sind durch spitze Klammern kenntlich gemacht.

Der Erläuterungsteil enthält im Abschnitt »Überlieferung« Angaben zum Aufbewahrungsort der jeweiligen Handschrift nebst der ihr dort zugewiesenen Signatur. Das Papierformat wurde für jeden einzelnen Brief vermessen und wird in Zentimetern (Breite x Höhe) angegeben. Auf Besonderheiten wie Beschnitte und Beschädigungen des Briefpapiers, Beilagen oder das Vorhandensein eines Kuverts wird eigens verwiesen. Wasserzeichen werden beschrieben, wo sie in besonderer Weise ornamental gestaltet sind.

Der Kommentar bietet ausführliche Sachinformationen zu Personen und Ereignissen der Zeitgeschichte, aber auch zur Alltagskultur der ersten Hälfte des 19. Jahrhunderts. Daten zu Personen des biographischen Umfelds der beiden Korrespondenzpartner wurden auf der Grundlage eingehender Quellenautopsien ermittelt, Korrekturen von bislang als gültig erachteten Angaben in Nationalbiographien und Lexika stillschweigend vorgenommen. Geburt (*), Taufe (~), Hochzeit (⚭) und Tod (†) wurden mit den üblichen genealogischen Symbolen gekennzeichnet. Darüber hinaus wurde versucht, Schlegels Briefwechsel mit Maria Löbel innerhalb seiner sonstigen Korrespondenz zu verorten, unabhängig davon, ob diese bereits gedruckt vorliegt (siehe Literaturverzeichnis) oder handschriftlich überliefert ist. Einzelne Texte, die in literatur-, zeit-, familien-, sozialund mentalitätsgeschichtlicher Hinsicht von Bedeutung sind, wurden dabei innerhalb der Erläuterungen ediert. Ergänzt wird der Kommentar durch Informationen zur Genealogie der im Bonn-Siegburger Raum unter den Namen Lieber, Leibel, Liebeler, Lewen/Leven, Leben und Löbel nachweisbaren Familie sowie durch Lebenszeugnisse zu Maria Löbel. Im Falle der letzteren konnte für einige Briefe und Dokumente, die von ihren Verfassern nicht datiert wurden, ein Entstehungszeitraum wahrscheinlich gemacht werden.

Die Übertragungen lateinischer und französischer Texte stammen von den Herausgebern; auf die Übersetzung englischer Texte wurde verzichtet.

Siglen und Kurztitel verwendeter Forschungsliteratur werden im Literaturverzeichnis aufgeschlüsselt.

Die Herausgeber erfuhren Hilfe von vielen Seiten, durch die Mitarbeiter von Archiven, Bibliotheken und anderen wissenschaftlichen Einrichtungen, von Kollegen und von Nachfahren der in den Briefen genannten Personen. Sie danken Wilhelm Kühlmann, der sie vor Jahren auf das in Strasbourg befindliche Corpus der Schlegel-Briefe aufmerksam gemacht hatte, ohne dass seinerzeit absehbar gewesen wäre, dass sich einmal ein Briefwechsel rekonstruieren ließe. Für die großzügige Bereitstellung von Handschriften und für kompetente Beratung danken sie Kerstin Schellbach von der Sächsischen Landesbibliothek – Staats- und Universitätsbibliothek Dresden (SLUB), Brigitte Wengler und Daniel Bornemann von der Bibliothèque nationale et universitaire de Strasbourg (BNU), Jürgen Gruß vom Goethe- und Schiller-Archiv Weimar (GSA) sowie Michael Herkenhoff von der Universitäts- und Landesbibliothek Bonn (ULB). Ein besonderer Dank gilt Thomas P. Becker vom Universitätsarchiv Bonn (UArch), Norbert Schloßmacher und Sabine Arens vom Stadtarchiv Bonn (StArch), Andrea Korte-Böger vom Historischen Archiv Siegburg (HistArch), Harald Uecker und Stefan Brozio vom Verwaltungsarchiv Siegburg (VerwArch), Heike Rolf vom Stadtarchiv Mainz (StArch) sowie Anja Ostrowitzki vom Landeshauptarchiv Koblenz (LHA) für ihre engagierte Unterstützung bei der Kommentierung von Regionalia. Ferner danken die Herausgeber Armin Danco für die bereitwillige Überlassung familiengeschichtlicher Dokumente. Norbert Oellers und Werner Besch sei für wertvolle Hinweise bei der Edition gedankt.

Heidelberg/Sankt Augustin, im August 2012

Turbulente Jahre lagen hinter August Wilhelm von Schlegel, als er 1818 an die neugegründete Universität nach Bonn berufen wurde. Überstürzt hatte er 1804 Berlin verlassen, um sich Germaine de Staël als Reisebegleiter anzuschließen und als Erzieher ihrer Kinder eine wichtige Rolle im Leben der von ihm so bewunderten Frau einzunehmen. Der Tochter des französischen Finanzministers Jacques Necker eilte ein zwiespältiger Ruf voraus: Galt sie einerseits als begabte Schriftstellerin und inspirierende Intellektuelle, so sah man andererseits in ihr eine *femme fatale*, die mit Geschick arrivierte Männer des politischen und kulturellen Lebens für sich einzunehmen wusste. Nachdem ihr Ende 1802 wegen ihrer antinapoleonischen Haltung der Aufenthalt in Paris untersagt worden war, hatte sie sich auf eine Reise durch die deutschen Territorialstaaten begeben. In Weimar traf sie mit Wieland, Goethe und Schiller zusammen, ehe sie in Berlin die Bekanntschaft August Wilhelm von Schlegels, des führenden Theoretikers der deutschen Romantik, machte. Fasziniert von ihrer Erscheinung unternahm Schlegel mit ihr Reisen durch Italien, Frankreich, England und Skandinavien, die nur von Tagen unterbrochen wurden, die sie gemeinsam auf ihrem Landsitz zu Coppet verbrachten. Als Germaine de Staël im Februar 1817 einen Schlaganfall erlitt, blieb der Gelehrte hingebungsvoll an ihrer Seite, bis sie am 14. Juli 1817 schließlich ihrer Erkrankung erlag. Die sterblichen Überreste der Freundin überführte er am 17. Juli von Paris nach Coppet und nahm am 28. an der Beisetzung in der Familiengruft teil, mit dem bleibenden »Gefühl eines unersetzlichen Verlustes«.T[1] Ende August kehrte Schlegel noch einmal nach Paris zurück, um dort zusammen mit den Kindern das Testament der Verstorbenen zu vollstrecken, das ihn in den Besitz ihrer gesamten literarischen Hinterlassenschaft brachte. Als sich die Familie erschrocken über das Ausmaß der Schenkung zeigte, verzichtete Schlegel nach längeren Verhandlungen auf den größten Teil und beanspruchte nur die *Considérations sur la révolution française* für sich, mit deren Herausgabe er 1818 dem Willen der zutiefst verehrten Freundin entsprach. Schlegel war Germaine de Staël an einem Wendepunkt seines Lebens begegnet. Nach der Scheidung von Caroline Michaelis, die inzwischen die Frau des Philosophen Friedrich Schelling geworden war, hatte ihm das Reisen an der Seite der mondänen Französin neue Horizonte der Literatur- und der Kunstbetrachtung eröffnet. Noch in seiner Abschiedsrede als Bonner Rektor vom 18. Oktober 1825 erinnerte er sich ihrer mit Hochachtung, auch wenn er ihren Namen dem Publikum vorenthielt: »Für mehrere Jahre bin ich von einer hochberühmten Frau gastfreundlich aufgenommen worden, von der ich nicht weiß, ob man sie mehr wegen ihres vorzüglichen Charakters oder wegen ihres Seelenadels bewundern soll. Längst schon stand sie bei Napoléon unter Verdacht, weil sie sich mit männlicher Standhaftigkeit geweigert hatte, seine Tyrannis öffentlich zu billigen, wozu die Schmeichler im Umfeld dieses Menschen sie mit Drohungen und Versprechungen zu erpressen versucht hatten. So wurde sie fern vom Zentrum der Macht auf mancherlei Weise drangsaliert und in ihrer Villa am Genfer See unter Hausarrest gehalten. Außer Stande, diesen unwürdigen Zustand zu ertragen, hatte sich die mutige Frau entschlossen, nach Großbritannien zu fliehen, dem gewissermaßen letzten Bollwerk der Freiheit. Da die Seepassagen auf allen Seiten versperrt waren, konnte dies nur über riesige Umwege geschehen, indem man Europa beinahe umrundete.«[2]

Nicht alle teilten freilich August Wilhelm von Schlegels Trauer über den Tod Germaine de Staëls. Im Gegenteil: Manch einer verband mit ihm die Hoffnung, der Gelehrte werde nun wieder zu seiner eigentlichen Bestimmung im Dienst von Wissenschaft und Nation zurückfinden und dort anschließen, wo er mit den Berliner Vorlesungen vor mehr als einem Jahrzehnt aufgehört hatte. So zeigte sich Friedrich Schelling in einem Brief an August Wilhelms jüngerem Bruder Friedrich vom 13. November 1817 hin- und hergerissen zwischen Trauer und Hoffnung. Freimütig bekannte er: »Der Tod der Frau v. Stael mußte jeden betrüben, der den Geist und das durchaus wohlwollende Gemüth dieser Frau näher gekannt; aber in Bezug auf Ihren Herrn Bruder macht er doch wohl eine wünschenswerthe und von allen seinen Freunden längst gehoffte Veränderung. Endlich wird er doch sich ganz wieder dem deutschen Vaterlande zuwenden.«[3] Früh schon hatte sich der Preußenkönig Friedrich Wilhelm III. darum bemüht, August Wilhelm von Schlegel wegen der hohen Reputation, die er seit dem Erscheinen seiner Shakespeare-Übersetzung genoss, als Aushängeschild für eine der von ihm gegründeten Universitäten zu gewinnen. Schlegels Entscheidung für das beschauliche Städtchen Bonn kam so unerwartet, dass sie Cottas *Allgemeiner Zeitung* am 26. September 1818 eine eigene Meldung wert war, mochte sie offiziell vom Ministerium auch noch nicht bestätigt worden sein: »Es sind bereits zwanzig Professoren für die Universität Bonn ernannt. Hr. August Wilhelm Schlegel soll bei der ihm freigestellten Wahl zwischen einer Professur zu Berlin und einer zu Bonn, die letztere vorgezogen haben.«[4] Am 18. Oktober 1818 setzte Friedrich Wilhelm III. in Aachen seinen Namenszug unter die Stiftungsurkunde der Preußischen Rhein-Universität in Bonn und hob zugleich die Universitäten zu Duisburg, Münster und Paderborn auf.[5] Während Münster immerhin seine katholisch-theologische Fakultät behielt, blieb Paderborn nur ein Gymnasium. Beide erhielten später den Status von Akademien. So wurde Bonn die einzige Universität der preußischen Westprovinzen, die mit ihren nach

Berliner Vorbild eingerichteten Statuten von 1828[6] auch ihren endgültigen Namen Rheinische Friedrich-Wilhelms-Universität erhielt. Ein hoher Anspruch verband sich mit ihrer Gründung: »Die Universität heißt die Preußische Rheinische, mit zarter Anspielung auf das Land, dessen Herrscher sie geschaffen, und auf das ganze deutsche Vaterland, dessen Gemeingut alles Wissenschaftliche und Edle seyn soll«.[7] In ihrem Gründungsjahr zählte die Philosophische Fakultät bereits 238 immatrikulierte Studenten, von denen nicht wenige den Weg in Schlegels Vorlesungen fanden. Zum Rektor wurde Karl Dietrich Hüllmann, der Ordinarius für Geschichte, gewählt. Hüllmann war von Königsberg nach Bonn berufen worden und hatte die neue Universität am Rhein der altehrwürdigen Ruperto-Carola in Heidelberg vorgezogen, wo er Nachfolger des nach Berlin abgewanderten Friedrich Wilken hätte werden sollen.

Schlegel hatte sich nicht grundlos für Bonn entschieden: Eine junge Frau hatte im Sommer 1818 seine Aufmerksamkeit gefunden und war nur zwei Monate später seine Gattin geworden. Sophie, die Tochter des Heidelberger Professors und Geheimen Kirchenrats Heinrich Eberhard Gottlob Paulus, schien alle Vorzüge zu vereinen, die Schlegel an einer Frau schätzte. Um so mehr hoffte er mit ihr jenes Familienleben führen zu können, das ihm bislang versagt geblieben war: »Als Sophie 1811 in der Vollblüte jugendlicher Reize nach Heidelberg kam, erregte ihr Anblick allgemeine Bewunderung: auf der schlanken, vollen Gestalt saß ein reizender Kopf, von der üppigen Fülle brauner Locken umspielt, ausdrucksvolle edle Züge, ein fein geschnittener Mund belebten das zarte schneereine Antlitz, das über großen dunkelblauen Augen eine geistreich gewölbte Stirn krönte. Ihre außerordentliche Schönheit bezeugen alle Zeitgenossen; aber auch ihr Geist wie ihre Bildung wird allgemein bestaunt, ihr erlesener Kunstgeschmack, ihre Kenntnis alter und neuer Sprachen, ihr Zeichentalent, vorzüglich aber ihre ans Virtuose grenzende Klavierkunst vielfach, selbst von strengen Richtern, gerühmt.«[8] Im Werben um die Gunst der 24 Jahre jüngeren Frau hatte Schlegel mit Jean Paul einen namhaften Konkurrenten ausgestochen, der nach erfüllten gemeinsamen Stunden im vorjährigen Sommer geglaubt hatte, sich berechtigte Hoffnungen auf eine dauerhafte Verbindung machen zu dürfen,[9] und dem jetzt nichts mehr blieb als tiefe Bitternis. »H e i d e l b e r g hört so erbärmlich für mich auf wie ein Feuerwerk, mit Gestank«, schrieb er in sein Notizbuch,[10] während Schlegel seinen Triumph auskostete, der ihn nach der Erfahrung des schweren Verlusts der Germaine de Staël erstmals wieder Momente intensiven Glücks erleben ließ.

Sophie, von familiärer Seite dazu angehalten, sich mit einem arrivierten Mann zu vermählen,[11] hatte sich ihrerseits offensiv um eine Liaison mit dem Gelehrten bemüht, ihn mit geschickten Komplimenten und raffinierten Gesten umgarnt und ihn schließlich mit symbolträchtigen Gunsterweisen für sich gewonnen: »Uebrigens ist es wirklich arg«, teilt Melchior Boisserée seinem Bruder

Sulpiz als Augenzeuge ihres Liebeswerbens mit, »wie die Sophie Schlegel die Cour macht. Da ich jetzt mehreremale da war, habe ich es zu meinem größten Erstaunen bemerkt. Wenn sie ihn förmlich zum Narren hielte, könnte sie es nicht anders machen; sie geht und spricht nur mit ihm, schenkt ihm, wie sie selbst sagt, ihre schönsten Blumen, und schickte ihm vorgestern, wo er bei uns aß, durch ihren kleinen Bruder den [sic!] e r s t e n r e i f e n T r a u b e n, wobei der Junge immer wiederholte, daß die Schwester ihn schicke. Kommt die Partie zu Stande, so gewinnt Heidelberg unstreitig dabei, denn Paulus bewirkt es gewiß, daß er als Professor der Aesthetik hier angestellt wird.«[12] Die Partie kam zustande, doch wuchsen innerhalb der Familie Paulus bald schon die Vorbehalte gegen den Schwiegersohn. Mit Schiller war man verwandt, einen Goethe hatte man haben wollen, einen Schlegel nun bekommen. Dass der Brautvater unter fadenscheinigem Vorwand der in aller Stille vollzogenen Trauung fernblieb, war ein deutliches Zeichen dafür, dass Schlegel ihm als Schwiegersohn nicht willkommen war: »[D]er alte Paulus ging nicht mit zur Kirche, er litt an Zahnschmerzen und ließ sich unterdessen einen Zahn ausziehen«, zeigt Melchior Boisserée sich in einem Brief an den Bruder zwiespältig gegenüber dem Verhalten des Kirchenrats.[13] Nicht nur die Ernsthaftigkeit, mit der Sophie die Ehe eingegangen war, wurde bald in Zweifel gezogen, auch die Frage, ob August Wilhelm sich noch einmal in eine Lebensgemeinschaft – zumal mit einer erheblich jüngeren Frau – würde fügen können, beschäftigte viele. Während Dorothea Schlegel befürchtete, dass ihr Schwager nun für immer in den Schoß des orthodoxen Protestantismus zurückgekehrt sei, betrachtete Sulpiz Boisserée die Verbindung angesichts des Altersunterschieds der Brautleute als »ein wunderliches, fratzenhaftes Experiment«,[14] von dem er sich nicht vorstellen konnte, dass es gelinge, zumal er Sophie Paulus, wie er Goethe wissen ließ, für eine »launenhafte Klavierspielerin« hielt, für ein »Schäflein«, das der Einundfünfzigjährige nun nach Hause führe.[15] Carl Friedrich Zelter schließlich bedachte die Paulus mit ebenso großem Bedauern wie Schlegel mit Neid. Seinem Intimus Goethe vertraute er anlässlich des bevorstehenden Ereignisses: »A. Schlegel macht heut Hochzeit in Heidelheidelheidelberg mit der höchstscharmanten Tochter der Kirchenrätin Paulus die ich ihm kaum gönne, da er sich auf der alten Französin abgelaicht hat.«[16]

Friedrich indes nahm die Veränderung im Leben seines Bruders wohlwollend auf, ging doch dessen familiärer Neubeginn mit einem beruflichen einher, von dem auch er sich Vorteile versprach: »Wilhelm hat seine Hochzeit am 30ten August gehalten. Er hat den Ruf nach Berlin mit 2000 Thlr. erhalten, wünscht nun aber selbst in Bonn anzutreten, der jungen Frau, ihrer Eltern und der leichtern Einrichtung wegen. [...] Das Hottispielen mit seiner jungen Frau scheint ihn sehr glücklich zu machen.«[17] Eine Gefährdung des jungen Glücks befürchtete Friedrich allenfalls durch den Hofmeisterton, den August Wilhelm gegenüber seiner Frau anschlug,[18] und den hochherrschaftlichen Habitus, auf den er sie, ein Erbe sicherlich seines Umgangs mit Germaine de Staël, zu verpflichten suchte. Als er Sophie am 18. November 1818 riet, sie solle sich von August Wilhelm nicht bevormunden lassen,[19] nahm diese seinen gut gemeinten Rat zum Anlass, entschiedener noch auf Distanz zu ihrem frisch angetrauten Gatten zu gehen.

Bereits kurz nach der Hochzeit hatte sich August Wilhelm von Schlegel aus Heidelberg verabschiedet, um in Bonn nach einer standesgemäßen Bleibe für sich und seine Frau zu suchen. Da künftige Studenten und Dozenten gleichermaßen in die Stadt drängten, war der Wohnraum begrenzt, worauf sowohl die lokale Presse als auch Ernst Moritz Arndt in seinem Beitrag im *Jahrbuch der Preußischen Rhein-Universität* hinwiesen.[20] Die Plötzlichkeit, mit der Schlegel aufgebrochen war, blieb vielen allerdings ein Rätsel. War es Flucht vor den ehelichen Pflichten, Überdruss an der geistigen Enge in Heidelberg oder doch nur die Begeisterung für die neue Aufgabe, die ihn so rasch in die rheinische Residenzstadt zog? Selbst die zahlreichen Briefe, die Schlegel in dieser Zeit Sophie schrieb und in denen er immer wieder von dem Leid sprach, das die vorübergehende Trennung für ihn bedeute, verraten nichts über seine Motivation. Spöttisch und in dem sicheren Gefühl, dass er vielleicht doch eine bessere Partie gewesen wäre als der »Staelische Kebsmann«,[21] ließt sich Jean Paul, der alte Widersacher, in einem Brief an Heinrich Voß über Schlegels Abreise aus: »Schlegel hat sich <seiner Eitelkeit> die dießmal nur sophistische Sophie aufgeopfert, die nun weder Jungfrau, noch Ehefrau, noch Wittwe, noch Liebende, nicht einmal Geliebte ist und die nichts Neues in ihrer Ehe erlebt hat als – Masern, das Sinnbild des Mannes selber.«[22] Schlegels Abschied von Sophie blieb ein Abschied für immer. Obwohl er in Bonn bald schon ein herrschaftliches Domizil angemietet hatte, das sich zwar in keiner bevorzugten Wohngegend befand, mit seiner Größe aber dem Bedürfnis seiner jungen Frau nach gesellschaftlicher Repräsentation durchaus entsprochen haben dürfte, gelang es ihm nicht, sie zum Umzug zu bewegen. Erst schob sie eine Masernerkrankung vor,[23] dann behagte ihr die Trennung von den Eltern nicht, schließlich weigerte sie sich hartnäckig, Heidelberg zu verlassen und das Wohnhaus auf der Sandkaule auch nur in Augenschein zu nehmen, obgleich Schlegel es ihr in den höchsten Tönen angepriesen hatte: »Das Haus hat 14 Zimmer in drei Geschossen, worunter sechs sehr hübsche, dabei alle häuslichen Bequemlichkeiten zur Wirtschaft. Es ist auf Raum gerechnet für Besuche Deiner Eltern und Deines Bruders, auch auf den Empfang etwaiger neuer Ankömmlinge in der Welt.«[24] Für Schlegel blieb dieses Haus noch geraume Zeit mit Sophie Paulus verbunden. Dass er, wenn es um Fragen der Einrichtung geht, seine Haushälterin Maria Löbel mitunter irrtümlich als Sophie anspricht, ist ein beredtes Zeugnis dafür. Anderseits zeigt deren Verärgerung, wie sehr sie als Frau Sophies Verhalten missbilligte.

Bei ihrer Weigerung, ihrem Ehemann nach Bonn zu folgen, erhielt Sophie Paulus die Unterstützung von ihren Eltern, die bar jeder moralischen Selbstzügelung ihrer Abneigung gegen den Schwiegersohn nun freien Lauf ließen und unter Anschuldigungen, die Schlegel zutiefst verletzen mussten, die Scheidung der noch jungen Ehe betrieben. Schlegel, so behaupteten sie, habe die Ehe mit ihrer Tochter überhaupt nicht vollzogen, offenbar weil er dazu gar nicht imstande gewesen sei. Paulus selbst forderte Schlegel auf, er solle, wie es nach badischem Landesrecht üblich sei, ein Testament abfassen, in dem er Sophie als Alleinerbin seines Vermögens einsetze. Sollte er sich weigern, so wolle er den Brief, in dem er ihm sexuelle Unfähigkeit vorwarf, in einem öffentlichen Gerichtsverfahren als Beweismittel vorlegen.[25] Schlegel indes wies alle Anschuldigungen zurück, bestand auf sein Recht als Ehemann und verlangte, dass Sophie bei ihm wohne,[26] was deren Mutter Karoline Paulus (1767–1844) wiederum zu einer neuen Infamie veranlasste: Gegenüber Friedrich Schlegel, der mit der Familie bereits seit längerem in einem freundschaftlichen Verhältnis stand, ließ sie sich vernehmen, August Wilhelm sei nicht nur impotent, sondern auch mit einer für Sophie gefährlichen ansteckenden Krankheit behaftet. Friedrich sah sich daraufhin genötigt, die Frau Kirchenrätin darüber aufzuklären, dass sexuelle Impotenz und eine Geschlechtskrankheit einander ausschlössen. Gleichwohl wusste auch er nicht recht einzuschätzen, wie es zu dem Zerwürfnis zwischen seinem Bruder und Sophie hatte kommen können: »Die Forderung der Eltern einer gerichtlichen Trennung, ist gewiß nach allen Rechten der Welt unstatthaft und ungegründet; auf ihre Geldprellerey nun vollends sollst Du Dich gewiß gar nicht einlaßen; die scandalosen Anklagen der Mutter gegen Deinen körperlichen Zustand widerlegen sich eine die andere selbst. Indessen muß doch Sophieens Unerfahrenheit an irgend etwas Anstoß genommen haben, woraus die Leidenschaft der Mutter nachher solch wüste Dinge zusammengesetzt hat. Ich kann nun vollends, außer dem daß die Vorwürfe der Mutter in sich unvernünftig sind, gar nicht darüber urtheilen; und weiß auch nicht einmal, ob Du wirklich Grund hattest, ein Uebel an Deiner Gesundheit zu besorgen, oder nur aus übertriebner Aengstlichkeit jene Vorsichtsmaßregel anwendetest, wodurch wahrscheinlich der erste falsche Schreck unter den beyden Weibern entstanden ist; bey Sophieen vorzüglich, denn bey der Mutter mag nachher auch böse Absicht wenigstens leidenschaftlich böse Absicht genug hinzugekommen seyn.«[27] Friedrichs Rat, mit Karl Josef Hieronymus Windischmann einen Arzt vermittelnd einzuschalten und Sophie einen zunächst auf sechs Monate befristeten Aufenthalt in Bonn vorzuschlagen, kam August Wilhelm nicht nach. Einmal mehr ergab er sich in sein Schicksal, das ihn zur Einsamkeit verurteilt zu haben schien. Da er sich einer einvernehmlichen Scheidung widersetzte, suchte Paulus nach Verfehlungen des Gelehrten, mit denen sich eine Auflösung der Ehe vor Gericht hätte erzwingen lassen. Als sich der Maler Peter Busch, von dem man munkelte, er sei ein unehelicher Sohn August Wilhelm von Schlegels, am 19. Mai 1841 in Stuttgart das Leben nahm und man bei ihm einen an Schlegel adressierten Abschiedsbrief fand, erkundigte sich Paulus bei Buschs Freunden Friedrich Müller und Gustav Friedrich Nord nach der Wahrscheinlichkeit des bereits seit längerem kursierenden Gerüchts.[28] Beide bestätigten, dass Busch der Sohn eines einfachen Strumpfmachers gewesen sei und dass seine Scham, sich zu seiner Herkunft zu bekennen, zur Entstehung dieses Gerüchts geführt habe. Selbst an Schlegels Grab wollte Paulus' Hass nicht enden. Nach dessen Tod am 12. Mai 1845 beanspruchte er für seine Tochter sogar eine Witwenrente. Da Schlegel es aus verständlichen Gründen jedoch unterlassen hatte, Beiträge in die Witwenkasse einzuzahlen, und in seinem Testament lieber seine treuen Bediensteten bedacht hatte als eine Frau, mit der er nur auf dem Papier verheiratet war, ging Sophie Paulus leer aus. Gerade einmal um zwei Jahre überlebte sie ihren Mann und starb noch vor ihrem verbitterten Vater.

Das Scheitern seiner Ehe mit Sophie Paulus und die würdelosen Begleitumstände hafteten an Schlegel wie ein Makel und machten ihn zum Sonderling. Auch verfehlten die zahlreichen Verdächtigungen und Anschuldigungen von seiten ihrer Familie ihre Wirkung nicht. Ernst Moritz Arndt, der anders als Schlegel das warme Bad mied und sich statt dessen noch jenseits der Siebzig morgens im Rhein wusch, um in militärischer Selbstkasteiung dem »Gott, der Eisen wachsen ließ«, zu huldigen, sprach gerne vom »kastratisch trillernden« Schlegel und setzte seinem Kontrahenten an der Bonner Universität damit einen Stempel tiefster Verachtung auf,[29] der sich nicht entfernen ließ. Auch Studenten bot das Gerücht von Schlegels Impotenz Anlass zu Spott und Amüsement. Mit Heinrich Heine schickte sich ausgerechnet ein ehemaliger Hörer seiner Bonner Vorlesungen an, das Ansehen des Gelehrten nachhaltig zu beschädigen, ebenjener Heine, der bereits Ende der 1820er Jahre in der Auseinandersetzung mit August von Platen entdeckt hatte, wie wirksam sich ein Gegner ins Abseits stellen lässt, wenn man sein Intimleben der Lächerlichkeit preisgibt. Bot ihm im Falle Platens dessen Neigung zum eigenen Geschlecht eine willkommene Angriffsfläche, so im Falle Schlegels die vermeintliche sexuelle Unfähigkeit: »[Schlegel], der Chef der Romantiker, heurathete die Tochter des Kirchenrath Paulus zu Heidelberg, des Chefs der deutschen Razionalisten. Es war eine symbolische Ehe, die Romantik vermählte sich gleichsam mit dem Razionalismus; sie blieb aber ohne Früchte. Im Gegenteil, die Trennung zwischen der Romantik und dem Razionalismus wurde dadurch noch größer, und schon gleich am andern Morgen nach der Hochzeitnacht lief der Razionalismus wieder nach Hause, und wollte nichts mehr mit der Romantik zu schaffen haben. Denn der Razionalismus, wie er denn immer vernünftig ist, wollte nicht bloß symbolisch vermählt seyn, und sobald er die hölzerne Nichtigkeit der romantischen Kunst erkannt, lief er davon. Ich weiß, ich rede hier dunkel und will mich daher so klar als möglich ausdrücken: Typhon, der böse Typhon, haßte den Osiris, (welcher, wie ihr wißt, ein egyptischer Gott ist) und als er ihn in seine Gewalt bekam, riß er ihn in Stücken. Isis, die arme Isis, die Gattinn des Osiris, suchte diese Stücke mühsam zusammen, flickte sie an einander und es gelang ihr, den zerrissenen Gatten wieder ganz herzustellen; ganz? ach nein, es fehlte ein Hauptstück, welches die arme Göttinn nicht wieder finden konnte, arme Isis! Sie mußte sich daher begnügen mit einer Ergänzung von Holz, aber Holz ist nur Holz, arme Isis! Hierdurch entstand nun in Egypten ein scandaleuser Mythos und in Heidelberg ein mystischer Scandal.«[30] Dass auch auf Schlegel der Verdacht der sexuellen Inversion fiel,[31] ergab sich fast zwangläufig, zumal er einen extravaganten, nicht zuletzt durch die Wahl der Kleidung und durch das Auftragen von Schminke ins Feminine gehenden Habitus pflegte, der anlässlich eines Besuchs in Weimar schon Goethes Aufmerksamkeit gefunden hatte und diesen gegenüber Eckermann zu der Bemerkung veranlasste, Schlegel sei »in vieler Hinsicht kein Mann«.[32]

So stand August Wilhelm von Schlegel, als er in Bonn seinen Dienst antrat, nicht nur vor der Aufgabe, der neugegründeten Universität ein wissenschaftliches Profil zu geben, das sich von dem der traditionsreichen Hochschulen unterschied, sondern auch vor der Herausforderung, sich ein privates Umfeld zu schaffen, in dem er Ruhe vor den Anfechtungen finden konnte. Beides ließ sich nicht voneinander trennen, denn als Wissenschaftler konnte er nur dann erfolgreich arbeiten, wenn die Aufsicht über sein Haus zuverlässigem Personal anvertraut war. Sein ehrgeiziges Vorhaben, an der jungen Universität die indische Philologie als akademische Disziplin zu institutionalisieren, Sanskrit-Texte zu edieren und durch die Einrichtung einer Forschungsbibliothek den internationalen Dialog zu suchen, würde zwangsläufig auch längere Reisen erforderlich werden lassen, zum einen in Länder wie England oder Frankreich, in denen sich das Studium des Sanskrit an den Universitäten bereits etabliert hatte, zum anderen an die Höfe von Regenten, von denen er sich Unterstützung für sein Unternehmen erhoffen durfte. Da die preußische Regierung und mit ihr die politischen Entscheidungsträger ihren Sitz in Berlin hatten, waren zudem längerfristige Aufenthalte in der Hauptstadt unumgänglich. Reisen dieser Art bedurften nicht nur einer sorgfältigen Vorbereitung, sondern waren auch beschwerlich, da neben Kutsche und Schiff keine anderen Verkehrsmittel zur Verfügung standen. Bücher, die man daheim vergessen hatte, mussten nachgeschickt werden. Das war umständlich, und nicht immer war garantiert, dass sie den Adressaten auch erreichten. Außerdem musste eine Garderobe mitgeführt werden, die festlichen Anlässen genügte. Schlegel gelang es, kaum dass er sich in Bonn niedergelassen hatte, zwei Leute in seinen Dienst zu nehmen, die nicht nur diesem Anforderungsprofil auf das Vorzüglichste entsprachen, sondern die ihm über die Jahre als Freunde und Lebensmenschen auch die eigene Familie ersetzten: den aus

Amelunxen stammenden, etwa 20jährigen Kutscher Heinrich von Wehrden, der überdies Aufgaben eines Kammerdieners wahrnahm, und die gebürtige Bonnerin Maria Löbel, die unweit von der Sandkaule am Heisterbacher Hof aufgewachsen war und als unverheiratete Mittvierzigerin prädestiniert schien, den Haushalt in einem Anwesen wie dem Schlegelschen gewissenhaft zu organisieren. Letzteres war umso wichtiger, als Schlegel ganz im Stile humanistischer Gelehrter ein offenes Haus führte. Über Monate, manchmal sogar bis zu einem Jahr wohnten unter seinem Dach Familienmitglieder, Kollegen aus dem Ausland oder deren Kinder. Wer Schlegel die beiden empfahl und bei wem sie vorher im Dienst gestanden hatten, lässt sich nicht ermitteln. Da Maria Löbel erst im Mai 1821 Zimmer in Schlegels Wohnhaus bezog und bis dahin im Haus der Eltern gelebt hatte, ist anzunehmen, dass sie ihnen die Wirtschaft geführt hatte. Erst am 11. Juni 1818 war Marias Mutter Anna Maria Löbel, geb. Win(c)kels, verstorben.

Die Hauswirtschaft gliederte sich im 19. Jahrhundert in eine Vielzahl von Bereichen, deren Bewältigung der Hausfrau ein nicht unbeträchtliches Organisationstalent abverlangte und ihr ein Arbeitspensum aufbürdete, das sich in einem reglementierten Stundentakt nicht bewältigen ließ. Ständig musste sie bereitstehen, um die für ein reibungsfreies Funktionieren des Haushalts notwendigen Vorkehrungen zu treffen. In ihrem Buch *Die Hausfrau*, das ab 1860 vielen Generationen von Frauen und Mädchen als Handreichung für die planvolle Einrichtung eines Haushalts dienen sollte, bestimmte Henriette Davidis folgende, allein schon in der summarischen Aufstellung stupende Tätigkeiten als Obliegenheiten der Hausfrau: das Kochen, Einkochen, Einschlachten, Wurstmachen und Pökeln, das Milchwesen, die Viehhaltung, die Kindererziehung, der Umgang mit Dienstboten, die Buchführung, die Reinigung von Räumen, Geräten und Wäsche, das Anfertigen und Behandeln des Bettwerks einschließlich der Matratzen, das Konservieren der Garderobe, das Nähen, Flicken und Stopfen der Kleidung, das Spülen des Geschirrs und des Bestecks, das Heizen, die Durchführung von Reparaturen, die Vorbereitung von Umzügen, der Einkauf, das Färben von Textilien und Kleidung, das Tapezieren, der Anstrich und die Politur von Möbeln und schließlich die Ungezieferbekämpfung.[33] Wie Maria Löbels Briefwechsel mit August Wilhelm von Schlegel zeigt, waren ebendies im Wesentlichen auch ihre Aufgaben. Als Hausfrau war sie Bedienstete und Arbeitgeberin zugleich. Verrichtungen, die von ihr selbst nicht geleistet werden konnten, wurden Handwerkern und Dienstleuten übertragen, für deren angemessene Unterbringung und Versorgung sie verantwortlich war. Fast ein Vierteljahrhundert führte sie Schlegel den Haushalt, angesichts der Größe des Anwesens eine alles andere als leichte Aufgabe, die sie aber mit einer solchen Bravour bewältigte, dass sie für ihn unverzichtbar wurde. Wie schwierig die Arbeit sich mitunter gestaltete, zeigen allein jene Briefe, in denen es »nur« um die Renovierung von Zimmern, genauer um das Anbringen neuer Tapeten und das Streichen der Böden geht. Handwerker – in der Regel stammten sie aus der Nachbarschaft – mussten verpflichtet, beaufsichtigt und bezahlt werden, wozu wiederum Geld von dem Universitätsrendanten Joseph Andreas Spitz oder dem Hofagenten Samuel Wolff besorgt werden musste. Dies aber konnte erst geschehen, wenn per Post eine entsprechende Zahlungsanweisung von Schlegel eingegangen war. Umsichtige und vorausschauende Planung war notwendig, insbesondere bei längerer Abwesenheit des Hausherrn. Mit dem Haus auf der Sandkaule schuf Maria Löbel für Schlegel einen Fluchtpunkt, auf den seine Gedanken und Sehnsüchte in der Ferne immer wieder zuliefen und in dessen Behaglichkeit er nach oft monatelangem Unterwegssein gerne zurückkehrte. Schlegel wiederum machte sie zur eigentlichen Herrin seines Hauses und wies ihr eine Stellung zu, die er eigentlich Sophie Paulus zugedacht hatte. Maria konnte schalten und walten, wie es ihr notwendig schien. Mit dem Briefwechsel der beiden tritt erstmals eine Haushälterin aus der Anonymität des Dienstpersonals heraus und als Korrespondenzpartnerin eines Gelehrten in Erscheinung. Schlegel zeigt sich in seinen Briefen einfühlsam und stets um Nähe bemüht. Zwar greift er gelegentlich Mundartliches und Umgangssprachliches auf, die Ebene des elaborierten Codes aber verlässt er zu keiner Zeit. Vom Stil her unterscheiden sich seine Briefe daher in nichts von denen an seinen Freund Windischmann oder dessen Gattin. Oftmals verwendet er sogar gleichlautende Formulierungen. Verstöße gegen die Regeln von Grammatik und Rechtschreibung – Kollegen hätte er dies vermutlich nicht verziehen – ignoriert Schlegel geflissentlich. Nur dann mahnt er Maria zu größerer Sorgfalt, wenn sie vergessen hat, ihren Brief mit einem Datum zu versehen, da anders für ihn nicht erkennbar ist, ob ihre Mitteilungen auch aktuell sind. Wünsche für ihr Glück und Wohlergeben gehorchen keiner Konvention, welche die Praxis des Briefeschreibens vom Absender verlangte, sondern sind aufrichtig und tief empfunden. So erkundigt sich Schlegel in den ersten Briefen gleich mehrmals nach einer Beinverletzung, die sich Maria kurz vor seiner Abreise nach Paris zugezogen hatte, ja, er hatte sogar in Erwägung gezogen, die Reise deswegen zu verschieben. Wiederholt hält er sie dazu an, sich Erholungspausen zu gönnen, und gestattet ihr sogar die Benutzung seines Bades. Die Korrespondenz der beiden umfasst einen Zeitraum von 23 Jahren, innerhalb dessen Maria auf bescheidenem Niveau auch mit wissenschaftlicher Literatur umzugehen lernt, so dass sie Schlegel im Bedarfsfall auch Bücher nachsenden kann. Im Gegenzug ist sie oftmals die erste, die von seinen Auszeichnungen und Empfängen in den Königshäusern erfährt. Kollegen und Vorgesetzte wie der Minister Altenstein stehen hinter ihr zurück. Gesteht Schlegel gegenüber Görres ein, dass ihm »die Versäumniß des Briefwechsels [...] ein eingewurzeltes Laster« sei,[34] so antwortet er seiner Haushälterin umgehend und hält sie dazu an, ihm möglichst oft zu schreiben.

Auch über August Wilhelm von Schlegel verrät der Briefwechsel mit Maria Löbel einiges: Regelmäßig spricht er von der Last des Unterwegsseins und seiner Sehnsucht nach Bonn. Vor allem aber dankt er Maria für die Einrichtung eines behaglichen Zuhauses. Den Menschen in Paris, Berlin und London begegnet er mit Offenheit. Er registriert die unterschiedlichen Lebensweisen und würdigt eine jede in ihrer Spezifik. Aufgeschlossen zeigt sich Schlegel auch gegenüber Neuerungen auf anderen Gebieten als der Literatur- oder der Kunstwissenschaft. So würdigt er beispielsweise die Naturheilkunde als Fortschritt der Medizin bei der Behandlung von Infektionskrankheiten wie der Cholera.

Unter der Last des fortschreitenden Alters erlahmte Maria Löbels Arbeitskraft zusehends. Ein chronischer Rheumatismus plagte sie und bereitete ihr mit akuten Schüben schwere Schmerzen. Schlegel, besorgt um das Wohlergehen seiner bewährten Kraft, entband sie von allzu schweren Tätigkeiten. Als sie im Juli 1842 einen Schlaganfall erlitt, versorgte er sie gemeinsam mit den übrigen Bediensteten seines Hauses. Er wachte an ihrem Bett und stützte sie bei ihren ersten Gehversuchen. Arm in Arm gingen sie durch das geräumige Haus auf der Sandkaule, und fast schien sie sich erholt zu haben, als ein aufgebrochenes Magenschwür ihrem Leben am 14. März 1843 ein jähes Ende setzte. Die Angst, die Schlegel während ihrer Bettlägerigkeit umgetrieben hatte und in zahlreichen Briefen an Freunde fassbar wird, schlug nun in schiere Verzweiflung um, und dies um so mehr, als sich für ihn nun noch einmal das wiederholte, was er im Juli 1817 in Paris am Sterbebett Germaine de Staëls erlebt hatte. Sein treuer Kutscher Heinrich und ein Nachbar, der Silberschmied Antonius Joseph Haub, zeigten Maria Löbels Tod beim Bürgermeister an, während Schlegel daheim mühsam seines Schmerzes Herr zu werden suchte, mit dem Schicksal haderte und mit einer persönlichen Todesanzeige Freunde, Familie und Kollegen von ihrem Ableben unterrichtete. Ihre Beisetzung fand auf dem Friedhof der Dietkirche statt, der Hauptkirche jenes Stadtviertels, in dem sie aufgewachsen war und das sie bis zu ihrem Tod nicht verlassen hatte.

Briefe, die Schlegel an Freunde, Verwandte und Weggefährten schrieb, zeugen von dem unbändigen Schmerz über den erzwungenen Abschied, der ihn an Vielem zweifeln ließ und ihn ein ums andere Mal zu einem verbalen Rundumschlag veranlasste, gegen den Buchdruck, gegen die Franzosen und schließlich gegen den Protestantismus, dessen Kultus ihm gefühllos erschien angesichts des innigen Betens, mit dem der katholische Geistliche die Sterbende begleitet hatte. Die Möglichkeit, das Leid durch eine neue Aufgabe zu bewältigen, wie er sie nach dem Tod Madame de Staëls und der Trennung von Sophie Paulus 1818 mit der Berufung nach Bonn gefunden hatte, bot sich ihm nun nicht mehr, auch wenn er mit der Verwaltung des Lehrstuhls für Kunstgeschichte die Palette seiner akademischen Lehre noch einmal erweiterte. Zwei Lebensjahre blieben dem greisen Gelehrten noch, zwei Lebensjahre, in denen er mit der Edition der indischen Epen sein wissenschaftliches Lebenswerk abzuschließen suchte. Niemand vermochte Maria Löbel, seine Marie, zu ersetzen. Ihre Aufgaben im Haus wurden, so gut es ging, von den übrigen Bediensteten übernommen, von der Köchin Marianne Brenig, dem Dienstmädchen Henriette Cronrath und dem Zimmermädchen Mina. Schlegel hat sie in seinem Testament neben seinem Kutscher und Diener Heinrich von Wehrden am großzügigsten bedacht. Von Maries Habseligkeiten behielt er nur die Briefe, die er ihr aus London, Paris und Berlin geschickt und die sie bis zu ihrem Tod sorgfältig aufbewahrt hatte. Alles Übrige wurde unter ihren Geschwistern und deren Kindern verteilt. Schlegel hat die Briefe in eine chronologische Reihenfolge gebracht und die einzelnen Zeiträume durch eigenhändig beschriftete Trennblätter kenntlich gemacht. Warum er Marias Briefe nicht dazulegte, lässt sich nicht sagen. Die Sammlung versah er mit der Aufschrift »Briefe von mir an Marien während meiner Abwesenheiten vom Hause«. Mit Bedacht heißt es »an Marien« statt »an Marie«, und das auf allen Trennblättern. Schlegel flektiert den Namen seiner Haushälterin in Analogie zu dem der Gottesmutter. Er erhebt damit die Jahre, die er mit ihr in häuslicher Gemeinschaft verbrachte, zu einer religiösen Erfahrung, die im Geheimnis ihres gottergebenen Leidens und Sterbens, das begleitet wurde vom »Lächeln innerer Beruhigung und Glückseligkeit«, ihre letzte Erfüllung fand. Maria Löbel blieb ihm Jungfrau und reine Magd, und zwar nicht nur im sozialen, sondern auch und vor allem im religiösen Sinne. Sie war ihm Mittlerin zu der *vera religio*, deren Zauber wieder band, was die Mode des Konfessionalismus streng geteilt hatte.

Die Gebrechen des Alters und ein schweres Magenleiden machten Schlegel in den letzten Lebensjahren zu schaffen. Die literarische Welt war auf den Tod des großen Gelehrten seit längerem schon vorbereitet. Am 18. April 1845 teilte die *Allgemeine Zeitung* mit, dass August Wilhelm von Schlegel so schwer erkrankt sei, dass man auf seine Genesung nicht mehr hoffen dürfe.[35] Knapp einen Monat später, am 12. Mai 1845, Mittags gegen ein Uhr, entschlief der Gelehrte nach mehrwöchigem Krankenlager in seinem Haus auf der Sandkaule.[36] Wieder war es Heinrich von Wehrden, der seinen Tod beim Bürgermeister anzeigte. Die Beisetzung fand am Donnerstag, den 15. Mai, statt. Farbentragende Studenten eskortierten den Sarg; ihnen folgten die Kommilitonen, die Diener und der Pfarrer: »Die Beerdigung unseres berühmten August Wilhelm von Schlegel, welcher noch bis in sein spätes Alter den hohen Geist bewahrte, der ihm mit Recht einen europäischen Ruf verschaffte, fand heute um vier Uhr in feierlicher Stille Statt. Schon seit gestern war die Leiche nach dem Willen des Verstorbenen ausgestellt und man hörte, daß derselbe auch einige Feierlichkeiten bei seinem Begräbnisse gewünscht habe. Deshalb fiel es auf, daß die Beerdigung ganz auf die gewöhnliche Weise vor sich ging. Der Leichenwagen war von den Chargirten der verschiedenen Studentenverbindungen umgeben; die Pferde wurden von ihnen geführt, und hinter dem Wagen schloß sich eine lange Reihe Kommilitonen an; dann folgte mit der leidtragenden Dienerschaft des Verewigten und dem Testaments-Exekutor der Geistliche, die ersten Beamten der Universität und der Stadt so wie die Freunde und Verehrer des Verstorbenen in einem außerordentlich großen Zuge. Am Grabe hielt der Pfarrer der evangelischen Gemeinde eine kräftige Rede, in welcher er die vielseitigen Verdienste des hochbejahrten Dichters, seine tiefe Gelehrsamkeit und große Weltkenntniß hervorhob und den herben Verlust betrauerte, welchen die Universität so wie die Stadt Bonn durch seinen Tod erlitten hat. Die Versammlung trennte sich in stillem Schmerze.«[37]

In seinem Testament, das er nur wenige Wochen vor seinem Tod im Beisein eines Notars und mehrerer Zeugen auf dem Krankenbett verfasste, bedachte Schlegel seine Bediensteten so großzügig, dass sie finanziell einstweilig abgesichert und von der Notwendigkeit entbunden waren, sich sogleich in ein neues Dienstverhältnis zu begeben. Dem Kutscher Heinrich von Wehrden vermachte er die beiden Pferde, die Kalesche und seine Kleidung; die Köchin und das Dienstmädchen erhielten den vollen Jahreslohn, dazu einen bestimmten Betrag für jedes Jahr, das sie in seinen Diensten gestanden hatten. Nach Schlegels Tod verliert sich von ihnen in Bonn jede Spur. Kein Trauregister verzeichnet ihre Namen, kein Sterberegister dokumentiert ihren Tod. Vielleicht sind sie, sofern sie nicht aus Bonn stammten, in ihre Heimat zurückgekehrt, vielleicht sind sie bei einem anderen Gelehrten untergekommen. Dies freilich wäre ein weiteres Kapitel in der Sozialgeschichte der deutschen Universitäten des 19. Jahrhunderts.

ANMERKUNGEN

[1] August Wilhelm von Schlegel: Brief an Ludwig Tieck, Paris, 11. September 1818 (Holtei 2[3], 1872/1971, Nr. 13, S. 97–100, hier S. 97).

[2] Schlegel, Werke, 16, 1847/1972, S. 385–396, hier S. 388–389: »Receptus fueram per complures annos hospitio feminae illustrissimae, haud scio utrum ob summam ingenii praestantiam, an ob generosam animi indolem magis admirandae. Ea dudum suspecta Napoleoni, quum virili constantia recusasset publicum tyrannidis praeconium, quod istius adulatores, tum minis, tum promissis ipsi extorquere conati fuerant, exsul ab imperii sede, multis modis vexata, in villa sua ad lacum Lemanum in libera custodia retinebatur. Indignae conditionis impatiens mulier animosa decreverat petere Britanniam, tanquam ultimum libertatis propugnaculum: quod quidem fieri non poterat, quum commeatus maritimi undique interclusi essent, nisi per immensas ambages, ambita fere universa Europa.«

[3] Friedrich Schelling: Brief an Friedrich Schlegel, 13. November 1817 (Körner 1918, S. 116–119, hier S. 117).

[4] Allgemeine Zeitung, 26. September 1818.

[5] Ein Abdruck der Stiftungsurkunde findet sich im Bonner Wochenblatt, 29. Oktober 1818.

[6] Vgl. Becker 2010, S. 43–69.

[7] Vgl. Weihe, S. 37–39.

[8] Körner 1917/1918, S. 1224–1225.

[9] Vgl. Jean Paul an Karoline Richter, Heidelberg, 18.–21. Juli 1817 (Berend III/7, 1954, Nr. 298, S. 121–124, hier S. 122): »Mit Menschen verweb' ich mich, von welchen ich früher Entfernen gefürchtet, z. B. mit Paulus, mit seiner Frau – welche gar nichts von dem Jenaischen Rufe einer vordringlichen Literaturkoketten hat, sondern eine klare tiefe Hausfrau ist – und mit seiner schönen Tochter Sophie, die fast nur mich und die Bibel liest, auch das Schwerste versteht oder sich erklären läßt und die mich nach dem Wunsche der Mutter zum Heirathen bereden soll, weil sie alle Männer ausschlägt, um nicht in der Ehe ihre Mutter weniger zu lieben.«

[10] Berend II/8, 2000, S. 832.

[11] Vgl. Friedrich Schlegel an Dorothea Schlegel, Frankfurt/Main, 7. August 1818 (Finke, S. 73–74, hier S. 73): »Er [sc. August Wilhelm] ist gleich mit dem Gedanken nach Deutschland und in das gelehrte Leben wieder zurückgekehrt, daß er wieder heirathen wollte, und sah sich denn so gelegentlich nach allem um, was dazu etwa diensam erscheinen konnte. Du erinnerst Dich wohl der Sophie, ihrer angenehmen Gestalt und den edeln Ausdruck, dann den festen und so ganz eignen Sinn. Ich sah auch wohl, daß er ihr sehr zu gefallen gewußt hatte, sie wollte durchaus nun einmal einen Mann von ›Keisch‹ haben, und keinen andern.«

[12] Melchior Boisserée: Brief an Sulpiz Boisserée, Heidelberg, 27. Juli 1818 (Boisserée 1, 1970, S. 350–351, hier S. 351).

[13] Melchior Boisserée: Brief an Sulpiz Boisserée, September 1818 (Boisserée 1, 1970, S. 352).

[14] Sulpiz Boisserée: Brief an Melchior Boisserée, Heidelberg, 13. August 1818 (Boisserée 1, 1970, S. 353–354, hier S. 353).

[15] Sulpiz Boisserée: Brief an Johann Wolfgang von Goethe, Bad Ems, 17. August 1818 (Boisserée 1, 1970, S. 228–231, hier S. 231).

[16] Carl Friedrich Zelter: Brief an Johann Wolfgang von Goethe, Frankfurt/Main, 27. August 1818 (Goethe MA 20/1, 1991, Nr. 315, S. 541–544, hier S. 544).

[17] Friedrich Schlegel: Brief an Dorothea Schlegel, Frankfurt, 30. September 1818 (Finke, S. 98–107, hier S. 102).

[18] Vgl. Friedrich Schlegel: Brief an Dorothea Schlegel, Wien, 14. November 1818 (Finke, S. 119–122, hier S. 121).

[19] Vgl. Friedrich Schlegel: Brief an Sophie Paulus, Wien, 18. November 1818 (Körner 2, 1830, S. 149).

[20] Vgl. Arndt, S. 65.

[21] Jean Paul: Brief an Heinrich Voß, Bayreuth, 30. August – 2. September 1818 (Berend III/7, 1954, Nr. 456, S. 227–230, hier S. 228).

[22] Jean Paul: Brief an Heinrich Voß, Bayreuth, 13. November 1818 (Berend III/7, 1954, Nr. 476, S. 237–239, hier S. 238).

[23] Vgl. Dorothea Schlegel: Brief an Friedrich Schlegel, Rom, 1. Dezember 1818 (Finke, S. 127–130, hier S. 130): »Ich hoffe, daß die liebe Sophie wieder völlig hergestellt und Wilhelmen nach Bonn hat folgen können. Recht sonderbar ist es doch, daß Wilhelm sein erstes Hauskreuz eine Kinderkrankheit seiner Frau seyn mußte!...«.

[24] August Wilhelm von Schlegel: Brief an Sophie Paulus, Bonn, 19. September 1818. (Reichling-Meldegg 2, 1853, S. 205).

[25] Vgl. Heinrich Eberhard Gottlob Paulus: Brief an August Wilhelm von Schlegel, Heidelberg, 16. Dezember 1818 (Körner 1, 1930, Nr. 243, S. 343–347).

[26] Vgl. August Wilhelm von Schlegel: Brief an Heinrich Eberhard Gottlob Paulus, Bonn, 13. Januar 1819 (Körner 1, 1930, Nr. 249, S. 356–357).

[27] Friedrich Schlegel an August Wilhelm von Schlegel, Wien, 4. Februar 1819 (Walzel, Nr. 226. S. 618–622, hier S. 619).

[28] Vgl. Körner 1933, S. 120–129.

[29] Vgl. Kaufmann 1936, S. 126; Bach, S. 38.

[30] Heine 8/1, 1979, S. 176.

[31] Vgl. Gubitz 3, 1869, S. 151–152.

[32] Siehe die Erläuterungen zu Brief Nr. 20.

[33] Davidis.

[34] August Wilhelm von Schlegel: Brief an Joseph von Görres, Bonn, 26. August 1826 (Görres II/3 [= 9], 1874, Nr. 319, S. 264–266, hier S. 265).

[35] Allgemeine Zeitung, 18. April 1845.

[36] Bonner Wochenblatt, 14. Mai 1845.

[37] Bonner Wochenblatt, 18. Mai 1845.

BRIEFE | **TEXT**

1 AUGUST WILHELM VON SCHLEGEL AN MARIA LÖBEL

Brüssel d. 25sten October
1820.

Meine liebe Marie, ich bin vorgestern hier glücklich und gesund angekommen, wiewohl das Wetter meistens abscheulich gewesen ist. In Achen habe ich mich anderthalb Tage aufhalten müssen, um meinen Wagen gründlich ausbessern zu lassen, er war gar nicht gehörig untersucht. Auch das Klappfenster war nicht in Ordnung, so daß ich den zweyten Tag durch den Regen, der hereinschlug, erschrecklich naß wurde. Christian hat endlich den Koffer verkehrt aufgeschraubt, ich hätte es freylich bemerken sollen; es hätte ~~es freylich bemerken sollen~~ den Wagen ganz zerschlagen können, glücklicher Weise hat es nichts geschadet. In Achen habe ich ein paarmal das Mineralbad gebraucht, was mir sehr gut bekommen ist. In dieser großen und schönen Stadt habe ich mich zwey Tage ausgeruht, theils um allerley zu sehen, theils weil ich Leute zu besuchen hatte. Morgen Vormittag denke ich weiter zu reisen, ich ~~hable~~ habe nun noch etwas mehr als den halben Weg; aber es geht geschwinder vorwärts.

Ich hoffe, in Paris schon Briefe von Ihnen vorzufinden, oder bald nach meiner Ankunft zu bekommen. Vor allen Dingen wünsche ich zu erfahren, daß Sie recht wohl sind, und daß die Wunde am Bein recht bald geheilt ist. Wenn Sie sich dabey nur recht geschont haben. Lassen Sie sich in Ihrem täglichen Leben ja nichts abgehen: wenn Sie mit dem zurückgelassenen Gelde nicht aus reichen, so werde ich Sorge tragen, daß Ihnen noch welches <2> ausgezahlt wird. Melden Sie mir alles recht umständlich, auch was in meinem Hause vorgegangen. Wiewohl ich es in Paris sehr gut haben werde, so kann ich es doch nirgends so gut haben als in Bonn: ich denke viel daran, und habe mich schon oft zurückgewünscht. Leben Sie recht wohl und gesund, meine liebe Marie, schreiben Sie mir fleißig, und behalten Sie mich in gutem Andenken.

Schlegel

2   AUGUST WILHELM VON SCHLEGEL AN MARIA LÖBEL

Paris d. 3ten November 1820
Freytag Morgens

Meine liebe Marie, ich bin vorigen Sonntag Nachmittag gesund und wohlbehalten hier angekommen, und von meinen Freunden mit herzlicher Freude empfangen worden. Ich habe Ihnen von Brüssel aus geschrieben, ich hoffe, daß es Ihnen richtig zugekommen ist. Von Ihnen habe ich noch keinen Brief gehabt, mich verlangt recht sehnlich darnach, besonders wünsche ich zu erfahren, daß Sie sich wohl befinden, und daß die Verletzung am Beine bald geheilt worden ist. Ich habe hier in Geschäften und Besuchen schon viel umher laufen müssen. Die Bewegung der Reise und diese Lebensart sind mir sehr gut bekommen, und alle meine Bekannten finden, daß ich stärker geworden bin, und wohler aussehe als sonst. ~~2 unleserliche Zeilen.~~ Ich wohne nicht bey meinen Freunden, aber ganz in der Nachbarschaft, ich frühstücke und speise meistens bey ~~Ihnen~~ ihnen, und werde auch sonst viel zu Gaste geladen werden. Nun muß ich aber anfangen viel zu studiren und zu arbeiten, wozu ich bis jetzt noch wenig habe kommen können, theils wegen der anfänglichen Zerstreuungen, theils weil ich mit meiner Einrichtung noch nicht ganz in Ordnung bin. Ich soll in demselben Hause bessere Zimmer bekommen, und diese haben immer noch nicht ausgeräumt werden können. Endlich soll es heute geschehen.

In der Eile und Verwirrung bey meiner Abreise habe ich wohl nicht deutlich genug gesagt, was alles mit eingepackt werden sollte; <2> es ist verschiedenes zurückgeblieben, was mir zu haben nützlich gewesen wäre, unter andern die mit Taft besetzten Camisöler, außer das was ich anhatte, und die weißen Piqué-Westen. Diese sind ja keine Sommertracht, sondern man trägt sie in allen Jahrszeiten, wenn man in Gesellschaft geht. Ich habe mir daher viere müssen machen lassen, dieß war das wenigste, womit ich aus kommen konnte. Es ist kein großer Schade, ich werde nachher auf desto längere Zeit damit versehen seyn. Überhaupt habe ich verschiedene Kleidungsstücke bestellt: ich hatte es bis zu meiner Ankunft hier verschoben. Man bezahlt hier etwas theurer, dagegen werden die Sachen besser zugeschnitten, und die Zeuge sind feiner und haltbarer. Wenn ich zurück komme, werde ich lange Zeit nichts neues anzuschaffen nöthig haben.

Bey dem Zuschneiden der leinenen Hemden bitte ich darauf zu achten, daß ~~das He~~ die hintere Seite nicht zu kurz ausfällt; denn es wäre doch möglich daß Ssie mir als Tagehemden nicht gefielen, und daß ich sie zu Nachthemden brauchen möchte.

So nützlich, unterhaltend und angenehm mir auch mein hiesiger Aufenthalt ist, so kann ich doch meine häusliche Bequemlichkeit nicht so haben, wie in Bonn, und Sie, meine liebe Marie, fehlen mir zu allen Stunden. Ich werde die Zeit recht zu benutzen suchen, um nachher desto ruhiger zu Hause bleiben zu können.

Leben Sie recht wohl, meine liebe Marie, und schreiben Sie mir recht oft und viel, es wird mir immer große Freude machen.

A W v Schlegel

3   AUGUST WILHELM VON SCHLEGEL AN MARIA LÖBEL

An
Jungfer Marie Löben

Paris d. 13ten Nov.
1820

Zu meiner größten Freude, meine liebe Marie, habe ich gestern Ihren Brief vom 5ten ~~October~~^{November} empfangen. Ich fing schon an, mich über das Ausbleiben der Nachrichten von Ihnen sehr zu betrüben und zu beunruhigen, und ich hätte heute ebenfalls geschrieben, wenn auch kein Brief gekommen wäre. Mein erster Brief ~~nach~~ ist kurz nach meiner Ankunft in Paris abgegangen, dieß ist der zweyte von hier aus, überhaupt der dritte. Es thut mir von ganzem Herzen leid, daß Sie an dem Beine so viel haben ausstehen müssen; ich wäre denselben Tag gar nicht abgereist, wenn Hr. von Walther mir nicht gesagt hätte, es sey nichts besorgliches. Er hat Sie doch wohl wieder besucht? Nehmen Sie sich nur in Zukunft recht in Acht. Ihre Gesundheit ist doch hoffentlich sonst vollkommen gut? Verschweigen Sie mir und Hrn. Windischmann ja nichts, wenn Ihnen irgend etwas fehlt. Ich bin recht gesund, alle Leute sagen, daß ich wohler aussehe als ehemals. *1½ unleserliche Zeilen* Ich arbeite fleißig, und gehe nur so viel in Gesellschaft als ich muß. Ich bin nun eingerichtet, <2> *unleserlich* freylich nicht so bequem als in Bonn, ich habe nur ein paar kleine Zimmerchen. *2½ unleserliche Zeilen* Der Schlafrock, den Sie wieder in Stand gesetzt haben, kommt mir sehr zu Statten. Ich habe mir vom Schneider manches neue müssen machen lassen, so viel, daß ich nach meiner Zurückkunft lange keine neuen Kleider brauchen werde. Es ist etwas theurer, aber dennoch ist Vortheil dabey, denn es wird nicht nur besser gemacht, sondern auch von dauerhafterem Zeuge. Die schwarzen langen Beinkleider von Casimir, die mir der Schiergen gemacht hat, sind schon wieder zerrissen, so daß ich sie gar nicht mehr brauchen kann. Der hiesige Schneider hat meinen blauen Rock weiter gemacht, ich bin wirklich in dem letzten Jahre beträchtlich stärker geworden. Die Handtücher, die Sie mit eingepackt haben, sind mir sehr nützlich.

Ich hoffe, Sie sind nun auch für den Winter nach Ihrem Wunsch eingerichtet. Ich wiederhole es, lassen Sie es sich ja an nichts fehlen: Sie dürfen mir nur ein Wort schreiben, so lasse ich Ihnen auf Neujahr wieder Geld auszahlen. Seyn Sie versichert, meine liebe Marie, daß ich alle Tage recht oft an Sie denke, und Ihre treue Gegenwart <3> vermisse. Ich hatte mich gar zu gern daran gewöhnt.

Welche Freude wird es mir seyn, wenn ich nach Bonn zurückkomme, und Sie mir mein Hauswesen ganz nach Wunsch einrichten!

Leben Sie tausendmal wohl, meine liebe Marie, und behalten Sie mich in gutem Andenken. Der erste Brief ist glücklich angekommen, schreiben Sie nur immer meine Adresse eben so genau nach, damit kein Irrthum entsteht.

4   AUGUST WILHELM VON SCHLEGEL AN MARIA LÖBEL

Paris d. 8ten Januar 1821.

Meine liebe Marie!

Ich habe Ihren Brief aus Siegeburg vor einigen Tagen empfangen, und mich sehr darüber gefreut. Ich benutze meine erste freye Stunde, um Ihnen zu antworten: es hat mir rechte Überwindung gekostet, Ihnen so lange nicht zu schreiben, aber Sie haben es ja selbst so gewollt, weil Sie besorgten, die Briefe möchten während meiner Abwesenheit fehl gehen. Nun sollen Sie recht oft wieder Nachricht von mir empfangen.   Ich danke Ihnen herzlich für Ihren freundlichen Wunsch zum neuen Jahre. Sie können mir nicht bloß Gutes wünschen, Sie können viel dazu beytragen, daß ich das Jahr glücklich und angenehm zubringe, wenn Sie mir so treu ergeben bleiben wie bisher, und durch Ihre Sorge mein Hauswesen in bester Ordnung erhalten. Es freut mich, daß Sie noch wohl und gesund sind, ich hoffe, Sie haben sich reichlich mit warmem Winterzeuge versehen und nichts daran gespart. Die Kälte ist hier sehr strenge gewesen, doch hat es nun *es* nachgelassen. Ich bin auch fortdauernd wohl, nur habe ich etwas an den Augen gelitten, sie thränten viel, und ich mußte sie schonen. Leider sind meine Arbeiten von der Art, daß ich die Augen dabey nicht sonderlich schonen kann. Es ist nun wieder ziemlich besser damit. <2> So viel angenehmes und nützliches der Aufenthalt in Paris auch für mich hat, so verlangt mich doch herzlich nach Bonn zurück, und ich freue mich schon recht auf den nächsten Sommer.

Es wäre vielleicht gut, wenn Sie sich nach einem geschickten Küchenmädchen umsähen, und sie auf Lichtmeß in Dienst nähmen, dieß könnte dann förmlich durch Frau Windischmann in meinem Namen geschehen. Vielleicht hat man nachher nicht so freye Wahl. Doch überlasse ich dieß ganz Ihrem Urtheile. Da Sie künftig die Aufsicht über mein Hauswesen führen wollen, so müssen Sie auch selbst die Leute wählen, die wir brauchen.

An Herrn Windischmann habe ich nun vor geraumer Zeit geschrieben, und auch schon Antwort von ihm gehabt.

Leben Sie recht wohl, meine liebe Marie, und seyn Sie eben so gegen mich gesinnt, wie ich gegen Sie: glauben Sie mir, ich kann nichts besseres für mich verlangen.

5   AUGUST WILHELM VON SCHLEGEL AN MARIA LÖBEL

Paris d 20sten Januar
1821

Gestern erhielt ich Ihren Brief vom 15ten dieses Monats. Sie klagen darin, meine liebe Marie; daß Sie lange keine Nachricht von mir gehabt. Ich habe Ihnen aber vor kurzem geschrieben, wo ich nicht irre d. 8ten Januar, spätestens wird der Brief d. 9ten auf die Post gegeben seyn, Sie müssen ihn gleich nach Absendung des Ihrigen empfangen haben. Es freut mich von Herzen, daß Sie gesund und wohl sind, ich wünschte nur, Sie möchten den Winter sonst auch angenehm zubringen, und keine betrübten Stunden haben. Mich verlangt erstaunlich nach Bonn zurück: ich denke, wir wollen den Sommer recht vergnügt zubringen, und das Haus unter Ihrer Leitung auf das beste und angenehmste einrichten. Meine Gesundheit ist so gut, als ich es nur irgend wünschen kann: nur leide ich etwas an Augenschwäche, und muß mich daher schonen. Ich bin deswegen auch fast gar nicht im Schauspiele gewesen, weil die vielen Lichter die Augen angreifen.

Herrn Windischmann habe ich längst geschrieben, auch wieder einen Brief von ihm gehabt. Ich schreibe ihm heute von neuem, und bitte ihn, da er eine Zahlung für mich empfangen, Ihnen 25 Thaler Courant einzuhändigen, weil Sie, schreibe ich ihm, Auslagen für mich haben würden. <2> Greifen Sie nur Ihre Augen mit der feinen Arbeit an den Hemden nicht zu sehr an, sie werden ja doch zeitig genug fertig werden. Von Wäsche schaffe ich mir hier gar nichts an, weil Sie das viel vortheilhafter für mich einhandeln. Nur seidne Tücher möchte ich wohl mitbringen, weil man sie in Bonn, und ich glaube auch in Cöln, nicht so ächt haben kann. Auch wird es gut seyn, mich mit Kleidern etwas in Vorrath zu setzen: sie werden nicht nur besser gemacht, sondern das Tuch ist auch feiner und dauerhafter.

Den nächsten Sommer und Winter wird noch manches anzuschaffen seyn, Tischzeug, Bettzeug und Zubetten. Doch, bey guter Wirthschaft wird das schon alles allmählich zu Stande kommen.

Leben Sie tausendmal wohl, meine liebe Marie – ich kann Ihnen nicht genug sagen, wie ich Ihnen von ganzem Herzen gut bin. Jede Zeile Ihrer Briefe bestätigt mir, was ich immer von Ihren Gesinnungen geglaubt habe. Nun, auf ein baldiges vergnügtes Wiedersehen!

Ich habe letzthin bey dem Grafen Belderbusch zu Mittage gespeist, u er hat mich auch wieder besucht. Er sagte mir, Hr. von Romberg sey zuerst allein nach Bonn gekommen, weil er gehört hätte, daß das Scharlachfieber in der Stadt herrsche. Da man ihn aber hierüber beruhigt habe, so würde die ganze Familie hinkommen.

6   August Wilhelm von Schlegel an Maria Löbel

Paris d. 4ten März 1821

Schreiben Sie mir doch, meine liebe Marie, mich verlangt immer so sehr nach Briefen von Ihnen: ~~2½ unleserliche Zeilen~~. Meine Gesundheit ist fortdauernd sehr gut, auch mit den Augen geht es nun wieder besser, doch habe ich mich einer verdrießlichen Cur unterwerfen müssen. Rombergs möchten das Haus gern auf drey Jahre behalten, Hr. Nettekoven hat mir deswegen geschrieben, und mir vorgeschlagen, die Miethe aufzugeben und dagegen das Hinterhaus zu beziehen. Ich schreibe ihm aber heute, daß ich mich nicht darauf einlassen kann: ich würde da sehr eng und unbequem wohnen. Im Sommer möchte es noch angehn, aber für den Winter würde es gar nicht taugen. Ich weiß nicht, was Sie davon denken werden, doch hoffe ich, Sie werden mit mir einverstanden seyn: eine bequeme und geräumige Wohnung ist doch eine Hauptsache zum angenehmen Leben.

Von Berlin habe ich willkommene Briefe gehabt, der Minister ist mit meiner Besorgung sehr zufrieden. Die Arbeit rückt vor und ich betreibe sie bestens; ich werde gewiß nicht länger ausbleiben als unumgänglich nöthig ist, denn mich verlangt sehr darnach, wieder bey den guten <2> Freunden in Bonn zu seyn. Dieß ist der Gedanke der mich bey allen meinen Arbeiten aufmuntert.

Leben Sie tausendmal wohl, meine liebe ⌈Marie⌉ ~~Sophie~~, und behalten Sie mich in eben so gutem Andenken, wie ich Sie.

Auf Ihren letzten Brief habe ich sogleich geantwortet – ich hoffe Sie haben es richtig empfangen.

7   AUGUST WILHELM VON SCHLEGEL AN MARIA LÖBEL

Paris d. 22sten März 1821

Ich kann Ihnen gar nicht beschreiben, meine liebe Marie, wie groß meine Freude war, als ich endlich nach langem vergeblichen Warten, Ihren Brief vom 10ten März erhielt. Meine Besorgniß, Sie möchten unwohl seyn, war also doch nicht ungegründet. Nun, dem Himmel sey Dank, daß es keine bedenkliche Krankheit gewesen, und daß Sie, als sie mir schrieben, schon so ziemlich wieder hergestellt waren. Nehmen Sie sich nur ja recht in Acht, kleiden Sie sich warm, und sobald Sie das geringste spüren, wickeln Sie den Arm in Wachstaffent ein; das pflegt sehr gut zu helfen.

Mit meinen Augen geht es leidlicher, indessen muß ich mich immer noch sehr schonen, und besonders vor schlimmer Witterung hüten. Ich hoffe mit der guten Jahrszeit soll es ganz vorüber seyn

Mit dem Hause mögen Sie wohl Recht haben meine liebe Marie. Indessen scheue ich die Mühe, die das Umziehen verursachen würde, und wohne auch gern bequem und geräumig. Überdieß brauche ich wirklich viel Raum: meine Bibliothek wird bald zwey Zimmer einnehmen, auch werde ich die Indische Druckschrift bey mir in Verwahrung haben Die Zimmer im ersten Stock nach der Straße zu würden vollkommen heiter seyn, wenn die Fenster<2>bänke niedriger gemacht, u große Scheiben eingesetzt würden. Aber das wäre beschwerlich und weitläuftig und ich bin zuvörderst auf andre nützliche Verbesserungen im Hause bedacht, besonders mit den Öfen. Da ich den Vorschlag von Herrn Nettekoven nicht angenommen, so gilt der Miethscontract nun wieder auf viertehalb Jahre. Indessen ist mir nicht bange dafür, wenn ich das Haus wieder vermiethen will, wird sich schon ein Miethsmann finden. Indessen möchte ich es nicht gern vertauschen außer mit einer Wohnung, wo ich eine schöne Aussicht hätte, wie zum Beyspiel in dem Metternichschen Hause; und dieses ist jetzt nicht zu haben.

Hr. von Romberg wird zu ~~Anfange~~ Ende Aprils ausziehen, und ich wünsche, daß Sie dann sogleich einziehen, und anfangen mögen, die Aufsicht über meine Sachen zu führen und alles einzurichten. Um nicht allein zu seyn, können Sie ja eine Person zu sich in das Haus nehmen. Ganz genau kann ich noch nicht angeben, wann ich in Bonn wieder eintreffe, dieß hängt von dem Fortgange der hiesigen Arbeiten ab, die ich möglichst betreibe. Aber das weiß ich, daß mich unbeschreiblich zurück verlangt, und daß ich mich sehr glücklich schätzen werde, wieder dort zu seyn, und Sie in guter Gesundheit anzutreffen. Nächstens werde ich Ihnen über allerley Besorgungen schreiben. Lassen Sie mich nur nicht wieder so lange auf Briefe warten.

8   AUGUST WILHELM VON SCHLEGEL AN MARIA LÖBEL

An
Jungfer Marie Löben

in   Bonn

am Heisterbacher Hofe
   N. 681

Paris d. 12ten April
1821

Meine liebe Marie,

Ich wünsche, daß Sie, sobald Hr. von Romberg mit seiner Familie ausgezogen seyn wird, in meine Wohnung einziehen mögen. Es wird nöthig seyn, eine
Person anzunehmen, um das ganze Haus gründlich zu scheuern, die Fenster zu
waschen, und so weiter. Diese Person könnte derweiln in dem Vorzimmer schla-
fen, damit das Haus unten nicht leer steht. Lassen Sie die drey getäfelten Boden
durch einen Schreinergesellen neu wichsen. Zum Herunterschaffen der Möbeln
bitten Sie Hrn. Emmel ein paar Leute zu schicken. Mein Secretair aber, zu welchem Hr. Windischmann den Schlüssel hat, kann einstweilen oben stehen bleiben, denn er ist voll Sachen gepackt, die beschädigt werden könnten, wenn er
nicht zuvor ausgeräumt würde.

Ich will mit meinem Bett eine Veränderung vornehmen. Lassen Sie aus der
Rolle, die unter dem Kopfe liegt, die Pferdehaare heraus nehmen, und sie mit
Federn stopfen, dann ein vierecktes Kissen, auch mit Federn, darüber legen. Die
Matrazen werden neu ausgezupft werden müssen. Das zweyte kleinere Bett wäre
auch in Ordnung zu bringen, mit einer Pferdehaaren und einer Feder-Matraze,
Rolle und Kopfkissen mit Federn, auf den Fall, daß ein Freund oder einer <2>
meiner Brüder mich besuchte. Doch hat es damit keine Eil. Ich denke einige
schöne aus Baumwolle gewirkte Bettdeken mitzubringen, die man in Deutschland nicht so gut zu kaufen findet.

Es wird nöthig seyn, etwa zwey Dutzend Handtücher für meine Rechnung
zu kaufen; zu säumen und zu zeichnen. Denn ich habe überhaupt nur ein Dutzend, u neun davon, die ich den Winter über gebraucht, werden ziemlich abgenutzt seyn. Die Rechnung kann nach meiner Zurückkunft bezahlt werden.

Hr. Professor Welcker hat mir ein Ohm rothen Ingelheimer abgetreten, welches, wie ich glaube, noch bey ihm in dem großen Fasse liegt. Das Abzapfen auf Flaschen muß in meinem Keller geschehen, der Wein wird also zuvor auf ein oder zwey kleinere Fässer abgelassen werden müssen, nachher muß er einige Tage in meinem Keller liegen, um sich wieder zu setzen. Sprechen Sie doch darüber mit Frau Welker.

Ich habe Hrn Windischmann gebeten Ihnen zu den nöthigen Ausgaben Geld auszuzahlen. Ich denke gegen die Mitte Mais in Bonn zurück zu seyn, und es wird mich sehr freuen, Sie in guter Gesundheit anzutreffen.

AWvSchlegel

9 AUGUST WILHELM VON SCHLEGEL AN MARIA LÖBEL

Paris d. 17ten April 1821

Meine liebe Marie,

Ihrem Wunsche gemäß, habe ich vor einigen Tagen, eine offene Einlage für Sie, mit Haushaltungs-Aufträgen an Hrn. Windischmann ⌜geschickt⌝. Es hat aber mit diesen Aufträgen keine Eil, greifen Sie sich ja nicht mit Arbeiten ⌜an⌝, und nehmen Sie sich bey dem Umstellen der Möbeln in Acht, nichts schweres zu heben, oder auf Stühle zu steigen, damit Sie nicht wieder einen Fall thun wie am Tage meiner Abreise. Es beunruhigt mich, daß Sie noch kein Mädchen gemiethet haben, ich wollte, Sie hätten ein recht geschicktes gefunden, die mit der Küche allein fertig werden könnte. Sie übernehmen zu viel. Mein Wunsch ist, daß Sie nur feine Arbeit verrichten, und übrigens die Aufsicht über das Hauswesen führen, und die Ausgaben besorgen: dieß wird Ihnen schon genug Beschäftigung geben. Wie glücklich werde ich seyn, wenn ich erst wieder in Bonn bin! Ich kann es vor Ungeduld kaum erwarten. Ich betreibe die Arbeiten, so viel ich irgend kann, und hoffe es möglich zu machen, daß ich um die Mitte Mais wieder eintreffe Doch muß ich hier noch einen Brief von Berlin abwarten, der wohl nächster Tage ankommen wird. Leben Sie tausendmal ⌜wohl⌝, meine liebe Marie, u schreiben Sie. Nun auf ein baldiges vergnügtes Wiedersehen!

10   AUGUST WILHELM VON SCHLEGEL AN MARIA LÖBEL

Paris d. 29sten April 1821

Meine liebe Marie,

Ich habe mich von ganzem Herzen gefreut, Ihren Brief vom 22sten April zu empfangen, und zu erfahren, daß Sie wohl und gesund sind. Es ist mir auch lieb, daß Sie ein Hausmädchen angenommen haben, damit Sie sich die Arbeit erleichtern können. Ich bitte Sie, sich ja nicht über Ihre Kräfte anzugreifen. Alles, was Sie in meinem Hauswesen anordnen billige ich im voraus, denn ich habe das vollkommenste Zutrauen zu Ihnen.

Ich hatte gewünscht, Herr W. möchte Ihnen 50 Berliner Thaler auszahlen, er hat aber Auslagen für mich gehabt, so daß er nicht mehr von mir als 35 thl. in Vorrath hatte. Wenn Sie mehr Geld brauchen, so schreiben Sie mir unverzüglich, und ich lege Ihnen dann in meiner Antwort einen offenen Zettel für Herrn Rendant Spitz ein, damit er Ihnen für meine Rechnung eine Zahlung macht; oder ich schicke auch einen solchen Zettel an Hrn. Windischmann, wie es Ihnen am liebsten ist.

Es wäre freylich unangenehm, wenn Rombergs nicht zu rechter Zeit auszögen. Ich schreibe an Frau W., damit sie mit aller Höflichkeit darauf dringt daß es geschieht. Einige Tage wird man schon zugeben müssen. Indessen beunruhigen Sie sich nicht. Ich kann gewiß nicht vor Mitte Mais zurück seyn, das brauchen Sie aber nur alleine zu wissen. – <2> Die Hauptsache ist, daß ich, wenn ich zurückkomme, mein Studierzimmer nach dem Hofe hinaus, und mein Schlafzimmer wieder in Ordnung finde, und zu den Büchern kommen kann. Mit dem Aufpolstern der Matrazen; das hat allenfalls Zeit. Ich werde ja ein zweytes Bett in Ordnung bringen lassen, und dann könnte das zugleich geschehen. Ich bringe vier große Bettdecken mit, zwey Wollene und zwey Baumwollene; ich glaube, sie sind in Cöln nicht so schön zu haben.

Sobald ich weiß, daß Sie in dem Hause sind, schicke ich Ihnen einen Brief an Hrn. Pleunissen, mit einigen Bestellungen, damit ich den Keller nicht leer finde.

Ich habe Ihnen von mir nichts neues zu melden: ich lebe einen Tag wie den andern. Ich betreibe die Arbeiten, die unter meiner Aufsicht gemacht werden so viel möglich; ich bringe fast täglich drey bis vier Stunden bey dem Schriftstecher zu. Ich werde keinen Augenblick länger bleiben, als unumgänglich nöthig ist, doch muß ich noch einen Brief von Berlin abwarten, dem ich täglich entgegen sehe. Mit welcher ganz neuen Freude werde ich wieder in mein Haus einziehen, und Sie darin willkommen heißen! Leben Sie tausendmal wohl, meine liebe Sophie, und behalten Sie mich in gutem Andenken, bis auf ein vergnügtes Wiedersehen. Ich bleibe Ihnen mein Lebenlang von ganzem Herzen zugethan. <3> Meine Gesundheit ist vollkommen gut, mit den Augen geht es auch wieder besser. Die gute Jahrszeit thut viel dazu.

Was nöthig ist, bey Kaufleuten in Bonn, könnte auf Rechnung geschehen, bis ich zurückkomme, auch bey dem Metzger. Was auf dem Jahrmarkte gekauft, muß freylich baar bezahlt werden.

11   AUGUST WILHELM VON SCHLEGEL AN MARIA LÖBEL

Paris d. 15ten Mai
1821

Es freut mich ungemein, meine liebe Marie, daß Sie nun in meine Wohnung eingezogen sind. Ich hoffe, daß Sie das neue Hausmädchen sogleich zu sich genommen haben, damit Sie nicht allein sind, und auch bey der Arbeit sich Erleichterung schaffen können. Greifen Sie sich ja nicht über Ihre Kräfte an, da Rombergs zeitig ausgezogen sind, so ist ja zu allem Zeit. Ich hoffe in acht Tagen von hier abreisen zu können, ich treibe meine Arbeiter so viel ich kann, und bringe täglich drey Stunden bey ihnen zu; es macht mich äußerst ungeduldig, aber ich darf doch nicht eher weg, als bis alles so in Ordnung gebracht ist, daß meine Gegenwart nicht mehr erfordert wird. Mich verlangt unsäglich nach dem stillen Bonn: wenn ich auch dort viel zu arbeiten habe, so werde ich mich doch gewissermaßen ausruhen können. Meine Augen sind noch immer nicht ganz hergestellt, so lange es warm und schönes Wetter war, habe ich nichts mehr gespürt, aber die rauhe Witterung ist mir immer sehr nachtheilig
Seyn Sie doch so gut, die Badewanne aus dem Keller bringen, und Wasser hineingießen zu lassen, damit man sieht, ob sie leck ist, und eine Ausbesserung nöthig ist. Das Baden ist meiner Gesundheit immer sehr zuträglich. <2> Ich glaube es schon bemerkt zu haben, daß mein Secretär von Nußbaumholz oben bleiben muß, weil beym Heruntertragen die Sachen, welche frey darin stehen, Schaden leiden könnten.
Ich schreibe an die Handlung Pleunissen in Cöln, um etwas Wein zu bestellen, den ich vorzufinden wünsche.
Das nenne ich doch mistrauisch seyn, wenn man sich bey einem Schreibfehler gleich etwas schlimmes denkt. Nun, ich hoffe, es war nicht so ernstlich gemeynt, wenigstens wäre mir dann sehr unrecht geschehen.
Leben Sie tausendmal wohl, meine liebe Marie. Ich wünsche herzlich, daß Sie in Ihrer jetzigen Wohnung immer wohl und gesund seyn mögen, und freue mich darauf, Sie in wenigen Tagen dort selbst zu begrüßen.

AWS

12   AUGUST WILHELM VON SCHLEGEL AN MARIA LÖBEL

An
Jungfer Marie Löben
    im Nettekovenschen Hause
                    in
            Bonn

Paris d. 27sten Mai 1821.

Meine liebe Marie!

Zu meinem größten Leidwesen habe ich immer noch nicht von meinen hiesigen Arbeiten loskommen können, nun bin ich aber f♭ald fertig, und denke gewiß
gegen Ende dieser Woche abreisen, und nur fünf bis sechs Tage unterwegs zu
seyn. Ich habe eine sehr mühselige Zeit gehabt, und freue mich sehr auf die Ruhe in Bonn. Wenn Sie Geld brauchen, für so manche Auslagen, die für mich zu
machen sind, so sagen Sie es Hrn Windischmann, ich habe ihn gebeten, Ihnen
eine Summe auszuzahlen. Ich wünsche von ganzem Herzen, Sie recht gesund u
wohl anzutreffen. Empfangen Sie unterdessen meine besten Grüße.

AWvSchlegel

13   AUGUST WILHELM VON SCHLEGEL AN MARIA LÖBEL

Paris d. 16ten Junius
1821

Ich hoffe, meine liebe Marie, Sie werden meinen letzten Brief richtig erhalten haben. Ich bat Hrn Windischmann zugleich, Ihnen eine Zahlung für die nöthigen Auslagen zu machen. Seitdem habe ich nicht wieder geschrieben, weil ich über die Zeit meiner Abreise immer nichts gewisses sagen konnte. Heute schreibe ich Ihnen nur um zu melden, daß ich in wenigen Stunden abreisen werde. Der Wagen ist schon gepackt Wenn kein zufälliges Hinderniß mich aufhält so denke ich nur fünf bis sechs Tage unterwegs zu seyn, Sie können mich also ganz kurz nach Ankunft dieses Briefes erwarten. Leben Sie unter dessen recht wohl – Ich freue mich herzlich auf meine Zurückkunft in Bonn

AWSchl

Ich hätte gern Briefe und Nachrichten gehabt – Ich hatte
sehr darum gebeten, man möchte aufs ungewisse nur immer
schreiben wenn mich der Brief auch nicht mehr träfe – Ich
habe aber seit lange Zeit nichts mehr empfangen.

14   AUGUST WILHELM VON SCHLEGEL AN MARIA LÖBEL

London d. 13ten Sept. 23

Meine liebe Marie, ich bin hier gestern Abend recht gesund und wohl angekommen. Die ganze Reise ist sehr glücklich von Statten gegangen. Wir haben
das schönste Wetter von der Welt gehabt, keinen Tropfen Regen, aber viel
Staub und ~~Regen~~ Sonnenhitze. Ich wollte mich nicht zu stark angreifen, deswegen hat die Reise etwas länger gedauert als ich dachte: fünf Tage bis nach Calais, da habe ich mich einen halben Tag ausgeruht, in allem sieben Tage. Der
Wagen hat sich auch gut gehalten, doch nicht ganz bis auf die letzt: das eine
Vorderrad hatte gelitten, ich mußte es schon in Gent repariren lassen, dieß half
aber nicht, und auf der letzten Post vor Calais sprang es in Stücke. Zum Glücke
war es gleich vor einer kleinen Stadt, wo ich Arbeiter finden konnte: es wurde
ein Pflugrad daran gesetzt, und damit konnte ich mich so bis Calais hinschlep-
pen. Nun steht mein Wagen dort in guter Verwahrung und wird reparirt, während ich hier bleibe. Ich habe eine herrliche Überfahrt über die See gehabt, bey
dem schönsten Wetter und günstigem Winde. In drey Stunden waren wir nach
England hinüber. Verschiedene Passagiere, besonders Frauen, wurden Seekrank, ich bin aber nicht einen Augenblick übel gewesen. Überhaupt ist mir die
Reise vortrefflich bekommen, ein Schnupfen und Heiserkeit, die ich von der
Erhitzung gekriegt hatte, sind auf dem Meer wieder vergangen. Gehen Sie zu
Herrn Windischmann und von Walther, machen Sie Ihnen die schönsten Grüße
von mir, ich ließe Ihnen vielmals danken für alle Sorge, die ~~sich~~ sie für meine
Gesundheit gehabt haben; hier jetzt wolle ich aber keinen andern Doctor brauchen als die Englischen Bierbrauer. Dann erzählen <2> Sie ihnen von meiner
glücklichen Ankunft. Sagen Sie auch Hrn von Walther, die Lastträger des Zollhauses in Dover hätten mir zu meinem großen Leidwesen, das Fläschchen mit
seiner herrlichen Arzney zerbrochen, das ganze Zollhaus hätte aromatisch darnach gerochen. Zum Glück habe ich das Recept und kann sie wieder machen
lassen.

Hier in London ist nun alles vortrefflich bequem eingerichtet, noch bin ich
im Gasthofe, bald werde ich aber in einem Privathause wohnen. So gut es mir
aber auch geht, befinde ich mich doch nirgends so gern als zu Hause. Leben Sie
tausendmal wohl, meine liebe Marie! Ich hoffe bald zu hören, daß Sie recht gesund und wohl auf sind. Wenn Briefe aus Paris kommen, die Sie an dem Stempel kennen, legen Sie sie mit ein.

AWvSchl

15   AUGUST WILHELM VON SCHLEGEL AN MARIA LÖBEL

London d. 3ten Oct. 1823

Meine liebe Marie! Ich habe Ihnen gleich nach meiner Ankunft hier geschrieben, ich hoffe, Sie werden den Brief richtig empfangen haben: wenigstens habe ich ihn selbst auf die Post bestellt. Ich hätte Ihnen schon früher wieder geschrieben, aber ich bin die ganze Zeit über sehr beschäftigt und in großen Zerstreuungen gewesen, auch habe ich zwey kleine Reisen aufs Land gemacht, so daß mir kaum irgend ein ruhiger Augenblick übrig blieb.   Von Ihnen habe ich ein Briefchen vom 11ten Sept. gehabt, seitdem aber keine weitere Nachricht. Sie haben mir zugleich ein Packet Briefe geschickt, welche viel Porto gekostet haben werden; wie viel weiß ich noch nicht, weil es der Banquier ausgelegt hat. Einige von diesen Briefen hätten recht gut in Bonn liegen bleiben können: Dieß würden Sie schon gesehen haben, wenn Sie nur das Siegel aufgemacht hätten. Thun Sie das künftig mit allen Briefen, welche ankommen, und wenn Sie mir noch welche schicken, so schneiden Sie das weiße Papier davon weg, denn die Briefe werden nach dem Gewicht bezahlt. Nach dem 20sten October schicken Sie mir aber keine fremden Briefe mehr, sonst könnten sie mich vielleicht verfehlen. Lassen Sie den Buchbinder Klees sogleich die Exemplare meines Indischen Buches, welche in meiner Bibliothek liegen, eben so wie die vorigen heften, und nicht damit zögern, denn ich werde in kurzem die Absendung einer beträchtlichen Anzahl nach London bey Herrn Weber bestellen.

<2> Ich bin vollkommen gesund und wohl, und die hiesige Lebensart bekommt mir recht gut. Man erzeigt mir viel Ehre und ladet mich häufig zu Gaste, und wenn es nicht in der Jahrszeit wäre, wo die meisten Leute auf dem Lande sind, so würd' es vermuthlich fast alle Tage geschehen. Die Reise und der Aufenthalt hier kostet freylich viel Geld, aber sie ist mir auch sehr nützlich. Ich verschaffe mir einen beträchtlichen Absatz für das schon gedruckte Indische Buch, und hoffentlich auch für die, welche ich künftig zu drucken gedenke und vorläufig ankündigen werde. Übrigens kann man sich auch einigermaßen wohlfeil einrichten, und Hr. Lassen hat es schon gethan. Ich muß aber in der vornehmen Welt leben, und deswegen einen gewissen Anstand beobachten. – Gleich bey meiner Ankunft hier erhielt ich die angenehme Nachricht, daß aus einem hiesigen Bankrott, wobey ich vor 4 Jahren viel einbüßte, noch eine Vertheilung an die Gläubiger Statt gefunden hat, wovon 70 Pfund Sterling auf meinen Antheil gefallen sind.

Mich verlangt recht sehr nach Briefen von Ihnen, meine liebe Marie, schreiben Sie mir doch gleich nach Empfang dieses Briefes. Ich wünsche vor allen Dingen zu hören, daß Sie gesund und wohl sind. Mich verlangt sehr nach Hause, doch kann es seyn, daß meine Geschäfte mich noch bis in die ersten Tage Novembers aufhalten; aber sagen Sie davon noch niemanden etwas. Nun leben Sie recht wohl, meine liebe Marie, und bleiben Sie mir zugethan. Ich grüße Sie von ganzem Herzen

AWvSchl

Erkundigen Sie sich doch, ob mein Pferd
noch in gutem Stande ist.

16   AUGUST WILHELM VON SCHLEGEL AN MARIA LÖBEL

England   d. 27sten Oct. 23.
                        Meine liebe Marie,

Ich habe Ihren zweyten Brief bekommen und mich sehr gefreut daß Sie noch wohl und gesund ⌜sind⌝. Ich habe eine ziemlich starke Unpäßlichkeit gehabt, und mich beynahe acht Tage zu Hause halten müssen, jetzt bin ich a- ber wieder so wohl, als ich nur irgend wünschen kann. Ich bitte Sie, sogleich zum Professor Welcker zu gehen u ihn zu bitten, er möchte doch an das schwarze Brett in meinem Namen anschlagen lassen, ich würde in wenigen Tagen wieder in Bonn seyn, und dann selbst den Anfang meiner Vorlesungen anzeigen. Ich denke zwischen d. 15ten und 20sten November einzutreffen; dieß brauchen Sie aber niemandem zu sagen.

Vermuthlich werde ich zwey junge Engländer von 14 Jahren mitbringen, die in Bonn erst auf die Schule gehen und dann studiren sollen. Ich habe versprochen, eine allgemeine Aufsicht über sie zu führen; ich werde aber sogleich in Bonn einen Hofmeister für sie suchen. ~~Wer~~ Wenn es nicht gar zu viel Ungelegenheit macht, so denke ich sie ins Haus u in die Kost zu nehmen; nämlich daß sie den Mittag in meiner Gesellschaft speisen, aber auf ihrem Zimmer frühstüken und zu Abend essen. Ich konnte dieß nicht wohl verweigern, weil die Väter meine sehr großen Freunde sind.

~~D~~ Lassen Sie nur gleich die beiden Zimmer im obern Stock in wohnbaren Stand setzen: neue Fußboden, und neue Fensterbänke, wenn es nöthig ist, nicht durch Emmel, sondern durch einen Schreiner der in der groben Arbeit geschikt ist, u besonders der es gleich fertig macht. Neue Thüren sind in Ihrem ehemaligen Schlafzimmer auch vielleicht nöthig. Auch das Cabinet neben an neu zu dielen. Dann Ausweißen, tapezieren mit einem ganz leichten hellen und wohlfeilen Papier – keine Lambris sondern unten am Boden bloß eine schmale Leiste, dann müssen die Fensterrahmen, Fensterbänke, Thüren mit Oel weißer Oel<2>farbe angestrichen werden. Das Mittelzimmer nach vorn hinaus soll das Arbeitzimmer der jungen Herren seyn, da muß ein Ofen gesetzt werden, in Georgs ehemalige Stube auch. Dann Vorhänge an die Fenster, die können wohl aus den alten Vorhängen unten gemacht werden. Doch Sie werden das alles bestens zu machen wissen. Die Fußboden werden nicht angestrichen, u so ~~unleserlich~~ denke ich, da nur wenig mit Oelfarbe angestrichen ⌜wird⌝, daß man mit ~~Einheiß~~ Einheitzen den Geruch bald wegbringen kann. Bringen Sie auch ein drittes Bett in Ordnung, Bettstelle von polirtem Nußbaumholz vom Emmel, Matratzen, Strohsack, Bettdecken pp Wenn es nöthig ist, so gehen Sie auf einen Tag nach Cöln, um Sachen einzukaufen –

auf meine Rechnung versteht sich. – Ich will durchaus, daß Sie das Zimmer hinten hinaus im ersten Stock behalten, es schickt sich so am besten für die Haushaltung. Ich schreibe Ihnen heute in großer Eil, aus einem Landsitze 6 Meilen weit von London, wo ich zum Besuche bin – über 8 Tage empfangen Sie einen ausführlichen Brief. Leben Sie recht wohl, ich wünsche von ganzem Herzen Sie in guter Gesundheit anzutreffen.

AWvSchlegel

17   AUGUST WILHELM VON SCHLEGEL AN MARIA LÖBEL

London d. 4ten Nov. 1823.

Meine liebe Marie! Ich habe Ihnen vor acht Tagen geschrieben, ich hoffe, der Brief wird richtig bestellt seyn, ich war damals abwesend von der Stadt. Ich schrieb, Sie möchten die beiden Zimmer im obern Stock in wohnbaren Stand setzen lassen, weil ich vielleicht zwey junge Engländer mitbringen würde, die ich zu mir ins Haus nehmen wollte. Die Väter der beiden Knaben, welche meine sehr großen Freunde sind, haben nun beschlossen sie erst auf nächste Ostern nach Bonn zu bringen, welches mir auch lieber ist, weil ich dann alles für mich und sie bequemer einrichten kann. Die Schreiner=Arbeit mit dem neuen Fußboden und was sonst dazu gehört, kann immerhin fortgesetzt werden, nur ist es nicht nöthig Ofen zu setzen, und das Tapeziren, mahlen und so weiter kann bis zu meiner Ankunft ausgestellt bleiben. Vielleicht werde ich ja auch während des Winters mit Hrn. Nettekoven einig, und dann könnten die jungen Herren mit dem Hofmeister, den ich zu ihrer Aufsicht anstellen werde, in dem Hinterhause wohnen: So viel Ehre und Höflichkeit mir auch hier erzeigt wird, so angenehm mir die Reise hieher in der Gegenwart ist und in der Zukunft werden wird, so verlangt mich doch herzlich nach Hause. ~~Ind~~ Ich denke immer gegen den 20sten Nov. einzutreffen, indessen habe ich noch vielerley zu thun und in Ordnung zu bringen. Ich will vorher noch nach der berühmten Universität Oxford reisen, wo ich nothwendig einiges sehen muß; die vorige Woche war ich in der andern Universität zu Cambridge und in der Ostindischen Lehranstalt. Ich bin vollkommen gesund, u habe mich lange nicht so gut befunden. Ich hoffe von Ihnen, meine liebe Marie, das Gleiche, und freue mich darauf, durch Ihre Sorgfalt alles im besten Stande anzutreffen.
    Leben Sie unterdessen recht wohl.   AWvSchlegel

18   AUGUST WILHELM VON SCHLEGEL AN MARIA LÖBEL

Cassel d. 17ten April
Dienstag Vormittag 1827

Meine liebe Marie! ich bin gestern Mittag hier recht gesund und glücklich angekommen. Die erste Nacht bin ich durchgefahren. Dieß ist nun schon beinahe die Hälfte des Weges, Sie sehen also, daß ich geschwind reisen kann. Ich hoffe daß Sie auch recht wohl und gesund sind. Schreiben Sie mir nur gleich nach Berlin, bei Herrn Buchhändler Reimer, und melden Sie mir, wie es mit Ihnen selbst, und sonst mit allem steht. Ich hoffe, heute werden die Arbeiten in meinem Hause schon angefangen seyn. Ich verlasse mich darauf, daß Sie bei allem die Aufsicht führen werden. Es kommt besonders darauf an, daß die Sachen in der rechten Ordnung vorgenommen werden, und daß nichts vergessen wird. Sollte einer oder der andre Professionist von denen, die lange meine Kundschaft gehabt haben, nicht Wort halten und mich sitzen lassen, so haben Sie volle Macht, sogleich einen andern anzunehmen.

Ich habe etwas vergessen, sehen Sie zu, ob Sie es finden können. Vermuthlich liegt es in dem Wand=Secretär in meinem Studirzimmer, wenn sie die Klappthür ~~unleserlich~~ aufmachen, über den Schubfächern linker Hand. Ein kleines Lateinisches Büchelchen, in Papier geheftet, ich denke vier Exemplare. Auf dem Titel steht: <u>Animadversiones</u> – in <u>Aristophanis</u> Plutum, von August. Schlegel. Diese Drukschriften müßten Sie zu Hℓ. Buchhändler Weber bringen, und ihn bitten, sie mit dem Postwagen für mich an Herrn Reimer in Berlin schiken. Sind die Bücher nicht an dem angezeigten Orte, so müßten Sie sonst auf der Bibliothek und überall suchen.

<2> Wenn Briefe für mich ankommen, so brauchen Sie sie für jetzt nicht abzuschicken. Wenn ein Amtssiegel darauf ist, so bleiben sie überhaupt liegen. Von andern Briefen melden Sie mir nur, was für ein Stempel darauf steht, woher sie kommen.

Gehen Sie doch zu Hℓ. Hofagent Wolff, machen Sie ihm meine besten Empfehlungen, und sagen Sie ihm, daß mir die Reise recht gut bekommt, wiewohl das Wetter ziemlich rauh gewesen ist.

Nun, leben Sie recht wohl, meine liebe Marie, das wünsche ich von ganzem Herzen.

AWvS

19   MARIA LÖBEL AN AUGUST WILHELM VON SCHLEGEL

Bonn tn 23 Abrill
1827

Hochgeehrter Herr Professor ¡

ich habe dero werthen brieff von 17ᵗⁿ Abrill mit Vergnügen Erhalten, es freud
mich unentlich das Schonn die hälfte der Reiße gesund und Wohl zurück gelegt,
ich hoffe und Wünsche von Herzen das dieser brief Sie Ehen so gesund und
Wohl in Berlin treffen wird, ich bin auch noch Wohl die Arbeit hir im Hauße
hat gleich nach denn Feyärtägen ihren Anfang genomen der Neuer botten ist
sehr gerstin die Schreiner sind fleißig in Arbeit, um ihn wieder in ortung zu
bringen, die teppig sind gehörig Ausgeklopf und Versorg, ich werde nicht Auf-
horen an denn Schreiner zu treiben das der Wild so geschwinde wie möglich
Anfangen kann um das es zeit zum gehörigen Austrucknen hat hir im Hauße ist
biß jetz noch alles in bester ortung die Pferde sind auch noch gesund, die Spie-
gell sind auch glücklich in Cölln Angekommen, ich habe auch die büchelcher
wovon Hℓ Professor mir denn Auftrag gegeben gleich nach buchhändler ruber
getragen ich tencke das Sie Schonn in Berlin Angekommen sind¡ <2> hir folgen
2 brieffe weill Sie sehr dünn sind habe ich Sie mit Eingeschlagen
    Vielle Empfehlungen von Herrn Hofagent Wolff Leben Sie Rech Wohl
werthter Herr Professor so wie es ihnen von Herzen wünschet

Maria Löben

Auch das kleine Marichen Empfehlt Sich bestens

20   AUGUST WILHELM VON SCHLEGEL AN MARIA LÖBEL

Berlin d. 29sten April
1827.

Meine liebe Marie! ich habe Ihren Brief vom 23sten April gestern Abend richtig empfangen, und mich sehr gefreut, daß Sie noch gesund sind, und daß alles in meinem Hause gut steht. Ich bin vorgestern Abend etwas müde, aber sonst in bester Gesundheit hier angekommen. Ich habe mich unterwegs drei Tage in Cassel, zwei Tage in Göttingen, einen halben Tag in Gotha, und zwei Tage in Weimar zugebracht. Überall bin ich sehr wohl aufgenommen worden u habe viel Vergnügen gehabt. Von Weimar bin ich 35 Meilen weit in Einem Streiche Tag und Nacht durch bis hieher gefahren; es ist mir aber dennoch vortrefflich bekommen. Hier bin ich nun schon zu Besuchen gestern so viel herum gelaufen, und heute herumgefahren, daß mir davon ganz wirblich im Kopfe ist.

Wie lange ich hier bleiben werde, kann ich noch nicht sagen: so bald darüber etwas näheres bestimmt ist, will ich es Ihnen melden. Treiben Sie die Arbeiter nur recht, besonders mit dem Malen der Fußboden; auch das Hintergebäude darf nicht vergessen werden. Sie wissen ja, wie ich alles zu haben wünsche, so daß ich nicht im einzelnen darüber zu schreiben brauche. – Mir wird überall viel Ehre erwiesen: in Weimar hat der Großherzog, da ich um Erlaubniß bat, ihm aufwarten zu dürfen, ⌜mich⌝ sogleich zur Tafel eingeladen, wo ich dann mein Hofkleid habe gebrauchen müssen. Ich erneuere viele alte angenehme Bekanntschaften und mache neue, auch ist die Reise in mancher Hinsicht mir sehr nützlich. So gut wie zu Hause habe ich es jedoch nirgends, ich denke oft daran zurück, und Ihnen, meine liebe Marie, verdanke ich diese vortreffliche Einrichtung meines Hauswesens. Nun leben Sie recht wohl, und bleiben Sie hübsch gesund: das wünsche ich von Herzen.

AWvS

Gehen Sie doch zu dem Hrn Hofagenten, machen
Sie ihm viele Empfehlungen, u sagen Sie ihm, ich
würde nächstens an ihn schreiben. – Heute habe ich
schon bei Hrn Staatsminister von Humboldt zu
Mittage gegessen.

21   AUGUST WILHELM VON SCHLEGEL AN MARIA LÖBEL

Berlin d. 6ten Mai
1827.

Es sind nun acht Tage, meine liebe Marie, seit ich hier bin, u dieß ist das zweitemal, daß ich Ihnen von hieraus schreibe. Von Ihnen habe ich erst Einen Brief ~~von Ihnen~~ empfangen. Ich hoffe Sie werden nicht versäumen, mir alle acht Tage zu schreiben: es liegt mir gar zu viel daran, Nachricht zu haben, daß Sie noch gesund sind, und daß in meinem Hause alles gut steht. Ich befinde mich vortrefflich wohl, die Lebensart auf der Reise, die beständige Bewegung scheint mir sehr gut zu bekommen. Heinrich meynt, ich sei seit meiner Abreise noch stärker geworden. Ich habe schon erstaunlich viel Besuche gemacht, ich werde viel eingeladen, und man erzeigt mir alle mögliche Ehre. Wie lange ich hier bleiben werde, kann ich noch nicht mit Gewißheit sagen: ein paar Wochen gewiß, es kann vielleicht auch länger dauern. Sobald ich selbst es weiß, sollen Sie es auch erfahren. Über das Bauwesen u die Einrichtungen im Hause schreibe ich nicht im einzelnen: Sie wissen ja schon alles, und werden die Arbeiter gut zu leiten wissen. Haben Sie daran gedacht, ein Faß Bacharacher Bier durch Bestellung des Herrn Hofagenten kommen zu lassen? Ein Faß Ingelheimer Wein brauche ich auch. Ich habe es dem Handelsdiener des Weinhändlers D a e l in Mainz mündlich gesagt; wenn aber nichts ankommt, müßte es wohl erinnert werden. Sobald Sie Geld brauchen, gehen Sie nur zu dem Herrn Hofagenten, und fodern <2> Sie dreist; lassen Sie sich nichts abgehen. – Heinrich hat von der Kälte und rauhen Luft; die er Nachts auf dem Kutscherbocke ausgestanden hat, einen ganz geschwollenen Mund bekommen. Ich werde ihn wohl hier behalten, es ist zu weitläuftig mit dem Zurückreisen, auch kann ich ihn auf der Reise wegen des Packens nicht gut entbehren. Wenn es warmes Wetter ist, muß der Reitknecht die Pferde in die Schwemme reiten. Schicken Sie ihn auch zu dem Herrn Stallmeister G ä d i c k e, er soll ihm mein Compliment machen, ~~ih~~ und ihn von meinetwegen bitten, das braune Pferd wieder etwas in die Schule zu nehmen, und es etwa wöchentlich zwei oder dreimal in einer beliebigen Stunde in der Bahn zu reiten. Der Reitknecht muß es dann hinführen: es möchte sonst wild werden und sich Unarten angewöhnen.

Nun leben Sie recht wohl, meine liebe Marie, grüßen Sie Ihre kleine Nichte von mir. Schreiben Sie mir ja fleißig, wie ich es auch thue.

AWvS.

Den beiliegenden Zettel
geben Sie dem Pedell Krüger,
daß er ihn am schwarzen Brette
anschlägt. – Hr. Lassen wird
in wenigen Tagen von hier abreisen,
u Ihnen von mir Nachricht mitbringen.

22   MARIA LÖBEL AN AUGUST WILHELM VON SCHLEGEL

Sr. Hochwohlgeboren
Herrn Professor von Schlegel
Abzugeben bei Herrn
buchhändler Reimer
        in Berlin

Bonn tn 12ᵗⁿ Mäÿ
1827

Werthester Herr Professor ¡

ich habe ihren brief von 29ᵗⁿ Abrill wie auch jenen von 6ᵗⁿ Mäÿ Richtig Erhalten
ich wolte nicht gerne ehender Antworten, um noch mehreres über die Arbeit hir
im Hauße, berichten zu können das Sie Werthter Herr Professor sich Wohl und
gesund befinden freud mich unentlich
ich bin auch noch Wohl mit der Arbeit geht es auch so zimlich die Schreiner
haben gar vielles was mann nicht voraus sehn kontte zu Arbeiten bekommen,
mit den Flügel tühren ist besonders vielle Schwierigkeit weill die sich sor sehr
verzogen haben das zimmer nach dem hoffe ist fertig tappizirt der Wild hat
heute an der lamppireÿ angefangen Anzustreichen könftige Woche wird der
boden erst vorgenommen die 3 böden nach der strase sind nun 2 mall überstrichen und zum 3ten mall bald trucken gnug der Spiegel für auf das mittel zimmer ist auch von Coeln mit der kleiner Rahm fur das gemälte Angekommen
<2> mein Einzies tencken und streben ist nur alles zu treiben das Sie Werther
Hℓ Professor Nach Wunsch Alles in gröster ortnung finden, Wenn nur die Wie-
derung günstig und es zeit hat für Recht aus zutruckenen welches die haub Sache von allen ist, das bacharacher bier habe ich bei Hℓ Hoffagenten bestelt
Ingelheimer Wein ist biß jetz noch nicht Angekommen ich meine es Wäre ü-
berflüßig das braune Pferd nach dem stall meister zu Sicken indem der Reitknecht alle tage Eins ums andere heraus Reitet wie ich Anters nicht sehe so
werden Sie sehr gut gepflegt und sehen sehr gut aus es ist auch Schonn Eine
Karre heu gekauft worden ich habe Schonn vor Einigen tägen geld bei Hℓ
Hoffagenden geholt, ich hoffe bald Etwas bestimbtes zu hören wann Sie Werther Hℓ Professor Willens sind zurück zu kommen ich könte mich dann in Allen
Einrichtungen darnach Richten, nun bitte ich Rech sehr wenn es nur immer
möglich meinen Schwager in betreff seiner Angelegenheit nicht zu Vergesen,

auch vielle grüßse von der kleiner Marichen Sie liegt alle tage an mir und mögte auch gern an Hℓ Professor Schreiben

Nun leben Sie Rech Wohl Werther Hℓ Professor Welches Ihnen von Herzen Wünschet

Marie Löben

23   AUGUST WILHELM VON SCHLEGEL AN MARIA LÖBEL

Berlin d. 12ten Mai
1827.

Meine liebe Marie! Es ist nun gerade vierzehn Tage, seit ich hier angekommen bin; folglich vier volle Wochen, seit ich von Bonn abreiste. Doch habe ich erst einen einzigen Brief von Ihnen empfangen. Mich verlangt sehr darnach, wieder einen zu haben, ~~3¼ unleserliche Zeilen~~. Es ist nun gewiß, daß ich noch im sieben bis acht Wochen hier bleiben, und zwölf Vorlesungen halten werde. Vor der Mitte des Monats Julius hoffe ich aber in Bonn zurück zu seyn. Für die kurze Zeit wäre es viel zu weitläufig meine Pferde kommen zu lassen, oder gar mir eigne Haushaltung einzurichten, wozu ich auch fast keine Gelegenheit habe, da ich beständig zu Gaste geladen bin. Sie brauchen in Bonn noch niemanden zu sagen, wie lange ich ausbleibe. Wenn Sie Geld für die Haushaltung, oder zur Bezahlung kleiner Rechnungen nöthig haben, so begehren Sie es nur dreist von dem Hrn. Hofagenten. Sollten die Professionisten, ~~R~~ deren Rechnungen noch ausstehen, Zahlungen verlangen, so melden Sie es mir, damit ich Anstalt dazu treffe.

Ich hoffe, die Arbeiten im Hause werden unter Ihrer Leitung schon weit vorgerückt seyn. Wenn es <2> noch möglich ist, so wünschte ich wohl, der Boden des Speisesaals unten möchte ganz wie eingetäfelter Boden gemahlt werden, in lauter Quadraten, übereck getheilt, gelb und braun. Ich habe hier einen solchen wirklich getäfelten Boden gesehen, u es hat mir sehr gefallen. Sie werden dem Stallmeister schon von meinetwegen gebeten haben, das braune Pferd zweimal wöchentlich zu reiten. Es wäre gut, wenn er sich auch den Schimmel zu weilen ~~Pf~~ vorführen ließe, um zu sehen, ob er noch gesund und in gutem Stande ist.

Nun, leben Sie recht wohl, u grüßen Sie von mir Hrn Lassen, u Ihre kleine Nichte. Auf den Herbst, sollen Sie, denke ich eine kleinere hübsche Reise machen. Bleiben Sie nur recht gesund, u lassen Sie sich nichts abgehen.

24   AUGUST WILHELM VON SCHLEGEL AN MARIA LÖBEL

Berlin d. 14ten Mai
1827

Meine liebe Marie! Ich habe Ihnen vorgestern geschrieben, der Fußboden im ~~Speissaal~~ Speisesaal unten möchte mit Quadraten angestrichen werden: Dieses ist aber aus Versehen geschehen. Dieser Fußboden muß getäfelt bleiben wie er ist, u von neuem so gut wie möglich in Wachs gesetzt werden. Aber das Muster, was ich im Sinne habe, könnte für das Zimmer über der Küche nach hinten hinaus gebraucht werden. Ich habe ein Muster davon beigelegt. Die Quadrate müßten abwechselnd hellgelb u hellbraun werden, wie zwei verschiedene Arten Holz; die Quadrate, etwa von 15 Zoll an jeder Seite müssen aber sehr genau abgemessen, u mit scharfen geraden Linien geteilt seyn.

Vergessen Sie nicht, die Matrazen in meinem Bett neu stopfen, aber jede in zwei zertheilen zu lassen. Alsdann müßte Kattenpaz in dem Boden des Bettes Stahlfedern einrichten.

Es versteht sich, wenn Meister Wild die Fußboden schon anders angemahlt hat, so müssen sie bleiben wie sie sind.

Ich bin recht unruhig darüber, daß Sie gar nicht schreiben. Wenn Sie nur wohl und gesund sind. Ich verlange wöchentlich wenigstens Einmal Nachricht

Meine besten Grüße   AWvS

25   AUGUST WILHELM VON SCHLEGEL AN MARIA LÖBEL

Berlin d. 22sten Mai
1827.

Meine liebe Marie!

Ihren Brief vom 12ten Mai habe ich vor ein paar Tagen empfangen, und mich herzlich darüber gefreut, denn ich hatte mich wirklich schon recht darüber ge-ängstigt, daß die Nachrichten vom Hause ausbleiben. Verschieben Sie das Schreiben ja nicht wieder so lange, wenn auch nichts weiter zu melden ist, als daß Sie gesund sind, u daß im Hause alles wohl steht.

Ich hätte Ihnen sogleich geantwortet, wenn ich nicht gerade sehr beschäftigt gewesen wäre, da ich gestern Vorlesungen zu halten angefangen habe, die recht zahlreich besucht werden.

Mit den Pferden, meine liebe Marie, das verstehen Sie nicht recht. Daß der Stallknecht den Braunen spazieren reitet, ist wohlgut aber nicht hinreichend: er muß regelmäßig geritten werden, damit es er nicht eigenwillig und ungehorsam wird und fehlerhafte Gewohnheiten annimmt. Ich habe deswegen ein Briefchen an den Hrn. Stallmeister beigelegt, daß das Sie sogleich absenden müssen, damit die Sache in Gang kommt.

Ich bin überzeugt, daß Sie die Arbeiten der Professionisten in meinem Hause sorgfältig und mit guter Einsicht leiten werden. Meine Anweisung wegen der Art, wie ich den Fußboden in meinem Studirzimmer über der Küche angemalt zu haben wünsche, wird wohl noch zu rechter Zeit eingetroffen seyn.

Den getafelten Fußboden in dem Speisesaal <2> lassen Sie doch wieder in Wachs setzen, wenn es irgend möglich. Hier versteht man sich vortrefflich dar-auf, und ich sehe in den Häusern, wo ich zu Gaste bin, so schöne getäfelte Fuß-boden, daß mich eine rechte Lust darnach anwandelt, auch einen solchen zu haben, da sonst mein Haus in andern Stücken hübscher ausgeputzt ist, als hier selbst vornehme Häuser zu seyn pflegen.

Die Gesellschaftszimmer unten sind fleißig zu lüften, damit keine Motten in die Möbeln und den Teppich kommen.

Wenn der Kaufmann D a e l in Mainz auf meine mündliche Bestellung noch kein Ohm Ingelheimer geschickt hat, so muß es nun bis zum Herbste unterblei-ben, denn die Jahrszeit ist zu weit vorgerückt, u das Faß möchte von der Hitze leck werden. Ich will also nicht mehr deßhalb schreiben. Ich finde ja noch an-dern Weinvorrath genug vor, wenn ich nach Hause komme.

Wiewohl ich hier eine ganz andre Lebensart führe wie zu Hause, viel zu Gas-te gehe, auch wohl des Abends, was ich jedoch so viel möglich vermeide, so ist meine Gesundheit doch so vollkommen, wie sie lange nicht gewesen. Indessen sehne ich mich bei allem Guten was mir wiederfährt, immer nach Hause zurück. Meine Vorlesungen werden im nächsten Monat beendigt seyn, u dann werde ich mich auch sogleich auf den Weg machen.

Die Angelegenheit Ihres Schwagers habe ich nicht vergessen, sondern schon gehörigen Orts vorgetragen und nachdrücklich empfohlen. Sobald ich erfahre, ob <3> es möglich ist, daß sein Wunsch erfüllt werde, werde ich Ihnen Nachricht darüber ertheilen.

Hoffentlich ist Hr. Lassen glücklich und gesund angekommen. Bestellen Sie ihm meine besten Grüße.

Sie gehen ja wohl in diesen Frühlingstagen auf einige Tage nach Siegburg zu Ihrer Schwester. Hr. Lassen wird unter dessen auf das Haus Acht haben.

Lassen Sie sich ja nicht aus Sparsamkeit an guter Kost etwas abgehen, was zur Gesundheit nöthig u dienlich ist. Ich schreibe an Hrn Hofagenten, daß er Ihnen gegen Ihre Quittung so viel aus zahlen möge als Sie verlangen. Wenn sich Leute um Zahlungen wegen rückständiger Rechnungen melden, so geben Sie mir sogleich davon Nachricht.

Leben Sie recht wohl u gesund, das wünsche ich von ganzem Herzen mit recht treuer Gesinnung

AWvS

Ich wohne jetzt:
Dorotheen Straße Nr. 63
Dahin können Sie die Briefe gerade zu
adressiren, oder auch nach Belieben
bei Hrn. Buchhändler Reimer.

26   MARIA LÖBEL AN AUGUST WILHELM VON SCHLEGEL

Sr. Hochwohlgeboren
Herrn Professor von Schlegel
Abzugeben bei Herrn buchhändler
Reimer
           in Berlin

Bonn tn [24. Mai 1827]

Werthtester Hℓ. Professor ¡

ich habe beite brieffe von 12ᵗⁿ und 14 Mäÿ Richtig Erhalten meinen letzten
brieff von 10ᵗⁿ hoffe ich wird auch angekommensein es freud mich noch unentlich das Sie lieber Hℓ Professor noch Wohl und gesund sind ich bin auch noch
gesund,
das ich aber niemant etwas davon sagen solte das Sie so lange Ausbleiben ist
umsonst, die leude Wießens beser wie ich alle zeitungen sind davon voll¡
mit dem fußboden Anmahlen ist es Schonn zu spätt weill Sie vollständig fertig
sind, es ist Schate dieses muster würde sich Schönn Ausgenomen haben Wie
wohl, Sie auch so wie Sie gemahlt sind, Recht Schönn geraden und Hℓ Professor
gwiß gefallen werden mit denn Matratzen ist es auch zu späth Diese sind auch
Schonn fertig ich habe Sie alle wie Sie hir im Hauße sind Aufmachen laßen weill
es sehr Nöthig war ich habe Hℓ. stallmeister denn gruß von Hℓ Professor sagen
laßen heute ist er zum Ersten mall hir gewesen er hat die Pferde im gutten stand
gefunden er will diese Woche denn braunen Reitten dieses ist so glatt und tick
das mann sich darinn spiegeln kann der Mann Pflegt Sie sehr gut und giebt Sie
vielle Mühe damit, welches er auch gewiß gut thun kann weill er anders nichts
zu thun hat <2> das bacharacher bier ist auch Angekommen und liegt Schonn
in Krügen auch Eine Ahm Engelheimer Wein Welche ich auch in Nächsten tagen in Flaschen Abziehen Will Herr Laßen ist noch nicht Angekommen welches
mir Auffalet ist, weill Hℓ Professor im letzten brieff Einen gruß an ihn geschrieben folglich ist er ja Schonn lange von Berlin Abgereiset nun leben Rech Wohl
bester Hℓ Professor so wie es im von ganzer Seele wünschet

M.. L.

Auch vielle grüße von meiner kleiner Nichte.

27 AUGUST WILHELM VON SCHLEGEL AN MARIA LÖBEL

Berlin d. 30sten Mai 1827

Meine liebe Marie! Mich verlangte schon wieder recht sehr nach einem Briefe von Ihnen, als ich heute Morgen den dritten bekam: ohne Datum, auf dem Umschlage steht aber der Poststempel vom 24sten Mai. Vergessen Sie doch das Datum nicht. Ich freue mich von Herzen, daß Sie noch wohl und gesund sind, und daß im Hause alles gut steht. Ich kann es nicht begreifen, daß Hr. Lassen noch nicht angekommen war: ich denke, er wird sich etwa unterwegs aufgehalten haben; hoffentlich ist er doch nicht unterwegs krank geworden. Mir geht es immer so gut wie möglich, nur hatte eine Erkältung mir einen starken Catharrh und Heiserkeit zugezogen, so daß ich einen Tag, da ich den nächsten Tag wieder Vorlesung halten mußte, einen Tag lang zu Hause und zu Bett geblieben bin, um mich wiederherzustellen. Es fiel gerade auf den Tag, wo die junge Prinzessin von Weimar ihren feierlichen Einzug hielt, wovon ich also nichts gesehen habe; Heinrich wird aber davon erzählen können. Jetzt ist mein Schnupfen ziemlich vorüber. Ich habe schon drei Vorlesungen gehalten; neun bis zehn müssen noch gehalten werden, dann will ich auch sogleich die Rückreise antreten.

Ich meyne, ich hätte ausdrücklich im Voraus erinnert, daß jede Matratze von meinem Bett, bei Gelegenheit des neuen Stopfens in zwei getheilt werden sollte, da es aber nicht geschehen ist, so mag es nun so bleiben: Sie werden aber sehen, daß ich es nicht so bequem finden werde.

Ich vergaß zu bemerken, daß Bloeming zu dem großen Kaminspiegel sobald er ihn fertig verquickt hat, auch einen schicklichen vergoldeten Rahmen machen, und ihn mir nur mit diesem zurückschicken muß. Das Einsetzen kann bis zu meiner Zurückkunft verschoben bleiben. Oberhalb und zu beiden <2> Seiten, wo nachher zwei Wandleuchter hinkommen sollen, muß Täfelwerk angebracht und solches weiß lackirt werden. Haben Sie den Boden des Speisesaals nicht durch Lauschers Magd wieder in Wachs setzen lassen? Es muß doch nothwendig etwas daran geschehen, denn so, wie es ist, kann es nicht bleiben. Ist das Hintergebäude, wo der Verputz schadhaft war, ausgebessert, angemalt und das Bade-Cabinet ganz in Ordnung? Hier und in Cassel, wo es schöne Bade-Anstalten ~~hier~~ giebt, sind die Badewannen aus Zinn: das wäre wohl das beste gewesen, nun aber ist es nicht zu ändern. Wenn die Öffnung für den Abfluß nur gut in Ordnung ist. Das neue Stacket auf dem Hofe steht auch wohl schon. Vergessen Sie nicht, daß auf dem Absatz der Mauer gegen Falz zu Bretter zum Abfluß des Regens genagelt werden sollen. Nun für dieses Jahr ist die Arbeit am Hause wohl ziemlich beendigt: das obere Stock bleibt für künftigen Sommer.

Ich hoffe, Hr. Lassen wird vor Pfingsten in Bonn schon eingetroffen seyn, damit Sie ihm das Haus zur Verwahrung übergeben, und desto ruhiger auf die Feiertage nach Siegeburg gehen können.

Nun leben Sie recht wohl, meine liebe Marie. Mich verlangt von ganzem Herzen nach der Heimath, so viel schönes mir auch widerfährt Schreiben Sie fleißig, und bitten Sie von meinetwegen auch Hrn Lassen darum, ~~denn~~ den ich bestens grüße, so wie Ihre kleine Marie.

AWvS

28   MARIA LÖBEL AN AUGUST WILHELM VON SCHLEGEL

Bonn tn 31 Mäÿ
<u>1827</u>

Werthtester Hℓ. Professor ¡

ihren lieben brief vom 22 Mäÿ habe ich Richtig Erhalten es freud mich unentlich das Sie lieber Hℓ Professor noch Wohl und gesund sind, welches von allen
Antern Dingen das beste ist ich bin auch noch gesund, mit denn Arbeiten im
Hauße geht es nun Auch vorwerths, Wiewohl nicht ohne Einige Mühe die
Handwerker zu treiben wie immer die gewohnheit war, besonders wo es jetz
bekant ist das Sie läger Ausbleiben, dieses kontte ich gleich an Wild und Emmel
merken gestern habe ich die Küche in Arbeit Nehmen laßen, welches auch gewiß
sehr Nöthig war die Pferde sind Auch noch gesund, Sie werden fleißig mit Klie
gefüttert welches ihnen sehr Wohl bekömbt mann sieht Augenscheinlich wie Sie
dabei gewinnen und sehr Schönn Aussehn besonders denn braunen <2> Wenn
Sie lieber Hℓ Professor mir doch Einen gefallen tätten und kaufften in Berlin
Ein Maschinchen für feine fältcher in hemden Schurze zu machen ich höre von
jedem das solche daselbst nicht viell kosten und hir muß mann sehr viell dafür
zahlen nun leben Sie Recht Wohl Werthter Hℓ Professor so wie es ihnen von
ganzen Herzen wünschet.

Marie Löben

Hℓ Hoffagent hat seinen brief etwas zu Schwär gemacht mit Einem Schwären
Siegel und Cufert weßwegen ich ihn aufgemacht und meinen kleinen brief hinein
gesteckt, auch Einen Herzlichen gruß von meiner kleiner Nichte bald wär ich es
vergeßen auch vielle Herzliche grüße von Hℓ von Walder er war hir im Hauße.

29   MARIA LÖBEL AN AUGUST WILHELM VON SCHLEGEL

an
Sr: Hochwohlgebohren Hℓ. Professor
von Schlegel WohnungS
Auf der Dorotien Straße
Nº. 63
      in Berlin

Bonn tn 10 Juni 1827

So ehen sitze ich hir und Schreibe an Sie lieber Hℓ Professor als Herr Lßaße mir
ihr liebes kleines brieffchen von 6ᵗⁿ June überbrachte der Inhalt machte mir
sehr vielle Freude weill aus selben so vielle gütte und Wohlwollende gesinnungen hervor gehn, ich bin biß jetz noch gesund und Wohl das Hauß ist Auch nun
fertig gemahlt und trocken der Hoff ist nun Allerliebst durch das Neue Spallir,
ich habe Auch Einen Abschluß für die hünner machen laßen, welcher Einem
jeden gefält der ihn nur seht, ich weiß gewiß das Sie lieber Hℓ Professor an allem was in ihrem Hauße vorgenohmen worden freude haben werden
    von den Profeßionnißten hat noch keiner geld begehrt Als Meister Emmel
wenn es sein köntte ihm 100 oder auch 80 Thaller Auf seine Rechung zu kommen zu laßen er hätte sehr große Auslagen für Holz zu kauffen ich War auch zu
Sigburg bei meiner Schwäster die hatte Eine ungemeine freude als ich ihr sagte
das Hℓ Professor die gütte gehab die Angelegenheit von Danko auf gehöriger
stelle zu Empfehlen, Sie meinte es köntte nun gar nicht mehr fehlen
<2> Wenn Sie Werthter Hℓ Professor Etwas EntscheiDentes darüber vernehm-
men solten so bitte ich Recht sehr mir doch gleich darüber zu Schreiben denn es
hängt viell vortheill für die gutten leude davon ab mehr wie mann glaubt
Hℓ Laßße will auch Nächstens wieder Schreiben und grüßet Hℓ Professor viell-
mals er hat mir diesen beiliegenden brieff zum Einschlagen gegeben Auch das
kleine Marichen grüßet und Wünschet von ganzem Herzen Hℓ Professor bald
wieder zu sehn nun leben Sie Recht Wohl bester Hℓ Professor so wie es ihnen
wünschet

Marie Löben

30   MARIA LÖBEL AN AUGUST WILHELM VON SCHLEGEL

an
Sr: Hochwohlgebohren
Herrn Professor von Schlegel

Bonn tn 17 June [1827]

mein letzter brieff welcher ich an Sie Werthter Hℓ Professor geschrieben war vom 10^{tn} oder 11 June worin ich bemerckte das Meister Emmel Auf seine Rechnung 100 oder 80 Thaller gerne Ausgezahlt hätte, und nun war Schloßer Rödchen vorgestern auch hir und wünschte wenn es nur immer möglich wäre 200 Thaller weill ihm wie er sagte Ein Vorfall gekommen wäre wo er Höchst nöthig geld brauchte, ich habe von Hℓ Laßßen das brieffchen von 10 June Erhalten. Wie Herzlich freue ich mich das Sie bester Hℓ Professor noch Wohl und gesund sind, ich bin auch noch gesund – ich und das kleine Marichen Empfehlen sich ihnen bestens.

M. L

31   August Wilhelm von Schlegel an Maria Löbel

_{⌐Berlin⌐} ~~Bonn~~ d. 25. sten Jun.
1827.

Meine liebe Marie! Ich schreibe Ihnen heute nur in aller Eil wenige Zeilen, um die Besorgungen nicht zu versäumen. Lesen Sie die Einlagen, dann drücken Sie eine Oblate darauf u besorgen die Bestellungen. Sie werden sehen, daß ich eine Einrichtung getroffen habe, um die Meister Röttgen und Emmel zu befriedigen.   Sie haben vergessen mir zu melden, wie viel Geld Sie seit meiner Abreise beim Hofagenten genommen. Es ist nur um zu wissen wie ich mit ihm stehe, denn ich billige im voraus alles, was Sie thun. Auch wünsche ich, daß Sie sich ja nicht aus Sparsamkeit etwas abgehen lassen; wenn etwa kleine ausstehende Rechnungen zu bezahlen sind u gefodert werden, so thun Sie es ebenfalls. Ich muß meinen guten Credit behaupten.

Hrn. Lassen danke ich bestens für seinen Brief, und bitte ihn Hrn. Thormann oder Wind.mann ~~unleserlich~~ zu sagen, der Papier-Fabricant in Düren möge nur mit der Fabrication des Velin-Papiers für den zweiten Band des R a m a y a n a fortfahren, so lange die Jahrszeit günstig ist: Die Bezahlung solte er gewiß auf Neujahr, vielleicht noch früher erhalten. <2> Wenn Sie mir sogleich antworten, so wird Ihr Brief mich wohl noch hier treffen. Adressiren Sie aber wieder an Herrn Buchhändler R e i m e r, damit mir der Brief nach Dresden nachgeschickt wird, wenn ich etwa schon abgereist wäre.

Mich verlangt recht sehr nach Hause, sonst bin ich gesund u wohl, und habe viel Vergnügen.

Heute ~~halt~~ habe ich eben die eilfte Vorlesung gehalten; aber ich werde wohl zwei mehr halten müssen als ich angekündigt hatte, um die Sache zu einem gehörigen Schlusse zu bringen. Ich denke den Mittwoch über acht Tage, den 4ten Jul. fertig damit zu seyn, u dann werde ich meine Abreise möglichst beschleunigen. Der Besuch in den Vorlesungen ist immer gleich zahlreich und glänzend.

Ich habe mich schon bei den Juwilieren umgesehn: ich will Ihnen ein hübsches Kreuz von Amethysten mitbringen, das wird zu Ihren Ohrringen passen. Wenn ich Sie nur recht gesund antreffe! Ich herze und küsse in Gedanken die kleine Mariann. Leben Sie recht wohl meine liebe Marie.

32   MARIA LÖBEL AN AUGUST WILHELM VON SCHLEGEL

Bonn tn 28tn Juni
1827

es ist Schon sehr lange das Sie lieber Herr Professor nicht geschrieben welches
mich sehr beunruhig, ich habe in der zeit Schonn 2 brieffe geschrieben ich hoffe
doch gewiß das Sie lieber Herr Professor noch gesund und Wohl sind, hir im
Hauße ist noch alles gesund Sie haben die güte gehab mir in ihrem letzten brieffe die Wahl zu laßen was Sie bester Hℓ. Professor mir mitbringen wolten Ein
Kreutz oder Armbändchen Wenn ich bitten tarff so wünschte ich Armbändcher
Anbei folgt das Maß von meinem Arm
ich habe in Meinen letzten 2 briefen wegen Emmel und Rödchen geschrieben,
worüber ich auch gerne Antwort haben mögte, Auch wünschte ich gerne etwas
bestimbtes zu wießen wann Sie lieber Hℓ Profℓ ihre Rückreiße Antretten, ich
freue mich Herzlich Sie bald wieder gesund und Wohl in unserer Mitte zu sehen,
leben Sie indeßen Recht Wohl und beruhigen Sie mich bald mit Einem Schreiben.
Auch vielle Grüße von   Marie. L
Hℓ. Laßßen

33 MARIA LÖBEL AN AUGUST WILHELM VON SCHLEGEL

Bonn tn 30 June
1827

Werthtester Hℓ Professor ¡

mein letzter brief welcher ich geschrieben war von 26 June ich tencke das selbiger heut oder morgen Ankommen wird, ich habe zwar das Maß für Armbändchen überschickt wenn aber vielleicht Ein Kreuz Schonn gekauft ist so ist es mir Auch Recht so kann ich mir noch immer in zukunft Armbändcher kauffen —
ich habe heute denn brief von 25 June Erhalten und die beite Einliegenden brieffe an Hℓ Spitz und Hoffagenden gleich besorgt morgen werden Schon Emmel und Rödchen von Hℓ Hoffagent Ausgezahlt, ich freue mich Herzlich das Sie lieber Herr Professor noch gesund sind, und bald ihre Rückreiße Antretten ich bin auch noch immer gesund und Wohl, Hℓ laßßen ist heute Brumufirt worden, leben Sie indeßen Recht wohl bester Herr Professor biß baldiges wiedersehen

M.. L

<2> Herr Professor Wünschte zu Wießen wie viell ich bei Hℓ Hoffagend in der zeit an geld Aufgenohmen ich habe 2 mall Aufgenohmen und jedeßmall 100 Thaller ich wolte nicht so viell auf Einmall haben, er hat es mir aber Aufgetrungen ich habe sehr vielles davon bezahlt welches ich auch gehörig mit quittungen beweißen werde, ich habe aber von heute an noch 87 Thaller vorraht in Cassa.

34   AUGUST WILHELM VON SCHLEGEL AN MARIA LÖBEL

Berlin d. 24 sten Jul
1827

Meine liebe Marie, ich bin eben im Begriff in den Wagen zu steigen – ich nehme meinen Rückweg über Hamburg, Harburg, Hannover und Münster. Wiewohl ich Sie gebeten hatte mir auf alle Fälle unter Herrn Reimer's Adresse, noch hieher schreiben, so habe ich doch in der letzten Zeit keinen Brief mehr erhalten. Schreiben Sie mir augenblicklich nach Empfang dieses, mit der Adresse: in Hannover bei Hrn. Rath und Consistorial=Secretär Schlegel. Versäumen Sie es ja nicht, ich würde mich sonst sehr beunruhigen. Ich hoffe, daß Sie recht gesund sind, ich bin es auch, wenn mir nur Heinrich nicht unterwegs krank wird, er hat seit einiger Zeit viel geklagt. Nun leben Sie wohl – auf baldiges Wiedersehen!

AWvS

35 AUGUST WILHELM VON SCHLEGEL AN MARIA LÖBEL

Hannover d. 8 ten Aug
1827.

Meine liebe Marie! ich bin über Hamburg und Harburg, wo ich meine Verwandten besucht habe, glücklich und gesund wiewohl nicht ohne viele Beschwerde wegen der schlechten Wege hier angekommen, und habe mich sehr gefreut, Ihren Brief vom 29sten Jul. hier vorzufinden. In Berlin war ich durch verschiedene Umstände länger aufgehalten worden, als ich glaubte. Von hier gedenke ich übermorgen abzureisen; u dann gerade durch Westphalen nach Hause. Unterwegs werde ich mich so wenig als möglich verweilen. Ich bin sehr vergnügt über die Nachricht von Ihrem Wohlbefinden, u werde mich in meiner häuslichen Ruhe recht glücklich fühlen. Leben Sie tausendmal wohl – auf baldiges frohes Wiedersehen. Es geht doch nichts über die Heimath und das eigne Dach, wiewohl mich die Geschwister hier auf das beste bewillkommt haben.

AWvS

36   AUGUST WILHELM VON SCHLEGEL AN MARIA LÖBEL

Paris d. 12ten Sept
1831.

Meine liebe Marie,

Ich bin recht gesund und wohlbehalten hier angekommen, wiewohl ich die erste
Nacht auf einem sehr unbequemen Wege durchgefahren bin, und nachher starke Tagereisen gemacht habe. Die Eile war sehr nothwendig, denn wenn ich wenige Stunden später an der französischen Gränze angekommen wäre, so hätten
mich die Zollbeamten nicht mehr passiren lassen, u ich hätte müssen in einem
mit doppelten Pallisaden umgebenen Hause Quarantäne halten. Dann wäre ich
aber lieber umgekehrt, u durch die Niederlande nach England gereist. Es ist
aber so weit besser; ich bin hier in dem Hause des Herzogs von B r o g l i e auf das
freundschaftlichste aufgenommen. Schreiben Sie mir doch ja sogleich den
nächsten Tag wieder; ich wünsche lebhaft zu erfahren, daß Sie gesund und wohl
sind. Die Arbeiten im Hause werden Sie schon gehörig zu betreiben wissen. Meine Adresse ist:

À

Monsieur A. W. de Schlegel
chez M.ʳ de Duc de Broglie
Rue de l'Université No. 90
à

Paris

Frankiren Sie nicht, ich frankire auch nicht, so kommen die Briefe desto sicherer an. Grüßen Sie Hrn. L a s s e n von mir, u bitten Sie ihn mir baldigst alles neue
zu schreiben, auch von der Cholera.
Leben Sie recht wohl, ich bin mit meinen Gedanken oft zu Hause <*Fortsetzung
am Rand*> heute schreibe ich nur so in Eil, in ein paar Tagen sollen Sie einen
längeren Brief von mir empfangen – es ist mir nur darum zu thun, daß Sie sobald wie möglich meine glückliche Ankunft erfahren. Das Reisen ist mir sehr
gesund.

37   AUGUST WILHELM VON SCHLEGEL AN MARIA LÖBEL

Paris d. 16ten Sept.
1831.

Meine liebe Marie!

Ich habe Ihnen gleich den Tag nach meiner Ankunft geschrieben, aber noch keinen Brief von Ihnen empfangen, wonach mich doch recht herzlich verlangt. Vergessen Sie ja nicht, mir alle Wochen zu schreiben, und frankiren Sie die Briefe nicht. Vor allen Dingen melden Sie mir, ob Sie gesund sind, das ist die Hauptsache, dann wünsche ich auch zu erfahren, wie es im Hause steht, u ob die Arbeiten vorrücken. Mir hat selbst die etwas angreifende Reise wohl gethan, u die hiesige Lebensweise bekommt mir ganz vortrefflich. Auch finden alle Leute die mich sonst gekannt haben, daß ich wohler als jemals aussehe. Heinrichen scheint es ebenfalls gut zu gefallen, er hat hier im Hause die Wohnung, und freie Kost mit den Bedienten des Herzogs, und diese ist, wie er selbst erzählt sehr reichlich zugemessen. Ich habe schon viele Leute u Gegenstände gesehen, u bringe meine Zeit nützlich u angenehm zu. Ich bin zweifelhaft geworden, ob ich schon zu Anfange Octobers nach London abreisen soll; ich habe meine dortigen Freunde gebeten mir guten Rath zu ertheilen.

Leben Sie recht wohl, meine liebe Marie, u schreiben Sie mir oft, u über alles, was mich angeht.

AWvSchl

<2> Die Einlagen zu besorgen. Das offene Briefchen an Schelling geben Sie dem Commissionar Grossgarten, dessen Sohn mich darum gebeten hat.

Ich glaube Sie schon gebeten zu haben, alle an mich eingehenden Briefe zu öffnen u zu lesen; hiernach zu urtheilen, ob es der Mühe werth ist, sie hieher zu schicken. Sollte dieses nun der Fall seyn, dann schneiden sie alles unnütze Papier ab, u legen S sie den Ihrigen ein. Leben Sie nochmals wohl.

Meine Adresse werden Sie noch wissen

À

Monsieur A. W. de Schlegel
Rue de l' Université No. 90
chez M. le Duc de Broglie

à

Paris

Bitten Sie Hrn. Lassen, ein Exemplar von meinem Lateinischen Gedicht mit der Übersetzung unter kreuzweise herumgeschlagenen Papierstreifen zu senden an folgende Adresse:

À

Monsieur le Docteur Koreff
Place de la Madeleine 4

à

Paris

Die gedruckten Sachen, die unter Papierstreifen mit der Briefpost abgehen, müssen in Bonn zum Theil frankirt werden. Das legen Sie nur aus.

38 AUGUST WILHELM VON SCHLEGEL AN MARIA LÖBEL

Paris d. 30sten Sept.
1831.
Rue de l' Université 90.

Meine liebe Marie, ich war sehr erfreut, Ihren Brief vom 17ten Sept zu empfangen. Schreiben Sie nur oft, u immer recht ausführlich von Ihrer Gesundheit. Wir haben hier sehr schönes u warmes Wetter; wenn es in Bonn auch so ist, sollten Sie nur fleißig spazieren gehen. Da Sie das Baden einmal gewohnt sind, so sollten Sie auch zuweilen ein Bad nehmen, so lange die Witterung noch günstig ist: das pflegt Ihnen ja sonst immer gut zu bekommen. Ich bin hier so gesund, wie ich lange nicht gewesen bin; dieß kommt theils von der vielen Bewegung u Aufheiterung, theils von der auserlesenen u nahrhaften Kost, wobei ich jedoch sehr mäßig bin. Nur die Suppen sind bei mir zu Hause besser; das Fleisch ist so vortrefflich, wie es unsre Metzger u Hühnerpflücker gar nicht schaffen können.

Es ist mir lieb, daß der Wild in Arbeit ist. Ich wünsche daß die ~~Lack~~ weiße Lackfarbe, wo sie matt oder gelb geworden ist, überall neu überstrichen werden möge. Ich meyne, es zum Theil schon vor meiner Abreise gesagt zu haben. Zeit zum Austrocknen ist im Überflusse da, indem ich gewiß nicht vor Ende Novembers zurückkomme. Doch könnte es vielleicht auch noch später geschehen. Übrigens ordnen Sie alles für die Verbesserungen im Hause nach eigenem Gutdünken <2> Das Schieferdach des Hintergebäudes wird untersucht werden müssen; es hat vor meiner Abreise in Heinrichs Schlafzimmer durchgeregnet.

Ich bin schon viermal bei großen Mittagsessen gewesen, bei dem Preußischen, Österreichischen u Russischen Gesandten; auch bei der Baronin Salomon von Rothschild auf dem Lande, wo alles ganz herrlich eingerichtet war. Hier in der Familie speise ich alle Tage in der angenehmsten Gesellschaft. Ich habe also bis jetzt für Wohnung u Kost nicht zu sorgen; Meine Ausgaben sind bloß Wäsche, Wagen zum Ausfahren, Schauspiel u dergleichen. Indische Schnupftücher habe ich schon 10 Stück gekauft, auch seidne Strümpfe.

Am Sonntage werde ich bei einem großen Cirkel, der zum erstenmal in den Tuilerien gehalten wird, durch unsern Gesandten dem Könige vorgestellt werden.

Leben Sie recht wohl, meine liebe Marie u schreiben Sie mir oft.

AWvSchl.

39   AUGUST WILHELM VON SCHLEGEL AN MARIA LÖBEL

Paris d. 7ten Oct. 31.
Rue de l'Université 90.

Meine liebe Marie, ich befinde mich immer außerordentlich wohl, und bringe meine Zeit hier sehr angenehm, zum Theil auch auf mancherlei Art nützlich zu. Wie lange ich ausbleiben werde, kann ich noch nicht sagen: ich warte immer auf Briefe aus England. Auf jeden Fall, wenn ich auch nicht bis Ostern ausbleibe, werde ich doch ziemlich spät im Winter zurückkommen. Was die Vorräthe betrifft, so richten Sie sich nur darnach ein. Sie brauchen ja doch für sich und die beiden Mädchen, schwarzen Brand für den Ofen u die Küche, auch Sauerkraut u Kartoffeln: beides wird in der Jahrszeit, wo ich zurückkomme, noch nöthig seyn. Übrigens aber, sollte ich früher nach Hause kommen, als ich jetzt voraussehe, so wird es besser seyn, als dann um einen etwas theureren Preis unsern Bedarf einzukaufen, als jetzt auf das ungewisse Vorräthe einzukaufen, die nachher vielleicht verderben könnten.

Was das Malen u Weißen betrifft, so habe ich letzthin schon darüber geschrieben. Alles nach Ihrem Gutdünken, <2> aber je mehr je besser. Ich kann die gelb gewordenen Lambris u die grauen Zimmerdecken nicht leiden. Wenn das Wetter in Bonn nur halb so gut ist, wie hier, so wird alles vortrefflich austrocknen.

Ich habe einen dummen Streich gemacht, daß ich meine Hofkleidung nicht mitgenommen habe. Ich habe sie hier nöthig, ich werde sie vermuthlich auch in England brauchen. Nun muß ich mich mit einem gemietheten Anzug behelfen, der lange nicht so gut ist, u jedesmal viel Geld kostet. Am Montage wurde ich von unserm Gesandten bei Hofe vorgestellt. Zum erstenmal war die Audienz in den Tuilerien, äußerst zahlreich, glänzend u prächtig: alle Gesandten waren da mit ihrem Gefolge, in großer Uniform. Der König erinnerte sich sehr gnädig seiner früheren Bekanntschaft mit mir; seine Schwester u die Königin sagten mir viel artiges über meinen Ruhm als Schriftsteller. Vermuthlich werde ich nächstens zur Tafel eingeladen. Übermorgen speise ich auf dem Lande bei dem berühmten Maler Gérard. Leben Sie recht wohl, meine liebe Marie, u nehmen Sie vor allen Dingen Ihre Gesundheit wohl in Acht.

Ihr

AWvSchlegel

<*Fortsetzung am Rand*> Den Kaufmann D a e l in Mainz werde ich bezahlen müssen: schicken Sie mir den Brief, wenn eine Rechnung dabei ist. Auch den Brief von dem Buchhändler K o l l e r in London. Wenn Sie ungewiß sind, ob es nöthig ist, mir die Briefe zu schicken, so befragen Sie Hrn L a s s e n darum.

40   AUGUST WILHELM VON SCHLEGEL AN MARIA LÖBEL

Paris d. 18ten Oct.
1831

Meine liebe Marie,

So eben empfange ich Ihren lieben Brief vom 13ten d. M. und bin sehr erfreut zu erfahren, daß Sie noch recht gesund und munter sind. Sie sollten sich
nur oft baden, und dabei recht warm halten. Wiewohl ich hoffe, daß die Cholera
gar nicht nach Bonn kommen wird, so kann es doch nicht schaden Vorsichts-
maaßregeln dagegen zu nehmen, und alles im Hause zu haben, was dienlich seyn
kann, als Römische Camillen, Kampfersalbe zum Einreiben, eine Vorrichtung
zu einem Dampfbade im Bett u. s. w. Ich höre, daß alle Leute, die sich dergleichen schaffen können, in Berlin sich damit versehen haben: denn man versichert, wenn die gehörigen Mittel gleich im ersten Augenblick des Übelbefindens
angewandt werden, so sey man schon so gut wie curirt und komme mit einem
leichten Anstoße davon. Sprechen Sie doch darüber mit Herrn Dr. Wolff. Indessen wie gesagt, ich hoffe, daß der liebe Gott Sie und alle meine Freunde da-
vor bewahren wird.
Ich befinde mich gesunder wie jemals, die hiesige Lebensart bekommt mir ungemein wohl. Ich bin häufig zu Gaste, beobachte aber dabei große Mäßigkeit.
Vor acht habe ich beim Könige gespeist: es war eine große Tafel, viele Gesandten mit ihren Gemahlinnen waren da, mit Einem Worte, was man ein diploma-
tisches Diner <2> nennt. Der große Saal, worin gespeist ward, heißt die Dia-
na=Gallerie; er ist prächtig u war auf das herrlichste erleuchtet. Auch bei dem
ersten Minister war ich in der vorigen Woche; gestern wieder bei unserm Gesandten Hrn. von Werther. Auf morgen hat Hr. Michel Beer der mit seinen
Brüdern u seiner Mutter hier ist, ein Mittagessen bei einem Restaurateur veranstaltet, wo ich einige ausgezeichnete junge Schriftsteller kennen lernen soll. Auf
übermorgen hat mich der Englische Gesandte eingeladen, von dem es eine große
Aufmerksamkeit ist; denn ich war ihm zwar vor einiger ⌐Zeit⌐ in seinem Abend-
zirkel vorgestellt, er ist aber unterdessen in Geschäften nach London gereist,
und kommt erst eben wieder von da zurück. Bei dem Herzog von Broglie bin
ich für immer eingeladen, zum Frühstück um ̶1̶1̶ eilf Uhr, u zum Mittagessen
Abends um sechs Uhr. So fehlt es mir keinen Tag an angenehmer Gesellschaft.
Ich benutze auch sonst meine Zeit gut zu allerlei Dingen, in das Schauspiel gehe
ich nur selten.
Nach London zu gehen, ist die Zeit für jetzt nicht günstig: es ist dort zu unruhig, wie Sie aus den Zeitungen sehen können.

Nehmen Sie nur nach eigener Wahl ein andres Mädchen an, sehen Sie aber doch zu, daß Sie eine bekommen, die gut nähen kann.

Ich danke Ihnen bestens dafür, daß Sie das Haus so schön haben in Ordnung bringen lassen. Ich hoffe wir werden noch recht vergnügt darin beisammen seyn.

Der Beitrag für die Armen muß allerdings be<3>zahlt werden: Sie können es ja in meinem Namen einzeichnen, oder sich eine Quittung darüber geben lassen.

Wenn das Geld, was ich Ihnen zurückgelassen habe, zu Ende geht, so holen Sie sich nur wieder 50 thl. bei Herrn W o l f f. Lassen Sie es sich ja an nichts fehlen.

d. 19ten Oct. Ich bin gestern an der Absendung gehindert worden, u will nur gleich siegeln, ehe wieder eine neue Verzögerung dazwischen kommt. Die herzlichsten Wünsche für Ihr Wohlbefinden!

Viele Grüße an Hrn Lassen —.

Uberhaupt wenn Bonner Kaufleute oder Handwerksleute ihre Rechnungen einreichen, so sehen Sie selbige nur genau durch u wenn Sie sich überzeugt haben, daß alles seine Richtigkeit hat, so bezahlen Sie:

41   AUGUST WILHELM VON SCHLEGEL AN MARIA LÖBEL

Paris d. 7ten Nov. 31.

Meine liebe Marie,

Heute habe ich zu meiner großen Freude Ihren Brief vom 2ten Nov. empfangen; der vorige war vom 13ten October. Sie haben also 20 Tage verstreichen lassen, ohne zu schreiben: das ist viel zu lange, u wenn ich nicht mittlerweile einen Brief von Hrn. Lassen gehabt hätte, so würde ich ganz unruhig geworden seyn. Schreiben Sie mir doch ja recht oft, ich will es auch nicht daran fehlen lassen.

Wiewohl ich hier ungemein angenehm lebe, so hängt mir doch das Herz immer nach Hause.

Lassen Sie ja alles auf das sauberste fertig mahlen, auch die Mahagony-Möbeln die es nöthig haben neu poliren; die Sopha's, Spiegeltische, Stühle u. so w. das Postament unter meiner Büste nicht zu vergessen. Ich hätte gemeynt, der Speisetisch brauchte nur mit Oel abgerieben zu werden, da er schon die schöne dunkle Farbe angenommen hat. – Ihr eigenes Zimmer lassen Sie ganz nach Ihrem Wunsch einrichten. Sie sollten auch Winterfenster dafür machen lassen. Wie weit ist es mit der Ausmeublirung der oberen Zimmer?

Ihr Brief ist heute noch durch Essig gezogen angekommen, mit dem 8ten Nov. wird aber, so viel ich weiß der Cordon u die Sperre an der französischen Gränze ganz ein Ende nehmen. Sie möchten mir also so bald wie möglich meinen Staatsrock schicken: das heißt Rock, Weste, die beiden Hemden u Halstü~~cher~~^{binden}; aber nicht den Degen u Klapphut. Das Packet müßte sehr sorgfältig ver<2>wahrt, u außen in Wachsleinwand eingenäht werden. Darauf zu schreiben wäre: <u>Vieux effets d'habillement</u>. Bis an die französische Gränze wird es mit dem Güterwagen gehen können. Sprechen Sie doch mit der Frau Hofagentin W olff: Diese hat ja Verwandte in Nancy, u hat also gewiß oft Packete nach Frankreich gefördert:

Ich habe mir schon dreimal hier eine Hofkleidung miethen, u jedesmal 20 Franken bezahlen müssen. Aufs wenigste muß ich doch noch einmal zum Abschiede an den Hof gehen. Auch brauche d ich den Anzug in London, wenn ich dem Könige vorgestellt werde.

Wann ich nach England reisen werden, kann ich noch nicht sagen: ich muß einen günstigeren Zeitpunkt abwarten.

Nächstens will ich an den Herrn Hofagenten schreiben, um ihm für sein Empfehlungsschreiben an das Haus Rothschild zu danken, welches mir viele Artigkeiten erweist. Ich bin gegen das Ende der Woche sowohl bei dem Baron von Rothschild als bei seiner Schwiegermutter eingeladen.

Überhaupt speise ich immer zu Gaste; täglich beim Herzog von Broglie auf die ungezwungenste Weise, meistens im Familienkreise. Ich will Ihnen doch zum Spaße die sonstigen Einladungen hersetzen. Beim Könige – beim Österreichischen, Russischen, Englischen und Preußischen Gesandten; bei dem letzten zweimal; bei der Baronin Salomon Rothschild auf dem Lande – beim Baron Gérard, dem berühmten Mahler auf dem Lande – bei dem ersten Staatsminister <3> Casimir Perier – ⌐bei der Gräfin Rumford ¬ beim Baron von Humboldt – bei Hrn Michel Beer – bei Hrn. Guizot, ehemaligen Minister, – bei dem Staatsrath Cuvier, berühmtem Gelehrten – heute bei dem Herzog Decazes, ehemaligem ersten Minister. – u. so weiter.

Meine Hauptausgabe sind die Miethwagen. Ich habe des Cabriolets abgeschworen, weil ich mehrere unangenehme Vorfälle damit gehabt, u zuletzt einen Sturz auf das Steinpflaster hinaus gethan, wo ich mich glücklich preisen mußte, mit blauen Flecken davon zu kommen. Die Fiaker sind schmutzig u mir nicht anständig, sie dürfen auch nicht in die Höfe hineinfahren, u es läuft doch ziemlich ins Geld, wenn man sie lange stehen läßt. Eine Kutsche monatsweise zu miethen ist etwas wohlfeiler als wenn man sie auf einzelne Tage nimmt. Das habe ich ich denn auch einen Monat lang gethan, um erst die ganze Runde von Besuchen u Spazierfahrten zu machen. Jetzt nehme ich eine Kutsche nur auf einzelne Tage, wenn es nothwendig ist.

Wie steht es denn mit meinen Pferden? Hat Hr. Forstheim sie noch immer im Gebrauch?

Nun leben Sie recht wohl, meine liebe Marie. Pflegen Sie ihre Gesundheit nur recht u lassen Sie sich nichts abgehen. Schreiben Sie mir bald wieder

Ihr treugesinnter

AWv Schlegel

Man hat mir ein artiges
Musik-Kästchen von Schildpat
geschenkt. Das will ich Ihnen mitbringen. Sonst hätten Sie wohl am
liebsten eine hübsche Uhr?

42 AUGUST WILHELM VON SCHLEGEL AN MARIA LÖBEL

Paris 22 Nov. 1831.
Rue de Bourbon 78.

Meine liebe Marie,

Gestern habe ich Ihren Brief vom 16ten Nov. empfangen, und bin sehr vergnügt darüber. Ich beunruhige mich immer, wenn die Briefe etwas lange ausbleiben: Sie sollten sich mit Hrn. Lassen verabreden, wechselweise zu schreiben, damit ich desto häufiger Nachricht vom Hause bekäme.

Heute habe ich Ihnen eine recht angenehme Neuigkeit mitzutheilen, die Ihnen gewiß Freude machen wird. Ich bin zum Ritter der Ehrenlegion ernannt. Ich war auf vorgestern bei Hofe eingeladen, dießmal aber ohne Förmlichkeit, um mit der Königlichen Familie zu speisen. Die Königin gab mir den Arm, um in den Speisesaal zu gehen, sie ließ mich zur rechten neben sich sitzen, u unterhielt sich die ganze Zeit mit mir. Nach der Tafel ging der König mit der Königin und seiner Schwester in ein anderes Zimmer, ich wurde herbeigerufen, der König übergab mir eigenhändig das Ordenskreuz, u die Königin bestand darauf, das Band selbst anzuheften. Es ist nicht möglich eine Ehrenbezeugung auf eine huldreichere Weise zu ertheilen. Die König ⌊in⌋ ging hierauf mit den Prinzen und Prinzessinnen in die Oper, der König behielt <2> mich aber bei sich, ganz allein ohne einen seiner Adjudanten, u unterhielt sich mit mir noch eine volle Stunde lang mit großer Offenheit, mit tiefer Einsicht und wahrer Beredsamkeit über die wichtigsten Gegenstände. Ich kam erst nach neun Uhr herunter, da ich den Wagen, weil ich wußte daß ein außerordentliches Schauspiel gegeben ward, schon gegen halb acht bestellt hatte.

Theilen Sie dieß alles Hrn. Lassen mit; so bald ich kann, ich denke ~~sobald ich kann~~, vielleicht morgen schon an mehrere Personen in Bonn zu schreiben. Ihnen hätte ich alles schon gestern gemeldet, wenn ich nicht unpaß gewesen wäre. Heute bin ich wieder ganz frisch u munter. Sie wissen schon, daß das bei mir nichts zu bedeuten hat – ich lege mich zu Bette und faste, dann geht es ohne Arzt u Medicin vorüber. Ich bin bei den herrlichsten Gastmälern, immer sehr mäßig im Essen u Trinken; besonders vermeide ich es, Abends lange in Gesellschaft ⌜zu bleiben⌝, wenigstens thue ich dieß nicht mehrere Tage nacheinander. Die Hauptsache ist, den Einfluß der bösen ungewissen Witterung zu vermeiden; dann gehe ich niemals zu Fuß. Heute Abend ist große Abendgesellschaft bei dem Österreichischen Gesandten. Vorigen Sonnabend war es bei dem Russischen Gesandten zur Feier der Vermählung seines Neffen mit der Tochter eines hiesigen Herzogs. Heinrich wollte sich über die Pracht ganz von Sinnen thun:

im Vorsaal <3> standen zwölf Bedienten in Staatslivreien, mit goldenen Tressen auf allen Näthen, in den Säälen die Kammerdiener in Hoftracht, die Damen strahlten von Perlen u Diamanten, u. s. w.

Jetzt habe ich nichts weiter ⌐zu wünschen⌐ als daß dieser Brief Sie in recht guter Gesundheit antreffen möge. – Die Kleidungsstücke erwarte ich, sie können nicht so geschwind ankommen. In ein paar Tagen schreibe ich an Hℓ. Lassen.

Leben Sie recht wohl, das wünscht von Herzen

Ihr treugesinnter
AWvSchl

43   AUGUST WILHELM VON SCHLEGEL AN MARIA LÖBEL

Paris d. 2ten Dec. 31

Meine liebe Marie,

Ich habe Ihnen vor zehn Tagen geschrieben, u seitdem noch keinen Brief wieder von Ihnen gehabt: Heute schreibe ich hauptsächlich wegen eines wichtigen Auftrages an Herrn Lassen. Das Packet mit den Kleidern ist noch nicht angekommen, aber das wundert mich nicht – der Brief, worin Sie mir die Absendung meldeten war vom 16ten Nov. – Indessen wäre es mir sehr willkommen, wenn ich die Sachen bald hätte, denn ich werde doch nächstens wieder an den Hof gehen müssen. Wie gnädig mir der König den Orden ertheilt hat, habe ich Ihnen ausführlich beschrieben. Übrigens bin ich immer vollkommen gesund, und bringe meine Zeit sehr angenehm u nützlich zu. Ich hoffe das Gleiche von Ihnen, lassen Sie sich nichts abgehen, und richten Sie sich Ihre Wohnung recht warm für den Winter ein. Mit den besten Wünschen

Ihr treugesinnter
AWvSchl

44   AUGUST WILHELM VON SCHLEGEL AN MARIA LÖBEL

Paris d. 6ten Dec. 31

Meine liebe Marie,

Ich habe zwar neulich erst geschrieben, seitdem habe ich aber das Kästchen mit den Kleidern richtig und wohlbehalten empfangen, und dieß darf ich doch nicht unterlassen Ihnen zu melden. Das Porto ist auch nicht allzu theuer gewesen. Die Bücher müßten nun ganz auf dieselbe Weise u mit derselben Gelegenheit hieher abgeschickt werden, so werden sie nicht allzu lange unterwegs bleiben, woran mir sehr gelegen ist. Geben Sie Hrn. Lassen den kleinen Zettel, worauf ich noch ein paar letzthin vergessene Bücher angezeichnet habe, die beizufügen wären. Der König hat die ihm präsentirten prächtigen Bücher äußerst gnädig aufgenommen. Ich lege in Abschrift das Schreiben des Generals Atthalin ~~ersten~~ Ersten Adjudanten des Königs bei. Bitten Sie Herrn Lassen in meinem Namen, es Ihnen erst zu erklären, u dann Hrn. Geh. R. von Rehfues mitzutheilen. Leben Sie recht wohl mich verlangt sehr nach Briefen von Ihnen.

Ihr treugesinnter
AWvSchl

45   AUGUST WILHELM VON SCHLEGEL AN MARIA LÖBEL

Paris d. 22sten Dec. 31.

Meine liebe Marie!

Ich fürchte, dießmal habe ich etwas lange versäumt an Sie zu schreiben. Indessen habe ich mittlerweile an den Hofagenten geschrieben, der hat Ihnen gewiß davon erzählt, u so sind Sie doch nicht ganz ohne Nachricht gewesen. Meine Gesundheit ist immer vollkommen, auch geht es mir in allen übrigen Stücken sehr gut, doch habe ich die Zeit her allerlei Anlaß zu traurigen Gedanken gehabt, womit Sie mein Stillschweigen entschuldigen mögen. Vor vierzehn Tagen erhielt ich die Nachricht von dem Ableben meines guten Bruders in Hannover. Er ist schon am 13ten Nov. sanft eingeschlafen, die Witwe schreibt gar nichts von einem Krankenlager: er hat ein sehr glückliches Ende gehabt. Er war nahe an 75 Jahr alt. Der Brief ist mir durch die Hannöverische Gesandtschaft zugestellt worden, nicht durch Hunters, wiewohl sie immerfort hier sind, u ganz in der Nachbarschaft wohnen. Heinrich hat darüber Erkundigung eingezogen. Ich meldete Ihnen wohl schon früher, daß Heinrich bald nach meiner Ankunft hier, Hrn. Hunter begegnete. Dieser ward über und über roth: er mochte sich wohl wegen der lächerlichen Geschichten in Bonn schämen. Nachher gab er eine Visiten=Carte für mich ab, ich habe dieß aber nicht erwiedert; ich will nichts mit diesen Leuten zu schaffen haben, u so sind sie mir denn auch bis jetzt vom Halse geblieben. Wenn nur mein Bruder Carl ein Testament gemacht hat, um sein Vermögen der Witwe u der kleinen Emilie zu hinterlassen, damit die Frau Hunter nichts in die <2> Hände bekommt. Ich habe ihn genug dazu ermahnt.

Ferner ist seit vierzehn Tagen die älteste Tochter des Herzogs von B r o g l i e krank gewesen, es wurde sehr gefährlich u wir waren alle um das schöne junge Mädchen in der höchsten Angst u Bestürzung. Jetzt ist es aber wieder auf der Besserung. Der König u die Königin haben sich alle Tage erkundigen lassen.

Die Hoftracht habe ich nun schon zweimal gebraucht, u also die doppelte Miethe erspart. Auch ist die gemiethete Kleidung bei weitem nicht so anständig. Einen schönen Stahldegen und einen mit weißen Straußenfedern innen ausgelegten Hut habe ich hier dazu gekauft. Die alten in Bonn taugten ohnehin nichts. Nun bin ich aber wohlständig ausgestattet, um auch in London an den Hof zu gehen. Gestern vor acht Tagen war ich zum Conzert bei Hofe eingeladen; es war ein prächtiges Fest.

d. 23sten Dec. Mit den neuen Nachthemden, das wird mir gut zu Statten kommen. Es werden aber auch nach meiner Zurückkunft neue feine Hemden nöthig seyn, denn die Wäsche wird hier durch das hiesige Waschen, u das Klopfen dabei sehr abgenutzt. Die Hemden könnten dann wohl ohne Jabots mit drei Knöpfen ⌜gemacht werden⌝, um sich endlich nach der Mode zu fügen. Ich habe mir hier auch allerlei Kleidungsstücke machen lassen, als einen schwarzen Anzug wegen der Trauer, Camisöler von Flanell, Unterhosen p Es ist etwas theuerer, aber das Zeug ist auch viel besser als man es in Bonn haben kann. Seidne Schnupftücher habe ich auch gekauft, u schon im Gebrauch – ich denke in allem 24 anzuschaffen, <3> das wird wohl auf lange Zeit genug seyn: sie sind groß und stark, u von den schönsten Farben, alle von verschiedenen Mustern.

Was die Rechnungen betrifft, so lassen Sie selbige nur sämtlich um Neujahr einreichen; untersuchen Sie ob alles richtig ist, summiren Sie zusammen, u lassen sich dann auf einmal die ganze Summe vom Hofagenten oder seinem Sohne auszahlen. Es ist am besten zur gehörigen Zeit auszuzahlen, u nicht bis zu meiner Zurückkunft zu warten, um den bisherigen guten Credit zu behaupten. Ich habe Ihnen, so viel mir erinnerlich ist, einen Zettel, gut für 300 thl zurückgelassen. Wenn dieß nicht hinreicht, will ich Ihnen einen neuen Credit schicken. Die Rechnung vom Rentmeister Trimborn muß sogleich berichtigt werden. – Der Hofagent wird auf Neujahr das zweite Quartal meines Gehalts für mich in Empfang nehmen; ich habe seit meiner Abreise noch nichts auf ihn gezogen, als durch Anweisung den Betrag der Rechnung des Weinhändlers D a e l in Mainz, 230 thl. – Geld muß also im Überflusse vorräthig seyn. Im Januar werden nun die Coupons fällig, wovon Sie auch Ihren Antheil haben müssen. Für Ihren eigenen Bedarf nehmen Sie so viel Sie wollen, ich werde es immer gut heißen. Wann die Interessen Ihrer Staatsschuldscheine fällig sind, ist mir nicht erinnerlich. Sie werden das schon selbst besorgen.

Von Frau Forstheim habe ich einen Brief gehabt Sie versichert, daß die Pferde im besten Stande sind. <4> Grüßen Sie Herrn L a s s e n von mir – mich verlangt darnach zu erfahren, daß die Bücher-Kiste wirklich unterwegs ist. Ich wünsche von ganzem Herzen die Fortdauer Ihres Wohlbefindens – das ist für mich die Hauptsache unter allen Neuigkeiten. Ich sehne mich sehr nach Hause zurück: wenn ich nicht vorher nach England reisen müßte! Leben Sie tausendmal wohl!

Ihr treugesinnter
AWvSchlegel

46   **AUGUST WILHELM VON SCHLEGEL AN MARIA LÖBEL**

Paris d. 1sten Januar 32

Meine liebe Marie!

Ich darf nicht unterlassen Ihnen heute von ganzem Herzen ein glückliches neues Jahr ⌈zu wünschen⌉. Für mich wünsche ich nun ganz besonders, daß ich es vom Frühlinge an mit Ihnen recht gesund u vergnügt zubringen möge.

Ich war diese ganze Zeit her sehr verstört durch die Krankheit und den Tod der ältesten Tochter des Herzogs von Broglie. Es ist ein Jammer ohne gleichen: so ein schönes, blühendes und liebenswürdiges Mädchen von fünfzehn Jahren. Die Eltern sind ganz trostlos, ich muß nun darauf bedacht seyn sie durch meine Gesellschaft etwas aufzuheitern.

Es ist noch nicht so gar lange her, seit ich zuletzt geschrieben habe; ich bekam aber gleich den Tag darauf die wohlbehaltene Bücherkiste, u dieß hätte ich freilich melden sollen. Sagen Sie Hrn. Lassen meinen besten Dank für die schöne Bestellung, u für seinen interessanten Brief. Ich werde ihm nächstens ausführlich schreiben, heute kann ich nicht. Ich muß noch Vormittags, das heißt vor der Tafel, an den Hof gehen, zu der großen diplomatischen Audienz.

Was die Pferde betrifft, so wäre Hrn. Forstheims Anerbieten in Ansehung des Preises so uneben nicht, aber alles wohl überlegt, will ich sie nicht verkaufen. Solche Pferde, die so gut zugeritten u eingefahren wären, kann ich gar nicht wiederbekommen. Ein paar Jahre lang werde ich noch, so Gott will, am gelinden Spazierenreiten mein Vergnügen haben. Sollte die Empfindlichkeit des Fortunio an dem einen Vor<2>derfuße zunehmen, u sein Auftreten dadurch weniger sicher werden, so ist der Nelson zum Sattelpferde vollkommen gut; u als Kutschpferde können beide, gut gepflegt, noch acht bis 10 Jahre lang ihre Brauchbarkeit u ~~ihre~~ ihr stattliches Ansehen behalten. Ganz gemeine Kutschpferde könnte ich vielleicht für 40 Friedrichs d'or kaufen, aber es ist weitläuftig, ich müßte vielleicht darum nach Düsseldorf oder nach Frankfurt reisen, u dann ist es immer noch die Frage, wie sie einschlagen. Hr. Forstheim hat nun wohl durch den Gebrauch erfahren, was an diesen Pferden ist, sonst hätte er keine Lust dazu bezeugt. Sie wissen wohl, liebe Marie, daß ich wegen der Vorlesungen im Winter oder bei schlechtem Wetter die Wagenpferde nicht entbehren kann. Sagen Sie dieß alles Herrn Lassen zur Antwort auf seine Anfrage.

Es fängt jetzt an tüchtig kalt zu werden: das Zimmer das ich bewohne, ist mit einem Camin schwerlich recht warm zu heizen. Ein Ofen läßt sich auch nicht gut setzen. Ich dachte daher darauf, eine Wohnung mit einem warmen Cabinetchen in einem hôtel garni zu beziehen. Aber dergleichen für Fremde eingerichtete Häuser sind nur an der andern Seite des Flusses, u die Herzogin will gar nichts davon hören, daß ich aus der nächsten Nachbarschaft wegzöge, weil sie fürchtet ich möchte dann weniger häufig in ihr Haus kommen. Ich muß mir also schon mit warmer Kleidung, Fußsack u tüchtigem Kaminfeuer zu helfen suchen, u vielleicht ist auch die Kälte nicht anhaltend.

Sie haben unter meinen Zimmern die Wahl, liebe Marie, ich hoffe, daß Sie es sich recht warm u bequem einrichten, <3> u sich überhaupt nichts abgehen lassen. Sie schreiben mir nicht genug von Ihrer Gesundheit, woran mir doch so viel gelegen ist. Sie haben hoffentlich öfter den Besuch Ihrer Schwestern gehabt.

Was meynen Sie dazu, wenn ich einen jungen Engländer mit seinem Hofmeister in Wohnung u Kost nähme. Freilich müßte ein tüchtiger Preis dafür bezahlt werden, u mit der Aufsicht will ich nichts wieder zu thun haben. Ich frage dieß nur im allgemeinen, ich habe für jetzt keine bestimmte Aussicht dazu, aber in London könnte sich die Gelegenheit finden, u da wünsche ich im voraus Ihre Meynung zu wissen.

Ich hoffe daß meine Ernennung zum Ehrenmitgliede der Königℓ Akademie der schönen Künste in Berlin in den Zeitungen gemeldet worden ist, sonst würde ich Hrn. Lassen bitten es zu veranlassen, durch Hrn. Geh. R. von R e h f u e s oder sonst.

Nun leben Sie recht wohl, meine liebe Marie, und gedenken Sie meiner im besten. Nochmals wünsche ich ein glückliches neues Jahr.

Ihr treu gesinnter
AWvSchlegel

47   AUGUST WILHELM VON SCHLEGEL AN MARIA LÖBEL

Paris d. 11ten Jan 1832

Meine liebe Marie, ich schreibe Ihnen heute nur wenige Zeilen, um Ihnen zu
sagen, daß ich Ihren letzten Brief empfangen habe, u gesund u wohl bin. Ubri-
gens bringe ich aber meine Zeit trübselig zu, in dem Hause einer trostlosen Familie. Mit den Anstalten gegen die Cholera doch wohl bezahlen müssen. Jetzt
können Sie nun auch die Zeichen von den Rothschildischen Loosen haben.
Schneiden Sie die Coupons vorsichtig ab, behalten Sie zurück, was Ihnen gehört,
u mit dem übrigen halten Sie die Wirthschaft u bezahlen Sie die Rechnungen.
Für Peter Busch habe ich eine Anweisung nach Düsseldorf geschickt. Was sonst
nöthig ist, melden Sie nur. Mich verlangt unsäglich nach Hause.
in Eil   Ihr treugesinnter
AWvSchl

48   AUGUST WILHELM VON SCHLEGEL AN MARIA LÖBEL

Paris d. 25sten Januar 1832.

Meine liebe Marie! Ihr letzter Brief war vom 30sten December – seit dessen Empfang sind nun volle drei Wochen verflossen, u ich habe alle Tage vergeblich nach Briefen ausgesehen. Überdieß erwartete ich Ihren Bericht über den Betrag der Neujahrs-Rechnungen. Ich bin sehr unruhig wegen des gänzlichen Mangels an Nachrichten vom Hause. Ich hoffe u wünsche von Herzen, daß Sie gesund sind, im entgegengesetzten Falle hätte mir aber Hr. Lassen schreiben sollen; u wäre Hr. Lassen auch nicht wohl, so hätten Sie einen guten Freund, etwa Hrn. Dr. Wolff darum bitten mögen. Wenn Sie mich ganz vergessen, so habe ich gar keine Lust wieder nach Hause zu kommen. Bis zum 14ten Febr. können Sie mir noch hieher schreiben, gegen den 20sten denke ich nach London abzureisen. Die Jahrszeit ist hier unangenehm, Frost u viel Nebel, doch bin ich immer gesund gewesen.

Leben Sie recht wohl, meine liebe Marie!
Ihr treu gesinnter
AWvSchl

49   AUGUST WILHELM VON SCHLEGEL AN MARIA LÖBEL

Paris d. 28sten Jan.
32

Meine liebe Marie, ich habe Ihnen vorgestern geschrieben, weil ich wegen des langen Ausbleibens der Briefe unruhig war. Gestern empfing ich Ihren Brief vom 23sten. Ich bin nur froh daß Sie gesund sind, aber Sie müssen mich ja nicht wieder so lange warten lassen.

Ich schicke Ihnen anbei eine Anweisung von 300 thl. auf den Hofagenten Wolff nebst dem Avis=Brief, den Sie sogleich hintragen müssen. Die Summe der eingegangenen u noch nicht bezahlten Rechnungen beträgt 460 thl.

Bezahlen Sie nun gleich so weit es reicht, vor allen Dingen den Metzger, den Hufschmidt, Metzenmacher und den Schneider.

Ich will dann weiter Anstalten treffen. Der Apotheker muß auch sogleich bezahlt werden, so wie sie eingeht. Melden Sie mir baldigst den Betrag der Rechnungen von Wild u Emmel. Ich setze voraus, daß Sie immer genau untersuchen ob auch alles richtig ist.

Mit den Coupons, das ist zuverläßig ein Irrthum. Ich ziehe sie niemals eher, als höchstens einen Monat ehe sie fällig sind, u das sind sie für dieses halbe Jahr am 1sten Febr. 1832. Vielleicht haben Sie nur die eine Columne nachgesehen, und der jetzt fällige Coupon steht auf der andern. Es wäre auch möglich, daß ich vor meiner Abreise, um es Ihnen leichter zu machen, sie selbst abgeschnitten, und sorgfältig in Papier eingewickelt, Ihnen eingehändigt hatte. Mir ist dunkel so etwas erinnerlich, doch weiß ich es nicht gewiß. Genug, Sie müssen sich wiederfinden, da hilft nichts. Ich bin über diese Verwirrung ganz verdrießlich. Sie haben ja selbst ein Rothschildisches Loos, <2> Sie werden ja doch von Ihren eigenen Einkünften Bescheid wissen.

Melden Sie mir, ob die drei obern Zimmer nach der Straße jetzt vollständig möbliert sind, u was für Möbeln darin stehen.

Schreiben Sie die Zahlen deutlicher: ich kann nicht recht lesen, ob Sie von den dreihundert Thalern die Ihnen der Hofagent ausgezahlt noch Siebzig oder Zehn Thaler in Casse haben.

Bestellen Sie die Einlagen. Viele Empfehlungen an Hrn. Lassen: Leben Sie recht wohl

Ihr treugesinnter
AWvSchlegel

50 AUGUST WILHELM VON SCHLEGEL AN MARIA LÖBEL

Paris d. 13ten Febr. 32.

Ich war sehr erfreut, meine liebe Marie, Ihren Brief vom 2ten Febr. zu empfangen. Ich bedaure von Herzen, daß Sie so viel an Flüssen gelitten haben: aber
davon hätte ich vor allen Dingen benachrichtigt werden müssen. Ich hoffe daß
Sie nun vollkommen hergestellt sind, u bitte Sie, sich ja recht sorgfältig zu pflegen. Ich bin auch sehr gesund, bin aber die ganze Zeit her weder in Gesellschaft
außer zu meinen Freunden noch in das Schauspiel gegangen weil ich viel zu arbeiten gehabt habe. Den 21sten denke ich abzureisen, auf diesen Brief antworten Sie also nicht mehr hieher. Ehe ich Paris verlasse, schreibe ich noch einmal
u melde Ihnen eine Londoner Adresse.

Mit den Coupons das wußte ich wohl daß es seine Richtigkeit haben müßte.
Bezahlen Sie nun nach Gutdünken, so weit es reicht, jedoch so daß Sie noch
Vorrath genug für sich selbst u die Haushaltung übrig behalten. Wie ist es mit
den Mädchen. Sollten sich in London Miethsleute für die drei obern Zimmer
finden, in der Art, wie ich es erwähnte, so würde ich es sogleich melden, u dann
wäre wohl noch Zeit genug, das fehlende Ameublement anzuschaffen. Vielleicht
wäre es aber gut einen Sopha von Kirschbaumholz jetzt schon anfertigen zu
lassen: das Maaß muß nach der Stelle genommen werden, wo es hingehört. Die
Ofen sind erst gegen den Winter nöthig. Zwei Betten mit allem Zubehör, Drap-
perien vor den Alkofen, Nachttische u.s.w.

Mich verlangt recht sehr nach Haus, aber ich muß nun einmal durchaus nach
London. Anfang Mais denke ich gewiß wieder in Bonn zu seyn, vielleicht <2>
noch früher; das wird sich darnach richten, was ich für Geschäfte in London
mache. Wie werde ich mich dann der häuslichen Ruhe erfreuen! Leben Sie unterdessen recht wohl. Auf baldiges Wiedersehen

Ihr treu gesinnter
AWvSchl.

Was machen denn meine Pferde?
Ich habe lange nichts davon gehört,
erkundigen Sie sich doch bei Frau
Forstheim.

51   AUGUST WILHELM VON SCHLEGEL AN MARIA LÖBEL

Paris d. 22sten Febr. 1832.

Meine liebe Marie!

Ich bin im Begriff nach Calais abzureisen. Das Wetter ist schön, die Wege werden auch gut seyn, da es lange nicht geregnet hat. Mit der Cholera in London,
das sind nur leere Gerüchte, es hat gar nichts auf sich u Sie können ganz ruhig
seyn.

Gehen Sie zu Herrn Hofagenten Wolff u sagen Sie ihm, daß ich gestern noch
aufs neue 300 Franken bei Rothschild aufgenommen habe.

Der erste Brief nach London könnte adressiert werden

chez À Son Excellence

Monsieur le Baron de Bülow

Ambassadeur de Prusse

à

Londres

Gott befohlen

52 AUGUST WILHELM VON SCHLEGEL AN MARIA LÖBEL

London d. 10ten März 32.

Meine liebe Marie! Heute, Sonntag Morgen, werden gerade 14 Tage voll, seit ich hier angekommen bin, und noch habe ich keinen Brief von Ihnen empfangen. Indessen hoffe ich, daß Sie noch wohl sind, wie ich es auch von ganzem Herzen wünsche. Ich meinerseits bin seit langer Zeit nicht so gesund gewesen. Die hiesige Lebensart, besonders das viele Gehen zu Fuß um Besuche zu machen, bekommt mir ganz vortrefflich; dabei bin ich freilich, ungeachtet aller Schmausereien, sehr mäßig, und beobachte gewisse Vorsichten.
d. 11ten März. Gestern erhielt ich zu meiner großen Freude Ihren Brief. Schon seit mehreren Tagen hatte ich vor, Ihnen zu schreiben, ich schob es aber immer auf, weil ich hoffte Ihnen etwas gutes melden zu können, u so ist es denn auch erfolgt. Am vierten Tage nach meiner Ankunft wurde ich dem Königen bei dem großen Hof=Cirkel Vormittags vorgestellt. Der König war sehr gnädig u sagte, er wisse wohl wie viel ich im Fache der Indischen Sprache geleistet hätte. Ich nahm dann Gelegenheit mir die Erlaubniß zu erbitten Sr. Majestät meine Werke zu überreichen. Ich hatte das zweite Exemplar, das ich von Bonn kommen ließ, in Paris prächtig einbinden lassen, um hier gleich fertig zu seyn. Ich begleitete die vier schönen Bände mit einem französischen Schreiben, alles zusammen wurde dem Könige in Windsor, wo er sich gewöhnlich aufhält, durch den Hannöverischen Minister Baron von Ompteda überreicht. Der König las den Brief sehr aufmerksam, hatte große Freude an den Büchern, und ernannte mich sogleich zum Commandeur des Guelfen=Ordens. Am Sonnabend kam Baron von Ompteda zu mir, um es mir zu melden. Am Mittwochen werde ich wieder bei Hofe erscheinen um meinen Dank abzustatten. Sie werden nun das Vergnügen haben, mich mit einem schönen Ordensbande und Kreuze um den Hals und mit einem Sterne auf der Brust geschmückt zu sehen. Der Bruder des Königs, Herzog von Sussex, ist auch ungemein gnädig gegen mich. Er hatte mich zum Mittagessen in den Club der Königℓ. Societät eingeladen, wovon er Präsident ist. Ich saß neben ihm: nach den üblichen Gesundheiten brachte er die meinige aus, mit einer förmlichen Rede zu meinem Lobe die ich dann auf Englisch erwiederte. Überhaupt finde ich hier die ausgezeichnetste <2> Aufnahme. Viele besuchen mich zuerst. Fast alle Tage bin ich in vornehmen Häusern zum Mittagessen eingeladen. Heute z. B. bei dem ersten Minister Lord Lansdowne. Ich habe freien Eintritt in drei Clubs, wo man für mäßige Zahlung vortrefflich bedient wird, u alle möglichen Bequemlichkeiten genießt. – Freilich ist es sehr theuer, u die Reisen verursachen viel Aufwand, aber Sie sehen, meine liebe Marie,

daß sie mir auch Vortheile verschaffen. Wie lange ich hier noch bleiben werde, kann ich noch nicht sagen. Auf jeden Fall denke ich im Monat Mai wieder zu Hause zu seyn, vielleicht aber auch schon im April. Es kommt auf die Umstände an. Erstlich habe ich noch ein Geschäft in Richtigkeit zu bringen. Wenn das geschehen ist, werde ich meinen Aufenthalt nur in dem Falle verlängern, wenn ich einen Vortheil dabei absehe. Ich schreibe an den Hofagenten, er möge Ihnen noch 50 thl. auszahlen wenn Sie es begehren. Zwei Rothschildische Loose sind zur Auszahlung ausgeloost: wenn es der Hofagent verlangt, können Sie ihm solche gegen einen Empfangschein aushändigen. Es sind die Nummern 2722 u 1068. Wenn eine davon die Ihrige ist, so nehmen Sie dagegen eine von den übrigen zu sich. Vielleicht wird es aber nicht nöthig seyn u alles bis zu meiner Zurückkunft in Ihrer Verwahrung bleiben. Was die oberen Zimmer betrifft, so ist das bis jetzt nur ein vorläufiger Gedanke; ich habe noch keine bestimmten Vorschläge dazu u werde es zeitig melden. – Sagen Sie dem Metzenmacher, ich müsse sogleich nach meiner Ankunft eine neue Perücke haben: er möge sich zeitig dazu anschicken. Nun leben Sie wohl, meine liebe Marie. Mich verlangt, ungeachtet aller hiesigen Annehmlichkeiten, sehr nach Hause, wo ich Sie gesund u alles in gutem Stande vorzufinden hoffe. Schneiden Sie das andre Blatt ab u geben es Hrn. Lassen. Nochmals Gott befohlen.

Schreiben Sie bald wieder, damit es mich gewiß noch trifft u adressiren Sie:
chez S. E. M^r le Baron de Bulow
Ambassadeur de Prusse
10 Great Cumberland Place

53   AUGUST WILHELM VON SCHLEGEL AN MARIA LÖBEL

À Mademoiselle
Mlle Marie Löben
chez M. le prof. de Schlegel
à
Bonn
Prusse Rhenane

Calais d. 8ten April 32

Meine liebe Marie,

Ich habe Ihnen eben von meiner Abreise von London geschrieben, u ich schreibe Ihnen sogleich wieder, um zu melden, daß ich gestern Nachmittag um 4 Uhr, Gott sey Dank, gesund u wohlbehalten auf dem festen Lande angekommen bin. Der Wind war zwar günstig aber stark, die See schlug hohe Wellen, die zuweilen über das Schiff hinspritzten u die Leute auf dem Verdeck, wo wir saßen, ganz naß machten. Hätte es länger gedauert, so wäre ich vermuthlich seekrank geworden: aber es dauerte nicht volle drei Stunden, u es ging leidlich ab. Heinrich hat sich auch brav gehalten. Ich könnte in gewöhnlichen Zeiten wohl eben so schnell in Bonn seyn, als dieser Brief, aber jetzt wird es ungefähr eine Woche länger dauern. Die Quarantäne in Calais ist aufgehoben, weil die Cholera in Paris ausgebrochen ist, u sich auch hier in einem angränzenden Fischerdorfe einige Fälle ereignet haben. Dagegen ist nun aber ein Gesundheits=Cordon an der Belgischen Gränze gegen Frankreich gezogen: ich werde in Lille 6 Tage lang still liegen müssen, um von dem dort hingeschickten Belgischen Agenten das nöthige Gesundheits=Certificat zu bekommen. Das ist freilich langweilig u verdrießlich: aber was ist zu machen? Meinen Wagen hatte ich in Boulogne stehen lassen, fünf Meilen von hier: heute <2> Vormittag habe ich Heinrichen hingeschickt, um ihn abzuholen. Hoffentlich ⌜wird er⌝ heute Abend zeitig zurückkommen, daß der Wagen noch gepackt werden kann, u Morgen denke ich in Lille einzutreffen. Ich konnte nicht wohl von Dover aus in Boulogne landen: dahin gehen nur Privatschiffe, welche zuweilen ein paar Tage auf Passagiere warten. ~~müssen.~~ So lange hätte ich in Dover liegen müssen, u das hätte nur mehr gekostet als das Abholen des Wagens. Wir sind mit dem Königlichen Packet=Boot herübergekommen, welches die Briefe bringt u alle Tage geht, außer Sonntags.

Machen Sie sich nur ja keine Besorgniß wegen der Krankheit: ich bin seit langer Zeit nicht so gesund gewesen wie jetzt, dabei bin ich vorsichtig u pflege mich aufs beste. Auch habe ich glücklicher Weise nicht die mindeste Furcht, u das ist eine Hauptsache: denn die Furcht könnte nachtheilig auf den Körper wirken. Wir sind ja überall u immer in Gottes Hand. Wäre ich nicht so gesinnt, so wäre ich schon nicht nach London gegangen, denn die Krankheit war schon da, als ich hinkam.

<*Am Rand der zweiten Seite*> Sagen Sie dem Herrn Hofagenten Wolff, daß ich in London vor meiner Abreise noch 40 Pfund Sterling aufgenommen habe, u bitten Sie ihn in meiner Namen Ihnen Geld auszuzahlen, wenn Sie es vor meiner Ankunft noch nöthig haben sollten. <*Ende der Ergänzung am Rand*>

Grüßen Sie Hrn Lassen bestens, ich werde ihm viel zu erzählen haben, u verschiebe alles auf unsre Gespräche. Ich bringe auch allerlei Neues mit. — Wie freue ich mich darauf, meine liebe Marie, nachdem ich lange in der großen Welt herumgeschwärmt habe, u mit Ehren überhäuft worden bin, <3> einmal wieder unter eignem Dache mit meinen Hausgenossen der häuslichen Ruhe zu genießen. Wenn ich Sie nur recht gesund antreffe! Das ist die Hauptsache. Leider kann ich keine Nachricht mehr von Ihnen erhalten. Leben Sie recht wohl.

Ihr treugesinnter
AWvSchl

54   August Wilhelm von Schlegel an Maria Löbel

Brüssel d. 15tn April 1832
Sonntag Morgen

Meine liebe Marie, ich bin gestern Abend, Gott sey Dank, gesund u glücklich hier angekommen, Dienstag Nachmittag oder Abend, etwa zwischen vier und sieben Uhr denke ich in Bonn einzutreffen. Ich denke, Sie werden diesen Brief übermorgen Vormittag erhalten – in diesem Falle halten Sie warmes Wasser zu einem Bade u ein gutes Abendessen bereit, denn ich werde wohl nicht zu Mittage gegessen haben. Unterdessen Gott befohlen! Mich verlangt unsäglich wieder zu Hause zu seyn. Ihr AWvS

55   AUGUST WILHELM VON SCHLEGEL AN MARIA LÖBEL

Mainz d. 19ten Mai
Abends 41.

Meine liebe Marie, ich schreibe Ihnen von hier aus, weil mir unterwegs eingefallen ist, daß ich in Berlin früher von Ihnen Nachricht erhalten könnte, wenn Sie dahin schrieben, ehe ich Ihnen ⌐meine Wohnung⌐ melden könne. Sie haben nichts weiter zu thun, als daß Sie meiner allgemeinen Adresse: <u>An Herrn Professor von Schlegel, in Berlin</u> die Worte beifügen: <u>poste restante</u>. Frankiren Sie aber nicht, es geht umso sicherer.

Meine Reise ist bis hieher sehr glücklich und H̶ angenehm gewesen: kein Staub, keine Hitze. Das Fahren bekommt mir ganz vortrefflich. Heinrich war gestern etwas marode: er hatte sich mit den vielen Bestellungen abgeäschert (wie ich auch) heute ist er aber wieder frisch und gesund. Versäumen Sie ja nicht, übermorgen zu schreiben. Ich wünsche das beste von Ihrem Befinden zu erfahren u denke viel daran.

Schlegel

56   AUGUST WILHELM VON SCHLEGEL AN MARIA LÖBEL

Gotha
Sonntag d. 22 Mai
1841.

Meine liebe Marie!

Bis hieher sind wir recht gesund und glücklich gelangt, und haben nun schon den größten Theil des Weges zurückgelegt. Gestern hatten wir schwere Berge zu passiren, wobei Heinrich mit dem häufigen Anlegen des Hemmschuhes und dem Nachlaufen in der Hitze saure Arbeit gehabt hat. Hier habe ich nun einmal tüchtig ausgeschlafen, und mich ausgeruht. Erst nach dem Mittagessen fahre ich nach Weimar ab. Dienstag Abend oder Mittwoch Vormittag hoffe ich in Berlin zu seyn. Bis Sie meine dortige Wohnung wissen, schreiben Sie mir immer poste restante u geben Sie mir genaue Nachricht von Ihrer Gesundheit. Ich wünsche von Herzen die besten. Leben Sie wohl.

AWvSchl

Vergessen Sie die Rosen-
sträuße an die beiden Damen nicht.

57 AUGUST WILHELM VON SCHLEGEL AN MARIA LÖBEL

Berlin d. 27ᵗᵉⁿ Mai
Donnerstag Morgens.
1841.

Meine liebe Marie!

Ich bin vorgestern Abend hier glücklich und gesund angekommen, aber ich bin noch in der ersten Verwirrung: ich konnte in dem stark besetzten Gasthofe nur ein ganz kleines Zimmer bekommen. Deswegen ist mein großer Koffer noch nicht ausgepackt, u steht immer auf dem Wagen.

Heinrich trägt diesen Brief auf die Post, dann wird er zugleich erfahren ob schon ein Brief für mich poste restante angelangt ist. Fahren Sie nur immer fort unter dieser Adresse zu schreiben, bis ich Ihnen eine andre melden kann. Der Gasthof heißt Hôtel de Russie; aber ich werde vielleicht nur wenige Tage darin bleiben, wenn ich eine bequeme Wohnung in einem Privathause finden kann.

<2> Schreiben Sie mir recht fleißig, vor allen Dingen von Ihrer eignen Gesundheit, auch wie es sonst im Hause steht, auch von den Pferden. – Von Gotha bin ich hieher in Einem Striche gefahren, dreißig Meilen weit, und dennoch war ich gestern nach der großen Ermüdung schon wieder so munter, daß ich den ganzen Tag Visiten gefahren bin, und die wichtigsten Leute für mein Geschäft schon ausführlich gesprochen habe.

Der König ist abwesend, wird aber in wenigen Tagen zurück erwartet.

Gott befohlen! Leben Sie recht wohl und pflegen Sie Ihre Gesundheit.

Ihr treugesinnter
Schlegel

58 AUGUST WILHELM VON SCHLEGEL AN MARIA LÖBEL

Berlin d. 29 Mai 41.

Meine liebe Marie!

Ich habe Ihren ersten Brief richtig erhalten, und bin Ihnen sehr dankbar dafür, daß Sie so fleißig schreiben. Fahren Sie nur fort p o s t e r e s t a n t e zu adressiren. Vielleicht bleibe ich ganz im Gasthofe, wo ich jetzt recht hübsche Zimmer bewohne.

Freilich hätte ich von Ihrer Gesundheit bessere Nachrichten gewünscht: aber ich hoffe viel gutes von der Badecur u der schönen Jahrszeit. Vergessen Sie ja nicht, mir jedesmal genau zu melden wie Sie sich befinden.

Die goldne Tabaksdose ist hier; ich hatte mich noch anders besonnen, u sie mit eingepackt. Ich habe aber zu meinem Verdruße einige Papiere vergessen, die ich gern hier hätte. Suchen Sie in dem Wand=Secretär im Eckzimmer: in der untersten Schublade der mittelsten Reihe muß ein kleines Päckchen ~~ein kleines P~~ in Papier eingewickelt liegen mit der Aufschrift: <u>Die Herausgabe ~~Fr~~ der Werke Friedrich II betreffend</u>. Darin sind Briefe von Hrn von R e h f u e s, von <2> Hrn von H u m b o l d t u andern nebst meinen Antworten. Diese lassen Sie allesamt liegen. Es ist aber ein angefangner Aufsatz in französischer Sprache da, mit der Aufschrift ungefähr: R e m a r q u e s s u r l a m e t h o d e à s u i v r e und so weiter; dann ein andres Blatt wo darüber steht: O e u v r e s p Darauf stehen Anzeichnungen von Seitenzahlen. Diese beiden Stücke schicken Sie mir sogleich unter Briefcouvert, u wenn Sie sich nicht heraus finden können, so fragen Sie Hrn L a s s e n dem Sie das ganze Päckchen zeigen können.

Leben Sie recht wohl! Meine besten Wünsche für Ihre Gesundheit.

Ihr treugesinnter
Schlegel

Adressiren Sie fortan nur
Hôtel de Russie
Ich werde in diesem Gasthofe bleiben weil ich den Preis der Wohnung ganz billig finde.

59   AUGUST WILHELM VON SCHLEGEL AN MARIA LÖBEL

Berlin Hôtel de
Russie
d. 9$^{\underline{ten}}$ Jun. 1841.

Meine liebe Marie!

Ihren Brief vom 2$^{\underline{ten}}$ Jun. habe ich empfangen, und freue mich sehr über die besseren Nachrichten von Ihrer Gesundheit. Die Schwefelbäder habe ich lange gewünscht, aber der Dr. Wolff meynte damals, es sey noch nicht an der Zeit. Nehmen Sie sich nur ja in Acht, wenn nach der Hitze wieder Kälte eintritt.

Am vorigen Freitag, d. 4$^{\underline{tn}}$ Jun. war ich beim Könige zur Mittagstafel in Sans-Souci eingeladen. Es waren außer den Generalen noch andre berühmte Künstler und Gelehrte da. Ich saß den Majestäten gerade gegenüber: der König war sehr gnädig und unterhielt sich viel mit mir.

Alle Briefe, die an mich ankommen, mögen Sie nur öffnen: ich habe nichts geheimes darin. An <2> Frau Wolper schreiben Sie nur selbst, ich denke nach Harburg, und entschuldigen Sie mich. Die Briefe aus Paris senden Sie mir immer, nehmen Sie aber zuvor den Umschlag ab.

Sie haben ganz wohl gethan, daß Sie das Packet aus Stuttgart zurück behalten haben: es können nur verdrießliche Dingen darin stehn. Der Peter Busch, an den ich vor langen Jahren so viele Wohlthaten verschwendete, ist dort in Noth gerathen, und hat sich selbst durch Kohlendampf aus der Welt geschafft. Der nichtswürdige Mensch muß noch vielerlei gegen mich gelogen haben. Dieß erfahre ich durch den Brief eines Doctors in Stuttgart, worauf ich schon das Nöthige geantwortet habe. Melden Sie mir etwa mit ein Paar Zeilen den Inhalt, wenn es der Mühe werth ist.

Man erzeigt mir hier viele Höflichkeiten; auch habe ich eine leidliche Wohnung: aber dennoch vermisse ich mein schönes Leben in Bonn alle Tage, u werde gewiß nicht länger ausbleiben, als es seyn muß. <3> Fahren Sie nur fort fleißig zu schreiben. Grüßen Sie in meinem Namen die Marianne und Mina. Nun leben Sie recht wohl, das wünsche ich von ganzem Herzen.

AWvSchl

Lassen Sie sich von dem Buchbinder Blume Briefcouverte machen, wo Sie dann Blein Blatt von meinem Briefpapier bequem hinein falten können. Ein Siegel liegt auch in meinem Schreibzeuge.

60   AUGUST WILHELM VON SCHLEGEL AN MARIA LÖBEL

Berlin Hôtel de Russie
d. 9ten Jul. 41.

Meine liebe Marie!

Ich habe diese Zeit her mehrmals zu meiner Freude gute Nachrichten aus Bonn gehabt. Vor 14 Tagen hat mich der Hr. Oberste v. Flotow freundschaftlich besucht. Dann erhielt ich einen Brief des Hrn. Thomas vom 2ten Jul., zu letzt den Ihrigen vom 3ten Jul. Fahren Sie nur fleißig fort zu schreiben. Wenn ich eine Zeitlang ohne Nachricht vom Hause bin, so werde ich ganz traurig.

Ich hoffe nun, daß Ihr Übel während der guten Jahrszeit völlig gehoben seyn wird. Hüten Sie sich nur ja vor Erkältungen.

Wenn der Speisesaal auch noch diesen Sommer erneuert werden könnte, näm-lich die Mauern glatt verputzt und dann mit getäfeltem Holz bekleidet, so wäre es mir sehr angenehm. Wir haben ja so oft darüber gesprochen, daß Sie genau wissen, wie ich es zu haben wünsche. Es <2> wird wohl nicht nöthig seyn, den Baumeister Leydel zu Rathe zu ziehen. Der Schreiner Krumb wird die Sache schon gehörig auszuführen ⌜wissen⌝. Wir brauchen aber einen andern Mauermeis-ter als den Quantius. Es wäre kein großer Schaden, wenn der Saal bei meiner Zurückkunft noch nicht ganz trocken wäre, da ich alle die übrigen Zimmer zum Gebrauch frei habe. – Einige Vierecke in dem Saale gegen Falz hin werden sich etwas gesenkt haben: das müßte ausgebessert werden, ehe er neu gemalt wird. Aber das Malen des Fußbodens könnte bis zum Frühlinge ausgestellt bleiben, da der Teppich doch darüber zu lib. liegen kommt. In den Wohnzimmern oben sind hoffentlich die Bretter fest zusammen geschoben, damit nicht jeden Frühling die breiten Spalten wieder zum Vorschein kommen. – In dem chinesischen Zimmer hat das zerstoßene Glas gegen die Mäuse gut geholfen: das könnte ja auch in dem Speisesaal angebracht werden.

<3> Es versteht sich, daß alle Packete, die ankommen in Bonn bleiben u nicht hieher gesandt werden müssen. Vermuthlich ist aus Paris ein Medaillon mit meinem Brustbilde in Bronze angekommen. Zeigen Sie es doch der Frau von Flotow. Eben so den alten Psalter, welchen Blume prächtig einbinden sollte. Er muß ja längst fertig seyn.

Die Papiere aus Stuttgart haben Sie gewiß sorgfältig aufgehoben. Es kann seyn, daß ich noch etwas über die verwünschte Geschichte öffentlich sagen muß.

Mich verlangt sehnlichst darnach, wieder zu Hause zu seyn, und an diesem Wunsche, liebe Marie, haben Sie den größten Antheil. Man erzeigt mir viele Höflichkeiten: in der letzten Woche war ich sechsmal nach einander zu Gaste.

Wenn Sie Geld brauchen, so schreiben Sie es mir, oder lassen Sie sich vom Banquier Cahn das nöthige auszahlen. Meine Adresse haben Sie letzthin falsch geschrieben. Es heißt:

Hôtel de Russie

<4> Nun leben Sie recht wohl und grüßen Sie die Marianne und Mina.

Ihr treu gesinnter

Schl

61   AUGUST WILHELM VON SCHLEGEL AN MARIA LÖBEL

Berlin Hôtel de Russie
Berlin d. 30.Jul. 41.

Meine liebe Marie!

Da der Meister Krumb sagt, es sey kein recht trocknes Eichenholz in hinreichendem Vorrath vorhanden, so wollen wir an der Wandbekleidung nur die Füllungen von Tannenholz u die Einfassungen von Eichenholz machen lassen. Das Fachwerk muß nun nach den Kupferstichen eingerichtet werden, nämlich jeder Streich muß reichlich so breit seyn, daß der Rand des Rahmens die vortretende Einfassung nicht berührt. Ich hatte gedacht die ganzen Wände als geadertes Holz umhin zu lassen; nun wird aber alles gleichmäßig in weißer Lackfarbe gemalt werden müssen. Dieß wird im Sommer nicht allzu blendend seyn, weil wir die Jalousie-Laden gegen die Sonne schließen können. Im Winter aber wird es sich dem Kronleuchter u den Armleuchtern gegen über ganz herrlich ausnehmen.

<2>Haben Sie den Fußboden in dem chinesischen Zimmer neu anstreichen lassen oder nicht? Es steht ganz in Ihrer Wahl: den Winter kommt ja doch der Teppich darüber. Sonst aber ist ein andres Muster zu wählen: es darf kein Weiß hineinkommen, überhaupt keine Farbe, die dem Holze nicht natürlich ist.

Nun, ich verlasse mich in allen Stücken auf Ihren guten Geschmack u Ihre Aufsicht.

Hier ist viel böse Witterung gewesen; ich hoffe, es haben sich doch in Bonn gute Tage gefunden, die Sie zu Schwefelbädern benutzen konnten.

Leben Sie recht wohl. Ich schreibe heute nur so kurz weil ich noch andre Briefe schreiben muß Nächstens mehr. Ich grüße Sie von ganzem Herzen, so wie auch die beiden Mädchen.

Ihr treugesinnter
Schl

Lassen ja das Täfel nicht auflegen bis die verputzen Wände recht ausgetrocknet sind.

62   August Wilhelm von Schlegel an Maria Löbel

Berlin d. 25sten Aug.
41

Liebe Marie,

Mich verlangt sehr darnach, einen Brief von Ihnen zu erhalten: der letzte war vom 24sten Jul., das ist nun einen Monat her. Zum Glück habe ich einen Brief von Hrn. Lassen vom 13ten August: er meldet mir, es werde in meinem Hause fleißig gearbeitet und alles nehme sich sehr hübsch aus. Wenn Sie unwohl wären, so hätte er es gewiß berichtet, oder Sie hätten der Mina aufgetragen mir zu schreiben.

Ich hoffe nun in vier bis fünf Tagen abreisen zu können, u. werde mich unterwegs so wenig wie möglich aufhalten. Heinrich war seit mehreren Tagen recht unwohl, u hatte Fieber; er nimmt noch Medicin ein, ist aber auf der Besserung. Gott befohlen! Ich hoffe recht bald bei Ihnen zu seyn. Ihr treuer
Schl.

Nicht mehr hieher zu schreiben.

A. W. von Schlegel

AUGUST WILHELM VON SCHLEGEL
Lithographie von Peter Busch nach einem Gemälde von Adolf von Hohneck
Um 1830 (StArch Bonn, o.S.)

Clouth's
Hie
AUGUS
von
vom Jahre
Tode

Bonn, den 22/24 August 1873.

AUGUST WILHELM VON SCHLEGELS WOHNHAUS AUF DER SANDKAULE IN BONN
1873 (St Arch Bonn, 250)

A. W von SCHLEGEL.

AUGUST WILHELM VON SCHLEGEL, sog. »Pavianbild«
Lithographie von Christian Hoffmeister
Um 1840 (Privatbesitz Ralf Georg Czapla, Sankt Augustin)

№ 164.

Sterb-Urkunde.

Gemeinde **Bonn**. Kreis **Bonn**. Regierungs-Bezirk **Cöln**.

Im Jahre tausend acht hundert fünf und vierzig, den vier-
zehnten des Monats May, Vormittags elf Uhr, erschienen vor mir
Hermann Gerhards, delegirtem beigeordneten —
Ober-Bürgermeister von Bonn, als Beamten des Personenstandes, Heinrich von Weheden, fünf und vierzig Jahre alt,
Kandes Kutscher, — — nachhaft zu
Bonn, Regierungs-Bezirk Cöln, welcher der Kutscher
des Verstorbenen zu sein angab, und der Rudolph Bouvier
vier und dreißig — — Jahre alt, Kandes
Canzlist, — — wohnhaft zu Bonn,
Regierungs-Bezirk Cöln, welcher ein Nachbar des Verstorbenen
zu sein angab, und haben diese beiden mir erklärt, daß am —
zwölften des Monats May, — des Jahres
tausend acht hundert fünf und vierzig, Mittags ein Uhr verstorben ist zu Bonn, August Wilhelm von Schlegel,
Ehemann der Sophia Paulus, gebürtig zu
Hannover (Regierungs-Bezirk) fünf und sieben-
zig Jahre alt, Kandes Professor der Philosophie,
nachhaft zu Bonn, Regierungs-Bezirk Cöln. —
Sohn von Johann Adolph Schlegel, verstorben,
und von — Namen der Mutter unbekannt;
und haben vorbemerkte erklärende Personen nach ihnen gesche-
ner Vorlesung den Inhalt der gegenwärtigen Urkunde genehmigt
und mit mir unterschrieben.

Geminaih oder Mehodnn.   RudH Bouvier

Gerhards

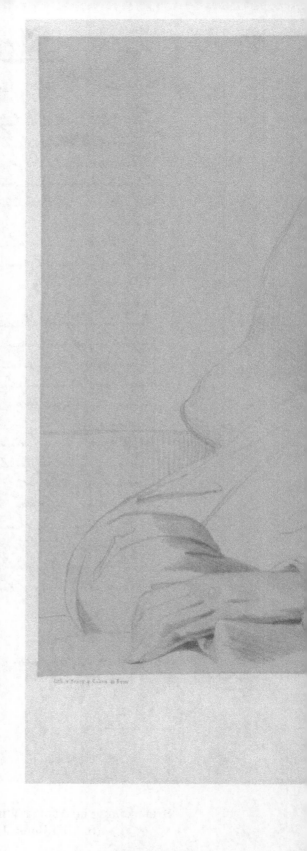

AUGUST WILHELM VON SCHLEGEL
AUF DEM STERBEBETT
Zeichnung von Franz Michaelis
1845 (StArch Bonn, o.S.)

T WILHELM von SCHLEGEL
im Tode.

Geboren in Hannover am 5.ᵗᵉ Sept. 1767,
gestorben in Bonn am 12.ᵗᵉ Mai 1845.

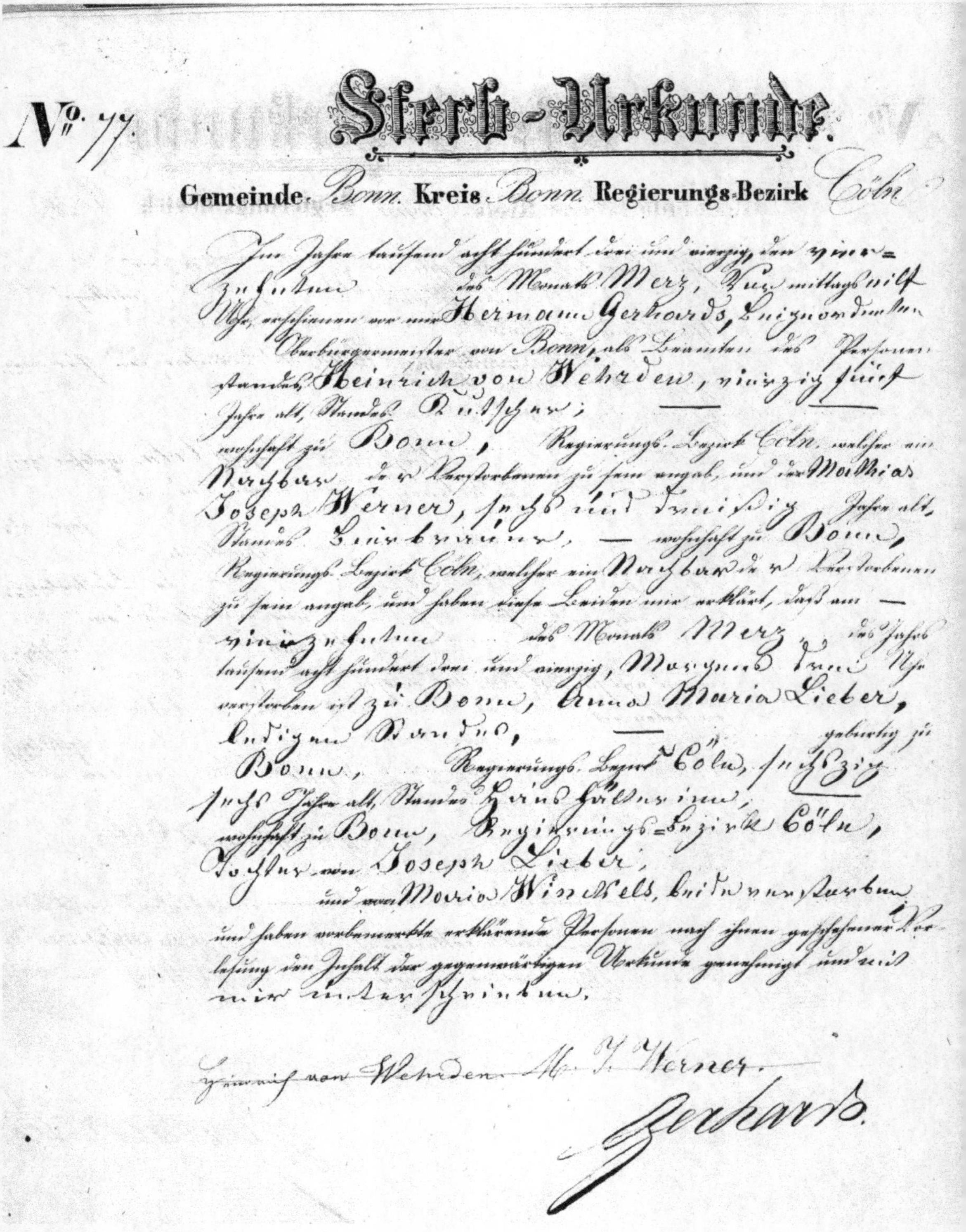

Nº 77.

Sterb-Urkunde.

Gemeinde Bonn. **Kreis** Bonn. **Regierungs-Bezirk** Cöln

Im Jahre tausend acht hundert drei und vierzig den vierzehnten des Monats Merz, Vormittags eilf Uhr, erschienen vor mir Hermann Gerhards, Beigeordneten Oberbürgermeister von Bonn, als Beamten des Personenstandes, Heinrich von Wehrden, vierzig fünf Jahre alt, Standes Kutscher; wohnhaft zu Bonn, Regierungs-Bezirk Cöln, welcher ein Nachbar der Verstorbenen zu sein angab, und der Matthias Joseph Werner, sechs und dreißig Jahre alt, Standes Bierbrauer, — wohnhaft zu Bonn, Regierungs-Bezirk Cöln, welcher ein Nachbar der Verstorbenen zu sein angab, und haben diese Beiden mir erklärt, daß am — vierzehnten des Monats Merz des Jahres tausend acht hundert drei und vierzig, Morgens drei Uhr verstorben ist zu Bonn, Anna Maria Lieber, ledigen Standes, gebürtig zu Bonn, Regierungs-Bezirk Cöln, sechzig sechs Jahre alt, Standes Haushälterin, wohnhaft zu Bonn, Regierungs-Bezirk Cöln, Tochter von Joseph Lieber, und Maria Winckels, beide verstorben und haben vorbemerkte erklärende Personen nach ihnen geschehener Vorlesung den Inhalt der gegenwärtigen Urkunde genehmigt und mit mir unterschrieben.

Heinrich von Wehrden M. J. Werner.

Gerhards.

Sterbeurkunde Anna Maria Lieber, d. i. Maria Löbel
(StArch Bonn, S 77/1843)

Meinen Freunden und Bekannten zeige ich hierdurch an, daß Jungfer **Maria Löbel**, aus Bonn, seit 23 Jahren die Aufseherin meines Hauswesens, nach einem achtmonatlichen Krankenlager, wiederholt gestärkt mit den kirchlichen Heilsmitteln, heute früh um 3 Uhr aus diesem irdischen Leben geschieden ist.

Zwei Schwestern, ein Schwager und zwei Nichten trauern um sie. Von Allen, die sie persönlich kannten, hat sie sich Zuneigung und Hochachtung erworben.

Bonn, den 14. März 1843.

A. W. von Schlegel.

———————————

Die Bestattung wird den 16. März, Donnerstags um zwei Uhr Nachmittags, Statt finden.

TODESANZEIGE AUGUST WILHELM VON SCHLEGELS FÜR MARIA LÖBEL
(GSA Weimar, 96/3652)

Dieses Verwesliche muß Unverweslichkeit anziehen, und dieses
Sterbliche muß Unsterblichkeit anziehen.   1 Cor. XV, 53.

Gedenket mit chriſtlicher Liebe

unſerer in Chriſto ruhenden Mitſchweſter

Maria Löbel.

Sie ſtarb zu Bonn, in ihrer Geburtsſtadt, den 14. März
1843, um 3 Uhr Morgens, an den Folgen einer Unter-
leibskrankheit, im 67. Jahre ihres Alters.   Während ihrer
langwierigen Krankheit empfing ſie öfters die hh. Sakra-
mente, und im Hinblicke auf unſern Herrn Jeſus Chriſtus trug ſie mit großer Ergebenheit ihre gegenwärtige
Trübſal, die ſie, nach des Apoſtels Wort, für augenblicklich und leicht anſah in Anbetracht der unermeßlichen,
ewigen, Alles überwiegenden Herrlichkeit, welche ſie ver-
ſchafft. Ihr letztes Wort war der Ausdruck des Wun-
ſches, abgeſchieden und bei Chriſtus zu ſein.   Bei Allen,
welche ihr kindlich-frommes Gemüth und ihre Herzens-
einfalt, ihre Argloſigkeit gegen Jedermann und ihre Treue
in der Verrichtung des ihr zugefallenen Tagewerkes kennen, wird ſie ſtets in geſegnetem Andenken bleiben.

Sie ruhe im Frieden.

Die Beerdigung geſchieht Donnerſtag den 16. März, Nachmittags
um 2 Uhr. Die feierlichen Erequien werden Samſtag den 18. März,
um 10 Uhr, in der Pfarre Dietkirchen gehalten, wozu Verwandte,
Freunde und Nachbarn höflichſt eingeladen werden.

Druck von Carl Georgi in Bonn.

TOTENZETTEL MARIA LÖBEL
(BNU Strasbourg, MS 2882,4)

THERESIA LÖBEL
(Privatbesitz Armin Danco, Düsseldorf)

PETER DANCO
(Privatbesitz Armin Danco, Düsseldorf)

GRABSTÄTTE DER FAMILIE DANCO AUF DEM ALTEN FRIEDHOF IN SIEGBURG
(Foto: Ralf Georg Czapla)

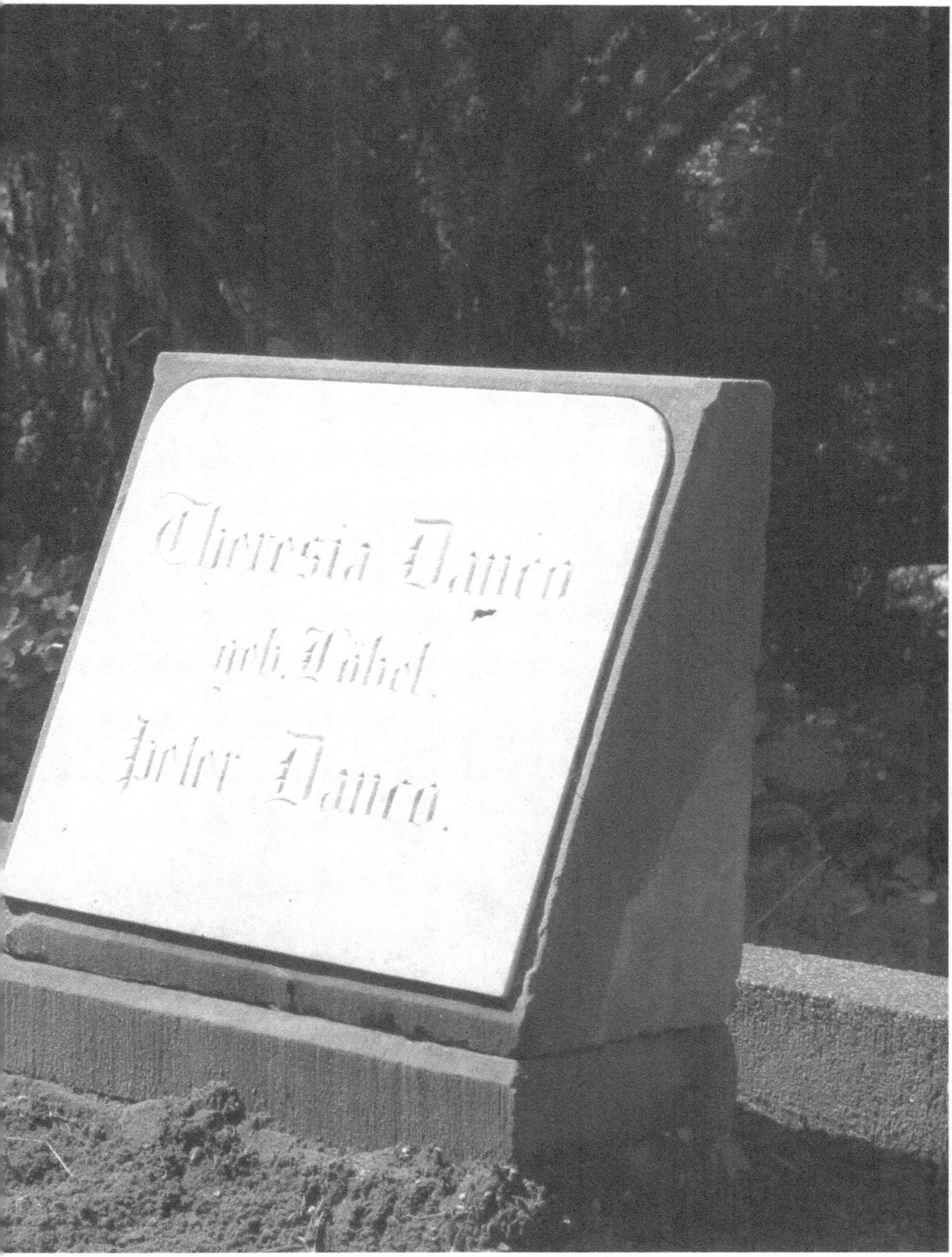
Theresia Danco
geb. Löbel.
Peter Danco.

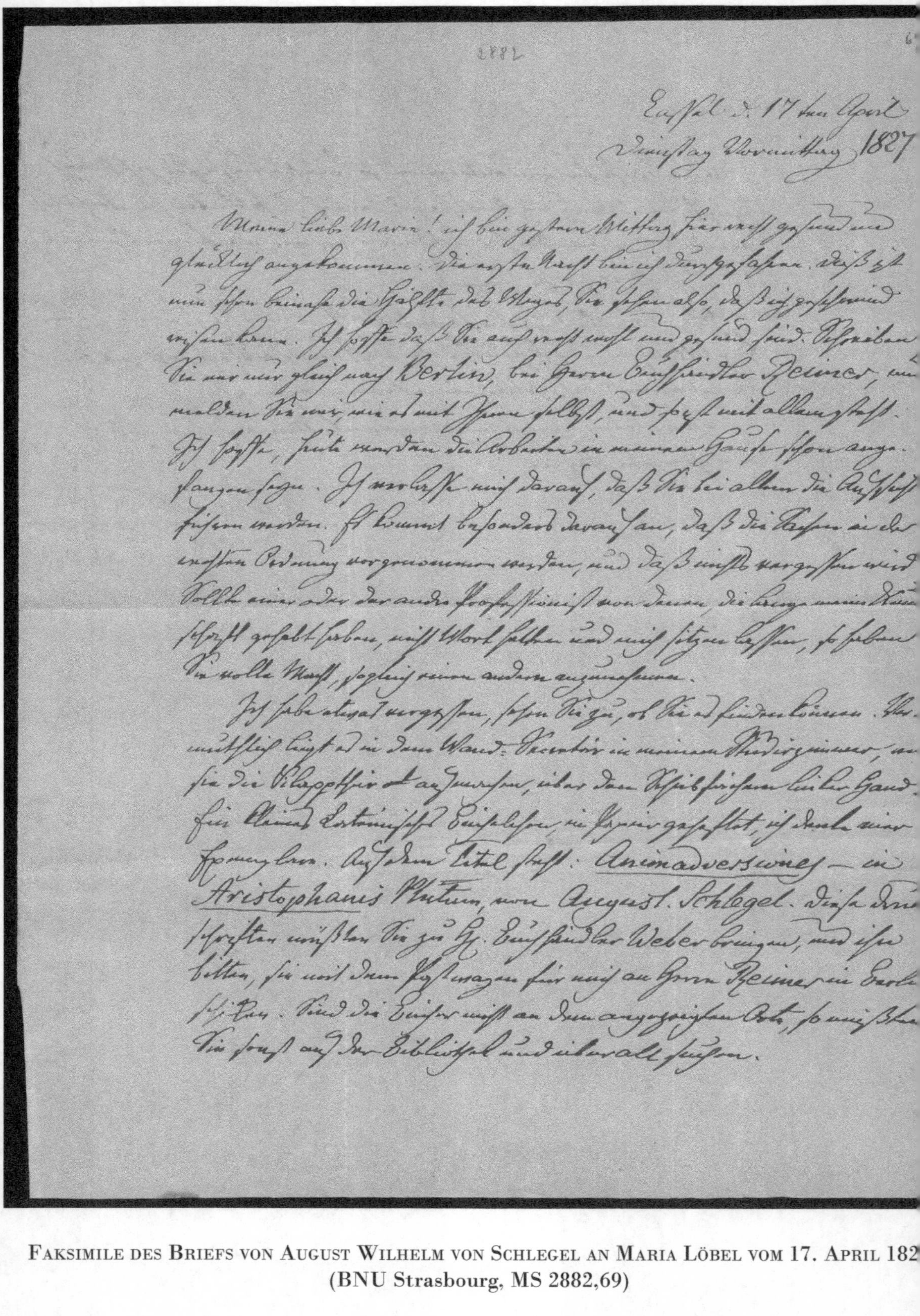

Meine Briefe für mich ankommen, so brauchen Sie sie für jetzt nicht
abzuschicken. Wenn nur Ende Siegel darauf ist, so bleiben sie überhaupt
liegen. Von andern Briefen melden Sie mir nur, was für ein Stempel
darauf steht, ehe sie kommen.

Gehen Sie doch zu Hr. Hofagent Wolff, machen Sie ihm meine besten
Empfehlungen, und sagen Sie ihm, daß mir die Reise recht gut bekommt, wiewohl das Wetter ziemlich rauh gewesen ist.

Nun, leben Sie recht wohl, meine liebe Marie, das wünscht ich
von ganzem Herzen.

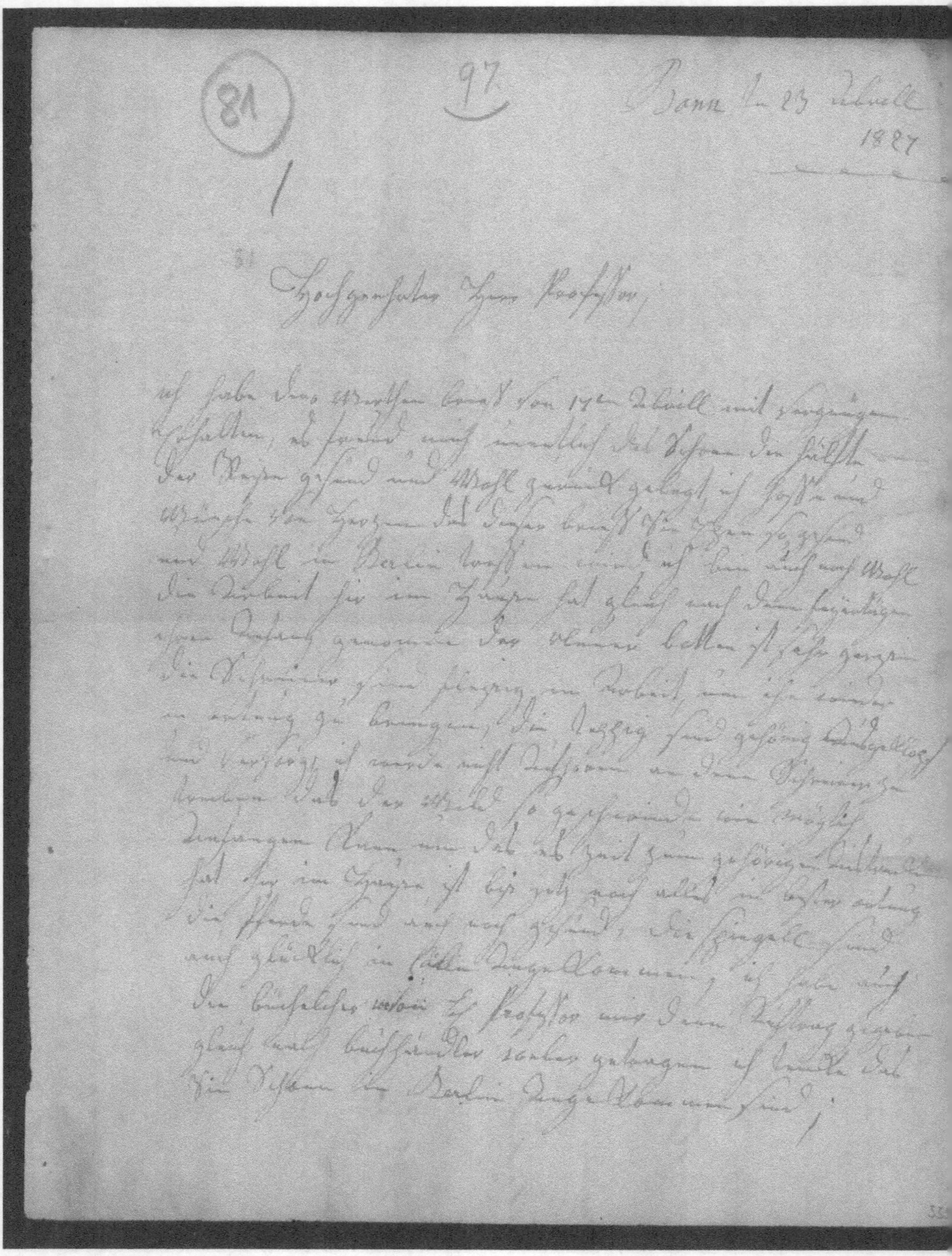
81

97

Bonn den 23 Aprill 1827

Hochgeehrter Herr Professor

Faksimile des Briefs von Maria Löbel an August Wilhelm von Schlegel vom 23. April 1827
(SLUB Dresden, Mscr. Dresd. e. 90, XIX, Bd. 14, Nr. 8)

hier folgen 2 bergl... weill die sach dein gnad geb
ich ... mit ...

...

Maria Löber

STAMMBAUM DER FAMILIE LÖBEL – DANCO | BONN/SIEGBURG

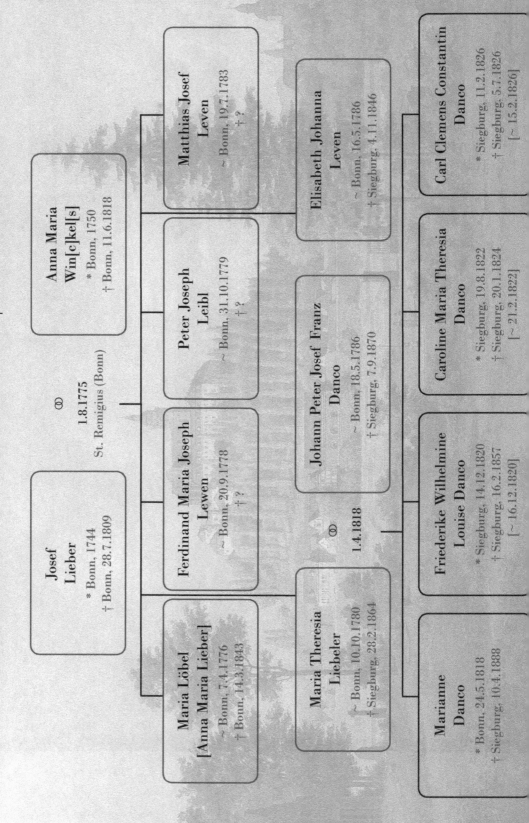

Josef Lieber
* Bonn, 1744
† Bonn, 28.7.1809

⚭ 1.8.1775
St. Remigius (Bonn)

Anna Maria Win[c]kel[s]
* Bonn, 1750
† Bonn, 11.6.1818

Maria Löbel [Anna Maria Lieber]
~ Bonn, 7.4.1776
† Bonn, 14.3.1843

Ferdinand Maria Joseph Lewen
~ Bonn, 20.9.1778
† ?

Peter Joseph Leibl
~ Bonn, 31.10.1779
† ?

Matthias Josef Leven
~ Bonn, 19.7.1783
† ?

Maria Theresia Liebeler
~ Bonn, 10.10.1730
† Siegburg, 28.2.1864

⚭ 1.4.1818

Johann Peter Josef Franz Danco
~ Bonn, 18.5.1786
† Siegburg, 7.9.1870

Elisabeth Johanna Leven
~ Bonn, 16.5.1786
† Siegburg, 4.11.1846

Marianne Danco
* Bonn, 24.5.1818
† Siegburg, 10.4.1888

Friederike Wilhelmine Louise Danco
* Siegburg, 14.12.1820
† Siegburg, 16.2.1857
[~ 16.12.1820]

Caroline Maria Theresia Danco
* Siegburg, 19.8.1822
† Siegburg, 20.1.1824
[~ 21.2.1822]

Carl Clemens Constantin Danco
* Siegburg, 11.2.1826
† Siegburg, 5.7.1826
[~ 15.2.1826]

BRIEFE | ERLÄUTERUNGEN

1   AUGUST WILHELM VON SCHLEGEL AN MARIA LÖBEL,
  25. OKTOBER 1820

Überlieferung: Bibliothèque nationale et universitaire de Strasbourg, Ms 2882.50 (1 egh. B. mit Unterschrift, 1 Ebl. mit Wasserzeichen, 1½ S. beschr., B 18,3 cm x H 22,5 cm).

Erläuterungen:

Brüssel] Schlegel hielt sich auf der Reise nach Paris zwei Tage in Brüssel auf; siehe Schlegels Brief an Karl Josef Hieronymus Windischmann, Paris, 6. Dezember 1820 (Körner 1, 1930, Nr. 266, S. 379–381, hier S. 381). Ernst Moritz Arndt bestimmte in seinen *Reisen durch einen Theil Teutschlands* 4, S. 326, die Entfernungen zwischen Aachen, Brüssel und Paris folgendermaßen: »Man rechnet nemlich so ungefär von Paris bis Brüssel 36 teutsche Meilen, von Brüssel bis Lüttich 11, von Lüttich bis Aachen 5.« Eine deutsche Meile, auch als preußische Meile bezeichnet, entsprach 7,5 Kilometer; siehe Kahnt/Knorr, S. 183.

Meine liebe Marie] August Wilhelm von Schlegels Haushälterin Maria Löbel wurde als ältestes von sechs Kindern des Hauptmanns Joseph Lieber (* Bonn, 1744; † Bonn, 28. Juli 1809) und seiner Frau Anna Maria Win(c)kel(s) (* Bonn, 1750; † Bonn, 11. Juni 1818) am 7. April 1776 in der Militärpfarre St. Remigius in Bonn im Beisein der Paten Anna Maria Brenichs und Hermann Ritterscheidt auf den Namen Anna Maria Lieber getauft (siehe Taufbuch der Militärpfarre St. Remigius, Bonn, S. 65). Ihr Vater diente in dem in Bonn stationierten kurkölnischen Infanterieregiment des Generalmajors, Obersten und späteren Gouverneurs der Stadt Clemens August von Kleist, das zunächst dem Kölner Kurfürsten und Erzbischof Maximilian Friedrich Reichsgraf von Königsegg-Rothenfels (* Köln, 13. Mai 1708 in Köln; † Bonn, 15. April 1784) und ab 1784 seinem Nachfolger im Amt des Kurfürsten und Erzbischofs Maximilian Franz von Österreich (* Wien, 8. Dezember 1756 in Wien; † Schloss Hetzendorf bei Wien, 26. Juli 1801) unterstand. Im Taufregister der Militärpfarre St. Remigius sind auch die Namen von Maria Löbels Geschwistern verzeichnet, die jedoch aufgrund des Dialekts des jeweiligen Schreibers stark voneinander abweichen: Am 30. September 1778 wurde Ferdinand Maria Joseph Lewen, am 31. Oktober 1779 Peter Joseph Leibel, am 10. Oktober 1780 Maria Theresia Liebeler, am 19. Juli 1783 Matthias Josef Leven und am 16. Mai 1786 Elisabeth Johanna Leven dort getauft (siehe Taufbuch der Militärpfarre St. Remigius, Bonn, S. 77, 84, 90, 103 und 119). Während sich der Lebensweg von Maria Löbels jüngeren Schwestern anhand der Zivilstandsregister der Städte Bonn und Siegburg rekonstruieren lässt, sind von ihren Brüdern keine weiteren Lebenszeugnisse zu finden. Aus der Anzeige, die August Wilhelm von Schlegel anlässlich des Todes seiner Haushälterin im März 1843 verschickte (siehe GSA Weimar, 96/3652), lässt sich jedoch schließen, dass ihre Brüder bereits vor 1843 – möglicherweise sogar im Kindesalter – verstorben sind, da Schlegel als Hinterbliebene und nächste Verwandte lediglich zwei Schwestern, Maria Theresia Löbel/Liebeler und Elisabeth Johanna Löbel/Leven, und eine Nichte, Marianne Danco, erwähnt. Maria Theresia Löbel/Liebeler heiratete am 1. April 1818 in Saarlouis den Bataillionsarzt Johann Peter Josef Franz Danco, den Sohn des Stipators Andreas Danco und seiner Ehefrau Mechthild Lindenbeck, dessen Familie ebenfalls in Diensten des Kölner Kurfürsten stand (siehe Taufbuch der Militärpfarre St. Remigius, Bonn, S. 115; Halm 1, 2000 S. 48–54). Die jüngste Schwester Elisabeth Johanna Löbel/Leven folgte ihrer Schwester Maria Theresia und deren Mann Johann Peter Josef Franz Danco nach Siegburg, wo dieser seit 1820 als Arzt des 3. Bataillons des 28. Landwehrregiments stationiert war (siehe die Erläuterungen zu den Briefen Nr. 19 und Nr. 22). Sie starb am 4. November 1846 (siehe VerwArch Siegburg, Sterbeurkunde 125/1846) und wurde im Grab der Familie Danco auf dem Alten Friedhof in Siegburg beigesetzt. Dort fanden auch Maria Theresia (1864), ihr Mann Johann Peter Josef Franz (1870) sowie die einzige überlebende Tochter Marianne Danco (1888) ihre letzte Ruhestätte (siehe VerwArch Siegburg, Sterbeurkunde 47/1864, Sterbeurkunde 102/1870 und Sterbeurkunde 53/1888). Maria Löbel unterzeichnete ihre Briefe an Schlegel stets mit dem Familiennamen Löben, der durch Rundung des Vokals aus dem überlieferten Leven entstanden ist. Ihre Sterbeurkunde – ihr Tod wurde angezeigt von Schlegels Kutscher Heinrich von Wehrden und dem in der Josephstraße 762 ansässigen Silberschmied Antonius Joseph Haub(t) (siehe zu ihm Bodsch 2008, S. 187, Nr. 47) – verzeichnet sie mit dem Namen ihres Vaters als Anna Maria Lieber (siehe StArch Bonn, Sterbeurkunde 77/1843), der auch im Nekrolog in der Beilage des *Bonner Wochenblatts* vom 26. März 1843 erscheint. Marias Totenzettel (BNU Strasbourg, Ms. 2882, 48) und die Sterbeurkunden ihrer Schwestern hingegen weisen Löbel als Familiennamen aus. Das Grab Maria Löbels, die am 16. März 1843 auf dem Friedhof der Pfarrei Dietkirchen in Bonn beigesetzt wurde, ist nicht erhalten.

vorgestern … angekommen] Schlegel traf am Montag, dem 23. Oktober 1820, in Brüssel ein.

Achen] Die Namensform »Achen« ist bereits mittelalterlich belegt und war bis weit in die zweite Hälfte des 19. Jahrhundert hinein gebräuchlich; siehe Haagen; Schiffers, S. 12–16; Keyser, S. 29.

Christian] Christian Lassen (* Bergen/Norwegen, 22. Oktober 1800; † Bonn, 8. Mai 1876), immatrikulierte sich, aus Heidelberg kommend, am 2. November 1821 in Bonn (UArch Bonn, Matrikelbuch Universität Bonn, Annus academiae quartus, Nr. 59) und wurde dort Schlegels Schüler. In dessen Auftrag kopierte er zwischen 1823 und 1825 in London indische Handschriften. Später vertrat er ihn im Lehrbetrieb der Universität. 1827 wurde Lassen promoviert, 1830 zum außerordentlichen und 1840 zum ordentlichen Professor der altindischen Sprache und Literatur ernannt. Gemeinsam mit Schlegel begründete er die *Zeitschrift für die Kunde des Morgenlandes*. Seine *Indische Alterthumskunde* wurde zum Grundlagenwerk indologischer Forschung. Mit seinen Editionen und Übersetzungen vermittelte Lassen die Sanskrit-Dichtung nach Deutschland. Für seine wissenschaftlichen Verdienste wurde er am 31. Mai 1857 in den preußischen Orden Pour le Mérite für Wissenschaft und Künste aufgenommen. Seit 1860 hinderte ihn ein schweres Augenleiden daran, den Lehrbetrieb an der Universität fortzusetzen. Lassen war seit dem 15. September 1849 mit Caroline Auguste Wiggers verheiratet. Die Trauung fand in Altona statt. Er starb am Nachmittag des 8. Mai 1876 und wurde am Nachmittag des 10. Mai auf dem Alten Friedhof in Bonn beigesetzt; siehe StArch Bonn, Heiratsurkunde 113/1849; StArch Bonn, Sterbeurkunde 276/1876; Nachruf und Todesanzeige in Bonner Zeitung, 9. Mai 1876; ADB 17, 1883, S. 784–788 (Johannes Klatt); Wenig, S. 172; Niesen, S. 268–269.

Mineralbad] Aachen zählte im 19. Jahrhundert acht Badehäuser, von denen vier von den oberen, stärkeren, vier von den minder starken unteren Schwefelquellen ihr Mineralwasser erhielten. Als älteste Badequelle galt das seinerzeit an der Büchelstraße gelegene Kaisersbad. Dort befand sich die heißeste Quelle der Stadt. Die heißen Mineralquellen waren für Karl den Großen der Anlass, in Aachen eine seiner Pfalzen zu errichten. Der klassizistische Elisenbrunnen wurde 1827 von den Architekten Johann Peter Cremer und Karl Friedrich Schinkel erbaut; siehe Monheim, S. 165–173.

großen und schönen Stadt] Schlegel spielt offenbar auf den Ehrentitel »La Bonne ville d'Aix-la-Chapelle« an, der Aachen von Napoléon Bonaparte verliehen wurde. Mit Dekret vom 22. Juni 1804 hatte Napoléon 24 Städte benannt, unter ihnen Aachen, die er als die wichtigsten, d. h. finanzstärksten seines Reiches betrachtete; siehe Kraus, S. 470.

Leute zu besuchen] Wen Schlegel in Aachen besuchte, ist unklar. Möglicherweise gehörte zu seinen Gastgebern der Historiker Karl Franz Leonhard Meyer (~ Aachen, 23. September 1763; † Aachen, 19. Februar 1821), der seit 1803 dem Stadtarchiv vorstand und 1817 von König Friedrich Wilhelm III. zum Preußischen Hofrat ernannt worden war. Meyer hatte auf der Grundlage der väterlichen Sammlung ein »Altertumskabinett« eingerichtet, das während des Aachener Kongresses 1818 neben dem Preußenkönig auch Kaiser Franz I. von Österreich und Zar Alexander I. von Russland besuchten; siehe Savelsberg, S. 21.

Paris] Schlegel war für das Sommersemester 1820 und das Wintersemester 1820/21 vom preußischen Ministerium beurlaubt worden. Im Wintersemester 1819/1820 hatte er u.a. *Über das akademische Studium* gelesen und anfangs 200, später immerhin noch 100 Hörer begrüßen können. Ende September 1820 war er nach Paris gereist, um dort eine Schrifttype für die Edition indischer Texte zu erwerben. Er blieb bis Ende Juni 1821 dort; siehe Schlegels Brief an Karl vom Stein zum Altenstein, Bonn, 3. Juli 1820 (Körner 2, 1930, S. 167): »Bey dem unterthänigen Gesuch um einen halbjährigen Urlaub zu einer Reise nach Paris hatte ich besonders die Ersparung der Zeit im Auge, indem ich dort zugleich die Verfertigung der Typen besorgen, und die Manuskripte benutzen könnte.« Erste Proben der neuen Schrifttypen bietet das *Specimen novae typographiae Indicae*, das Schlegel 1821 in Paris drucken ließ; siehe Kirfel 1915/1976, S. 377–379.

Briefe von Ihnen] Schlegel hatte Maria Löbel offenbar aufgetragen, ihn während seines Aufenthalts in Paris über die Vorgänge in seinem Haus und in der Universität zu unterrichten. Ihre Briefe sind jedoch nicht erhalten.

Wunde am Bein] Die steten Erkundigungen nach ihrem Gesundheitszustand zeigen, wie sehr Schlegel um das Wohl seiner Hausangestellten besorgt war (siehe Briefe Nr. 1, 2, 3). Offenbar war Maria Löbel bei der Hausarbeit von einem Stuhl gestürzt (siehe Brief Nr. 9) und hatte sich eine Verletzung am Bein zugezogen. Schlegel hatte deshalb sogar erwogen, seine Reise nach Paris zu verschieben (siehe Brief Nr. 3).

umständlich] ›ausführlich‹.

in meinem Hause] Eine detaillierte Beschreibung von Schlegels Wohnhaus in der Sandkaule findet sich in der vom 18. Juni 1845 datierenden Anzeige des »Mobilien- und Haus-Verkauf[s]«, den Notar Carl Eilender nach Schlegels Tod als Testamentsvollstrecker abwickelte: »Am Dienstage den 1. Juli d. J. und an den folgenden Tagen, Nachmittags 2 Uhr, wird der unterzeichnete Notar die zur Nachlassenschaft des verstorbenen Herrn Professors Aug. Wilh. von Schlegel gehörigen Mobilien, bestehend in Silberwerk, Gemälden, Kupferstichen, Kunstsachen, Uhren, Sesseln, Stühlen, Sophas, Tischen, Schreibpulten, Commoden, Leinwand, Küchengeräthschaften u. s. w. öffentlich zum Verkaufe ausstellen. Ferner soll am Dienstage den 8. Juli, Nachmittags 3 Uhr, das von dem Verstorbenen bei Lebzeiten bewohnte, zu Bonn auf der Sandkaule unter Nro. 529 gelegene Haus unter vortheilhaften Bedingungen verkauft werden. Dieses Haus ist massiv in Stein gebaut und enthält außer großen Keller- und Speicherräumen zur ebenen Erde einen Speisesaal nebst Vorzimmer, Domestikenstube und Küche mit Pumpe und elegantem Kochherde, so wie eine geräumige Hausflur mit Einfahrtsthor; in der ersten Etage fünf und in der zweiten Etage sechs Zimmer von verschiedener Größe. Im Hofe befinden sich Stallung für zwei Pferde, Wagenremise, Waschküche und Badezimmer. Das Ganze umfaßt einen Flächeninhalt von 41 Ruthen 20 Fuß. Das Haus befindet sich im besten baulichen Zustande; die Zimmer sind größtentheils geschmackvoll tapezirt und die Treppen hell und bequem. Der Verkauf findet in dem vorbezeichneten Hause statt.« Diese Anzeige erschien erstmals in der Beilage zum *Bonner Wochenblatt* vom 22. Juni 1845 und wurde in den Ausgaben vom 26. Juni, vom 28. Juni und vom 1. Juli noch einmal geschaltet. Offenbar war es nicht so leicht, einen Käufer für das insgesamt 584 m^2 große Anwesen (354 m^2 entfielen allein auf das Haus, 150 m^2 auf den Hof) zu finden, da es bis zum 17. August 1845 regelmäßig im *Bonner Wochenblatt* angeboten wurde. Die Bonner Adressbücher von 1856/1757 bis 1889 – seit 1872 erscheint das Haus darin mit der neuen Zählung Sandkaule 13 – weisen den Restaurateur und Kiefermeister Max Clouth als neuen Besitzer aus, der den Namen seines berühmten Vorgängers werbewirksam zu nutzen wusste (»Max Clouth'sche Weinhandlung im Schlegel'schen Haus«). 1881 übernahm Clouths Schwiegersohn Jacob Röntz den gastronomischen Betrieb zunächst als Mieter, ehe er 1889 Eigentümer wurde. Am 3. Juli 1900 erwarb der Küffer und Kellermeister Robert Bullmann (* Wimpfen am Neckar, 4. April 1874) das Schlegel-Haus und erhielt am 16. August des Jahres die Konzession für eine Weinrestauration. Die Aufteilung der Zimmer blieb zunächst unverändert, wie der 1900 angefertigte Grundriss zeigt (StArch Bonn, Pr 90/91: Akten des Stadt-Ausschusses betr. die Schankwirtschaft Sandkaule 13, 1889–1918). Nach der Scheidung 1902 übernahm Bullmanns Frau Therese, geb. Nordmeyer, kurzfristig den Betrieb, ehe sie ihn im Juli 1903 Dominikus Holbach übergab, der bereits in der Weberstraße 42 eine Wirtschaft unterhielt und das Lokal in der Sandkaule unter dem Namen »Zum großen Kurfürst« weiterführte. Im Oktober 1907 wurde Franz Beier (* Bonn, 3. Juli 1868) Inhaber der Gastronomie und ließ 1915 Teile des Hauses zu Wohnraum umbauen. Häufige Wechsel in der Eigentümerschaft leiteten in der Folge den Niedergang des stattlichen Hauses ein. 1936 befand es sich im Besitz der Deutschen Bau- und Bodenbank Berlin, die das Erdgeschoss als Lagerraum an den Auktionator Albert Küssel verpachtete, der ein Ladenlokal in der Brüdergasse 34 besaß und die oberen Etagen als Wohnungen vermietete. Einst »ein ansehnliches, wohlgepflegtes Bauwerk«, zeigte sich das Schlegelsche Haus zu diesem Zeitpunkt »[m]it abgerissenen Türbeschlägen, fehlenden Scheiben, ausgerissenen Türen und abgefallenem Verputz« bereits »in vollem Verfall und auf dem Weg zur Ruine«, wie der *Westdeutsche Beobachter* vom 30. Mai 1936 beklagte (siehe Schlegel-Haus). Die Bombardements von 1944 und die Altstadtsanierung nach dem Ende des Zweiten Weltkriegs führten zum völligen Verlust der alten Sandkaule.

nirgends so gut ... als in Bonn] Altenstein und Humboldt hatten versucht Schlegel mit einem Salär von 2.000 Talern zur Annahme der Berliner Professur für Literatur und schöne Wissenschaft zu bewegen. Schlegel zog jedoch Sophie Paulus zuliebe das beschauliche Bonn vor. Dem Freiherrn von Altenstein schrieb er am 28. Juli 1818 aus Heidelberg: »Wiewohl der Ruf, dessen amtliche Ausfertigung Ew. Excellenz die Gnade haben mir im voraus anzukündigen, auf Berlin lautet, welches auch für mich das wünschenswerteste ist, so bin ich doch immer bereit, falls es zweckmäßig befunden werden sollte, dem früher geäußerten Wunsche Sr. Durchlaucht des Fürsten-Staatskanzlers gemäß, eine Reihe von Vorlesungen in Bonn zu halten. [...] Vielleicht wäre es sogar vorteilhaft für meinen Antritt in Berlin, wenn ich zuvörderst an einem Orte wie Bonn, wo es keine gesellschaftlichen Anforderungen und Zerstreuungen gibt, meine Vorlesungen ausarbeiten könnte.« (Lenz 4, 1910, Nr. 137, S. 342–343, hier S. 342). In Bonn befand sich Schlegel zunächst in einem Anstellungsverhältnis, ehe er 1822 zum ordentlichen Professor ernannt wurde. Nachdem die Ernennung am 16. Juli der Philosophischen Fakultät durch ein Schreiben des Regierungsbevollmächtigten Philipp Joseph von Rehfues angezeigt worden war, wurde sie auf der Senatssitzung vom 25. Juli, bei der Rektor Peter Aloys Gratz Schlegel als ordentlichen Professor und Mitglied des Senats begrüßte, offiziell vollzogen; siehe Personalakt der Phil. Fak. betreffend Prof. v. Schlegel (UArch Bonn, PF-PA-478); Protokolle über die Senatsversammlungen im Rektoratsjahr 1821/22 (UArch Bonn, Rekt. A7). Der Stadt Bonn fühlte Schlegel sich innig verbunden. So gesteht er Anna Maria Windischmann, der Frau seines Kollegen Karl Josef Hieronymus Windischmann, in einem Brief aus Paris vom 7. Dezember 1820 (Körner 1, 1930, Nr. 267, S. 381–383, hier S. 383): »Bey allem dem, will ich Ihnen gestehen, daß mein Herz sehr nach Bonn hinhängt – in meinem Alter bedarf man vor allen eine Heimath.« In seinen Briefen an Maria Löbel wird die Sehnsucht nach Bonn geradezu zum literarischen Topos.

2 AUGUST WILHELM VON SCHLEGEL AN MARIA LÖBEL, 3. NOVEMBER 1820

Überlieferung: Bibliothèque nationale et universitaire de Strasbourg, Ms 2882.51 (1 egh. B. mit Unterschrift, 1 Ebl. mit Wasserzeichen, 2 S. beschr., B 18,3 cm x H 22,5 cm).

Erläuterungen:

ich bin vorigen Sonntag Nachmittag … wohlbehalten hier angekommen] Schlegel erreichte Paris am 29. Oktober 1820.

von meinen Freunden] Gemeint sind in erster Linie die Familien de Broglie und de Staël.

Ihnen von Brüssel aus geschrieben] Schlegel unterbrach seine Reise nach Paris für einen zweitägigen Aufenthalt in Brüssel; siehe Brief Nr. 1.

Verletzung am Beine] Siehe die Erläuterungen zu Brief Nr. 1.

wohler aussehe als sonst] Die unwürdigen Umstände der Trennung von Sophie Paulus und die Rechtsstreitigkeiten mit ihrer Familie hatten an Schlegels Gesundheit gezehrt und ihn vorübergehend in eine desolate körperliche Verfassung gebracht. Mit Freude registrierten Schlegel und sein Umfeld daher die Rekonvaleszenz, die sich zum Ende des Jahres 1820 abzuzeichnen begann. Sulpiz Boisserée notiert am 14. November 1820 in sein Tagebuch (Boisserée 1, 1862/1970, S. 385): »A. W. Schlegel ist hier und befindet sich, da ihn das dumme Betragen der Familie Paulus in Vortheil gesetzt, auf seine Weise ganz guter Dinge; ja er hat einigermaßen dicke Backen bekommen.« Schlegel selbst berichtet in einem Brief aus Paris vom 6. Dezember 1820 Karl Josef Hieronymus Windischmann von seinen gesundheitlichen Fortschritten (Körner 1, 1930, Nr. 266, S. 379–381, hier S. 380): »Meine Gesundheit ist vortrefflich, fast noch besser als die letzte Zeit in Bonn. Alle Welt hat hier gefunden, daß ich stärker geworden bin, und wohler aussehe, als ehemals.«

Ich wohne … ich frühstücke] Siehe August Wilhelm von Schlegels Brief an Anna Maria Windischmann, Paris, 7. Dezember 1820 (Körner 1, 1930, Nr. 267, S. 381–383, hier S. 382): »Ich will Ihnen meine tägliche Lebensweise hier beschreiben. Ich wohne nicht bey meinen Freunden, aber ganz in der Nachbarschaft. Es ist dieß auch für die gegenseitige Freyheit besser, sonst aber bin ich ein immer eingeladener Gast. Indessen frühstücke ich meistens zu Hause, um keine Zeit zu verlieren; und zwar frühstücke ich täglich – dieß könnte den Neid gewisser Leute erregen – mit Austern. Und mit was für Austern! Vor vierundzwanzig Stunden saßen sie noch ruhig auf ihrer Felsenbank im Ocean. Dieß ist nicht einmal ein großer Luxus, denn sie kosten das Stück einen Stüber, nicht mehr und nicht weniger.«

viel zu studiren und zu arbeiten] Neben seinen Studien in der Pariser Nationalbibliothek erteilte Schlegel den Mitgliedern der Familie Broglie Privatunterricht; siehe August Wilhelm von Schlegels Brief an Anna Maria Windischmann, Paris, 7. Dezember 1820 (Körner 1, 1930, Nr. 267, S. 381–383, hier S. 382): »Mit der Herzogin von Broglie lese ich Deutsch, mit ihrem Bruder Griechisch, allen insgesamt halte ich Vorlesungen aus dem Stegereif über die Geschichte der griechischen Litteratur, wofür der Herzog von Broglie einen besondern Eifer bezeugt. Selten mache ich Nachmittagsbesuche, so viel Veranlassung ich auch dazu hätte. Aber ich sehe viel merkwürdige Gesellschaft bey meinen Freunden.«

in demselben Hause] Schlegel hatte bei Auguste, dem Sohn der Germaine de Staël, in der Rue de Bourbon 76 Quartier genommen.

Taft] Dichtes Seidengewebe; siehe Schedel 2, 1814, S. 474–476, hier S. 474: »Taffet, fr. Taffetas, ital. Taffetà, Taffetano oder Ermesino, ein dünnes, leichtes seidenes Zeug, das sowohl in der Kette als im Einschlage aus ungezwirnter feiner Seide gemacht, und auf Leinwandart gewebt wird. Es gibt gar vielerlei Taffet-Sorten, nämlich glatte, gestreifte, gegitterte, pickirte, gemuschelte, gerippte, geflammte, broschirte façonnirte, glasirte, wandelfarbige, einfache, doppelte, reiche, Zindel- oder Futtertaffete, Rolltaffete, gemalte u. s. w. Lyon, Tours, Nimes und Avignon sind die Oerter in Frankreich, welche von diesem Artikel das Meiste liefern.«

Camisöler] Wams bzw. Unterjacke; siehe Schedel 1, 1814, S. 202: »Camisöler, fr. Camissette, ital. Camisciole, von Atlas, Grosdetours, Moir, sowie gestrickte von Seide mit Gold und Silber, von Floretseide, türkischem Garne u. s. w., bringen vornehmlich Genua und Neapel häufig zum Handel. Die reichen seidenen kommen von Messina, Florenz und Mailand. Es wird mit diesen Artikeln in Italien viel Verkehr getrieben. Man hat auch Camisöler von Piqué, Cottonine oder Bottanne, an den Kanten gestickt.«

Piqué-Westen] Gesteppt wirkendes Gewebe aus Baumwolle; siehe Schedel 2, 1814, S. 195: »Piqué, Marseille, auch wohl Sans peine, fr. Coton piqué, engl.

Quilring, ein in England erfundenes starkes Baumwollenes, häufig zu Westen dienendes Gewebe, das auf dem Weberstuhl durch Hülfe gewisser Maschinen fabrizirt wird, welche durch die nach Mustern vorgschürrten Wersten [sic!] manchfache Desseins, als wären sie mit der Nadel gesteppt oder ausgenäht, hervorbringen.« Piqué-Westen besaßen eine helle Farbe und wurden im 19. Jahrhundert zumeist in Verbindung mit einem Anzug oder einem Frack getragen. Sie gehörten zur Bekleidung der Kammerdiener wie zur Abendgarderobe der Herrschaften. Vgl. Karl Gutzkows Beschreibung des Justizrats Franz Schlurck in *Die Ritter vom Geiste* (Gutzkow 1, 1852, S. 154): »Ein feiner blauer Frack mit gelben Knöpfen, ein weißes Halstuch und eine weiße Piqueweste gaben der Toilette etwas ebenso Gewähltes, wie die mit großen und kleinen Ringen gezierte Hand Pflege und ein Bewußtsein der Zierlichkeit derselben verrieth.«

Kleidungsstücke … besser zugeschnitten] Der passgenaue Zuschnitt der französischen Kleidung beruhte auf der mathematischen Schulung der einheimischen Schneider; siehe Mohl, S. 407: »Einen anderen Beleg des hohen Werthes einer gewerbswissenschaftlichen Ausbildung […] geben die Fortschritte, welche die Verfertigung von Männerkleidern in Paris dadurch gewonnen hat. Die Klippe, an welcher die meisten Männerschneider scheitern, ist nämlich bekanntlich die Taille, indem nur ein der Taille des betreffenden Individuums vollkommen entsprechendes Kleid passend, bequem und soweit es der Wuchs der Person zuläßt, schön zugleich seyn kann. Pariser Schneider, welche Zeichnen und Mathematik in den öffentlichen Unterrichts-Anstalten studirt hatten, lösten im Laufe der letzten 10 Jahre die schwere Aufgabe ihres Gewerbes, diesen Anforderungen mit Sicherheit entsprechen zu können, indem sie mathematische Regeln für den Zuschnitt der Taille der Kleider auffanden, welche eine wahre Umwälzung in der Kunst der Mannskleiderschneider bewirken und zur Folge hatten, daß die geschicktesten, längst ansäßigen und mit einer großen Kundschaft versehenen Schneider anderer europäischer Länder (wofür sich Beispiele von Stuttgart anführen ließen) sich beeilten, nach Paris zu reisen, um diese neuen Regeln zu lernen. Diese Thatsache mag als Beleg dafür dienen, daß, wenn die Pariser Schneider nunmehr jährlich 80.000 Kistchen Kleider nur allein auf den Diligencen an Kunden in den Provinzen und im Ausland versenden, dieß nicht allein Folge des Vortheils, den ihnen die Herrschaft der Pariser Mode gewährt, sondern auch des Umstandes ist, daß sie innerhalb einer gegebenen Mode besser gemachte Kleider liefern, weil ihre Arbeiter alle Gelegenheit zu ihrer Ausbildung durch Unterricht im Zeichnen etc. haben, die ausgezeichnetsten derselben, welche das Zuschneiden besorgen, daher einen Verein von Kenntnissen und Fähigkeiten besitzen, der sie besonders tauglich macht, passende, bequeme und schöne Waare in einem Artikel zu liefern, dessen Verfertigung insoferne eine künstlerische ist, als die Naturformen zwar nicht ihr Modell, aber doch ihre Grundlage sind.«

die Zeuge feiner] Das Zeug ist nach Adelung 4, 1808, Sp. 1696, »ein Gewirk, so fern es das Materiale, oder der Stoff zu den Kleidungsstücken ist. So wohl überhaupt. Sich den Zeug zu einem Kleide aussuchen, es sey Tuch oder sonst ein Gewirke. Als auch, und zwar am häufigsten, im engsten Verstande, da nur gewisse leichte Gewirke von Leinwand, Seide, Baumwolle oder Wolle, Zeuge genannt werden, und zwar von den wollenen nur solche, welche entweder nie gewalkt werden, oder doch nur die halbe Walke bekommen. Ein wollener Zeug, seidener Zeug, Sommerzeug u. s. f. Tuch, Sammet und Leinwand gehören in dieser engsten Bedeutung nicht unter die Zeuge.«

3   AUGUST WILHELM VON SCHLEGEL AN MARIA LÖBEL,
     13. NOVEMBER 1820

Überlieferung: Bibliothèque nationale et universitaire de Strasbourg, Ms 2882.52 (1 egh. B. mit Unterschrift, 1 Dbl., 3½ S. beschr., B 11,5 cm x H 18,5 cm; Adresse in vertikaler Laufrichtung auf S. 4: »An | Jungfer Marie Löben«).

Erläuterungen:

Brief vom 5ten … November] Maria Löbels Brief an A. W. von Schlegel vom 5. November 1820 ließ sich nicht nachweisen.

mein erster Brief] A. W. von Schlegels Brief an Maria Löbel vom 25. Oktober 1820; siehe Brief Nr. 1 und die Erläuterungen dazu.

der zweyte von hier aus] A. W. von Schlegels Brief an Maria Löbel vom 3. November 1820; siehe Brief Nr. 2 und die Erläuterungen dazu.

überhaupt der dritte] Der vorliegende Brief.

Hr. von Walther] Philipp Franz von Walther (* Burweiler, 3. Januar 1782; † München, 29. Dezember 1849), studierte seit 1798 in Heidelberg, wohin seine Eltern vor der französischen Revolution geflohen waren, Medizin. Nach einer dreijährigen Famulatur bei den Ophthalmologen Johann Peter Frank und Georg Josef Beer in Wien wurde er 1803 zunächst Assistenzarzt, dann Medizinalrat und schließlich Oberwundarzt am Allgemeinen Krankenhaus in Bamberg. 1804 erfolgte die Ernennung zum Ordinarius der Physiologie und Chirurgie in Landshut. Dort gründete er eine chirurgische Klinik. 1818 erhielt er den Ruf als Professor für Chirurgie und Leiter der Universitätsklinik an die Universität Bonn, als welcher er das ehemalige Palais Radermacher am Münsterplatz 117 bewohnte. 1825 wurde er zum Geheimen Medizinalrat ernannt. Walther galt als Spezialist für Augenoperationen. Am 4. Juli 1827 operierte er Schillers Witwe Charlotte von Lengefeld am grauen Star. Trotz erfolgreichen Eingriffs starb sie fünf Tage später an einer Infektion. 1830 wurde Walther als Professor an die Universität München berufen und diente dem bayerischen König seitdem als Leibarzt; siehe Jahrbuch der Preußischen Rhein-Universität 1, 1819/1821, S. 429–434 [Verlauf und Therapie verschiedener von Walther betreuter Krankheitsfälle]; BLHÄ 6, 1888, S. 186–188 (Franz Seitz); ADB 41, 1896, S. 121–122 (G[eorg] Korn); Redwitz; Wenig, S. 326; Weffer, S. 651; Niesen, S. 484; DBE² 10, 2008, S. 400 (Dietrich von Engelhardt). Schlegel bedachte Philipp von Walther im

Zusatz zu seinem Testament vom 21. April 1845 mit einer Tabaksdose aus Schildpatt (SLUB Dresden, Mscr. Dresd. e. 90, I, 1, 4, fol. 2^r).

Hrn. Windischmann] Karl Josef Hieronymus Windischmann (~ Mainz, St. Christoph, 24. August 1775; † Bonn, 23. April 1839), Sohn des kurfürstlichen Hofadvokaten Johann Stephan Windischmann und seiner Frau Charlotte Ernestina, geb. Kohlborn, lehrte seit 1818 als katholischer Professor an der Universität Bonn Systematik und Geschichte der Philosophie, nachdem er 1801 Medicus am Hof des Kurfürsten Friedrich Karl Joseph von Erthal und 1803 Professor für Philosophie der Universalgeschichte am Lyzeum in Aschaffenburg geworden war. Seit 1821 war er zudem als praktischer Arzt zugelassen. Windischmann unterstützte den seinerzeit in Mode gekommenen Wunderglauben in der Medizin und profilierte sich als Verfechter von Naturheilkunde und Hypnose. Im Streit um den Hermesianismus stellte er sich gegen den Bonner Dogmatiker Georg Hermes (* Dreierwalde, 22. April 1775; † Bonn, 26. Mai 1831) und dessen vom Kölner Erzbischof Ferdinand August von Spiegel gebilligte Lehre, die den katholischen Glauben mit Hilfe eines kritizistischen, psychologischen und anthropozentrischen Systems rational zu rechtfertigen suchte; siehe ADB 43, 1898, S. 420–422 ([Jakob] Lauchert); Wenig, S. 339; Weffer, S. 680; Niesen, S. 501–502; Hergemöller 1, 2010, S. 1275–1276. Windischmann wohnte mit seiner Familie in der Wenzelgasse 1074; siehe Bonner Sackkalender 1825.

wohler aussehe als ehemals] Siehe Brief Nr. 2 und die Erläuterungen dazu.

Casimir] Casemir, feines geköpertes Gewebe aus Wolle, das seinen Namen aufgrund der Ähnlichkeit mit Cashmere trägt. Es wird u.a. für die Fertigung von Hosen verwendet. Im frühen 19. Jahrhundert lag ein Zentrum der Casemir-Produktion im Aachener Raum; siehe Schedel 1, 1814, S. 214; General-Tabelle, S. 2–3.

Schiergen] Leonard Schiergens (* Aachen, 1779; † Bonn, 19. Mai 1827), Sohn des Aachener Schneiders Johann Peter Schiergens und seiner Frau Eleonora Maubach. Er erlernte von seinem Vater das Schneiderhandwerk und ließ sich in Bonn nieder. Am 29. fructidor 1811 nach dem französischen Revolutionskalender, d.h. am 16. September 1811 nach gregorianischem, heiratete er in Bonn Johanna Wimmers († Bonn, vor 1827); siehe Bonner Wochenblatt, 3. Juni 1827; StArch Bonn, Sterbeurkunde 152/1827; Spiller, S. 190.

erste Brief] Maria Löbels Brief an A. W. von Schlegel vom 5. November 1820 ließ sich nicht nachweisen.

4 AUGUST WILHELM VON SCHLEGEL AN MARIA LÖBEL, 8. JANUAR 1821

Überlieferung: Bibliothèque nationale et universitaire de Strasbourg, Ms 2882.53 (1 egh. B. ohne Unterschrift, 1 Ebl. mit Wasserzeichen, 1½ S. beschr., B 15,8 cm x H 20 cm).

Erläuterungen:

Ihren Brief] Dieser Brief ließ sich nicht nachweisen.

Siegeburg] Die Stadt Siegburg gehörte zu den Stationen auf der Postroute von Frankfurt über Limburg nach Köln; siehe Fick, S. 204–205: »Siegburg, 2 Meilen, ein großherzoglich bergisches Städtchen an der Sieg. Daneben auf einem Berge liegt eine reiche Benediktinerabtei mit einer sehr schönen Kirche. Hinter Siegburg kommt man über die Aach mit Fähre. – Die Gegend ist schön, man merkt es, daß man sich nicht weit vom Rhein befindet. – Die Stadt Cölln gewährt von dieser Seite her einen bezaubernden Anblick wegen ihrer vielen Thürme, Windmühlen et. – Man kommt zu dem schönen Flecken Deutz auf dieser Seite des Rheins gelegen, mit Gärten und Lustplätzen für die Cöllner. Die herrliche Aussicht von Deutz auf die bethürmte Stadt Cölln. Gasthof ist der rothe Ochse. Eine fliegende Brücke bringt uns über den Rhein nach Cölln [...].«

besorgten] ›befürchteten‹.

so treu ergeben ... wie bisher] Maria Löbel führte Schlegels Hauswesen von 1820 bis zu ihrem Tod 1843, also insgesamt 23 Jahre.

an den Augen gelitten] Das intensive Lesen bei Kerzenlicht führte bei Schlegel zu Sehproblemen, von denen er u.a. in seinem Brief an Karl Josef Hieronymus Windischmann, Paris, 6. Dezember 1820 (Körner 1, 1930, Nr. 266, S. 379–381, hier S. 381), berichtet: »Seit ein paar Tagen schienen meine Augen von dem vielen Lesen der Manuscripte bey Licht (das nun einmal in dieser Jahrzeit unvermeidlich ist, aber in den Morgenstunden doch wohl weniger anstrengt, als in die Nacht hinein) angegriffen zu seyn; heute ist es schon wieder besser.« Schlegels Verwendung eines mehrarmigen Kandelabers in seinen Vorlesungen, von Zeitgenossen wie Heinrich Heine oftmals als Ritual der Selbstinszenierung des Gelehrten inkriminiert und ins Lächerliche gezogen, dürfte insofern einen triftigen Grund gehabt haben.

Lichtmeß] Mariä Lichtmess wird nach dem Ritus der römisch-katholischen Kirche am 2. Februar, dem 40. Tag nach Weihnachten, gefeiert.

Frau Windischmann] Anna Maria Windischmann (~ Mainz, St. Ignaz, 3. November 1777; † 1854), Tochter des Kaufmanns (Johann Maria) Georg Bern(h)ard Pizala (* Mainz, 17. August 1741; † Mainz, 6. Januar 1814; Vermerk im Familienregister: »wurde früher Bizzala geschrieben«) und seiner Frau Maria Anna Katharina Rosina, geb. Pestel (⚭ Mainz, Dom St. Martin, 9. Februar 1777). Als Taufpatin verzeichnet das Register von St. Ignaz Anna Maria Katharina Rottwithin, die Frau des Cellarius des Mainzer Dompropstes Hugo Graf zu Eltz. Anna Marias Vater dürfte identisch sein mit Georg Bernard Bizallo, der, dem Handelsstand zugehörig, 1777 Bürger der Stadt Mainz wurde. Dessen Vater wiederum könnte der namensgleiche Bernard Bizallo sein, der aus Italien (Modena?) stammend 1736 das Mainzer Bürgerrecht erhalten hatte. Am 4. November 1797 heiratete Anna Maria Bizala in der Mainzer Pfarrei St. Ignaz den Arzt und späteren Bonner Philosophieprofessor Karl Josef Hieronymus Windischmann; siehe StArch Mainz, Familienregister, Nr. 565.

An Herrn Windischmann … geschrieben] Brief August Wilhelm von Schlegels an Karl Josef Hieronymus Windischmann, Paris, 6. Dezember 1820 (Körner 1, 1930, Nr. 266, S. 379–381, Nr. 266).

5   AUGUST WILHELM VON SCHLEGEL AN MARIA LÖBEL, 20. JANUAR 1821

Überlieferung: Bibliothèque nationale et universitaire de Strasbourg, Ms 2882.54 (1 egh. B. ohne Unterschrift, 1 Ebl. mit Wasserzeichen, 2 S. beschr., B 15,8 cm x H 20 cm).

Erläuterungen:

Brief vom 15ten diesen Monats] Maria Löbels Brief an A. W. von Schlegel vom 15. Januar 1820 ließ sich nicht nachweisen.

vor kurzem geschrieben] A. W. von Schlegels Brief an Maria Löbel vom 8. Januar 1820; siehe Brief Nr. 4.

Augenschwäche] Siehe die Erläuterungen zu Brief Nr. 4.

die vielen Lichter] Schlegel litt offenbar an Photophobie.

Herrn Windischmann … geschrieben] August Wilhelm von Schlegel, Brief an Karl Josef Hieronymus Windischmann, Paris, 6. Dezember 1820 (Körner 1, 1930, Nr. 266, S. 379–381).

einen Brief von ihm] Von Karl Josef Hieronymus Windischmann lässt sich zwischen dem 6. Dezember 1820 und dem 20. Januar 1821 kein Brief an A. W. von Schlegel nachweisen. Schlegels Brief an Windischmann, Paris, 20. Januar 1821 (Körner 1, 1930, Nr. 269, S. 383–385), ist jedoch zu entnehmen, dass es darin außer um persönliche Dinge wie das individuelle gesundheitliche Befinden oder August Wilhelms Verhältnis zu seinem Bruder Friedrich um wissenschaftliche Fragen wie die Entwicklung einer indischen Typographie, den literarischen Wert der *Bhagavad-Gita* und deren Edition ging.

schreibe ihm heute von neuem] Schlegels Brief an Karl Josef Hieronymus Windischmann vom 20. Januar 1821.

25 Thaler Courant] Schlegel bittet Windischmann in seinem Brief vom 20. Januar 1821, seiner Wirtschafterin 25 Taler auszuzahlen (Körner 1, 1930, Nr. 269, S. 385): »Haben Sie doch die Güte, meiner Haushälterin Marie 25 Thaler Pr.[eußisch] C.[ourant] davon auszuzahlen; sie wird wohl allerley Auslagen für mich zu machen haben.« Als Kurant wurden die im Verkehr umlaufenden Mün-

zen im Unterschied zu dem nur für den Handel bestimmten Bankgeld bezeichnet; siehe Schrötter, S. 336–337.

seidne Tücher ... Cöln] Die vorzüglichsten Seidentücher-Fabriken Preußens
lagen im 19. Jahrhundert in Iserlohn; siehe General-Tabelle, S. 128–131.

Grafen Belderbusch] Carl Leopold Reichsgraf von Belderbusch (* Montzen, 8.
Oktober 1749; † Paris, 22. Januar 1826) studierte in Göttingen Rechtswissen-
schaft und erhielt bereits 1765 den Titel eines kurfürstlichen Kämmerers am
Bonner Hof, an dem sein Onkel Caspar Anton (* Montzen, 5. Januar 1722;
† Schloss Miel bei Bonn, 2. Januar 1784) regierte. Dort stieg er bis 1772 zum
Vizepräsidenten des Hofrats auf. Wegen seines skandalösen Privatlebens kam es
jedoch zum Zerwürfnis mit seinem Onkel, der ihn 1779 als kurkölnischen
Gesandten nach Frankreich abschob. Nach dessen Tod trat er auf Wunsch des
Kurfürsten Maximilian Friedrich von Königsegg-Rothenfels in die kurkölnische
Regierung ein, doch quittierte er unter dessen Nachfolger Maximilian Franz von
Österreich den Dienst und ging nach Paris. Bei Ausbruch der Revolution floh er
nach Deutschland, ehe er 1798 wieder nach Frankreich zurückkehrte. Nachdem
er wegen vermeintlicher royalistischer Verschwörungen inhaftiert und ange-
klagt worden war, erwirkte Talleyrand seine Freilassung. 1802 wurde Carl Leopold von Napoléon zum Präfekten des Départements Oise ernannt. Es folgten
1804 in Bonn die Wahl zum Mitglied des Departementsrats und 1809 die Ernennung zum Senator. Zum »Comte de l'Empire« gekürt, kehrte er 1810 nach Paris
zurück. Auf Anraten Talleyrands stimmte Carl Leopold 1814 für die Absetzung
Napoléons. Von Ludwig XVIII. erhielt er die Naturalisation als Franzose; siehe
Niesen, S. 44–45. Eine verwandtschaftliche Beziehung der Familie von Belderbusch zu der Familie von Romberg bestand über Caroline von Romberg, deren
Mutter Maria Augusta (*18. August 1751; † November 1797) eine geborene Gräfin von der Heyden gen. Belderbusch war.

Hr. von Romberg] Gisbert Christian Friedrich Freiherr von Romberg,
Bergbauunternehmer und Politiker; siehe die Erläuterungen zu Brief Nr. 6.

Scharlachfieber in der Stadt] In den 1820er Jahren traten in Bonn wiederholt
Scharlachepidemien auf; siehe Velten, S. 225–226. Eine weitere Scharlachepide-
mie erfasste die Stadt 1832; siehe Die Leistungen und Fortschritte der Medizin
in Deutschland 1, 1833, S. 81: »In Bonn herrschte im Februar und März 1832
eine Scharlach-Epidemie mit gutartigem Charakter, während auf den benachbarten Orten böse Complicationen mit Croup auftraten. Die Krankheit begann
mit Schweiss worauf sich Frieselbläschen mit Scharlachröthe zeigten, und in 8–9
Tagen Alles beendet war; die Abschuppung erfolgte sparsam und in der Regel

nur an den Extremitäten. Als Folgekrankheiten wurden Anasarca, Scrofulosis, Zellgewebs- und Darmschleimhaut-Entzündungen beobachtet. Erwachsene, die zum Theil den Scharlach überstanden hatten und sich in der Nähe von Scharlachkranken befanden, litten viel an schmerzhafter Mandel- und Rachenbräune, auf welche in 2 Fällen Pityriasis rubra folgte, die diese Subjekte sonst nur im Sommer zu befallen pflegte. (Mittheilungen aus Bonn. Sachs berl. med. Zeit. No. 17.).«

ganze Familie hinkommen] Familie von Romberg; siehe die Erläuterungen zu Brief Nr. 6.

6 AUGUST WILHELM VON SCHLEGEL AN MARIA LÖBEL, 4. MÄRZ 1821

Überlieferung: Bibliothèque nationale et universitaire de Strasbourg, Ms 2882.55 (1 egh. B. ohne Unterschrift, 1 Ebl. mit Wasserzeichen [Ritter mit Wappenschild], 1½ S. beschr., B 11,5 cm x H 18,5 cm).

Erläuterungen:

Augen ... verdrießlichen Kur] Schlegel hatte sich wegen seines Augenleidens bei einem französischen Arzt in Behandlung begeben müssen, von der er Karl Josef Hieronymus Windischmann in einem Brief aus Paris vom 9. Februar 1821 (Körner 2, 1937, Nr. 513, S. 365–367, hier S. 366) berichtet: »Ich arbeite fleißig fort, doch bin ich durch den übeln Zustand meiner Augen, die fast immer in Thränen schwimmen, einigermaßen darin gestört, und lebhaft beunruhigt worden. Ich schrieb an Hrn. von Walther, aber ehe ich eine Antwort von ihm erhalte, können 14 Tage vergehen, und vielleicht läßt sich aus der Ferne, ohne das Organ zu beobachten, kein sicherer Rath erteilen. Ich habe mich daher an einen erfahrnen Oculisten gewendet, an den berühmten Baron Wenzel, um nur die Schrecknisse der Einbildungskraft los zu werden. Diese Wirkung habe ich denn in der That fürs erste gewonnen, und das ist schon viel.« Wie schmerzhaft die von Michel Jean Baptist Baron de Wenzel, Augenarzt des französischen Kaiserhauses (siehe BLHÄ 6, 1888, S. 241), verordnete Therapie war, lässt Schlegel Jahre später Wilhelm von Humboldt in einem Brief aus Bonn vom 20. Juni 1824 (Leitzmann 1908, Nr. 23, S. 170–176, hier S. 170) wissen: »Die meinigen [sc. Augen] leisten mir immer gute Dienste, wiewohl sie nun schon Veteranen der Manuscripte sind. Nur bei meinem letzten Aufenthalt in Paris litt ich an einem Augenübel. Mein Zustand wurde ängstlich, ich wandte mich an einen berühmten Oculisten, kam aber, wie es zu gehen pflegt, aus dem Regen in die Traufe. Er schrieb mir Einspritzungen durch den Thränenpunkt vor, eine äußerst peinliche Operation, die ich länger als einen Monat ertragen habe. Als ich zurückkam missbilligte mein vortrefflicher Freund von Walther diese Behandlung höchlich, und wünschte mir Glück, daß mir kein unheilbarer Schaden daraus erwachsen sei. Er versprach mir ein Augenwasser, vergaß es aber, und ich mahnte ihn darum in einigen Lateinischen Versen, die ich beilege.« Siehe auch die Erläuterungen zu Brief Nr. 11.

Rombergs] Familie von Gisbert Christian Friedrich Freiherr von Romberg (* Brünninghausen, 19. Juli 1773; † Brünninghausen, 4. August 1859), Sohn des Caspar Adolf von Romberg und der Luise Freiin von Diepenbrock, und seiner

Frau Caroline, geb. von Boeselager (* Höllinghoven bei Arnsberg, 1776; † Bonn, 8. August 1857). Caroline von Romberg war eine Tochter des Friedrich Josef Freiherrn v. Boeselager-Heessen und der Maria Augusta, geb. Gräfin v. Heyden gen. Belderbusch, und im Alter von 10 Jahren Stiftsdame der Dietkirche in Bonn geworden. Am 7. März 1796 heiratete sie im Kapuzinessenkloster zu Hamm den evangelischen Gisbert Freiherrn von Romberg, einen der reichsten adeligen Grundbesitzer des Landes, Eigner mehrerer Bergwerke und von 1809 bis 1813 Präfekt des Ruhrdepartements. Caroline und Gisbert von Romberg hatten neun Kinder, die sie in beiden Konfessionen aufwachsen ließen. 1798 erwarben sie den Romberger Hof in Münster, lebten aber vorwiegend in Brünninghausen. 1818 zog Caroline mit ihren Söhnen nach Bonn, die dort ein Studium aufnahmen. 1837/1838 erwarb sie den Kreuzberg mit Kirche und Kloster, um ihn den Jesuiten, 1857 die Kapuzinerkirche, um sie den Benediktinerinnen von der ewigen Anbetung als Dankgeschenk für die 1856 erfolgte Konversion Gisberts zum katholischen Glauben zu übergeben. Beide Kirchen waren durch Mitwirkung ihres Onkels, des Ministers Caspar Anton von Belderbusch, säkularisiert worden; siehe Westhoff-Krummacher, S. 370 (K 150). Caroline von Rombergs Sohn Friedrich, der bis dahin Privatunterricht erhalten hatte, immatrikulierte sich, 18 Jahre alt, am 29. Mai 1819 für das Studium der Rechtswissenschaften an der Bonner Universität (UArch Bonn, AB-01, Immatrikulationsbuch 1818–1827, S. 20, Nr. 172).

das Haus ... auf drey Jahre behalten] Da die Familie Romberg das Haus auf der Sandkaule 529 noch drei weitere Jahre bewohnen wollte, hatte Nettekoven Schlegel angeboten, einstweilen ins Hinterhaus zu ziehen, was dieser jedoch mit Rücksicht auf den Platz, den er zum Leben und Arbeiten benötige, ablehnte.

Hr. Nettekoven] Theodor Joseph Nettekoven (* Bonn, 19. März 1760) war August Wilhelm von Schlegels Hauswirt in Bonn. Er immatrikulierte sich am 26. Januar 1779 an der Juristischen Fakultät der kurfürstlichen Universität und war seit 1793 in Bonn als Oberkeller tätig. Von 1797 bis mindestens 1814 ist er als Receveur des domaines bzw. Domäneneinnehmer in Bonn nachweisbar. Seit 1805 gehörte er der Freimaurerloge »Frères courageux« an; 1809 erhielt er den Rang eines Vénérable (›Meister vom Stuhl‹). Unregelmäßigkeiten bei der Ausübung seines Amtes und Prozesse als Immobilienbesitzer lassen ihn als zwiespältige Persönlichkeit erscheinen; siehe Kolvenbach, S. 13; Braubach 1966, S. 361; Dotzauer, S. 140; Weffer, S. 452.

die Miethe] August Wilhelm von Schlegel zahlte für das Haus an der Sandkaule 529 an Nettekoven einen Halbjahrszins von 225 Talern Preußisch Courant; siehe Schlegels Brief an Karl Josef Hieronymus Windischmann, Paris, 27. März

1821 (Körner 2, 1930, S. 149). Stolz, das Haus trotz der in Bonn herrschenden Wohnungsnot gemietet zu haben, schrieb er am 19. September 1818 seiner Ehefrau Sophie Paulus, die er am 30. August 1818 in Heidelberg geheiratet hatte (Reichling-Meldegg 2, 1853, S. 205): »Das Haus hat 14 Zimmer in drei Geschossen, worunter sechs sehr hübsche, dabei alle häuslichen Bequemlichkeiten zur Wirtschaft. Es ist auf Raum gerechnet für Besuche Deiner Eltern und Deines Bruders, auch auf den Empfang etwaiger neuer Ankömmlinge in der Welt.« Am 27. Juni 1823 erwarb Schlegel das Haus für eine Summe von 7.000 Talern.

Von Berlin ... willkommene Briefe gehabt] Altensteins Brief an A. W. von Schlegel, Berlin, 1. Februar 1821 (SLUB Dresden, Mscr. Dresd. e. 90, XIX, Bd. 2(2), Nr. 15).

der Minister] Karl Sigmund Franz Freiherr vom Stein zum Altenstein (* Schalkhausen bei Ansbach, 1. Oktober 1770; † Berlin, 14. Mai 1840) war 1817 von Staatskanzler Karl August Fürst von Hardenberg (* Essenrode, 31. Mai 1750; † Genua, 26. November 1822) mit der Leitung des neu eingerichteten Kultusministeriums betraut worden, nachdem er seit 1813 als Zivilgouverneur von Schlesien und seit 1808 als preußischer Finanzminister tätig gewesen war. Als Kultusminister reformierte er das preußische Schul- und Bildungswesen grundlegend und suchte es vom Einfluss der Kirche zu lösen. Er gab den Anstoß für die Einrichtung des humanistischen Gymnasiums, begründete mit dem Unterrichtsgesetz von 1819 das mehrgliedrige Schulsystem mit Volksschule und differenzierten weiterführenden Schulen, erließ 1825 die Schulpflicht für das ganze Land und führte 1834 einen verbindlichen Lehrplan für die Gymnasien ein. Seiner Initiative verdankte sich die Gründung der Universität Bonn 1818. 1838 schied er wegen einer schweren Erkrankung aus seinem Amt; siehe ADB 35, 1893, S. 645–660 (Paul Goldschmidt); NDB 1, 1953, S. 216-217 (Heinz Gollwitzer); Nissen, S. 18; DBE 1, 2005, S. 126 (Peter Schumann).

mit meiner Besorgung] Schlegel ließ in Paris im Auftrag des preußischen Staatskanzlers von Hardenberg und des Kulturministers von Altenstein Devanagari-Typen fertigen; siehe die Erläuterungen zu Brief Nr. 1. Seine Überlegungen zur Typographie von Sanskrit-Texten hat er ausführlich in der *Indischen Bibliothek* 2, 1827, S. 34–49, sowie in seinem *Bericht an das Königliche Curatorium der Universität zu Bonn* (Körner 2, 1930, S. 212–221, hier S. 215–218) dargelegt.

bey den guten Freunden in Bonn] Zu denken ist hierbei zuvörderst an den Philosophen Karl Josef Hieronymus Windischmann, an die Klassischen Philologen Friedrich Gottlieb Welcker und August Ferdinand Naeke, an den Rhetoriker

Ferdinand Delbrück sowie an den Historiker und Gründungsrektor der Universität Bonn Karl Dietrich Hüllmann.

Ihren letzten Brief] Maria Löbels Brief an A. W. von Schlegel ließ sich nicht nachweisen.

sogleich geantwortet] Möglicherweise ist Schlegels Brief an Maria Löbel vom 20. Januar 1821 (Brief Nr. 5) gemeint. Für den dazwischenliegenden Zeitraum ließ sich kein Brief Schlegels an Maria Löbel ermitteln.

7 AUGUST WILHELM VON SCHLEGEL AN MARIA LÖBEL, 22. MÄRZ 1821

Überlieferung: Bibliothèque nationale et universitaire de Strasbourg, Ms 2882.56 (1 egh. B. mit Unterschrift, 1 Ebl., 2 S. beschr., B 11,5 cm x H 18,5 cm).

Erläuterungen:

Brief vom 10ten März] Maria Löbels Brief an August Wilhelm von Schlegel vom 10. März 1821 ließ sich nicht nachweisen.

Wachstaffent] Wachstaffet, auch wachstaffent, wachstafft m. mit einem glänzenden firnisz überzogener taffet, wodurch er wasserdicht wird; siehe Grimm 27, 1922, Sp. 147.

meinen Augen geht es leidlicher] Zu Schlegels Augenerkrankung siehe die Erläuterungen zu Brief Nr. 4.

meine Bibliothek … zwey Zimmer einnehmen] Schlegels Bibliothek umfasste ca. 1.600 Bücher und Handschriften; siehe Heberle. Ein handschriftliches Verzeichnis seiner Bibliothek nebst einer Nachschrift mit Desiderata hatte Schlegel 1811 angelegt (SLUB Dresden, Mscr. Dresd. e. 90, XV).

Indische Druckschrift] Devanagari, ein Schriftsystem, das u.a. zur Schreibung von Sanskrit verwendet wird; siehe die Erläuterungen zu den Briefen 1 und 6.

Herrn Nettekoven] Theodor Joseph Nettekoven, Hauswirt von August Wilhelm von Schlegel in Bonn; siehe die Erläuterungen zu Brief Nr. 6.

Miethscontract] Siehe die Erläuterungen zu Brief Nr. 6.

Haus wieder vermiethen will] Gemeint ist die Weitervermietung des Hauses im Fall eines vorzeitigen Auszugs.

Metternichschen Hause] Der Metternicher Hof lag zwischen dem Rhein und der heutigen Straße Am Boeselager. August Wilhelm Freiherr Wolff von Metternich zur Gracht, der Intendant des Kurfürsten Clemens August, hatte das Palais um 1756 im Stil eines Pariser Adelshofes errichten lassen. Das Gebäude wurde zu Beginn des 20. Jahrhunderts abgerissen; siehe Schloßmacher/Bodsch, S. 70.

ausziehen ... einziehen] Maria Löbel wohnte in der Heisterbacherhofstraße 681 in Bonn, ehe sie 1821 nach dem Ende April erfolgten Auszug der Familie Romberg im Mai in Schlegels Haus in der Sandkaule 529 einzog (siehe Ennen, Rheinischer Städteatlas I/6, Tafel 3). Auf dem Stadtplan von 1773 war Schlegels Wohnhaus mit der Nr. 621 (siehe Ennen, Rheinischer Städteatlas I/6, Tafel 2) verzeichnet.

in Bonn wieder eintreffe ... Fortgange der hiesigen Arbeiten] Schlegel hielt sich von Ende September 1820 bis Ende Juni 1821 in Paris auf, um die typographischen Besorgungen für seine Sanskrit-Studien zu erledigen. Daneben kollationierte er die in der Königlichen Bibliothek in Berlin befindlichen Handschriften der *Bhagavad-Gita* sowie der ersten drei Bücher des *Hitopadesa* und des ersten Buchs des *Ramayana*; siehe Schlegels *Bericht an das Königl. Curatorium der Universität zu Bonn über meine Arbeiten zur Förderung des Studiums der Alt Indischen Sprache und Litteratur* (Körner 2, 1930, S. 212–221, hier S. 219).

8 AUGUST WILHELM VON SCHLEGEL AN MARIA LÖBEL, 12. APRIL 1821

Überlieferung: Bibliothèque nationale et universitaire de Strasbourg, Ms 2882.57 (1 egh. B. mit Unterschrift, 1 Dbl., 2 S. beschr., B 11,5 cm x H 18,5 cm, Adresse auf S. 4: »An | Jungfer Marie Löben | in | Bonn | Am Heisterbacher Hofe | N. 681«).

Erläuterungen:

Jungfer] Maria Löbel blieb zeit ihres Lebens unverheiratet. Jungfer ist »ein Ehrentitel« anstelle des »vollständigere[n] Jungfrau. [...] Man gibt es in diesem Verstande [...] unverheiratheten Personen weiblichen Geschlechtes, welche man nicht schlechthin bey ihrem Nahmen nennen will und darf, und auch nicht für vornehm genug hält, sie mit dem Franz. Mamsell oder Mademoiselle anzureden, dergleichen besonders Töchter gemeiner Bürger, und andere ihres Standes sind.«; siehe Adelung 2, 1808, Sp. 1449–1450, hier Sp. 1449; Framke.

Am Heisterbacher Hofe N. 681] In der zwischen Josefstraße und Hatschiergasse gelegenen Straße Am Heisterbacher Hof, 1773 als Langs dem Heisterbacher Hof und seit 1819 als Heisterbacherhofstraße urkundlich belegt, befand sich Maria Löbels Elternhaus, das ihr Vater 1795 für 550 Reichstaler erworben hatte (siehe Dietz, S. 315; Bonner Sackkalender 1818). Später lebte dort bis zu ihrem Umzug nach Siegburg 1820 Marias Schwester Maria Theresia mit ihrem Ehemann Johann Peter Josef Franz Danco. Die Straße ist erstmals 1757 erwähnt und trägt ihren Namen nach dem Stadthof des Klosters Heisterbach im Siebengebirge, der dort lag; siehe Klein, S. 157.

Hr. von Romberg mit seiner Familie ausgezogen] Siehe die Erläuterungen zu Brief Nr. 6 und Nr. 7.

die drey getäfelten Boden] Tabulat bzw. Parkett.

Hrn. Emmel] Nikolaus Joseph Emmel, (* Bonn, 1791; † Bonn, 15. August 1871), Sohn von Andreas Emmel und Anna Catharina Eilender, lebte als Schreinermeister in der Welschnonnenstraße 579. Er heiratete am 19. März 1816 Anna Catharina Koch (* Bonn, 1793), die ebenso wie ihre Mutter des Schreibens nicht kundig war und daher mit einem Kreuz unterzeichnete; siehe StArch, Heiratsurkunde 1816, fol. 38ᵛ–39ʳ; StArch Bonn, Sterbeurkunde 461/1871; Weffer, S. 174.

Hr. Windischmann] Karl Josef Hieronymus Windischmann, Professor der Philosophie in Bonn; siehe die Erläuterungen zu Brief Nr. 3.

Pferdehaare] Schlegel verwendet den Begriff ›Pferdehaar‹ synonym mit ›Rosshaar‹, wenngleich Adelung auf einer Differenzierung von beidem besteht; siehe Adelung 3, 1808, Sp. 728: »In engerer Bedeutung pflegt man die langen Schwanzhaare von einem Pferde Pferdehaare, die kürzern Haare des Leibes aber Roßhaare zu nennen.« Rosshaar wurde als Füllmaterial für Matratzen verwendet.

einer meiner Brüder] August Wilhelm von Schlegel besaß sieben Brüder, von denen vier, Gotthelf Adolph Friedrich (* Schulpforta, 30. Oktober 1753; † Hannover, 13. September 1766), George Adolph Bonaventura (~ Zerbst, 9. Januar 1755; † Hannover, 20. April 1782), Friedrich Anton Heinrich (* Hannover, 20. November 1764; † Hannover-Neustadt, 30. Juli 1784) und Carl Christian August (* Hannover, 15. November 1762; † Madras/Indien, 9. September 1789), zu diesem Zeitpunkt bereits verstorben waren. Im evangelischen Kirchendienst standen Carl August Moritz (* Zerbst, 25. September 1756; † Hamburg-Harburg, 29. Januar 1826) und Johann Carl Fürchtegott (* Zerbst, 2. Januar 1758; † Hannover, 13. November 1831), während Carl Wilhelm Friedrich (* Hannover, 10. März 1772; † Dresden, 12. Januar 1829) als Philosoph, Schriftsteller, Kritiker, Poetologe und Übersetzer wirkte; siehe Wilcke, S. 103–104.

Handtücher … zu säumen und zu zeichnen] Handtücher wurden im 19. Jahrhundert aus einer Stoffbahn geschnitten, mit einem Saum versehen und schließlich mit Farbe oder Stickwerk gekennzeichnet, damit es bei der Bleiche nicht zu Verwechselungen kam; siehe Krünitz 76, 1799, S. 763–769 (s.v. ›Leinwandzeichnen‹).

Hr. Professor Welcker] Die Brüder Welcker standen seit 1819 im wissenschaftlichen Dienst der Bonner Universität, Friedrich Gottlieb (* Grünberg, 4. November 1784; † Bonn, 17. Dezember 1868) als Klassischer Philologe, Archäologe und Bibliothekar, sein jüngerer Bruder Carl Theodor (* Ober-Ofleiden, 29. März 1790; † Neuenheim bei Heidelberg, 19. März 1869) als Staatsrechtler, ehe er 1822 einem Ruf an die Universität Freiburg i. Br. folgte. Seine Forschungen zu Homer und zur griechischen Tragödie machten den älteren Welcker, der von 1807 bis 1808 in Rom als Hauslehrer Humboldts Kinder unterrichtet hatte, für Schlegel zu einem wichtigen Ansprechpartner. Welckers Haus befand sich am Münsterplatz 117; siehe zu F. G. Welcker ADB 41, 1896, S. 660–665 ([Friedrich] v[on] Weech); Langlotz; Wenig, S. 331–332; Renger 1982, S. 158–159; Goldsmith, S. 43–45; Köhnken; zu C. T. Welcker ADB 41, 1896, S. 653–660 ([A]ugust Baumeister); Wild; Wenig, S. 332; Weffer, S. 666–667.

ein Ohm rothen Ingelheimer] Ein Ohm entspricht 134–174,75 Liter; siehe Adelung 1, 1808, Sp. 183: »Die Ahm [...], ein Maß flüssiger Dinge, besonders des Weines, welches in jedem Lande zwar von verschiedenem Gehalte ist, aber doch meisten Theils zwey Eimer hält. In Sachsen hält eine Ahm 126 Kannen; im Hannöverischen, in Lübeck, in Hamburg, und in Hessen 40 Stübchen oder 80 Kannen; im Osnabrückischen 112 Kannen oder Maß; in Bremen 15 Stübchen oder 180 Quart; in Cöln 104 Maß; in der Pfalz 12 Viertel; in Basel 32 alte oder 40 neue Pott, und in Danzig 4 Anker.« Der Anbau von roten Burgunderreben in Ingelheim geht auf Karl den Großen zurück, der um 785 dort seine Königspfalz errichten ließ; siehe Eschnauer 1998. Ingelheimer Rotwein gilt als qualitativ hochwertig. Der Schriftsteller Wilhelm Schäfer beschreibt ihn in seiner Erzählung *Prinzessin Perlenstein* (1921) als »hellrot und ein wenig bräunlich« (Schäfer, S. 74), und Theodor Storm lässt in seiner Novelle *Ein Doppelgänger* (1886) den Erzähler bei »einer Flasche Ingelheimer« Erholung von den Strapazen der Reise finden (Storm, S. 517). Auch Johann Wolfgang von Goethe war dem Genuss des Ingelheimer Weins zugetan (siehe Schnauer/Schwedt). A. W. von Schlegel gedachte seines Ursprungs sogar in seinem *Trinklied*, das am Namenstag Karls des Großen zu singen sei (Schlegel, Werke 2,2, 1846/1971, S. 182–183):

Es lebe Karl der Große,
Ein ächter deutscher Mann,
Und jeder Deutsche stoße
Mit seinem Becher an!

Er thronte dort in Achen
Dem altberühmten Ort,
Und Völker vieler Sprachen
Gehorchten seinem Wort.

Es hat der große Kaiser,
Trotz seinem langen Bart, –
Er war um desto weiser –
Den Ernst mit Lust gepaart.

Er liebte warme Quellen,
Und schwamm in manchem Teich;
An schönen Badestellen
Ist Achen durch ihn reich.

Den edeln Ingelheimer
Zog er bei seinem Schloß,
Wovon schon mancher Eimer
Die Kehl' uns niederfloß.

Am rüdesheimer Berge
Hat er den Wein gepflanzt,
Wo Nixen sonst und Zwerge
Um Hattos Thurm getanzt.

Wenn wir den Rheinwein trinken,
So werde sein gedacht.
Auch die westphäls-chen S-chinken
Hat er erst aufgebracht.

Er taufte ja die Sachsen,
Es war ein strenges Muß,
Er zog sie bei den Fachsen
Wohl in den Weser-Fluß.

Die heidnischen Westphalen
Die schlachteten nicht ein;
Die Mönche drauf befahlen
Ein fett Sanct Mertens Schwein.

Dem heil'gen Mann zu Ehren
Hieng man sie in den Rauch,
So sah man sich vermehren
Den lobenswerthen Brauch.

Es lebe Karl der Große,
Ein ächter deutscher Mann!
Und jeder Deutsche stoße
Mit seinem Becher an!

Frau Welker] Gemeint ist wohl Carl Theodor Welckers Ehefrau Emma (* Braunschweig, 1. Oktober 1798; † Neuenheim bei Heidelberg, 20. September 1844), Enkelin des Orientalisten Johann David Michaelis (* Halle a. d. Saale, 27. Februar 1717; † Göttingen, 22. August 1791) und Tochter des Professors für Gynäkologie und Geburtshilfe Christian Rudolf Wilhelm Wiedemann († Braunschweig, 7. November 1770; † Kiel, 31. Dezember 1840). Beide waren seit dem 12. Mai 1816 verheiratet. Mütterlicherseits bestand in direkter Linie eine Verwandtschaft zwischen Emma Welcker und August Wilhelm von Schlegel: Emmas Mutter Luise und Schlegels erste Frau Caroline waren Schwestern. Emma Welcker galt als eine selbstständige und vielseitig gebildete Frau. Sie engagierte sich 1832 im Freiburger Polenverein für die Unterbringung und Versorgung der etwa 30.000 polnischen Emigranten, die nach dem Scheitern des Aufstands gegen die russische Herrschaft, der sog. Novemberrevolution (November 1830 – Oktober 1831), durch Europa in Richtung Frankreich zogen; siehe Wild, S. 58 und 138–140; SHBL 8, 1987, S. 382–385, hier S. 382 (Torsten Haferlach); Brudzyńska-Němec 2006, S. 240–244; Brudzyńska-Němec 2007, S. 49–50.

Hrn Windischmann] Karl Josef Hieronymus Windischmann, Professor der Philosophie in Bonn; siehe die Erläuterungen zu Brief Nr. 3.

Mitte Mais in Bonn zurück] Siehe die Erläuterungen zu Brief Nr. 7.

9   AUGUST WILHELM VON SCHLEGEL AN MARIA LÖBEL,
17. APRIL 1821

Überlieferung: Bibliothèque nationale et universitaire de Strasbourg, Ms 2882.58 (1 egh. B. ohne Unterschrift, 1 Ebl., 1 S. beschr., B 15,5 cm x H 19,8 cm).

Korrektur:

Mädchen ... die] Das Relativpronomen richtet sich an dieser Stelle nach dem natürlichen und nicht nach dem grammatischen Geschlecht.

Erläuterungen:

eine offene Einlage ... an Hrn Windischmann] Die offene Einlage entstand vermutlich zwischen dem 12. und 17. April 1821. In diesem Zeitraum konnte jedoch kein solcher Brief Schlegels an Windischmann ermittelt werden.

um die Mitte Mais wieder eintreffe] Siehe die Erläuterungen zu Brief Nr. 7.

Brief von Berlin] Altensteins Brief an A. W. von Schlegel, Berlin, 5. April 1821 (SLUB Dresden, Mscr. Dresd. e. 90, XIX, Bd. 2(2), Nr. 16).

10 AUGUST WILHELM VON SCHLEGEL AN MARIA LÖBEL, 29. APRIL 1821

Überlieferung: Bibliothèque nationale et universitaire de Strasbourg, Ms 2882.59 (1 egh. B. ohne Unterschrift, 1 Dbl. mit Wasserzeichen, 2½ S. beschr., B 11,5 cm x H 18,5 cm).

Erläuterungen:

Ihren Brief vom 22. April] Maria Löbels Brief an A. W. von Schlegel vom 22. April 1821 ließ sich nicht nachweisen.

Herr W.] Karl Josef Hieronymus Windischmann, Professor der Philosophie in Bonn; siehe die Erläuterungen zu Brief Nr. 8.

50 Berliner Thaler] Als Berliner Taler wird der von Johann Philipp Graumann für Friedrich den Großen von Brandenburg-Preußen geschaffene Kuranttaler bezeichnet. Ein Berliner Taler entsprach dem Wert von 24 Groschen, seit 1821 von 30 Silbergroschen. Er hatte ein Feingewicht von 16,70 Gramm; siehe Schrötter, S. 336–337; Rittmann, S. 880.

Herrn Rendant Spitz] Joseph Andreas Spitz (* Köln, 1787; † Bonn, 24. Mai 1861) lebte seit 1806 in Bonn und war verheiratet mit Eleonore Theresia Lippe. Seit dem 14. Dezember 1809 fungierte er als Verwalter des kaiserlich französischen Lyzeums, seit 1818 auch als Kassenrendant und Quästor der Universität. Seit 1815 gehörte er überdies der Bürgermiliz als Leutnant an. Bis Juni 1827 war er als Agent der vaterländischen Feuer-Versicherungsgesellschaft zu Elberfeld tätig, ehe Peter Lenz, Assistent bei der Universitätskasse, ihm folgte. Spitz' Wohnung befand sich bei Nikolaus Forstheim Am Hof 50. Seine Tochter Maria Magdalena Christine heiratete am 16. April 1855 mit Otto Clemens August de Claer (* Bonn, 23. November 1827; † Berlin, 1. April 1909) einen Offizier des preußischen Heeres (StArch Bonn, Heiraths-Urkunde 25/1855; Priesdorff, T. 10, 1942, S. 422). Spitz starb als Hofrat am 24. Mai 1861. Die Exequien wurden am 28. Mai 1861 um 10 Uhr in der Pfarrkirche St. Martin in Bonn gehalten, die Beisetzung hatte bereits am Vortag um 14 Uhr stattgefunden; siehe Bonner Wochenblatt 14. Juni 1827; Amtliches Verzeichnis des Personals 1833–34, S. 4; Bonner Zeitung, 15. Dezember 1859; StArch Bonn, Sterbeurkunde 197/1861; Todesanzeige in Bonner Wochenblatt, 25. Mai 1861; Hansen 3, 1935/2004, S. 394, und 4, 1938/2004, S. 887; Dyroff 1937, S. 110; Braubach 1949, S. 393; Braubach 1966, S. 96 und S. 303; Velten, S. 208, Anm. 178; Weffer, S. 604.

Rombergs] Familie von Gisbert Christian Friedrich Freiherr von Romberg; siehe die Erläuterungen zu Brief Nr. 6.

Frau W.] Anna Maria Windischmann, Gattin des Philosophieprofessors Karl Josef Hieronymus Windischmann; siehe die Erläuterungen zu Brief Nr. 4.

vier große Bettdecken] Schlegel hatte den Einkauf bereits in seinem Brief vom 12. April 1821 angekündigt (siehe Brief Nr. 10). Zu den Herstellern von Woll- und Baumwolldecken in der preußischen Rheinprovinz siehe General-Tabelle, S. 60–61 und 78–79.

Hrn. Pleunissen] Außer von der Mainzer Weinhandlung Dael bezog Schlegel seinen Wein auch von der Kölner Weinhandlung Pleunissen, die ihren Sitz Vor Sankt Martin 7 und 9 hatte. Sie wurde begründet von dem Tabak- und Weinhändler Johann Heinrich Pleunissen (* Diedam, 7. Januar 1731; † Köln, 24. Februar 1810) und wurde nach dessen Tod unter seinem Namen fortgeführt. Pleunissen besaß zudem eine erlesene Kunstsammlung, die 1956 in den Besitz der Sammlung Ludwig Aachen überging. 1806 hatte er vom bayerischen König Maximilian Joseph (* Schwetzingen, 27. Mai 1756; † München, 13. Oktober 1825) für 26.415 Reichstaler das ehemalige Zisterzienserkloster Altenberg erworben; siehe Brüning, S. 477; von Mering/Reischert 3, 1839, S. 19; Redlich, S. 138–139.

Schriftstecher] Joseph Victor Vibert (* Paris, 17. September 1799; † Lyon, 19. März 1860) arbeitete als Zeichner und Kupferstecher. Der Schüler von Jules Richomme und Louis Hersent erhielt 1828 den Grand Prix de Rome der École des Beaux-Arts. Während seines Aufenthalts in Rom 1829–1833 zeichnete er mehrere Freskobilder Rafaels; siehe Nagler 20, 1850, S. 203. Schlegel beschreibt in der *Indischen Bibliothek* 1, S. 369–370, wie das Schneiden der Typen vonstatten ging: »Die Stempel sind nach meinen Zeichnungen und unter meinen Augen von dem bekannten Schriftstecher Vibert in Paris, der seit langen Jahren für die Druckerei des älteren Diderot arbeitet, geschnitten, und die Lettern eben daselbst mit großer Sorgfalt von dem Schriftgießer Lion gegossen worden. Ich zweifle nicht, daß ich in Deutschland, und besonders in Berlin, eben so geschickte Künstler gefunden haben würde; aber ich hätte den Vortheil entbehrt, schöne Original-Handschriften beständig zu Rathe zu ziehen.« *The Gentleman's Magazine* berichtete in seiner Ausgabe vom August 1822 ausführlich über den Erfolg von Schlegels Mission in Paris (The Gentleman's Magazine 92, June-December 1822, S. 158–159): »The Prussian University of Bonn possesses, through the care of that department of the administration which presides over public instruction, a complete fount of type in the Devanagari character. With the exception of the misshapen types of the Propaganda, which merely sufficed for short specimens these are the first that have been employed in printing on the continent of Europe. They were cast from the design and under the superintendence of that eminent oriental scholar, Professor A. W. Von Schlegel, who, in the execution of his arduos task, neither adopted as his model the characters used by the Missionaries at Serampore, nor those of the printing-office at Calcutta, nor Wilkin's; but who has in preference followed manuscripts, and studied to avoid sacrificing more of the original character than seemed incompatible with European typography. The matrices were cut by Vibert of Paris, who has been for many years engaged for the office of Didot, sen. and the letter was cast there with great care by Lion. Mr. Schlegel has pursued the method adopted by Wilkins to get rid of the lateral and vertical groups of letters; but what he considers as a new invention is an arrangement by which the vowel and other signs above and below the line are so inserted that each line consists of only one connected series, instead of forming three, as by the old method. Specimens of this new types have been introduced into the periodical work, entitled *Indische Bibliothek* (Indian Library or Collections) published by Mr. Schlegel, who has announced his intention of speedily visiting England, in pursuance of his researches into the literature of India.«

Brief von Berlin] Siehe die Erläuterungen zu Brief Nr. 9.

meine liebe Sophie] Ein *lapsus linguae*, der Schlegel hier nicht zum ersten Mal unterläuft. Beim Gedanken an sein geräumiges und von Maria Löbel behaglich eingerichtetes Haus in Bonn scheint er sich unweigerlich an Sophie Paulus erinnert zu haben, mit der er dort hatte einziehen und eine Familie gründen wollen; siehe Brief Nr. 6 und die Erläuterungen dazu.

mit den Augen geht ... wieder besser] Siehe die Erläuterungen zu Brief Nr. 4.

11 AUGUST WILHELM VON SCHLEGEL AN MARIA LÖBEL, 15. MAI 1821

Überlieferung: Bibliothèque nationale et universitaire de Strasbourg, Ms 2882.60 (1 egh. B. mit Unterschrift, 1 Ebl., 1½ S. beschr., B 11,5 cm x H 18,5 cm).

Erläuterungen:

in meine Wohnung eingezogen] Siehe die Erläuterungen zu Brief Nr. 7.

das neue Hausmädchen] Um wen es sich handelt, ist unklar.

Rombergs] Gisbert von Romberg und seine Familie; siehe die Erläuterungen zu Brief Nr. 6.

stillen Bonn] Siehe Arndt 1819–1821, S. 69: »Wer aber das Stille, Geheime, sinnige und Künstlerische sucht und in den nächsten Boden, als in den liebsten und traulichsten, gern seine Wurzeln hinabsenkt, der mag hier [sc. in Bonn] auch wohl das Seinige finden. Da – darf man sagen – hat Bonn zu seinem Siebengebirge auch das alte ehrwürdige Köln mit seinem ewigen Dom, seinen großen Erinnerungen der Vorzeit, seinen Denkmälern und Kunstsammlungen, und mit Menschen, die sich freuen, wenn es noch giebt, die solches ehren und suchen.«

meine Augen ... nicht ganz hergestellt] Schlegel hatte wegen seines anhaltenden Augenleidens nach seiner Rückkehr aus Paris den befreundeten Augenarzt Philipp von Walther konsultiert. Als er das verordnete Augenwasser von ihm nicht erhielt, mahnte er es in einem lateinischen Gedicht an. Schlegel schickte das Gedicht am 20. Juni 1824 an Humboldt, der seinerseits an Augenproblemen litt (Leitzmann 1908, Nr. 23, S. 170–176, hier S. 176):

>   Ad. V. Cl. Philippum a Walther.
>
> Te vates medicum poscit collyria lippus.
>   Phoebus amat vates; is pater est medicis.
> Te genitor flectat, flectant communia sacra:
>   Si vis, e lippo Lyncea me efficies.
> Demodocus, Thamyris, caecus fuit ipse et Homerus;
>   Non tanti est laurus: carmina iam valeant

Sed veterum ad seras evolvere scripta lucernas,
Et dictis sapientum invigilare iuvat.
Tunc mihi ne doleant lacrimantia lumina, cura:
Pro vate haud renuent munera Pierides.

[An Philipp von Walther, den hochberühmten Mann. Der Dichter verlangt, weil er triefäugig ist, Augensalbe von Dir, dem Arzt. Phoebus liebt die Dichter, doch auch den Ärzten ist er ein Vater. Möge der Schöpfer, möge das, was uns beiden heilig ist, Dich erweichen. Wenn Du nur willst, wirst Du aus mir Triefauge einen Luchs machen. Demodocus, Thamyris und selbst Homer sind blind gewesen. Doch nicht dafür gebührt ihnen der Lorbeer. Mögen ihnen ihre Dichtungen dazu verhelfen! Mich aber ergötzt es, bei Spätlicht in den Schriften der Alten zu lesen und wach zu bleiben über den Worten der Weisen. So sorge denn dafür, dass meine tränenden Augen mich nicht schmerzen und die Musen dem Dichter nicht ihre Gaben verweigern!]

Schlegel schrieb das Gedicht des Öfteren ab und sandte es Freunden, die angesichts schwerer Augenleiden seines Trostes bedurften. Autographen des Gedichts wurden 2003 (26. Februar 1827, 4°, 1 S.; Galerie Gerda Bassenge, Berlin, 2003, BAS 81, 2044) und 2004 (1821, 4°, 1 S.; Auktionshaus Piasa, Paris, Vente du Mardi 19 octobre 2004, Lot 220) zur Auktion angeboten. Die von Böcking in Schlegel, Werke, 16, 1847/1972, S. 436, mitgeteilte Fassung des Gedichts weist zahlreiche Varianten und Textumstellungen auf; siehe auch die Erläuterungen zu Brief Nr. 6.

Badewanne aus dem Keller] Badewannen aus verzinktem Blech gehören erst seit dem 19. Jahrhundert zum Standard eines Hauses. Bis dahin nutzte man für die Körperpflege zumeist Holzzuber.

Handlung Pleunissen in Cöln] Zur Weinhandlung Pleunissen siehe die Erläuterungen zu Brief Nr. 10.

Schreibfehler] Maria Löbel hatte offenkundig ihren Unmut über Schlegels irrtümliche Anrede in seinem Brief vom 29. April 1821 geäußert, so dass Schlegel sie nun zu beschwichtigen sucht. Leider ist ihr Brief nicht nachzuweisen.

12 AUGUST WILHELM VON SCHLEGEL AN MARIA LÖBEL, 27. MAI 1821

Überlieferung: Bibliothèque nationale et universitaire de Strasbourg, Ms 2882.61 (1 egh. B. mit Unterschrift, 1 Ebl., ½ S. beschr., B 11,5 cm x H 18,5 cm, Adresse auf S. 2: »An | Jungfer Marie Löben | im Nettekovenschen Hause | in | Bonn«).

Korrektur:

abreisen] abzureisen.

Erläuterungen:

Jungfer] Siehe die Erläuterungen zu Brief Nr. 8.

im Nettekovenschen Hause] Das Haus Sandkaule 529, das sich bis zum Ankauf durch August Wilhelm von Schlegel im Besitz des Kreiseinnehmers Theodor Joseph Nettekoven befand; siehe die Erläuterungen zu den Briefen Nr. 6 und Nr. 7.

Hrn Windischmann] Karl Josef Hieronymus Windischmann, Professor der Philosophie in Bonn; siehe die Erläuterungen zu Brief Nr. 3.

13 AUGUST WILHELM VON SCHLEGEL AN MARIA LÖBEL, 16. JUNI 1821

Überlieferung: Bibliothèque nationale et universitaire de Strasbourg, Ms 2882.62 (1 egh. B. mit Unterschrift, 1 Ebl., 1 S. beschr., B 11,5 cm x H 18,5 cm).

Korrektur:

seit lange Zeit] seit langer Zeit.

Erläuterungen:

meinen letzten Brief] August Wilhelm von Schlegels Brief an Maria Löbel, Paris, 27. Mai 1821; siehe Brief Nr. 12.

ich bat Hrn Windischmann … Zahlung] Schlegels Brief an Karl Josef Hieronymus Windischmann, Paris, 27. Mai 1821, mit beiliegender Zahlungsanweisung an Rendant Spitz (Universitäts- und Landesbibliothek Bonn, Autogr. 39. – 1 egh. B. mit Unterschrift, 1 Dbl., 1½ S. beschr., B 11,8 cm x H 18,6 cm, Wasserzeichen [Ritter mit Wappenschild], egh. Zahlungsanweisung an Rendant Spitz auf S. 3).

Paris Sonntags d. 27sten Mai
1821

Ich schreibe Ihnen heute nur, geliebtester Freund, um Ihnen zu sagen, daß nicht etwa Krankheit an der Verspätung meiner Ankunft Schuld ist, sondern bloß die leidigen Arbeiten, die ungeachtet des eifrigsten Betriebes noch immer nicht ganz beendigt sind, und die ich nicht im Stiche lassen darf. Indessen hoffe ich zuverläßig gegen Ende dieser Woche abreisen zu können, und werde von ganzem Herzen froh seyn, wenn ich erst im Wagen sitze. Meine Gesundheit ist vortrefflich, nur meine Augen sind immer noch nicht in ganz gutem Zustande, und beunruhigen mich einigermaßen wegen der Reise. Sie sind so äußerst empfindlich gegen Kälte Wind, Regen, Staub, daß ich daran eine Art von lebendigem Barometer habe, und in meiner Kutsche kann ich mich doch nicht hermetisch vor den Einflüssen der Witterung verschließen. Nun vielleicht giebt der Himmel gutes Wetter, bisher war es abscheulich.

Bey meinem längeren Ausbleiben könnte meine Haushälterin vielleicht zu allerley Auslagen und zu den täglichen Bedürfnissen Geld nöthig haben. Ich bitte, sie deshalb zu befragen, u ihr nöthigen falls eine Zahlung zu machen. Zu dem Ende lege ich Ihnen einen Zettel an Hrn Spitz bey.

<2> Von dem Königl. Ministerium habe ich so eben einen sehr beyfälligen und anerkennenden Brief über meine typographischen Bemühungen. Meiner ausdauernden Geduld dabey darf ich mich in der That wohl rühmen.

Leben Sie tausendmal – die herzlichsten Grüße an die Ihrigen. Ich freue mich von ganzer Seele der Aussicht, Sie, theurer und unschätzbarer Freund, bald wieder in meine Arme zu schließen.

Ewig
Ihr
AWvSchlegel

<3> Herrn Rendant Spitz Wohlgebℓ bitte ich ergebenst, an Herrn Professor Windischmann auf dessen Begehren von dem am ersten April d. J. fällig gewesenen Quartal meines Gehaltes die Summe von funfzig Thaler Preußℓ Courant für meine Rechnung auszuzahlen.
Paris d. 27sten Mai 1821.   August Wilhelm von Schlegel
Professor

Zeit meiner Abreise] Wegen seiner verspäteten Rückkehr aus Paris konnten Schlegels Vorlesungen im Sommersemester 1821 erst im Juli statt wie angekündigt im Mai beginnen. Er gab fünf Stunden in der Woche eine *Einleitung in die Weltgeschichte* (2. Juli – 13. August, 81 Hörer, öffentlich), las zwei Stunden über *Kritik einiger deutscher Dichterwerke* (4. Juli – 17. August, 49 Hörer, öffentlich) und drei Stunden über *Elemente des Sanskrit* (5. Juli – 16. August, 4 Hörer, privatissime, unentgeltlich). Erfasst sind nur die Zuhörer, die sich namentlich dafür eingeschrieben hatten, die tatsächliche Hörerzahl dürfte erheblich höher gelegen haben; siehe UArch Bonn, U 59–73: Acta der königlichen rheinischen Friedrich Wilhelm Universität zu Bonn. Tabellen über die in jedem Semester angekündigten und wirklich gelesenen oder nicht zu Stande gekommenen Collegien, S. 45.

fünf bis sechs Tage unterwegs] Das *Allgemeine Post- und Reisebuch* in der vierten Auflage von 1827 setzt S. 251 für die Strecke Paris – Köln 64,5 preußische Meilen an, das entspricht rund 486 Kilometern. Da sich mit einer Privatkutsche in den 1820er Jahren dank des Netzes künstlich angelegter Straßen pro Tag etwa 80–90 Kilometer zurücklegen ließen (siehe Korzendorfer, S. 45), ist Schlegels Zeitansatz durchaus realistisch.

14 AUGUST WILHELM VON SCHLEGEL AN MARIA LÖBEL, 13. SEPTEMBER 1823

Überlieferung: Bibliothèque nationale et universitaire de Strasbourg, Ms 2882.67 (1 egh. B. mit Paraphe, 1 Ebl. mit Wasserzeichen, 1½ S. beschr., B 18,5 cm x H 22,5 cm).

Erläuterungen:

gestern Abend ... angekommen] Nach einer siebentägigen Reise erreichte Schlegel am 12. September 1823 London. Das *Asiatic Journal* teilte in seinem Oktoberheft die Ankunft des Bonner Gelehrten mit; siehe The Asiatic Journal and Monthly Register for British India and its Dependencies 16, 1823, S. 416. »Professor A. W. Schlegel, of the University of Bonn, whose lectures on Dramatic Literature are so much admired in this country, and whose beautiful translation of Shakespeare into German has naturalized our immortal bard throughout all the north of Europe, has just arrived in London. M. Schlegel has been for several years engaged in philological researches, and his principal object in visiting this country is the inspection of the Oriental Library of the East-India Company, which is particularly rich in Sanscrit literature. M. Schlegel is allowed to be one of the first Oriental scholars now in Europe; and he is understood to have been enabled, by his intimacy with Sanscrit, to throw great light on that curious subject, the origin and progress of language.«

Calais] Schlegel wählte auf seiner Reise nach London die Route über Brüssel und Gent nach Calais, um von dort auf die britische Insel nach Dover überzusetzen; siehe Fick, S. 441: »Calais, 2 Posten, befestigte Hauptstadt vom Departement Pas de Calais mit 18500 Einwohnern. Die Kirche Notre Dame mit dem prächtigen Hochaltar, das Zeughaus, der befestigte Hafen, sind zu bemerken. Man logirt im Desseinschen Gasthof. Von hier gehen nach dem gerade über der Meerenge liegenden Dover, zu Friedenszeiten jede Woche zwei Paketboote, welchen Weg, von 6 Meilen, sie bei günstigem Wetter in 6 Stunden zurück legen. Ein eignes Fahrzeug kostet gewöhnlich 5 Guineen.«

Gent] Zu Beginn des 19. Jahrhunderts konnte man auf zwei Hauptrouten von Brüssel nach Calais reisen, von denen die eine über Lille und die andere über Gent führte; siehe Fick, S. 442: »Gent, 1½ Post. Die ehemalige große Hauptstadt von Flandern, jetzt vom Scheldedepartement, an der Schelde und einigen kleinen Flüssen und Canälen, mit 55.000 Einwohnern und sehr wichtigen Handel und Manufakturen in Leinewand, Zwirn, Baumwollenwaaren, Taback, Zucker etc. Der Freitagsmarkt mit der Bildsäule Karls V., die Cathedralkirche, die Michaelis-, Nicolai-, Peters- und andere Kirchen mit schönen Gemälden und Monumenten, der Prinzenhof, worinnen Kaiser Karl V. geboren worden, das Stadthaus, der mehr als 300 Stufen hohe Thurm Belfort mit seinem trefflichen Uhrwerk und himmlischen Aussicht, das Castell, die Fahrt auf dem schönen großen Canal nach Gent, sind zu bemerken. Man logirt in St. Sebastian.« Die Entfernung zwischen Gent und Calais beträgt etwa 82 Meilen.

letzten Post vor Calais] Die letzte Poststation vor Calais befand sich in dem damals 170 Einwohner zählenden Gravelines; siehe Fick, S. 443.

Pflugrad] Zum Pflug gehöriges Rad; siehe Grimm 13, 1889, Sp. 1782; Gaál, S. 88 und Tafel 12/1–3.

Überfahrt über die See] Die Überfahrt von Calais nach Dover dauerte bei günstigen Wetterverhältnissen 6 Stunden; siehe Fick, S. 441.

Herrn Windischmann] Karl Josef Hieronymus Windischmann hatte nicht nur den Lehrstuhl für Philosophie inne, sondern war seit 1821 auch als praktischer Arzt zugelassen; siehe die Erläuterungen zu Brief Nr. 3.

von Walther] Philipp Franz von Walther, Ophthalmologe an der Universität Bonn; siehe die Erläuterungen zu den Briefen Nr. 3 und Nr. 11.

Englischen Bierbrauer] Schlegel dachte bei dieser humorvollen Bemerkung wohl an das Porter, ein dunkles, oft tiefschwarzes Bier mit einem malzigen Geschmack, das 1720 von Harwood erstmals gebraut wurde. Es trägt seinen Namen nach den Lastträgern (engl. *porter*), bei denen es sich besonderer Beliebtheit erfreute. Porter wurde im 19. Jahrhundert in Großbritannien in vielen Varianten und Stärken gebraut; siehe Delbrück, S. 718–719.

Zollhauses in Dover] Das Zollhaus der englischen Hafenstadt Dover wird in Reiseberichten aus dem ersten Viertel des 19. Jahrhunderts häufig erwähnt, zumeist mit einem Ausdruck des Abscheus. So notiert der Bamberger Bibliothekar Joachim Heinrich Jäck in seiner *Reise durch Frankreich, England und die beiden Niederlande* (T. 2, 1826, S. 8): »Das Zollhaus hat von vorne kein Ansehen, zieht sich aber sehr in die Tiefe zur Aufbewahrung der Waaren; auch das Posthaus ist unansehnlich.« Dem Treiben in seinem Inneren wendet sich Thomas Lundson in der *Reise von Indien durch Persien und Armenien nach England* (S. 394) zu: »Ich ging ins Zollhaus, um meine Bagage frei zu machen, und ich muß bekennen, es war das einer der widrigsten Orte, die ich nur irgend betreten, seitdem ich England verlassen. Männer und Weiber drehen sich hier in einem Raume umher, der für seinen Zweck um die Hälfte zu eng ist. Jeder schiebt; Jeder stößt; Einige schwören, fluchen, schimpfen, um ihre Sachen früher heraus zu haben, als Andere, die damit sich nicht so behelfen können; ich meines Theils wartete, bis endlich ein Mann so artig war, mich vor sich eingehen zu lassen.«

Arzney ... aromatisch ... gerochen] Vermutlich handelt es sich dabei um ein Mittel gegen Seekrankheit, von der Schlegel im Unterschied zu manchen Mitreisenden verschont blieb. Zur Reiseapotheke dürften darüber hinaus auch Augentropfen gegen Sehstörungen gehört haben; siehe die Erläuterungen zu Brief Nr. 11.

Gasthofe] Brunet's Hotel am Leicester Square 25, ein Hotel mit großem Komfort, das 1800 von Louis Brunet für »persons of the first rank and fortune, and [...] families that require neatness, comfort, and quiet« (Papworth, S. 54) eröffnet worden war. Von 1815 bis 1838 wurde das Hotel von Francis Jaunay geführt; siehe Sheppard 34, 1966, S. 491–492. In Brunet's Hotel erreichte Schlegel nach seiner Ankunft ein Brief des britischen Indologen Charles Wilkins vom 15. September 1823 (SLUB Dresden, Mscr. Dresd. e. 90, XIX, Bd. 29, Nr. 20). Wilkins hatte 1785 als erster westlicher Gelehrter die *Bhagavad-Gita* übersetzt und 1787 den *Hitopadesa*. Zudem hatte er Typen für die Devanagari-Schrift hergestellt und verfügte über einen Verfahrungsschatz in der Herausgabe indischer Texte, von dem Schlegel profitieren konnte.

Privathause] Schlegel nahm vorübergehend Quartier im Haus des Schweizer Ökonoms und Historikers Jean Charles Léonard Simonde de Sismondi (* Genf, 9. Mai 1773; † Chêne-Bougeries, 25. Juni 1842) in der Leicester Street 14; siehe Schlegels Brief an Auguste de Staël, London, 14. September 1823 (Körner 2, 1937, Nr. 546, S. 421–422, hier S. 422: »Je demeure Leicester Street № 14 chez Simondi – mais comme je pourrois changer, il sera plus sûr de m'adresser les lettres chez MM. James Cazenove & Co – qui sont tous pleins d'obligeance pour moi.« [Ich bleibe in der Leicester Street 14 bei Sismondi, doch könnte sich das ändern. Deshalb wird es sicherer sein, Briefe an das Bankhaus James Cazenove & Co. zu adressieren. Dort zeigt man sich voller Hilfsbereitschaft mir gegenüber.] Sheppard 34, 1966, S. 476–477, führt den Schweizer unter den Eigentümern des Hauses nicht auf.

15 AUGUST WILHELM VON SCHLEGEL AN MARIA LÖBEL, 3. OKTOBER 1823

Überlieferung: Bibliothèque nationale et universitaire de Strasbourg, Ms 2882.66 (1 egh. B. mit Paraphe, 1 Ebl., 2 S. beschr., B 18,5 cm x H 22,5 cm)

Erläuterungen:

gleich nach meiner Ankunft hier geschrieben] August Wilhelm von Schlegels Brief an Maria Löbel, London, 13. September 1823; siehe Brief Nr. 14 und die Erläuterungen dazu.

zwey kleine Reisen aufs Land] Gemeint sein dürfte u. a. der Besuch in Wanstead House; siehe die Erläuterungen zu Brief Nr. 16.

Briefchen vom 11ten Sept.] Maria Löbels Brief an A. W. von Schlegel vom 11. September 1823 ließ sich nicht nachweisen.

1 Packet Briefe ... viel Porto] Durch den Luneviller Frieden von 1801 und den Reichsdeputationshauptschluss von 1803 war Preußen einer der Haupt-Post-Staaten geworden. 1816 wurden Aufgabestempel eingeführt, die von den Postämtern für alle Sendungen ins Ausland verwendet wurden. Die Zustellung von Briefsendungen und Paketen nach Großbritannien erfolgte auf drei verschiedenen Wegen: entweder (1) über Emmerich bis Rotterdam oder (2) bis Hamburg mit der Briefpost, von dort jeweils weiter mit dem Dampfschiff nach London, oder (3) über Aachen bis Ostende mit der Briefpost, von dort mit dem Dampfpaketboot weiter nach Dover, wo die Royal Mail sie übernahm. Briefe konnten entweder frankiert oder unfrankiert verschickt werden; im letzteren Fall hatte der Empfänger für die Versandkosten aufzukommen. Das Porto – auch Franco genannt – setzte sich zusammen aus dem preußischen und dem britischen internen Porto sowie dem Hamburger, niederländischen oder belgischen Transitporto; siehe Das Preußische Postwesen, S. 140–141.

Banquier] Gemeint ist wohl das Bankhaus James Cazenove & Co., das auch Briefsendungen für Schlegel entgegennahm; siehe dazu unten.

Briefe ... nach dem Gewicht bezahlt] Da sich das Porto mit der Gewichtsprogression verteuert (siehe Das Preußische Postwesen, S. 141), hält Schlegel Maria Löbel dazu an, Postsendungen auf das Wichtigste zu beschränken und von den beigelegten Briefen Ränder und unbeschriebene Flächen abzuschneiden.

151

Buchbinder Klees] Leonard Klees bzw. Kläs (* 1776), verheiratet seit dem 4. Februar 1808 mit Anna Sigmunde Pastors, arbeitete in Bonn als Buchbinder mit Werkstatt zunächst Am Hof 27 (1816), später Neugasse 995 (1820), ehe er als gewerbslos geführt wurde. Im November 1818 stellte er seine Räumlichkeiten Wendel Größer aus Hadamar als Tanzschule zur Verfügung (siehe Bonner Wochenblatt, 15. Oktober 1818). Von Notar Carl Eilender wurde Klees zwischen 1815 und 1834 regelmäßig als Zeuge bei Beurkundungen bestellt (siehe Mannheims/Oberem, S. 130), so auch, als nach dem plötzlichen Tod des Bonner Rechtsphilosophen und Universitätsrektors Clemens-August Freiherr Droste zu Hülshoff (* Coesfeld, 2. Februar 1793; † Wiesbaden, 13. August 1832), eines Vetters der Dichterin und entschiedenen Vertreters des Hermesianismus, dessen Witwe Pauline ihrem Bruder, dem Oberlandesgerichtsassessor Martin von und zur Mühlen, die Verwaltung ihres Vermögens und das ihrer Tochter Elisabeth (* Bonn, 11. April 1827; † Bonn, 8. Februar 1891) übertrug; siehe Weffer, S. 323; Digitale Westfälische Urkunden-Datei (DWUD), a1030282.

Exemplare meines Indischen Buches] Schlegels zweisprachige Ausgabe der *Bhagavad-Gita* erschien 1823. Seine lateinische Übersetzung des indischen Textes wurde von dem französischen Indologen Victor Langlois in einer ausführlichen Rezension im *Journal Asiatique* 4, 1824, S. 105–116 und 236–252; 5, 1824, S. 240–256; 6, 1825, S. 232–250, an zahlreichen Stellen in Zweifel gezogen, worauf Wilhelm von Humboldt sich genötigt sah, in der *Indischen Bibliothek* 2, 1826, S. 218–258 und 328–372 [Wiederabdruck in: Humboldt 5, 1906, S. 158–189], zu replizieren.

Herrn Weber] Eduard Weber (* Magdeburg, 17. Oktober 1791; † Bonn, 28. Februar 1868), der den Buchhandel von Georg Andreas Reimer in Berlin erlernt hatte, hatte sich auf Vermittlung von Ernst Moritz Arndt in Bonn niedergelassen und dort mit dessen Unterstützung am 20. Juni 1818 eine eigene Buchhandlung gegründet. Sie war nach derjenigen von Adolph Marcus (* Neese/ Mecklenburg, 1793; † Bonn, 25. Dezember 1857), die seit dem 23. Januar 1818 bestand, die zweite in der jungen Universitätsstadt. Arndts Rat, zugleich eine Druckerei einzurichten, lehnte Weber ab. Stattdessen ließ er bei Florian Kupferberg in Mainz drucken. Webers Haus befand sich zunächst am Markt 452. Nach der Eheschließung mit der erst siebzehnjährigen Maria Gudula Josepha Herter, einer Stieftochter des Mineralogen Johann Jacob Nöggerath (* Bonn, 10. Oktober 1788; † Bonn, 13. September 1877), am 29. Mai 1829 – Trauzeugen waren u.a. August Ferdinand Naeke und Joseph Andreas Spitz – richtete er in der Fürstenstraße ein Geschäftshaus ein. Außerdem baute er in der von ihm angelegten Weberstraße zwei Wohnhäuser, das eine in unmittelbarer Nähe zur Koblenzer Straße, das andere an der Ecke zum Bonner Talweg. Weber verlegte u.a. die

Schriften Arndts, Hoffmanns von Fallersleben, Niebuhrs und Simrocks. Nachdem sein ältester Sohn wegen der Verwicklungen in die Revolution von 1848
nach Mexiko ausgewandert war und sich dort als Buchhändler niedergelassen
hatte, übernahm sein Zweitgeborener Rudolf den Betrieb; siehe StArch Bonn,
Heiratsurkunde 46/1829; Müller 1906; Hessel; Weffer, S. 656.

Man ... ladet mich häufig zu Gaste] Schlegel traf in London u.a. mit Edward
Blaquiere, Felix Bodin, Thomas Campbell, Henry Colburn und Adolphe Thiers
zusammen; siehe Redding 1, 1860, S. 208.

künftig zu drucken ... vorläufig ankündigen] Ein achtseitiger Prospekt zur Ausgabe des *Ramayana*, die 1829 vorlag; siehe Heberle, Nr. 87, S. XXI.

Hr. Lassen] Schlegels Wertschätzung für seinen Schüler und Nachfolger auf
dem Bonner Lehrstuhl Christian Lassen drückt sich am entschiedensten in seinem Empfehlungsschreiben an das preußische Unterrichtsministerium, Bonn,
27. Juni 1823 (Körner 1, 1930, Nr. 279, S. 395–397, hier S. 396–397), aus: »Der
Studiosus Lassen (von welchem ich einen kurzen Bericht über seine bisherigen
Studien nebst den dazu gehörigen Zeugnissen unter Lit. A beylege) wird mit
dem jetzt laufenden Semester sein akademisches t r i e n n i u m beendigt haben.
Er hat längst das Vorhaben gehegt sich dem öffentlichen Unterricht zu widmen,
er wird nichts versäumen was zu seiner reiferen Ausbildung dienen kann, und zu
gehöriger Zeit alle Proben ablegen. Es sey mir erlaubt, darauf aufmerksam zu
machen, daß er während seines Aufenthaltes in Bonn, wiewohl es einen großen
Theil seiner Zeit foderte im Sanskrit so beträchtliche Fortschritte zu machen,
dennoch die Vorlesungen über classische Philologie besucht, und von den Herren Professoren Heinrich und Welcker ausgezeichnete Zeugnisse erhalten hat.
Er empfiehlt sich zugleich durch Bescheidenheit und musterhafte Sitten.«

aus einem hiesigen Bankrott] Schlegel hatte 1819 bei dem Londoner Bankhaus
Tottié & Compton, das seinen Sitz in Great St. Helens 15 hatte, einen Betrag in
Höhe von 1.391 Pfund angelegt und, als das Institut in Konkurs ging, zum
größten Teil verloren, wie er am 26. März 1820 Auguste de Staël mitteilte (Körner 3, 1958, S. 579). Den geretteten Vermögensrest verwaltete das Bankhaus
James Cazenove & Co; siehe Schlegels Brief an Auguste de Staël, Bonn, 14. Februar 1823 (Körner 2, 1937, Nr. 537, S. 408–410, hier S. 409).

70 Pfund Sterling] Das Pfund Sterling ist seit angelsächsischer Zeit die britische
Rechnungsmünze; siehe Schrötter, S. 508.

mein Pferd] Die Sorge um seine Pferde kehrt in zahlreichen von Schlegels Briefen wieder. Schlegel besaß offenbar zwei Reitpferde, einen Braunen und einen Schimmel; siehe den Brief Ludwig Tiecks an August Wilhelm von Schlegel, Dresden, 15. November 1828 (Lohner, Nr. 89, S. 187–189, hier S. 189): »Und die allerliebsten Pferde? die würden doch selbst in einem Poseidon Freude und Bewunderung erregen.«

**16   AUGUST WILHELM VON SCHLEGEL AN MARIA LÖBEL,
27. OKTOBER 1823**

Überlieferung: Bibliothèque nationale et universitaire de Strasbourg, Ms 2882.65 (1 egh. B. mit Unterschrift, 1 Ebl., 1½ S. beschr., B 18,5 cm x H 22,5 cm).

Erläuterungen:

Ihren zweyten Brief] Dieser Brief ließ sich nicht nachweisen.

Professor Welcker] Friedrich Gottlieb Welcker, Klassischer Philologe, Archäologe und Bibliothekar an der Universität Bonn; siehe die Erläuterungen zu Brief Nr. 8.

schwarze Brett] Das sogenannte »schwarze Brett« diente seit dem Ausgang des Mittelalters innerhalb eines Gemeinwesens der öffentlichen Bekanntmachung wichtiger Mitteilungen. In der Wissenschaft geht sein Gebrauch auf den Juristen und Philosophen Christian Thomasius (* Leipzig, 1. Januar 1655; † Halle a. d. Saale, 23. September 1728) zurück, der 1687/1688 an der Universität Leipzig am schwarzen Brett in deutscher Sprache eine deutschsprachige Vorlesung über die französische Übersetzung von Balthasar Graciàns *Oráculo manual y arte de prudencia* ankündigte und damit einen Skandal provozierte; siehe Mauthner 2, 1921, S. 142.

Anfang meiner Vorlesungen] Schlegel traf mit deutlicher Verspätung in Bonn ein. Seine Lehrveranstaltungen, darunter das Privatissimum *Erste Hälfte der alten Weltgeschichte* (40–50 Hörer) und die Vorlesung *Geschichte der französischen Litteratur* (ca. 100 Hörer), begannen erst am 8. bzw. 9. Dezember 1823.

zwey junge Engländer von 14 Jahren] John Colebrooke (* 1813; † 1827) und Alexander Robert Campbell Johnston (* Colombo/Ceylon, 14. Juni 1812; † Los Angeles, 21. Januar 1888) waren von 1824 bis 1826 bei Schlegel zu Gast und mussten während des Mittagessens mit ihm französisch und während des Abendessens, an dem Schlegel nicht teilnahm, mit Christian Lassen deutsch sprechen; siehe Kirfel, S. 114, 155 und 169. Während der junge Colebrooke früh verstarb, stand Alexander Robert Campbell Johnston, dritter Sohn von Sir Alexander, von 1828 bis 1833 in Mauritius als Schreiber im Dienst der britischen Krone, ehe er in England Privatsekretär seines Cousins Lord William John Napier und im Oktober 1834 von dessen Nachfolger im Amt des obersten Aufsichtsbeamten für den Handel, John Francis Davis, wurde. Von 1841 bis 1843 arbeitete er in unterschiedlichen Funktionen als Kolonialbeamter in Hongkong. Im Oktober 1843 kehrte er aus gesundheitlichen Gründen nach England zurück. Aufgrund seiner Forschungen zur chinesischen Naturkunde wurde er am 5. Juni 1845 zum Mitglied der Royal Society ernannt. Wieder in Hongkong, war er von September 1845 bis September 1852 als Sekretär und Registrator des obersten Aufsichtsbeamten für den Handel tätig; siehe ODNB 30, 2004, S. 334–336 (H. G. Keene/Roger T. Stearn), hier S. 335–336.

auf die Schule gehen] Schlegel hatte für den Unterricht der beiden Zöglinge mit Johann Nikolaus Bach, einem talentierten Studenten, eigens einen Hofmeister eingestellt.

Hofmeister] Johann Nikolaus Ba(u)ch (* Montabaur, 4. August 1802; † Fulda, 17. Januar 1841) studierte nach dem Schulbesuch in Montabaur und Weilburg ab 1821 in Bonn Klassische Philologie, wo u.a. August Wilhelm von Schlegel, August Ferdinand Naeke, Friedrich Gottlieb Welcker, Karl Dietrich Hüllmann, Johann Friedrich Ferdinand Delbrück und Karl Friedrich Heinrich zu seinen Lehrern gehörten. Mit letzterem überwarf er sich allerdings im Streit über lateinischen Stil; siehe Schlegels Brief an Wilhelm Dorow vom 11. November 1825 (Dorow, Erlebtes 4, 1845, S. 246–256). Während Philipp Joseph von Rehfues dem 1819 verwaisten Studenten ein großzügiges Stipendium verschaffte und ihm die spätere Übernahme in den preußischen Staatsdienst zusicherte, empfahl Schlegel ihn seinem Heidelberger Kollegen Friedrich Creuzer (siehe Schlegels Brief an Friedrich Creuzer, Bonn, 13. August 1823, in: Körner 2, 1937, Nr. 544, S. 419), ehe er ihn 1824 als Privatlehrer für die Söhne Colebrookes und Johnstons einstellte und ihm Wohnung in seinem Haus gab. Den preußischen Kulturbeamten Johannes Schulze ließ Schlegel in einem Brief aus Bonn vom 1. Mai 1825 wissen (Körner 2, 1930, S. 200–201, hier S. 200): »Er [sc. Bach] war seit dem Anfange seiner Studien mein fleißiger Zuhörer. Schon vor zwei Jahren hat er der Facultät eine Abhandlung über die Philosophie des Marcus Aurelius eingeliefert, welche das Accessit erhielt, und allerdings auf den ersten Preis Anspruch gehabt hätte, wenn nicht eine noch vorzüglichere eingegangen wäre. Seit 15 Monaten hat er das Amt eines Privatlehrers bei zwei jungen Engländern, die, von ihren Vätern mir anvertraut, in meinem Hause leben, übernommen und zu meiner vollkommenen Zufriedenheit verwaltet.« Am 26. April 1825 wurde Bach mit einer Dissertation über die Gedichte Solons (Solonis Atheniensis carminum, quae supersunt. Praemissa est commentatio De Solone poeta. Bonn: Weber; Leiden: Luchtmans, 1825) zum Doktor der Philosophie promoviert und erhielt vom preußischen Ministerium für Unterrichtsangelegenheiten die Erlaubnis, seine Studien an der Universität Berlin fortzusetzen. In den Klassischen Philologen August Boeckh und August Buttmann fand er dort wohlwollende Lehrer, in Wilhelm von Humboldt zudem einen einflussreichen Gönner. Seit dem 28. November 1825 unterrichtete Bach am Gymnasium zu Oppeln, seit dem 17. März 1828 am Leopoldinischen Gymnasium zu Breslau. Zugleich habilitierte er sich an der Philosophischen Fakultät der hiesigen Universität mit einer Studie über den Dichter Philetas (Philetae Coi, Hermesianactis Colophonii atque Phanoclis reliquiae. Accedunt Dan. Lennepii et Dav. Ruhnkenii observationes integrae. Halle an der Saale: Gebauer, 1828). Seit 1830 gehörte er der preußischen Prüfungskommission für Lehramtskandidaten an. 1835 wurde er zum Direktor des Gymnasiums zu Fulda berufen, das er in den fünf Jahren seiner Tätigkeit reorganisierte. 1841 verstarb Bach an einem rheumatisch-gastritischen Fieber; siehe Neuer Nekrolog der Deutschen 19.1841 (1843), Nr. 30, S. 125–128; Lebensbilder 4, 1950, S. 15–25 (August Weber).

ins Haus u in die Kost] Schlegels Zöglinge erhielten Kost und Logis in seinem Privathaus.

Väter meine sehr großen Freunde] Henry Thomas Colebrooke (* London, 15. Juni 1765; † London, 10. März 1837) und Sir Alexander Johnston (* London, 25. April 1775; † London, 6. März 1849). Colebrooke gilt als Archeget der Indologie in Europa. Der Sohn des Bankiers und Parlamentariers Sir George Colebrooke erhielt zunächst im elterlichen Haus Privatunterricht in den klassischen Sprachen, im Deutschen und im Französischen sowie in der Mathematik, ehe er 1782 für die East India Company, in der sein Vater seit 1769 dem Verwaltungsrat vorstand, nach Indien ging und dort in verschiedenen Funktionen als Jurist tätig war. Um indisches Recht studieren zu können, lernte er Sanskrit. 1805 wurde er zum Professor für indisches Recht und Sanskrit am College von Fort William in Kalkutta berufen. Im selben Jahr veröffentlichte er *A grammar of the Sanscrit language*. Im Oktober 1814 kehrte er nach Europa zurück und gehörte 1823 zu den Begründern der Royal Asiatic Society. Sein Sohn Thomas Edward Colebrooke gab 1873 eine Biographie seines Vaters heraus; siehe Windisch, S. 26–36; Vogel, S. 18–23; ODNB 12, 2004, S. 539–542 (Richard F. Gombrich). Schlegel urteilt über Colebrooke in einem Brief aus Bonn an Johannes Schulze vom 20.–29. Februar 1824 (Körner 1, 1930, Nr. 286, S. 405–411, hier S. 409): »Colebrooke ist ein tiefer Denker und ein wahrhaft wissenschaftlicher Kopf; Mathematik, Astronomie, dialektische Metaphysik, das sind seine Fächer. Überall geht er auf die Resultate: was man in verschiednen Zeitaltern gewußt hat; er scheint nicht ganz zu fühlen, daß die Form des Vortrags für die Geschichte des menschlichen Geistes unendlich wichtig ist. Die philologischen Mühseligkeiten hat er für sich überwunden, ist aber nicht gesonnen, andern den Weg zu bahnen. Sein Orakel zu befragen, ist immer nützlich; er verweigert es auch nicht, wiewohl er von Natur schweigsam ist, und nicht die Gabe der Mittheilung besitzt.« – Johnston, Kolonialbeamter und Richter in Ceylon, wuchs in Madras und seit 1782 in Madura auf, wo sein Vater im Dienst der britischen Krone unter Lord George Macartney stand. Er erlernte einheimische Sprachen wie Tamul, Telugu und Hindustani. 1792 nach Europa zurückgekehrt, studierte er in Göttingen und Hannover Rechtswissenschaft und erhielt am 23. Juni 1800 am renommierten Lincoln's Inn in London sein Anwaltspatent. Am 14. Juni 1799 heiratete er Louisa Campbell, die einzige Tochter von Lord William Campbell. In den folgenden Jahren nahm Johnston in Ceylon verschiedene juristische Ämter bis hin zum Richter wahr, ehe er 1809 Berater der britischen Regierung wurde und in der Kronkolonie für eine Reform des Bildungswesens, für religiöse Toleranz und für die Abschaffung der Leibeigenschaft eintrat. Nach seiner Rückkehr nach England 1819 gründete er 1823 die Royal Asiatic Society mit und wurde ihr Vizepräsident. Als Geheimer Rat setzte er sich seit 1832 für die Rechte der einheimischen Bevölkerung in der britischen Kronkolonie Indien ein; siehe ODNB 30, 2004, S. 334–336 (H. G. Keene/Roger T. Stearn).

Emmel] Nikolaus Joseph Emmel, Schreinermeister in Bonn; siehe die Erläuterungen zu Brief Nr. 8.

Cabinet] Kleines Nebenzimmer.

dielen] ›mit einem Holzfußboden versehen‹; siehe Adelung 1, 1808, Sp. 781 (s.v. ›bedielen‹).

Lambris] Lambris (auch: Lamperie, Lambrie); siehe Meyer 10, 1865, S. 520: »Lambris (v. Franz.), Bekleidung einer Mauer mit Holz oder Marmor, die besonders dazu dient, daß die Wand von den daran stehenden Möbeln nicht beschädigt wird. Man unterscheidet Brust- u. Fußlambris. Erstere reicht bis zur Höhe der Fensterbrüstung, letztere ist nur 6–9 Zoll hoch.«

der jungen Herren] John Colebrooke und Alexander Robert Campbell Johnston; zu ihnen siehe oben.

Georgs ehemalige Stube] Da das Zimmer bis zu seiner Renovierung nur sehr schlicht eingerichtet war, handelt es sich bei Georg möglicherweise um einen inzwischen ausgeschiedenen Bediensteten.

pp] Abkürzung für lat. *perge, perge* (›und so weiter‹).

einen Tag nach Cöln] Schlegel ließ Gegenstände des häuslichen Bedarfs in Bonn kaufen, zumeist in der unmittelbaren Nachbarschaft. Was in Bonn nicht erhältlich war, wurde in Köln beschafft.

Landsitze 6 Meilen weit von London] Schlegel meint vermutlich Wanstead House, einen sechs Meilen von London entfernt gelegenen Landsitz mit reichen Gartenanlagen und einem der schönsten englischen Landhäuser; siehe Schorch, S. 343.

17 AUGUST WILHELM VON SCHLEGEL AN MARIA LÖBEL, 4. NOVEMBER 1823

Überlieferung: Bibliothèque nationale et universitaire de Strasbourg, Ms 2882.64 (1 egh. B. mit Unterschrift, 1 Ebl. mit Wasserzeichen, 1 S. beschr., B 18,5 cm x H 22,5 cm).

Erläuterungen:

vor acht Tagen geschrieben] A. W. von Schlegels Brief an Maria Löbel vom 27. Oktober 1823; siehe Brief Nr. 16.

zwey junge Engländer] John Colebrooke und Alexander Robert Campbell Johnston; siehe die Erläuterungen zu Brief Nr. 16.

Väter der beiden Knaben] Henry Thomas Colebrooke und Sir Alexander Johnston; siehe die Erläuterungen zu Brief Nr. 16.

auf nächste Ostern] Die beiden Engländer kamen bereits Anfang Februar 1824 zu Schlegel nach Bonn. Um ihnen den Besuch des Karnevalszugs zu ermöglichen, bat er seinen Kölner Kollegen, den Germanisten Eberhard von Groote, um Hilfe bei der Suche nach einer geeigneten Unterkunft; siehe Schlegels Brief an Eberhard von Groote, Bonn, 23. Februar 1824 (StArch Bonn, SN 19/633,6): »Ich muß Ihnen auch heute wieder mit einer Bitte beschwerlich fallen. Seit drei Wochen sind zwei junge Engländer bei mir: ich möchte ihnen gern die Freude machen, Ihr berühmtes Carneval zu sehen, und sie mit ihrem deutschen Lehrer hinschicken. Ich höre aber, der Zufluß von Fremden sey so groß, daß man kein Quartier finde, wenn man es nicht im voraus bestellt hat. Könnten Sie also meinen jungen Leuten 3 Betten und Ein oder zwei Zimmer, sei es im Gasthofe oder in einem Privathause, für die Carnevalstage, vom Sonntag Abend bis Mittwoch Vormittag sichern, auch ein Fenster zum bequemen Ansehen der Aufzüge für sie miethen, so würden Sie mich ungemein verbinden. Haben Sie doch die Güte, mir hirauf nur mit ein paar Zeilen Antwort zu ertheilen: Wenn Sie es erlauben, so adressire ich als dann den Lehrer an Sie, der ein sehr wackerer junger Mann ist. Die jungen Engländer sind auch artige Knaben, nur können sie noch nicht viel Deutsch sprechen. Ich selbst komme nicht mit.« Groote kam Schlegels Anfrage offenbar umgehend nach, so dass dieser ihn am 29. Februar bat, ihm seine Schützlinge und ihrem Hofmeister persönlich vorstellen zu dürfen; siehe Schlegels Brief an Groote, Bonn, 29. Februar 1824 (StArch Bonn, SN 19/633,7): »Erlauben Sie mir, mein theuerster Freund, meine jungen Engländer, die Söhne des berühmten Colebrooke und des ehemaligen Oberrichters in Ceylon Sir Alexander Johnston, nebst ihrem ausgezeichneten Lehrer, meinem fleißigen Zuhörer, Herrn Bauch zu der Ehre Ihrer persönlichen Bekanntschaft einzuführen, und sie Ihrer gütigen Aufnahme bestens zu empfehlen. Ich danke Ihnen tausendmal für die freundschaftliche Besorgung eines Quartiers für die jungen Leute, ich wünsche zu erfahren, daß Sie auch ein Fenster zum Ansehen der Aufzüge haben miethen können; denn ich bin wegen des Gedränges einigermaßen besorgt.«

Hrn. Nettekoven] Theodor Joseph Nettekoven, Kreiseinnehmer; siehe die Erläuterungen zu den Briefen Nr. 6 und Nr. 7.

Hofmeister] Johann Nikolaus Bauch, Student der Klassischen Philologie; siehe die Erläuterungen zu Brief Nr. 16.

gegen den 20sten Nov. einzutreffen] Schlegel traf am 26. November 1823 in Bonn ein. Eberhard von Groote berichtet er in einem Brief aus Bonn vom 4. Dezember 1823 von der Kostspieligkeit, aber auch von den Erfolgen seiner Englandreise und bittet ihn darum, mit einer *Kölnischen Zeitung* den Abdruck der beigefügten Ankündigung zu arrangieren (StArch Bonn, SN 19/633,5): »Professor v. Schlegel ist vor kurzem aus England wieder in Bonn eingetroffen, und hat den Zweck seiner Reise, die dortigen reichen Vorräthe an Handschriften genauer kennen zu lernen und deren Benutzung für künftige gelehrte Unternehmungen vorzubereiten, sehr befriedigend erreicht. Die Bibliotheken wurden ihm auf das bereitwilligste geöffnet, und die Gelehrten kamen ihm mit wissenschaftlichen Mittheilungen entgegen. Auch in Oxford, in Cambridge und in der Ostindischen Lehranstalt zu Hayleybury fand er dieselbe gastfreye und ehrenvolle Aufnahme. Bey einer Sitzung der Asiatischen Gesellschaft wurde er von dem Staatsminister der Ostindischen Angelegenheiten, Herrn Wynn, durch eine schmeichelhafte Anrede bewillkommt. Prof. v. Schlegel hat in französischer und Englischer Sprache die Ankündigung seiner Ausgabe des gesamten Ramayana in der Ursprache drucken lassen, und bey seiner Abreise war die Subscription auf dieses große Werk bereits in vollem Gange.«

nach der berühmten Universität Oxford reisen] Die University of Oxford wurde Anfang des 13. Jahrhunderts gegründet und ging aus den Klosterschulen hervor. Sie ist nach den Universitäten von Bologna und Paris die älteste in Europa. Die Hauptbibliothek der Universität Oxford, die Bodleian Library, wurde 1602 eingerichtet; siehe Rüegg 3, 2004, S. 548.

Universität zu Cambridge] Die University of Cambridge wurde 1209 von Dozenten und Studenten gegründet, die aus Protest gegen die auf Befehl des Bürgermeisters und des Königs erfolgte Verhaftung und Hinrichtung einiger Studenten Oxford verlassen hatten. Sie ist die fünftälteste in Europa; siehe Rüegg 3, 2004, S. 548.

Ostindischen Lehranstalt] Das East India College in Haileybury war im Februar 1806 von der East India Company eingerichtet worden, um dort Fach- und Führungskräfte für die Verwaltung in Indien, Singapur und China auszubilden. Bei seinem Besuch des Instituts im Oktober 1823 war Schlegel von Charles Watkin Williams Wynn (* Langedwyn, Denbigshire, 9. Oktober 1775; † London, 2. September 1850), dem ersten Präsidenten der von Henry Thomas Colebrooke gegründeten Royal Asiatic Society of Great Britain and Ireland, begrüßt worden.

**18   AUGUST WILHELM VON SCHLEGEL AN MARIA LÖBEL,
     17. APRIL 1827**

Überlieferung: Bibliothèque nationale et universitaire de Strasbourg, Ms 2882.69 (1 egh. B. mit Paraphe, 1 Ebl., 1½ S. beschr., B 21 cm x H 25,4 cm).

Korrektur:

allemsteht] allem steht.

Erläuterungen:

Cassel] Während seiner Reise nach Berlin hielt sich Schlegel vom 16. April bis 19. April 1827 in Kassel auf, wo er am Abend des 17. April die Brüder Wilhelm und Jacob Grimm besuchte. Der Besuch war seit Jahresbeginn verabredet; siehe Jacob Grimms Brief an August Wilhelm von Schlegel, Kassel, 16. Februar 1827 (Schmidt, S. 159): »Ihr gütiges Schreiben hat in mir die angenehmsten Hofnungen erweckt. Der versprochene Besuch bei der Durchreise nach Berlin künftige Ostern wird uns ausserordentlich erfreuen.« Schlegels Erscheinung und sein Geltungsbedürfnis wirkten auf die Brüder bizarr. So teilt Wilhelm Grimm am 21. April 1827 Karl Lachmann mit (Leitzmann 1927, 2, S. 826–832, hier S. 831): »Seit 10 bis 12 Tagen haben wir einen Besuch auf den andern gehabt. Zuerst kam Monsieur Ampère aus Paris [...]. Dann kam AWSchlegel in Person. Er ist frivol, eitel und kokett, aber gutmüthig, geistreich, unterhaltend und ebenso kenntnißreich, als geschickt dies geltend zu machen. Er brachte einen Abend bei uns zu, hatte einen Brillantring, so groß als das Stichblatt eines Galanteriedegens am Finger, den ihm der König für das lateinische Gedicht auf die Dampfschifffahrt geschenkt hat, außerdem Brillanten an dem Halstuch und erwartete ohne Zweifel ein besseres Souper bei uns, als er erhielt. Die andern Tage zeigte er sich ohne diesen Schmuck, und war schon einfacher und natürlicher und holte seine indischen Herrlichkeiten ohne große Anstalten herbei. In seiner Gesellschaft ist ein junger Norweger Namens Lassen, der ihm im Sanscrit Beistand leistet und die Handschriften in London für ihn verglichen hat, ein natürlicher und offener Mann, gegen den wir nichts einzuwenden hatten.« Auch Jacob Grimm gibt in seinem Brief an Karl Lachmann vom 20. April 1827 ein Bild vom Auftritt August Wilhelm von Schlegels (ebd., S. 508–511, hier S. 509): »Aber Ihr vornehmer mann, herr a. w. Vonschlegel ist jetzt noch nicht zu Berlin, sondern wird erst in acht tagen eintreffen. Nämlich vor einigen langte er hier an und reiste gestern über Göttingen, Gotha und Weimar weiter. [...] Ich kann nicht leugnen, daß wir ihn bescheidner und umgänglicher gefunden haben, als

wir uns vorgestellt hatten. Zwar die eitelkeit und vornehmheit in manier, kleidung, tragen geschmackloser ringe und nadeln, vordeclamieren indischer stellen,
lateinischer aus dem dampfschiffgedicht und dergleichen läßt sich nicht verber-
gen, aber sein natürliches geschick und talent macht sich doch bahn darüber
hinaus und man denkt viertelstundenlang nicht daran. Ich mag auch von
Schlegels schwächen und fehlern so hart urtheilen, wie ich will, für gutmüthig
und ohne galle muß ich ihn halten, was er erzählte und mittheilte war heiter
und unterhielt. Von Niebuhr sprach er ungezwungen, dessen geist und verdienst
anerkennend. Angenehm wirkte auch die gesellschaft seines begleiters Lassen,
eines gebornen Norwegers, der sich lange in England und Frankreich aufgehalten hat und ein sehr tüchtiger mann scheint, anspruchlos und freundlich […].«
Die negativen Beschreibungen des alternden Gelehrten sind Legion; siehe z. B.
Bettina von Arnims Brief an ihren Ehemann Achim, Berlin, vermutlich 19. Mai
1827 (Arnim 4, 2004, S. 252–257, hier S. 252–253, und S. 857). Zu den wenigen,
die für Schlegel Partei ergriffen, gehörte sein Freund Ludwig Tieck (Vordtriede
2, 1961, S. 664–665).

Buchhändler Reimer] Den geschäftlichen Kontakt der Brüder Schlegel zum
Berliner Buchhändler und Verleger Georg Andreas Reimer hatte Friedrich
Schleiermacher 1802 vermittelt. Reimer genoss A. W. von Schlegels Wertschätzung, da er auch zu riskanteren verlegerischen Unternehmungen bereit war;
siehe Schlegels Brief an Johann Diederich Gries, Berlin, 23. Juli 1803 (Körner 1,
1930, Nr. 121, S. 157–159, hier S. 159): »Von hiesigen Buchhändlern weiß ich
jetzt keinen, von dem sonderlich viel für ein solches Unternehmen wie das mit
dem Ariost zu erwarten stünde, außer Hℓ. Reimer der mein Verleger beym
Spanischen Theater ist, und ich glaube, er wird jetzt ziemlich besetzt seyn.«
Georg Andreas Reimer (* Greifswald, 27. August 1776; † Berlin, 26. April 1842),
Sohn eines Greifswalder Kaufmanns, wurde ab 1790 in der Greifswalder Filiale
des Buchhändlers und Musikverlegers Gottlob August Lange zum Buchhändler
ausgebildet. Nach dessen Tod 1795 wurde er Geschäftsführer des Stammhauses
in Berlin. 1800 wechselte er zur Berliner Realschulbuchhandlung, die er 1801 in
Erbpacht übernahm und 1822 käuflich erwarb, nachdem sie bereits seit 1817 als
»Reimer'sche Buchhandlung« firmiert hatte. Von 1806 bis 1813 beteiligte sich
Reimer am Widerstand gegen die französischen Besatzer und war ihrerseits
stärksten Repressalien ausgesetzt. Dennoch stieg er zum bedeutendsten deutschen Verleger neben Johann Friedrich Cotta auf. 1816 gründete er seine eigene
Druckerei, 1822 erweiterte er mit dem Kauf der Weidmannschen Buchhandlung
sein Unternehmen. Namhafte Schriftsteller der deutschen Romantik gehörten
zu seinen Autoren; siehe Reimer, S. 37–158; NDB 21, 2003, S. 338–339 (Hans-
Christof Kraus); DBE² 8, 2007, S. 279 (Thomas Keiderling).

Professionist] Gelernter Handwerker; siehe Weigand 2/1, 1860, S. 424: »Die Pro-
fession, pl. -en: Gewerbe, Handwerk. Daher der Professionist, -en: Handwerks-
mann. Aus lat. die professio = Bekenntniß, Erklärung über sich, (amtlich) ange-
gebenes Gewerbe, von proféssus, dem Part. des Perf. von lat. prôfiteri = öffentlich, laut, frei bekennen, gestehen, sich wofür bekennen (prô vor, für, fatêri bekennen u.), öffentlicher Lehrer sein.«

Animadversiones – in Aristophanis Plutum] Animadversiones de singulis Aristophanis Pluti locis. Scripsit Aug[ust] Schlegel. Hamburg: Langhoff, 1825. Der
Klassische Philologe Johann August Adolph Schlegel (* Harburg, 1790;
† Hildesheim, 9. März 1840), Sohn von Schlegels älterem Bruder Carl August
Moritz (* Zerbst, 25. September 1756; † Hamburg-Harburg, 29. Januar 1826),
führte, bedingt nicht zuletzt durch Schikanen und Zurücksetzungen, ein unste-
tes Berufsleben. Eine Anstellung als Gymnasiallehrer in Ilefeld, die er seit 1814
innehatte, gab er nach fünf Jahren auf, um 1819 außerordentlicher Lehrer und
1821 Collaborateur am Johanneum in Hamburg zu werden. Die *Animadversiones* gelten überlieferungsgeschichtlich strittigen Stellen in Aristophanes' Komödie *Plutos*. Offenbar hatte A. W. von Schlegel versucht, sie in Berlin einflussreichen Männern zukommen zu lassen, um so seinen Neffen beruflich zu unterstüt-
zen. In Hamburg schied August Schlegel 1829 freiwillig aus und lebte anschließend ein Jahr lang bei seinem Onkel in Bonn. Die Gründe sind aus Schlegels
Brief an den preußischen Kultusbeamten Johannes Schulze vom 2. August 1829
(Ausgewählte Briefe, Nr. 90, S. 182–185, hier S. 182–183) zu erfahren: »Dann
habe ich ein schon früher vorgetragenes Anliegen zu wiederholen, ja noch drin-
gender als damals zu erneuern. Es betrifft meinen Neffen, den Dr Schlegel. Ich
eröffnete Ihnen vor zwei Jahren seine Lage als Kollaborator am Johanneum in
Hamburg. Das Scholarchat ist dort ganz und gar eine Sache der Gunst der Fa-
milien-Verbindungen geworden. So lange mein seliger Bruder, der General-Su-
perintendent Schlegel in Harburg lebte, hatte mein Neffe einen Grund in so
nachteiligen Verhältnissen auszudauern, um die Nachbarschaft seines bejahrten
Vaters nicht zu verlassen. Nun aber, da er die leidige Überzeugung gewonnen
hatte, daß seinen gerechten Ansprüchen auf Beförderung niemals entsprochen
werden würde, hat er seine Entlassung begehrt, wobei man ihm das Zeugnis der
wohl erfüllten Amtspflicht nicht hat verweigern können. Seit diesem Frühling
lebt er in meinem Hause, und benutzt hier mit Eifer alle Mittel, die sich ihm
hier darbieten, gelehrten Umgang, Bibliotheken und Besuch der Vorlesungen,
um sich zu einem Schulamt noch besser vorzubereiten. Er ist ein fleißiger,
gründlicher und gewissenhafter Mann, den ich unbedenklich empfehlen darf.
Ich werde seinethalb an den Herrn Minister selbst schreiben, so bald er nach
Berlin zurück gekommen sein wird. […] Ich bitte Sie, mein verehrtester Gönner,
bei vorkommenden Gelegenheiten zu einer Anstellung meines Neffen zu geden-

ken. Meine Wünsche für ihn und seine eignen Erwartungen sind sehr mäßig und bescheiden, und ich darf also wohl umso eher hoffen, sie erfüllt zu sehen.« Auch nach seinem Abschied aus Bonn blieb die finanzielle Lage für August Schlegel prekär, weshalb er seinen Onkel um Unterstützung bat, was dieser jedoch abschlägig beschied (siehe Schlegels Brief an August Schlegel, Bonn, 10. Februar 1831, Kunstsammlungen der Veste Coburg, A. IV, 724, (1), 13 – 1 egh. B. mit Adresse und Unterschrift, 1 Dbl., 1¼ S. beschr., B 12,8 cm x H 21,1 cm):

An Herrn
Dr. August Schlegel
in Hannover

Bonn d. 10ten Febr.
1831

Es ist mir ganz unmöglich, lieber Neffe, Dir einen Vorschuß an baarem Gelde zu machen. Ich bin selbst in großen Sorgen, wie ich meinen Verpflichtungen und den mannichfaltigen Anforderungen, die an mich gemacht werden, Genüge leisten werde. Ich finde es nothwendig mich einzuschränken und auf alle Weise zu sparen. Deswegen schaffe ich auch meine Pferde ab, wiewohl sie mir sehr nöthig sind. Seit Du Bonn verließest, hat sich die Lage der Dinge sehr verändert, u die Zeiten sind bedenklich geworden. Heute oder morgen kann ein Krieg aus brechen, dann sind die diesseitigen Provinzen dem ersten Sturme ausgesetzt. Die Einwohner insgesamt, besonders aber wir Hauseigenthümer würden schwere Lasten zu tragen haben. In einer solchen Zeit muß man seine Geschäfte in Ordnung bringen, alle Schulden berichtigen, und Mittel auf den Fall der Noth bereit halten.

Ich gedenke zeitig in diesem Sommer, falls die Umstände es nicht unmöglich machen, auf geraume Zeit eine gelehrte Reise anzutreten.

Demnach kann ich Dir auch gar nicht rathen wieder hieher zu kommen, Du müßtest denn etwa Lust haben, ein paar Feldzüge mitzumachen.

<2> Hannover scheint auf alle Weise der zweckmäßigste Aufenthalt für Dich zu seyn, und hier wird sich auch am ersten eine Aussicht zur Anstellung finden. Unterdessen kannst Du Dir gewiß Deine Unterhaltung durch Privatstunden erwerben, wenn Du die gehörigen Bemühungen anwendest.

Lebe recht wohl u arbeite fleißig.
Dein väterlich gesinnter
Oheim
AWvSchl

Im Laufe des Jahres 1831 wurde August Schlegel an das Domgymnasium in Verden berufen, wo er 1838 Subkonrektor wurde, im Jahr darauf aber dem Wahnsinn verfiel. Am 9. März 1840 starb er in der Nervenheilanstalt zu Hildesheim; siehe Calmberg, S. X; Schröder 6, 1873, S. 546; Programm der Gelehrtenschule des Johanneums zu Hamburg, 1878, S. 71; ADB 31, 1890, S. 390 (Julius Pagel).

Hℓ. Buchhändler Weber] Eduard Weber, Buchhändler und Verleger in Bonn; siehe die Erläuterungen zu Brief Nr. 15.

Hℓ. Hofagent Wolff] Samuel Caesar Wolff (* 1758; † Bonn, 26. April 1836), Sohn des Bonner Hofmedicus Moses Wolff und seiner Frau Sara Meyer, gehörte zur städtischen jüdischen Oberschicht und war in der Josefstraße 805 als Kaufmann und Bankier ansässig. Er war in erster Ehe mit Gudula Speyer (* Frankfurt/Main, 1754; † Bonn, 2. Juni 1817), in zweiter Ehe mit Babette (auch: Bertha) Türck († vor 1850) verheiratet. 1820 wurde er zum Königlich Preußischen Hofagenten für Silber und Juwelen ernannt und hatte so als einer von wenigen rheinischen Juden Zugang zum König. Als stiller Teilhaber gründete Wolff 1789 mit Hertz Salomon Oppenheim (* Bonn, 19. Juni 1772; † Mainz, 8. November 1828) in Bonn ein Wechsel- und Kommissionsgeschäft, das sich zum Bankhaus Oppenheim und 1904 zur Privatbank Sal. Oppenheim entwickelte. Nach dem Ende Kurkölns und dem Ende Bonns als Residenzstadt wurde der Sitz des Unternehmens 1798 nach Köln verlegt. Am 25. August 1821 erhob König Friedrich Wilhelm III. Wolff zum Ritter der Ehrenlegion; siehe StArch Bonn Sterbeurkunde 148/1836; Schulte, S. 62, 68, 530 und 533–535; Kasper-Holtkotte, S. 88 und 104–105; Stürmer/Teichmann/Treue, S. 25; Effmert, S. 44; Weffer, S. 691. Teile von Wolffs Korrespondenz befinden sich in den Gutsakten der Familie Hatzfeldt in Trachenberg; siehe Jersch-Wenzel 2, 2005, S. 259, Nr. 5195 und 5203. Samuel Wolff starb am Morgen des 26. April 1836 um 10.30 Uhr in Bonn. Seine sterblichen Überreste wurden zwei Tage später auf dem jüdischen Friedhof in Schwarzrheindorf beigesetzt, auf dem auch seine Eltern ruhen. Seinen Grabstein ziert die Levitenkanne; siehe Brocke/Bondy, S. 314 sowie S. 216–217 und 238–239.

19   MARIA LÖBEL AN AUGUST WILHELM VON SCHLEGEL, 23. APRIL 1827

Überlieferung: SLUB Dresden, Mscr. Dresd. e. 90, XIX, Bd. 14, Nr. 81 (1 egh. B. mit Unterschrift, 1 Ebl., 1½ S. beschr., B 20,8 cm x H 25 cm).

Erläuterungen:

brieff von 17ᵗⁿ Abrill] A. W. von Schlegels Brief an Maria Löbel vom 17, April 1827; siehe Brief Nr. 18.

Feyärtägen] Die Karwoche begann am 13. April 1827, so dass die Handwerksarbeiten in Schlegels Haus am 17. April 1827 anfangen konnten.

gerstin] Gemeint ist wohl ›gestrichen‹.

ortung] Gemeint ist ›Ordnung‹.

Wild] Franz Peter Wild (~ Bonn, Dietkirchen, 21. Mai 1772; † Bonn, 6. Februar 1847), Sohn des Caspar Wildt und seiner Ehefrau Maria Catharina Satlers, lebte als Malermeister und Vergolder in Bonn. Seit dem 8. Mai 1819 war er mit Anna Catharina Rech (* Bonn, 1783; † Bonn, 9. Februar 1856) verheiratet. Seine Wohnung befand sich seit Juni 1827 am Markt 453. Wild bot Handwerksarbeiten wie »Vergolden, Firnißiren, Zimmermalen und Anstreichen« an; siehe StArch Bonn, Heiratsurkunde 35/1819; Bonner Wochenblatt, 24. Juni 1827; StArch Bonn, Sterbeurkunde 74/1847; StArch Bonn, Sterbeurkunde 55/1856.

büchelcher] Am 17. April 1827 hatte Schlegel Maria Löbel damit beauftragt, dem Buchhändler Eduard Weber vier Exemplare der Schrift seines Neffen Johann August Adolph Schlegel *Animadversiones de singulis Aristophanis Pluti locis* zu bringen. Weber sollte die Bücher mit dem Postwagen an Georg Andreas Reimer nach Berlin schicken; siehe Brief Nr. 18 und die Erläuterungen dazu.

buchhändler] Eduard Weber, Buchhändler und Verleger in Bonn; siehe die Erläuterungen zu Brief Nr. 15.

2 brieffe] Um welche Briefe es sich handelt, ließ sich nicht ermitteln.

Hofagent Wolff] Samuel Wolff, Bankier, Handelsmann und Hofagent; siehe die Erläuterungen zu Brief Nr. 18.

kleine Marichen] Marianne Danco (* Bonn, 24. Mai 1818; † Siegburg, 10. April 1888) war die älteste Tochter Maria Theresia Löbels und des Bataillonsarztes Johann Peter Josef Franz Danco, somit eine Nichte Maria Löbels; siehe Geburtsanzeige Marianna Danco in: Bonner Wochenblatt, 7. Juni 1818. 1880 spendete sie 3.000 Mark für den Bau des Siegburger Krankenhauses; siehe Heinekamp, S. 437. Ihr Tod wurde bezeugt von dem Siegburger Arzt Isaac Levison, einem Verwandten des späteren Bonner Historikers Wilhelm Levison; siehe VerwArch Siegburg, Sterbeurkunde 53/1888. Die Grabstätte der Familie Danco befindet sich auf dem alten Friedhof an der Johannesstraße in Siegburg.

20 AUGUST WILHELM VON SCHLEGEL AN MARIA LÖBEL, 29. APRIL 1827

Überlieferung: Bibliothèque nationale et universitaire de Strasbourg, Ms 2882.70 (1 egh. B. mit Paraphe, 1 Ebl., 1 S. beschr., B 21 cm x H 25,4 cm).

Korrektur:

mich ... zugebracht] »mich« ist zu streichen.

Erläuterungen:

Ihren Brief vom 23. April] Maria Löbels Brief an A. W. von Schlegel vom 23. April 1827; siehe Brief Nr. 19 und die Erläuterungen dazu.

vorgestern Abend ... angekommen] Schlegel traf am Freitag, den 27. April 1827, in Berlin ein und blieb bis zum 24. Juli 1827 (siehe Brief Nr. 34).

Cassel] Siehe die Erläuterungen zu Brief Nr. 18.

Göttingen] Obwohl August Wilhelm von Schlegel 1818 zum korrespondierenden Mitglied der Göttinger Akademie der Wissenschaften ernannt worden war – vorgeschlagen hatten ihn am 20. August 1818 der Hannoversche Staatsminister und Kurator der hiesigen Universität Friedrich Karl Alexander Freiherr von Arnswaldt sowie der Sekretär der Akademie Johann Friedrich Blumenbach –, zeigte er sich gegenüber den Gelehrten der Georg-August-Universität eher reserviert. So teilte er nach seinem Besuch in Göttingen Jean Pierre Abel Rémusat (* Paris, 5. September 1788; † Paris, 4. Juni 1832), seinem Kollegen am Collège de France, am 9. April 1827 mit, dass die dortigen Professoren – mit Ausnahme von Blumenbach – »ein bisschen viel vom Leichenschauhaus«, »un peu trop de morgue«, hätten (siehe Quilici/Ragghianti, ferner Petermann, S. 295). Zu diesem Urteil bewogen ihn u.a. die Auseinandersetzungen mit dem Historiker Arnold Hermann Ludwig von Heeren über die Ursprünge der Indologie in Deutschland. Von Heeren hatte sich bei Schlegel darüber beklagt, dass er ihn in seinem grundlegenden Aufsatz *Über den gegenwärtigen Zustand der Indischen Philologie* noch nicht einmal als einen seiner Vorgänger gewürdigt habe. In hohem Ansehen standen bei Schlegel dagegen der Orientalist Heinrich Georg August Ewald (* Göttingen, 16. November 1803; † Göttingen, 4. Mai 1875) sowie der Anatom, Zoologe und Anthropologe Johann Friedrich Blumenbach (* Gotha, 11. Mai 1752; † Göttingen, 22. Januar 1840). Blumenbachs wissen-

schaftliche Leistungen hatte Schlegel 1825 in einem lateinischen Gratulations-
schreiben anlässlich seines 50jährigen Doktorjubiläums gewürdigt (Schlegel,
Werke 16, 1847/1972, S. 397–399). Möglicherweise war Blumenbach Schlegels
Gastgeber, als dieser ihn in Göttingen besuchte.

Gotha] Schlegel hielt sich nur kurze Zeit in Gotha auf. Wie aus Brief Nr. 56
hervorgeht, übernachtete Schlegel dort lediglich. Besuche sind für diesen Tag
keine nachweisbar.

Weimar] Schlegel und Lassen waren Goethes Tagebuch zufolge am 24. und am
25. April 1827 bei ihm in Weimar zu Gast (Goethe SW 37, 1993, S. 471). Goethe
gab ihnen zu Ehren einen Empfang und beriet sich mit ihnen intensiv über die
Indologie; siehe Goethes Brief an Sulpiz Boisserée, Weimar, 21. September 1827
(Boisserée 2, 1862, S. 478–480, hier S. 480): »Herrn von Schlegels Gegenwart
eröffnete uns manchen Ausblick nach Indien; und ich will gern gestehn, daß ich
mich nicht unwillig wohl einmal dort hin über führen lasse; wenn ich mich auch
mit den leidigen hochmütig-häßlichen Frömmlingen sowie ihren vielköpfig-
vielarmigen Göttern keineswegs befreunden kann, so sind doch ihre Apsaren in
dem Grade liebenswürdig, daß man sie gern mit den Augen verfolgt, wo nicht
gar wie ihre himmlischen Bewohner ganz zu Auge werden möchte.« Bereits 1823
hatte Goethe ein Exemplar von Schlegels *Ramayana*-Ausgabe für die Herzogli-
che Bibliothek subskribiert. Trotz unverhohlener Bewunderung für die editori-
sche Leistung fand er sich jedoch nicht bereit, im Rahmen der Ausgabe einen
Briefwechsel, den er mit Schlegel über die Kunst und Poesie der Inder geführt
hatte, zur Veröffentlichung freizugeben; zu Goethes ambivalenter Haltung
gegenüber A. W. von Schlegel siehe Fröschle, S. 179–183.

Von Weimar ... 35 Meilen weit in Einem Streiche] Die Entfernung zwischen
Weimar und Berlin beträgt etwa 264 Kilometer.

Großherzog, da ich um Erlaubniß bat, ihm aufwarten zu dürfen] Goethe hatte
am 24. April 1827 brieflich bei Hofmarschall Karl Emil Freiherr von und zu
Spiegel angefragt, ob Großherzog Carl August ein Besuch A. W. von Schlegels
angenehm wäre (Goethe WA, Nachträge 1, 1990, S. 536). – Als ältester Sohn des
Herzogs Ernst August II. Konstantin von Sachsen-Weimar-Eisenach und seiner
Ehefrau Anna Amalia, Prinzessin von Braunschweig-Wolfenbüttel, war Carl
August (* Weimar, 3. September 1757; † Graditz bei Torgau, 14. Juni 1828) im
Alter von gerade einmal acht Monaten seinem Vater gefolgt. Bis zu seinem 18.
Geburtstag übernahm seine selbst noch minderjährige Mutter Anna Amalia
kommissarisch für ihn die Regentschaft. Die Erziehung des Knaben legte sie ab
1772 in die Hand des Dichters und Aufklärers Christoph Martin Wieland. 1775

holte Carl August Goethe nach Weimar, den er auf einer Bildungsreise in Frankfurt kennen gelernt hatte. Er betraute ihn mit hohen Regierungsämtern und erwirkte 1782 für ihn einen kaiserlichen Adelsbrief. Zwischen dem Dichter und dem jungen Regentenpaar – am 3. Oktober 1775 hatte Carl August in Karlsruhe Prinzessin Luise von Hessen-Darmstadt geheiratet – entwickelte sich eine tiefe Freundschaft; siehe ADB 15, 1882, S. 338–355 (Franz Xaver von Wegele); NDB 11, 1977, S. 262–264 (Hans Tümmler).

wo ich dann mein Hofkleid habe gebrauchen müssen] Schlegel hatte sich für die Empfänge am Berliner Hof eigens einen Galarock anfertigen lassen.

alte … Bekannschaften und … neue] Johann Peter Eckermann hält nach Schlegels Besuch am 24. April 1827 fest (Goethe SW 39, 1999, S. 605–606): »August Wilhelm v. Schlegel ist hier. Goethe machte mit ihm vor Tisch eine Spazierfahrt ums Webicht und gab ihm zu Ehren diesen Abend einen großen Tee, wobei auch Schlegels Reisegefährte, Herr Doktor Lassen, gegenwärtig. Alles in Weimar, was irgend Namen und Rang hatte, war dazu eingeladen, so daß das Getreibe in Goethes Zimmern groß war. Herr von Schlegel war ganz von Damen umringt, denen er aufgerollte schmale Streifen mit indischen Götterbildern vorzeigte, sowie den ganzen Text von zwei großen indischen Gedichten, von denen, außer ihm selbst und Dr. Lassen, wahrscheinlich Niemand etwas verstand. Schlegel war höchst sauber angezogen und höchst jugendlichen, blühenden Ansehens, so daß einige der Anwesenden behaupten wollten, er scheine nicht unerfahren in Anwendung kosmetischer Mittel. Goethe zog mich in ein Fenster. ›Nun? wie gefällt er Ihnen.‹ Noch ganz so, wie sonst, erwiderte ich. ›Er ist freilich in vieler Hinsicht kein Mann, fuhr Goethe fort; aber doch kann man ihm, seiner vielseitigen gelehrten Kenntnisse und seiner großen Verdienste wegen, schon etwas zu Gute halten.‹«

Hrn Hofagenten] Samuel Wolff, Bankier, Handelsmann und Hofagent; siehe die Erläuterungen zu Brief Nr. 18.

Hrn Staatsminister von Humboldt] Wilhelm von Humboldt (* Potsdam, 22. Juni 1767; † Tegel, 8. April 1835), Sohn des Majors Alexander Georg von Humboldt und seiner Frau Marie-Elisabeth von Colombe, wuchs seit dem zwölften Lebensjahr als Halbwaise auf und wurde von qualifizierten Privatlehrern und Hofmeistern wie dem Juristen Ernst Ferdinand Klein, dem Ökonom Christian Wilhelm von Dohm, dem Philosophen Johann Jakob Engel, dem Pädagogen Johann Heinrich Campe und dem Philologen Gottlob Johann Christian Kunth erzogen. Bereits als 13jähriger sprach er fließend Griechisch, Lateinisch und Französisch und war belesen in den Hauptwerken der jeweiligen Literatur. Seit

1785 verkehrten er und sein Bruder Alexander in Kreisen der Berliner Aufklärung. Über Kunth traten sie in Verbindung zu dem Arzt Marcus Herz, der in seinem Haus philosophische und physikalische Vorlesungen hielt, und dessen Frau Henriette, in deren Salon u.a. Moses Mendelssohn verkehrte, mit dem die Humboldt-Brüder die Schriften Immanuel Kants studierten. Bereits während seines Studiums in Göttingen hatte Wilhelm von Humboldt bei Georg Christoph Lichtenberg und Christian Gottlob Heyne gehört. Während einer Reise lernte er 1788 den Weltumsegler Johann Georg Adam Forster und Goethes Jugendfreund Friedrich Heinrich Jacobi kennen. 1789 begegnete er in Weimar Schiller und Goethe. Nach Abschluss seines Studiums trat er Anfang 1790 in den preußischen Staatsdienst und ließ sich sowohl zum Richter als auch zum Diplomaten ausbilden. Studien der klassischen Literatur der Antike und Gespräche mit dem Philologen Friedrich August Wolf in Tegel verhalfen ihm zu einem vertieften Menschenbild, das ihn bei seinen künftigen Aufgaben im Staat leitete. Von 1802 bis 1808 lebte Humboldt als preußischer Gesandter in Rom. Am 10. Februar 1809 wurde er zum Leiter der Sektion für Kultus und Unterricht im preußischen Innenministerium berufen und brachte in den knapp 16 Monaten seiner Tätigkeit zahlreiche Reformen, darunter die der Gymnasien auf den Weg. Auf seine Initiative hin wurde 1811 die Berliner Universität gegründet. Wegen Kompetenzstreitigkeiten ging er 1810 nach Wien und bestimmte die Allianzpolitik mit, die 1813 und 1815 zum Sieg über Napoléon führte. In der Folge arbeitete er an der Neuordnung Europas mit. 1817 ging er als Gesandter nach London. Als Minister für ständische Angelegenheiten wandte er sich 1819 gegen den im Zuge der Karlsbader Beschlüsse aufkommenden Antiliberalismus. Seine energische Intervention beim König gegen polizeiliche Willkür im Zuge der »Demagogen«-Verfolgungen führten zu seiner Entlassung am 31. Dezember 1819. In den kommenden Jahren widmete sich Humboldt intensiv sprachwissenschaftlichen Studien und schuf damit die Grundlagen für die vergleichende Sprachwissenschaft. Nach dem Tod seiner Frau Caroline 1829 ging er noch einmal in die Politik und übernahm u.a. den Vorsitz der Kommission für die Errichtung des Neuen Museums. In seinen letzten Lebensjahren arbeitete er an seinem Hauptwerk *Über die Kawi-Sprache auf der Insel Java*, dessen Drucklegung er jedoch nicht mehr erlebte; siehe NDB 10, 1974, S. 43–51 (Gerhard Masur/Hans Arens); DBE 5, ²2006, S. 202–204 (Andreas Flitner).

21 AUGUST WILHELM VON SCHLEGEL AN MARIA LÖBEL, 6. MAI 1827

Überlieferung: Bibliothèque nationale et universitaire de Strasbourg, Ms 2882.71 (1 egh. B. mit Paraphe, 1 Ebl., 2 S. beschr., B 13 cm x H 20,9 cm).

Erläuterungen:

das zweitemal] Seinen ersten Brief aus Berlin an Maria Löbel schrieb A. W. von Schlegel am 29. April 1827; siehe Brief Nr. 20 und die Erläuterungen dazu.

Einen Brief … empfangen] Maria Löbels Brief an A. W. von Schlegel vom 23. April 1827; siehe die Erläuterungen zu Brief Nr. 20.

Heinrich] Der aus Amelunxen stammende Heinrich von Wehrden (* 1798) – der Zusatz ›von Wehrden‹ dürfte eher eine Herkunftsbezeichnung als ein Familienname sein, weshalb eine genaue Identifizierung schwierig ist –, gehörte als Kammerdiener, Reitknecht und Kutscher neben Maria Löbel zu Schlegels engsten Vertrauenten. Besucher auf der Sandkaule erinnern sich an beide stets wohlwollend. So schreibt z.B. Ludwig Tieck am 15. November 1828 aus Dresden an Schlegel (Lohner, Nr. 89, S. 187–189, hier S. 190): »Ich hoffe, auch Deine Hausgenossen Marie und Heinrich sind wohl und gedenken meiner ohne Widerwillen.« Heinrich von Wehrden begleitete Schlegel auf zahlreichen Reisen im In- und Ausland. Schlegel hat ihn in seinem Testament reich bedacht und dafür gesorgt, dass er nach seinem Tod in wirtschaftlicher Unabhängigkeit leben konnte. Neben einem großzügigen Geldbetrag vermachte er ihm seine Kutsche mit den beiden Pferden sowie seine gesamte Kleidung, darunter 80 Hemden, 16 Hosen, 37 Westen und 60 Taschentücher; siehe A. W. von Schlegels Testament vom 27. März 1845 sowie den Zusatz vom 21. April 1845 (SLUB Dresden, Mscr. Dresd. e. 90, I, 1, 3, fol. 2^r–2^v, und Mscr. Dresd. e. 90, I, 1, 4, fol. 2^r); Kaufmann 1933, S. 239. Als dienstälteste Kraft im Hause Schlegel blieb es Heinrich von Wehrden überlassen, sowohl den Tod Maria Löbels als auch den seines Dienstherrn dem Bürgermeisteramt anzuzeigen; siehe StArch Bonn, Sterbeurkunde 77/1843 (Anna Maria Lieber) und Sterbeurkunde 164/1845 (August Wilhelm von Schlegel). Nach Schlegels Tod scheint Heinrich von Wehrden, inzwischen 47jährig, Bonn verlassen zu haben; zumindest taucht sein Name in den Registern der Stadt nicht auf.

ein Faß Bacheracher Bier] Bacharach war im 19. Jahrhundert als Brau- und Versandort für Bier bekannt; siehe Neues Handbuch für Reisende, S. 146: »Bacharach hat noch jetzt einen nicht unbedeutenden Handel mit Wein und Eisenwaaren, auch macht es Versendungen von Bier, das hier gebrauen wird.« Die wohl bedeutendste Brauerei befand sich seit 1807 im Posthof, der von der Familie Wasum betrieben wurde und den Reisegästen auch Gelegenheit zur Übernachtung bot. Von dort konnte das Bier leicht nach Norden oder Süden vertrieben werden.

Bestellung des Herrn Hofagenten] Samuel Wolff, Bankier, Handelsmann und Hofagent; siehe die Erläuterungen zu Brief Nr. 18.

Ein Faß Ingelheimer Wein] Ingelheimer Rotwein; siehe die Erläuterungen zu Brief Nr. 8.

Handelsdiener des Weinhändlers Dael in Mainz] Das Mainzer Adressbuch der Jahre 1825 und 1830 weist einen Weinhändler Georg Dael in F 220 (Bischofsplatz 12) aus. Johann Georg Simon Hugo Dael, Kommerzienrat und Präsident des großherzoglich hessischen Handelsgerichts, wurde am 1. April 1784 in Mainz geboren und starb dort am 20. Mai 1854. Am 21. September 1804 heiratete er Maria Anna Sophia Theresia Freiin Koeth von Wanscheid (* Mainz, 14. August 1785; † Mainz, 30. Mai 1853); siehe Familienregister der Stadt Mainz, Nr. 4947. Aus der Ehe gingen die vier Kinder Friedrich Ludwig (* 9. Dezember 1808), Carl (* 1810), Georg Adolph (* 19. November 1812) und M. Theres Sophie Augusta (* 1805) hervor (StArch Mainz, ZGS/A, Dael ‹Familie›). Der älteste Sohn Georg Adolph betrieb später einen Weinhandel in D 138 (Ludwigstraße 11), sein Bruder Friedrich Ludwig unterhielt als Dr. jur. und Honorar-Staatsprokurator-Substitut eine Kanzlei in D 224 (Große Langgasse 11); siehe Mainzer Adressbuch 1845. Zur Geschichte der Sektkellerei Mappes, Lauteren & Dael siehe Arntz, S. 28–36.

Reitknecht] Der Reitknecht ist namentlich nicht bekannt. Der Aufgabenbereich eines Reitknechts war wohlunterschieden von dem eines Stallknechts. Nach Adelung 3, 1808. Sp. 1077, ist ein Reitknecht »ein Knecht oder geringer Bedienter, welcher ein oder mehrere Reitpferde in seiner Wartung und Aufsicht hat, und an den Höfen von dem Futterknechte noch unterschieden ist. In großen Marställen führet der erste Reitknecht gemeiniglich den Nahmen des Sattelknechtes, weil er die Sattelkammer unter seiner Aufsicht hat.«

die Pferde in die Schwemme reiten] Eine Pferdeschwemme war eine Stelle in einem Fluss, Bach oder Teich, an der Pferde nach der Arbeit ins Wasser geführt und gesäubert werden konnten. Im Sommer wurden die erhitzten Pferde in der Schwemme abgekühlt. Der Untergrund war zumeist gepflastert, damit der Boden nicht aufgewühlt werden konnte, und in der Nähe des Zugangs zum Wasser bestand oft die Möglichkeit, Pferde anzubinden. In Bonn befand sich im 19. Jahrhundert eine Pferdeschwemme unterhalb des »Schänzchens«, wo heute die Straße »Rosental« auf den Leinpfad und zum Rhein führt; siehe Hundeshagen.

Stallmeister Gaedicke] Friedrich Johann Gaedecke (auch: Gädicke) (* Plau/ Mecklenburg-Schwerin, 1792; † Siegburg, 19. Januar 1832). Der Sohn eines Mecklenburgischen Pferdehändlers diente dem Königlich 2ten Rheinischen Ulanen-Regiment und der Universität als Stallmeister. Ab dem Sommersemester 1820 unterrichtete er die Studenten in der Reitkunst: Er war verheiratet mit Elisabeth Röttger und wohnte beim Weinhändler Mathias Burkart in der Brüdergasse 1097; siehe Jahrbuch der Preußischen Rhein-Universität 1, 1819/1821, S. 457; Bonner Sackkalender 1822; Velten, S. 182 und 199; VerwArch Siegburg, Sterbeurkunde 7/1832; Weffer, S. 214–215.

Ihre kleine Nichte] Gemeint ist Marianne Danco. Dieser Schluss ergibt sich aus ihrer namentlichen Erwähnung durch ihre Tante Maria Löbel im folgenden Brief Nr. 22. Zu Marianne Danco siehe die Erläuterungen zu Brief Nr. 19.

Pedell Krüger] Johann Christian August Krüger (* Berlin, 1775; † Bonn, 3. April 1852); erster Pedell der Universität; Ritter des Eisernen Kreuzes zweiter Klasse, des Kaiserlich Russischen St. Georg-Ordens fünfter Klasse und Inhaber der Kriegsdenkmünze 1813, 1814 und 1815. Er war verheiratet mit Anna Susanna Dorothea Beata Gehrich und wohnte im Universitätsgebäude; siehe Bonner Sackkalender 1825; Amtliches Verzeichnis des Personals 1833–34, S. 4; StArch Bonn, Sterbeurkunde 144/1852; Weffer, S. 353.

schwarzen Brette] Brett für öffentliche Mitteilungen; siehe die Erläuterungen zu Brief Nr. 16.

Hr. Lassen] Christian Lassen, Schüler und Nachfolger August Wilhelm von Schlegels auf dem Bonner Lehrstuhl; siehe die Erläuterungen zu Brief Nr. 1.

22 MARIA LÖBEL AN AUGUST WILHELM VON SCHLEGEL, 12. MAI 1827

Überlieferung: SLUB Dresden, Mscr. Dresd. e. 90, XIX, Bd. 14, Nr. 82 (1 egh. B. mit Unterschrift, 1 Dbl., 2 S. beschr., B 20,5 cm x H 25,3 cm, 4. S. mit Adresse: »Sn. Hochwohlgeboren | Herrn Professor von Schlegel | Abzugeben bei Herrn | Buchhändler <u>Reimer</u> | <u>in Berlin</u>«).

Erläuterungen:

brieff von 29ᵗⁿ Abrill ... jenen von 6ᵗⁿ Mäÿ] A. W. von Schlegels Briefe an Maria Löbel vom 29. April und 6. Mai 1827; siehe die Briefe Nr. 20 und Nr. 21 sowie die Erläuterungen dazu.

Wild] Franz Peter Wild, Malermeister in Bonn; siehe die Erläuterungen zu Brief Nr. 19.

lamppireÿ] Lambris, Schutzbekleidung für eine Mauer; siehe die Erläuterungen zu Brief Nr. 16.

der Spiegel [...] ist auch von Coeln mit der kleiner Rahm für das gemälte angekommen] Neben dem Spiegel sollte der Spiegelfabrikant Johann Adam Josef Bloeming auch einen Rahmen für das Gemälde besorgen; siehe Brief Nr. 27 und die Erläuterungen dazu.

Wiederung] ›Witterung‹.

bacharacher bier] Bacharach war im 19. Jahrhundert nicht nur für den Weinbau, sondern auch für die Bierbraukunst bekannt; siehe die Erläuterungen zu Brief Nr. 21.

Hℓ. Hoffagenten] Samuel Wolff, Bankier, Handelsmann und Hofagent; siehe die Erläuterungen zu Brief Nr. 18.

Ingelheimer Wein] Ingelheimer Rotwein; siehe die Erläuterungen zu Brief Nr. 8.

Reitknecht] Siehe die Erläuterungen zu Brief Nr. 21.

meinen Schwager in betreff seiner Angelegenheit] Johann Peter Josef Franz Danco (~ Bonn, Militärpfarre St. Remigius, 18. Mai 1786; † Siegburg, 7. September 1870), diente ab 1820 bis zu seiner Pensionierung 1847 als Arzt im 3. Bataillon des 28. Landwehrregiments in Siegburg; siehe Rang- und Quartier-Liste der Königlich Preußischen Armee auf das Jahr 1823, S. 215, Rheinische Monatsschrift für praktische Aerzte 1 (1847), S. 712. Bis zur Einrichtung der Siegburger Irrenanstalt 1824 wurde die 1803 durch Napoléon säkularisierte Abtei auf dem Michaelsberg, in der auch eine Lateinschule untergebracht war, vom 3. Bataillon des 28. Landwehrregiments als Kaserne und Zeughaus genutzt. Die Einrichtung der Irrenanstalt bedeutete für die Stadt Siegburg, dass sie für dieses Bataillon ein neues Zeughaus errichten musste. Die Unkosten für den Bau des Zeughauses sollten der Stadt jedoch erlassen werden. Der in der Kaplaneigasse (Zeughausstraße) gelegene Neubau des Königlich-Preußischen-Zeughauses diente dem Siegburger Landwehrregiment ab ca. 1830 als Waffenarsenal; siehe Rumpf, S. 235; Augustin, S. 447. Neben seiner Tätigkeit als Bataillonsarzt engagierte sich Danco als Vorstand des Siegburger Musikkränzchens für die Errichtung des Bonner Beethoven-Denkmals; siehe Allgemeine musikalische Zeitung 40 (1838), H. 50 (12. Dezember 1838), S. 844. Schlegel selbst war als Vorsitzendem der Gesellschaft zur Errichtung eines Beethoven-Denkmals in Bonn (bis 1838) die Erinnerung an den Komponisten ein persönliches Anliegen, wie u.a. seine Briefe an Karl August Timotheus Kahlert (Bonn, 30. März 1836), Ferdinand Ries (Bonn, 12. Juni 1836) und Karl Friedrich Schinkel (Bonn, undat. [Herbst 1836?]; Bonn, 25. Februar 1837) dokumentieren (Kaufmann 1933, S. 240–242; Bodsch 1995, S. 222; Heßelmann, S. 347–350). Seit 1852 ist Danco als Gemeindeschöffe urkundlich erwähnt, seit dem 5. Juni 1855 auch als Gemeindevertreter (VerwArch Siegburg, Bestand I-82-424).

kleiner Marichen] Marianne Danco, Nichte Maria Löbels; siehe die Erläuterungen zu Brief Nr. 19.

23   AUGUST WILHELM VON SCHLEGEL AN MARIA LÖBEL, 12. MAI 1827

Überlieferung: Bibliothèque nationale et universitaire de Strasbourg, Ms 2882.72 (1 egh. B. ohne Unterschrift, 1 Ebl., 1½ S. beschr., B 13 cm x H 20,9 cm).

Korrektur:

im sieben] um sieben.

Erläuterungen:

zwölf Vorlesungen] Schlegel hielt während seines Aufenthalts in Berlin Vorlesungen über die allgemeine Theorie und Geschichte der bildenden Künste; siehe die Erläuterungen zu Brief Nr. 25. Dies tat er »frei, ohne die mindeste schriftliche Anzeichnung«, wie er Friedrich Gottlieb Welcker in einem Brief vom 28. Juni 1827 mitteilte (Körner 1, 1930, Nr. 318, S. 458–459, hier S. 458).

Hrn. Hofagenten] Samuel Wolff, Bankier, Handelsmann und Hofagent; siehe die Erläuterungen zu Brief Nr. 18.

Professionisten] Gelernter Handwerker; siehe die Erläuterungen zu Brief Nr. 18. August Wilhelm von Schlegel beschäftigte für die notwendigen Renovierungsarbeiten in seinem Haus in der Sandkaule verschiedene Handwerker, darunter Schreiner, Maler, Tapezierer, über die Maria Löbel während seiner Abwesenheit die Aufsicht führte. Neben der Überwachung der Renovierungsarbeiten zählte auch die Bezahlung der Handwerker zu ihren Aufgaben.

Stallmeister] Friedrich Johann Gaedecke, Stallmeister und Reitlehrer der Universität; siehe die Erläuterungen zu Brief Nr. 21.

Hrn Lassen] Christian Lassen, Schüler und Nachfolger August Wilhelm von Schlegels auf dem Bonner Lehrstuhl; siehe die Erläuterungen zu Brief Nr. 1.

Ihre kleine Nichte] Gemeint ist Marianne Danco; zu ihr siehe die Erläuterungen zu Brief Nr. 19.

kleinere hübsche Reise] Über das Ziel dieser Reise ist nichts bekannt. Möglicherweise führte sie zu Maria Löbels Verwandten nach Siegburg.

24 AUGUST WILHELM VON SCHLEGEL AN MARIA LÖBEL, 14. MAI 1827

Überlieferung: Bibliothèque nationale et universitaire de Strasbourg, Ms 2882.73 (1 egh. B. mit Paraphe, 1 Ebl., 1 S. beschr., B 13 cm x H 20,9 cm).

Erläuterungen:

Wachs] Sog. Bohnerwachs, das zur Pflege und Reinigung von Holzböden verwendet wurde; siehe Grimm 2, 1860, S. 226 (s. v. ›bohnern‹).

15 Zoll] 1 Zoll ist die Länge des ersten Daumengliedes, etwa 2,54 cm.

Kattenpaz] Jacob Kattenbach (* Bonn, 1793; † Bonn, 21. August 1848), Möbel-händler und Sohn des Tapezierers Johann Kattenbach, wohnte mit seinem Bru-der, dem Kaufmann Nikolaus Kattenbach, in der Josefstrasse 839. Er war seit dem 30. Mai 1818 in erster Ehe mit Anna Maria Loben (* Bonn, 1792), in zwei-ter Ehe mit Maria Anna Horst verheiratet; siehe StArch Bonn, Heiratsurkunde 28/1818; Bonner Wochenblatt, 7. Juni 1818; StArch Bonn, Sterbeurkunde 266/1848; Öffentlicher Anzeiger, St. 26 (27. Juni 1848). In: Amtsblatt der königlichen Regierung in Köln 30 (1848), S. CCCXVI–CCCXVII; Erstes Adress-buch der Universität-Stadt Bonn, S. 99.

Meister Wild] Franz Peter Wild, Malermeister in Bonn; siehe die Erläuterungen zu Brief Nr. 19.

25   AUGUST WILHELM VON SCHLEGEL AN MARIA LÖBEL, 22. MAI 1827

Überlieferung: Bibliothèque nationale et universitaire de Strasbourg, Ms 2882.74 (1 egh. B. mit Paraphe, 1 Dbl. mit Wasserzeichen [Muschel], 2½ S. beschr., B 13 cm x H 20,9 cm).

Erläuterungen:

Ihren Brief vom 12ten Mai] Maria Löbels Brief an A. W. von Schlegel vom 12. Mai 1827 (Nr. 22).

gestern Vorlesungen zu halten angefangen] August Wilhelm von Schlegel eröffnete am 21. Mai 1827 seine Vorlesungen im kleinen Saal der Berliner Singakademie. Die Veranstaltung fand vor großem Publikum statt, das vor allem aus Frauen und Künstlern bestand; siehe Berliner Conversations-Blatt für Poesie, Literatur und Kritik 1 (1827), Nr. 102 (24. Mai 1827), S. 408.

Stallknecht] Der Stallknecht, der sich um A. W. von Schlegels Pferde kümmerte, ist namentlich nicht bekannt. Aufgabe des Reitknechts ist es nach Adelung 4, 1808, Sp. 278, »die Pferde im Stalle zu warten, die Reinlichkeit des Stalles zu besorgen u. s. f. zum Unterschiede von einem Reitknechte, Fuhrknechte, Ackerknechte u. s. f.«.

Hrn. Stallmeister] Friedrich Johann Gaedecke, Stallmeister und Reitlehrer der Universität; siehe die Erläuterungen zu Brief Nr. 21. Schlegels Brief an Gaedcke ließ sich nicht nachweisen.

Professionisten] Gelernter Handwerker; siehe die Erläuterungen zu Brief Nr. 18. August Wilhelm von Schlegel beschäftigte für die notwendigen Renovierungsarbeiten in seinem Haus in der Sandkaule verschiedene Handwerker, darunter Schreiner, Maler und Tapezierer, über die Maria Löbel während Schlegels Abwesenheit die Aufsicht führte. Neben der Überwachung der Renovierungsarbeiten zählte auch die Bezahlung der Handwerker zu ihren Aufgaben.

Wachs] Pflegemittel für Holzböden; siehe die Erläuterungen zu Brief Nr. 24.

mein Haus ... hübscher ausgeputzt] Schlegels Haus in der Sandkaule war bis zu Beginn des 20. Jahrhunderts eines der größten Privathäuser Bonns; siehe Clemen, S. 184: »Als Beispiel der herrschaftlichen Barockhäuser sei vor allem das

Haus Sandkaule 13/15 genannt, ein zweistöckiger stattlicher Bau von 14 Achsen, mit zwei grossen rundbogigen Einfahrten, die eine mit reichem, auf Konsolen vorgekröpftem Architrav, darüber zwei Kartuschen zwischen Puttenköpfen und die Zahl 1695. Im Oberlicht noch ein hübsches Barockgitter. Die Hälfte des Hauses ist die heutige Gastwirtschaft ›Der grosse Kurfürst‹, von 1818–1845 die Wohnung August Wilhelms von Schlegel. Ähnlich Sandkaule 11 mit grosser Einfahrt.«

Gesellschaftszimmer unten] Auch vom Interieur her war Schlegels Wohnhaus eines der repräsentativsten in Bonn, wie Kaufmann 1933, S. 235, unter Berufung auf Sibilla Forstheim mitteilt: »Frau Forstheim war eine der Damen, die Schlegel im Winter zu Vorlesungen bei sich sah. Man versammelte sich in den reich ausgestatteten Empfangsräumen zu ebener Erde, die das chinesische und indische Zimmer hießen. Es hingen dort chinesische Ledertapeten [...]; die Tische schmückten ›chinesische gestickte Decken aus Seide mit Figuren‹, an den Wänden standen ›chinesische Figuren aus Stein geschnitzt‹. Das indische Zimmer schmückten ›zwanzig kolorierte indische Kupferstiche‹. Prunkstücke in diesen Zimmern waren ›zwei große dreiarmige Leuchter aus Messing‹, eine ›Pendüluhr mit Elefant‹, bekanntlich ein von Schlegel wissenschaftlich behandeltes Tier, und des Hausherrn Marmorbüste von Friedrich Tieck, die später in die Bonner Universitätsbibliothek gekommen ist. Schlegels Wohnräume im ersten Stocke waren einfacher gehalten, während zwei ›Damenzimmer‹ im zweiten Stocke wieder eleganter ausschauten.« Schlegels Abhandlung *Zur Geschichte des Elephanten* erschien in der *Indischen Bibliothek* 1, 1823, S. 129–231.

Kaufmann Dael in Mainz] Johann Georg Simon Hugo Dael, Kommerzienrat und Präsident des großherzoglich hessischen Handelsgerichts, unterhielt eine Weinhandlung in Mainz, F 220 (Bischofsplatz 12); siehe die Erläuterungen zu Brief Nr. 21.

kein Ohm Ingelheimer] Ingelheimer Rotwein; siehe die Erläuterungen zu Brief Nr. 8.

viel zu Gaste gehe, auch wohl des Abends] Am 14. Mai 1827 war Schlegel zu Gast bei der literarischen Mittwochs-Gesellschaft zu Berlin, deren Sekretär Willibald Alexis (eig. Georg Wilhelm Heinrich Häring) eine Begrüßungsrede auf ihn hielt. Im Anschluss daran trug er den Mitgliedern der Gesellschaft Auszüge aus dem *Ramayana* vor; siehe Berliner Conversations-Blatt 1 (1827), Nr. 97 (17. Mai 1827), S. 388.

bei allem Guten was mir wiederfährt] Schlegels Ankunft in Berlin erregte großes Aufsehen. Der Respekt, der dem großen Gelehrten entgegengebracht wurde, zeigt sich u.a. an Friedrich Försters umfangreichem Begrüßungsgedicht *An A. W. von Schlegel*; siehe Berliner Conversations-Blatt 1 (1827), Nr. 98 (18. Mai 1827), S. 389.

Angelegenheit Ihres Schwagers] Johann Peter Josef Franz Danco, Schwager Maria Löbels; siehe die Erläuterungen zu Brief Nr. 22. Vermutlich ging es um die Verlegung des 3. Bataillons des 28. Landwehrregiments aus den Gebäuden der ehemaligen Abtei in Siegburg (siehe LHA Koblenz, 403, Nr. 2000). In dieser Angelegenheit wurde in den Jahren zwischen 1820 und 1830 eine rege Korrespondenz mit den Ministerien in Berlin geführt. Welche Rolle Danco, der auf S. 144 in einer Personalliste genannt wird, dabei gespielt hat, ist allerdings nicht ersichtlich.

Hr. Lassen] Christian Lassen, Schüler und Nachfolger August Wilhelm von Schlegels auf dem Bonner Lehrstuhl; siehe die Erläuterungen zu Brief Nr. 1.

nach Siegburg zu Ihrer Schwester] Marias Schwester Maria Theresia Löbel (~ Bonn, Militärpfarre St. Remigius, 10. Oktober 1780; † Siegburg, 28. Februar 1864) lebte mit ihrem Ehemann Johann Peter Franz Josef Danco und den Kindern Friederike Wilhelmine Louise Danco (* Siegburg, 14. Dezember 1820; † Siegburg, 16. Februar 1857), Caroline Maria Theresia Danco (* Siegburg, 19. August 1822; † Siegburg, 20. Januar 1824) und Carl Clemens Constantin Danco (* Siegburg, 11. Februar 1826; † Siegburg, 5. Juli 1826) seit 1820 in Siegburg. Peter Danco war dort als Bataillonsarzt des 3. Bataillons des 28. Landwehrregiments stationiert. Die älteste Tochter Marianne Danco (* Bonn, 24. Mai 1818; † Siegburg, 10. April 1888) wird von Maria Löbel in den Briefen Nr. 19, Nr. 21, Nr. 22, Nr. 29 sowie Nr. 30 als »Nichte« bzw. als »kleines Marichen« erwähnt. Die Mutter Anna Maria Win(c)kels, verwitwete Löbel, starb am 11. Juni 1818 im Alter von 68 Jahren in Bonn; siehe Bonner Wochenblatt, 14. Juni 1818. Maria Löbel stand zu ihrer Familie in engem Kontakt und war regelmäßig zu Besuch in Siegburg; siehe Schlegels Brief an Christian Lassen, Frankfurt/Main, 28. September 1830 (Körner 2, 1937, Nr. 569, S. 457): »Ich [...] gedenke gegen den 8ten bis 10ten Oct. in Bonn wieder einzutreffen. Sagen Sie dieses doch der Jungfer Marie, und falls sie in Siegeburg seyn sollte, so schreiben sie es ihr. Es ist genug wenn ich bei meiner Zurückkunft nur die drei vorderen Zimmer in Ordnung vorfände, sollte auch das hintere noch nicht fertig seyn.«

Hrn. Hofagenten] Samuel Wolff, Bankier, Handelsmann und Hofagent; siehe die Erläuterungen zu Brief Nr. 18.

Dorotheen Straße Nr. 63] Die 1822 nach der Kurfürstin Dorothea benannte Straße liegt in der Berliner Dorotheenstadt und führt heute vom Kupfergraben über die Friedrichstraße zur Ebertstraße. Von 1804 bis 1836 wohnte im Haus Nr. 16 der Mediziner und Sozialhygieniker Christoph Wilhelm Hufeland (* Langensalza, 12. August 1762; † Berlin, 25. August 1836), den Schlegel aus seiner Jenaer Zeit kannte; in Haus Nr. 65 befand sich die Wohnung des Klassischen Philologen August Boeckh (* Karlsruhe, 24. November 1785; † Berlin, 3. August 1867).

Buchhändler Reimer] Reimers Buchhandlung und Verlag befand sich seit 1816 im Schwerinschen Palais in der Wilhelmstraße 73 in Berlin; siehe Reimer, S. 117–124.

26 MARIA LÖBEL AN AUGUST WILHELM VON SCHLEGEL, [24. MAI 1827]

Datierung:

Bonn tn] Die Datierung des Briefes ergibt sich aus dem Poststempel.

Überlieferung: SLUB Dresden, Mscr. Dresd. e. 90, XIX, Bd. 14, Nr. 83 (1 egh. B. mit Paraphe, 1 Dbl., 1½ S. beschr., B 20,5 cm x H 23,1 cm, 4. S. mit Adresse: »Sn. Hochwohlgeboren | Herrn Professor von Schlegel | Abzugeben bei Herrn Buchhändler | Reimer | in Berlin«).

Korrektur:

angekommensein] angekommen sein.

Erläuterungen:

beite brieffe vom 12ᵗⁿ und 14 Mäÿ] Siehe Briefe Nr. 23 und 24 in diesem Band.

meinen letzten brieff von 10ᵗⁿ] Maria Löbels Brief an A. W. von Schlegel vom 10. Mai 1827; siehe Brief Nr. 22.

Ausbleiben ... alle zeitungen sind davon voll] Aus einer Notiz in der *Bonner Zeitung* vom 17. Mai 1827 geht hervor, dass Schlegel dem mehrfach an ihn herangetragenen Wunsch entsprochen und in Berlin eine Vorlesung über die allgemeine Theorie und Geschichte der bildenden Künste gehalten hat. Offenbar hatte Schlegel die Fakultät von seiner verzögerten Rückkehr nach Bonn nicht in Kenntnis gesetzt; siehe Lassens Brief an Schlegel, Bonn, 28. Mai 1827 (Kirfel 1914, Nr. 68, S. 196–197, hier S. 197).

Hℓ. stallmeister] Friedrich Johann Gaedecke, Stallmeister und Reitlehrer der Universität; siehe die Erläuterungen zu Brief Nr. 21.

bacharacher bier] Bacharach war im 19. Jahrhundert nicht nur für den Weinbau, sondern auch für die Bierbraukunst bekannt; siehe die Erläuterungen zu Brief Nr. 21.

Ahm Engelheimer Wein] Ingelheimer Rotwein; siehe die Erläuterungen zu Brief Nr. 8.

Herr Laßen] Christian Lassen, Schüler und Nachfolger August Wilhelm von Schlegels auf dem Bonner Lehrstuhl; siehe die Erläuterungen zu Brief Nr. 1.

meiner kleinen Nichte] Von Maria Löbels noch lebenden Nichten Marianne Danco (* Bonn, 24. Mai 1818) und Friederike Wilhelmine Louise Danco (* Siegburg, 14. Dezember 1820), beides Töchter ihrer Schwester Maria Theresia, kommt lediglich die erstere in Betracht, zumal sie öfter in den Briefen Schlegels und seiner Haushälterin erwähnt wird.

27   AUGUST WILHELM VON SCHLEGEL AN MARIA LÖBEL, 30. MAI 1827

Überlieferung: Bibliothèque nationale et universitaire de Strasbourg, Ms 2882.75 (1 egh. B. mit Paraphe, 1 Ebl. mit Wasserzeichen, 1½ S. beschr., B 20,5 cm x H 24 cm).

Erläuterungen:

heute Morgen den dritten] Gemeint sind die Briefe Maria Löbels an August Wilhelm von Schlegel vom 23. April 1827 (Brief Nr. 19), vom 12. Mai 1827 (Brief Nr. 22) sowie vom 24. Mai 1827 (Brief Nr. 26).

Hr. Lassen] Christian Lassen, Schüler und Nachfolger August Wilhelm von Schlegels auf dem Bonner Lehrstuhl; siehe die Erläuterungen zu Brief Nr. 1.

Erkältung ... Vorlesung] Schlegel hatte diese Vorlesung offenbar vorzeitig beenden müssen. Spöttisch kommentiert Bettina von Arnim in einem am 2. Juni 1827 aufgegebenen Brief an ihren Ehemann Achim (Achim und Bettina in ihren Briefen 2, 1961, S. 671): »Schlegel ist in seiner letzten Vorlesung total stecken geblieben und hat sich mit Bauchweh entschuldigt.«

die junge Prinzessin von Weimar] Maria Luise Alexandrina Prinzessin von Sachsen-Weimar-Eisenach (* Weimar, 3. Februar 1808; † Berlin, 18. Januar 1877) heiratete am 26. Mai 1827 in Charlottenburg Prinz Carl von Preußen, den dritten Sohn des Preußenkönigs Friedrich Wilhelm III. (* Potsdam, 3. August 1770; † Berlin, 7. Juni 1840) und dessen Ehefrau Luise (* Hannover, 10. März 1776; † Schloss Hohenzieritz, 19. Juli 1810), einer geborenen Prinzessin von Mecklenburg-Strelitz, und erhielt dadurch den Titel Prinzessin von Preußen. Die Feierlichkeiten werden detailliert beschrieben in einem Artikel der *Bonner Zeitung* vom 2. Juni 1827.

Heinrich] Heinrich von Wehrden, Schlegels Kammerdiener, Reitknecht und Kutscher; siehe die Erläuterungen zu Brief Nr. 21.

drei Vorlesungen gehalten] Das *Berliner Conversations-Blatt für Poesie, Literatur und Kritik* druckte in regelmäßigen Abständen Schlegels Vorlesungen über Geschichte und Theorie der bildenden Künste und gab 1827 auch eine Sammelausgabe heraus; siehe Berliner Conversations-Blatt für Poesie, Literatur und Kritik 1 (1827), Nr. 113 (9. Juni 1827), S. 449–451; Nr. 118 (16. Juni 1827),

S. 469–471; Nr. 121 (21. Juni 1827), S. 483; Nr. 122 (22. Juni 1827), S. 485–486; Nr. 123 (23. Juni 1827), S. 489–490; Nr. 127 (29. Juni 1827), S. 505–506; Nr. 130 (3. Juli 1827) S. 517–519; Nr. 134 (9. Juli 1827), S. 533–535; Nr. 137 (13. Juli 1827), S. 545–547; Nr. 141 (19. Juli 1827), S. 561–564; Nr. 142 (20. Juli 1827), S. 565–567; Nr. 144 (23. Juli 1827), S. 574–575; Nr. 148 (28. Juli 1827), S. 589–591; Nr. 155 (7. August 1827), S. 619–620; Nr. 157 (10. August 1827), S. 625–627; Nr. 158 (11. August 1827) S. 629–630; Nr. 159 (13. August 1827), S. 635–636.

Bloeming] Johann Adam Josef Bloeming, Spiegelfabrikant und Vergolder in Köln, Martinstraße 33; siehe Brüning, S. 455.

Lauschers Magd] Johann Wilhelm Lauschers Dienstmädchen ist namentlich nicht bekannt. Lauscher (* Bonn, 1798; † Bonn, 29. September 1856), dessen Vater Jacob Lauscher schon als Konditor arbeitete, unterhielt eine Zuckerbäckerei in der Brüdergasse 1024; siehe StArch Bonn, Sterbeurkunde 302/1856; Erstes Adressbuch 1856, S. 107; Weffer, S. 370.

Bade-Cabinet … Badewannen aus Zinn] Badezimmer waren im 19. Jahrhundert in Häusern noch lange unüblich und zumeist nicht sehr geräumig. Waschgelegenheiten bestanden gemeinhin aus einer zur Gesichtswäsche dienenden Schüssel, in die aus einem Krug Wasser gefüllt wurde. Badewannen wurden entweder im Keller oder auf dem Dachboden deponiert; siehe die Erläuterungen zu Brief Nr. 11.

Stacket] Lattenzaun; siehe Adelung 4, 1808, Sp. 267–268.

Falz] Fuge bzw. Rinne zwischen zwei Brettern; siehe Adelung 2, 1808, S. 37.

auf die Feiertage nach Siegeburg] In Siegburg lebten Marias Schwestern Elisabeth Johanna (~ Bonn, Militärpfarre St. Remigius, 16. Mai 1786; † Siegburg, 4. November 1846), die unverheiratet blieb, und Maria Theresia Löbel, die den Arzt des 3. Bataillons des 28. Landwehrregiments Johann Peter Josef Franz Danco geheiratet hatte. Aus dieser Ehe gingen vier Kinder hervor: Marianne Danco (* Bonn, 24. Mai 1818; † Siegburg, 10. April 1888), Friederike Wilhelmine Louise Danco (* Siegburg, 14. Dezember 1820; † Siegburg, 16. Februar 1857), Caroline Maria Theresia Danco (* Siegburg, 19. August 1822; † Siegburg, 20. Januar 1824), Carl Clemens Constantin Danco (* Siegburg, 11. Februar 1826; † Siegburg, 5. Juli 1826). Zum Zeitpunkt des Briefes lebten von ihnen noch die älteste Tochter Marianne Danco (siehe die Erläuterungen zu den Briefen Nr. 19, Nr. 21, Nr. 22, Nr. 29 und Nr. 30) und die zweitgeborene Friederike Wilhelmine Louise Danco.

Siegeburg] Die Namensvariante »Siegeburg« bzw. »Siegeberg« für »Siegburg« ist bereits seit dem Mittelalter belegt; siehe Keyser, S. 374–379, hier S. 374. Eine stimmungsvolle Beschreibung der Stadt und ihrer Lage findet sich bei Weyden, S. 72–128, hier S. 72. Die Perspektive, aus der er auf Siegburg blickt, ist die nämliche, die sich Reisenden bot, die sich, auf dem Kutschweg aus Richtung Bonn kommend, der Stadt näherten: »Dem linken Siegufer entlang über die Dörfer Menden, die alte Villa Menedon und Siegburg-Mühlendorf, das alte Muhlindorf kommen wir zu der neuerbauten steinernen Siegbrücke, die nach der jetzigen Kreisstadt Siegburg führt. Vor uns erheben sich auf mässiger, jedoch ziemlich steiler Höhe die weitläufigen Abtei-Gebäulichkeiten, unter deren Schutz sich nach und nach das jetzt freundlich einladende Städtchen Siegburg, in den ältesten Urkunden, die von dem Orte reden, Villa Sigebergensis genannt, angebaut hat. So freundlich das Städtchen, so einladend sind für den Wanderer dessen Umgebungen, welche den Aufenthalt reichlichst lohnen, da zudem der Gasthof zum ›Stern‹ in jeder Beziehung empfehlenswerth, und man sich unter den leutseligen Bewohnern Siegburg's bald heimisch fühlt.«

28   MARIA LÖBEL AN AUGUST WILHELM VON SCHLEGEL, 31. MAI 1827

Überlieferung: SLUB Dresden, Mscr. Dresd. e. 90, XIX, Bd. 14, Nr. 84 (1 egh. B. mit Unterschrift, 1 Dbl., 2 S. beschr., B 12,5 cm x H 20,6 cm).

Erläuterungen:

brief vom 22 Mäÿ ... erhalten] Schlegels Brief an Maria Löbel vom 22. Mai 1827; siehe Brief Nr. 25. Der Brief war, wie dem Postskriptum zu Lassens Brief an Schlegel vom 28. Mai 1827 zu entnehmen ist (Kirfel 1914, Nr. 68, S. 196–197, hier S. 197), der Haushälterin am selben Tag zugegangen: »Marie hat Ihren Brief heute erhalten und wird nächster Tage die Ehre haben zu antworten.«

Wild und Emmel] Der Maler Franz Peter Wild und der Schreiner Nikolaus Joseph Emmel; siehe die Erläuterungen zu den Briefen Nr. 19 und Nr. 8.

Klie] Dialektale Variante von ›Kleie‹. Als Kleie werden die nach Mahlen des Getreides und Absieben des Mehles verbleibenden Rückstände (Schalen, Wabenschicht, Keimling) bezeichnet.

Ein Maschinchen für feine fältcher in hemden Schurze zu machen] Haushaltsmaschinen mit unterschiedlichen Funktionen zum Falten von Wäsche wurden seit dem Beginn der 1820er Jahre entwickelt und erlebten rasch Konjunktur. Siehe Keeß/Blumenbach 1, 1829, S. 769: »Georg Neumann und Comp. in Wien erhielten d. 18. März 1823 ein 1jähr. Priv. auf die Erfindung: 1) mittels einer Maschine, welche aus konischen oder geraden Walzen besteht, deren eine elastisch, die andere mit einem halbglühenden Stahle versehen ist, die Wäsche nach jeder beliebigen Form schnell zu falten; 2) mittels eines geriffelten, durch einen halbglühenden Stahl erhitzten Metallstreifens, und mittels einer kleinen darübergehenden Rolle die Brustfalten an Hemden zu legen. Die beyden Walzen sind aus Messing und geriffelt; die eine davon ist fest, die untere wird durch eine starke Feder dagegen angepreßt. Dieses erleichtert ungemein das Einbringen der zu faltenden Wäsche.«

Hℓ. Hoffagent] Samuel Wolff, Bankier, Handelsmann und Hofagent; siehe die Erläuterungen zu Brief Nr. 18.

Cufert] Dialektale Variante von ›Kuvert‹.

meiner kleiner Nichte] Von Maria Löbels noch lebenden Nichten Marianne Danco (* Bonn, 24. Mai 1818) und Friederike Wilhelmine Louise Danco (* Siegburg, 14. Dezember 1820), beides Töchter ihrer Schwester Maria Theresia, kommt lediglich die erstere in Betracht, zumal sie öfter in den Briefen Schlegels und seiner Haushälterin erwähnt wird.

Hℓ. von Walder] Philipp Franz von Walther, Ophthalmologe an der Universität Bonn; siehe die Erläuterungen zu Brief Nr. 3.

29 MARIA LÖBEL AN AUGUST WILHELM VON SCHLEGEL, 10. JUNI 1827

Überlieferung: SLUB Dresden, Mscr. Dresd. e. 90, XIX, Bd. 14, Nr. 85 (1 egh. B., 1 Dbl., 1¾ S. beschr., B 21 cm x H 25 cm, 4. S. mit Adresse: »An Sr: Hochwohlgebohren Hl. Profesor | von Schlegel Wohnung**S** | Auf der Dorotien Straße | No. 63 | in Berlin«).

Erläuterungen:

Hr. Laße] Christian Lassen, Schüler und Nachfolger August Wilhelm von Schlegels auf dem Bonner Lehrstuhl; siehe die Erläuterungen zu Brief Nr. 1.

kleines brieffchen von 6^tn June] Schlegels Brief an Christian Lassen, Berlin, 6. Juni 1827 (Kirfel 1914, Nr. 69, S. 197–199).

Spallir] Ein Spalier ist ein gitterartiges Gerüst, an dem Nutz- (z. B. Weinreben), aber auch Zierpflanzen (z. B. Rosen) befestigt und so in eine gewünschte Wuchsform gebracht werden können.

Profeßionißten] Gelernter Handwerker; siehe die Erläuterungen zu Brief Nr. 18. Schlegel beschäftigte für die notwendigen Renovierungsarbeiten in seinem Haus in der Sandkaule verschiedene Handwerker aus der Nachbarschaft, darunter Schreiner, Maler und Tapezierer, über die Maria Löbel während seiner Abwesenheit die Aufsicht führte. Zu ihren Aufgaben gehörte auch die Bezahlung der Handwerker.

Meister Emmel] Nikolaus Joseph Emmel, Schreinermeister in Bonn; siehe die Erläuterungen zu Brief Nr. 8.

zu Sigburg bei meiner Schwäster] Maria Löbels Schwester Maria Theresia Danco lebte mit ihrer Familie in Siegburg; siehe die Erläuterungen zu Brief Nr. 25.

die Angelegenheit von Danko] Johann Peter Josef Franz Danco, Schwager Maria Löbels; siehe die Erläuterungen zu Brief Nr. 22.

das kleine Marichen] Marianne Danco, Nichte Maria Löbels; siehe die Erläuterungen zu Brief Nr. 19.

30 MARIA LÖBEL AN AUGUST WILHELM VON SCHLEGEL, 17. JUNI [1827]

Datierung:

Die Jahreszahl lässt sich aus dem Inhalt erschließen.

Überlieferung: SLUB Dresden, Mscr. Dresd. e. 90, XIX, Bd. 14, Nr. 86, (1 egh. B. mit Paraphe, 1 Ebl., 1 S. beschr., B 12,4 cm x 20,7 cm, 2. S. mit Adresse »An | Sr: Hochwohlgebohren | Herrn Professor von Schlegel«).

Erläuterungen:

mein letzter brieff] Brief Maria Löbels an August Wilhelm von Schlegel vom 10. Juni 1827; siehe Brief Nr. 29 und die Erläuterungen dazu.

Meister Emmel] Nikolaus Joseph Emmel, Schreinermeister in Bonn; siehe die Erläuterungen zu Brief Nr. 8.

Schloßer Rödchen] Heinrich Röttgen jr. (* Bonn, 1793; † Bonn, 7. Januar 1848) hatte den Schlosserbetrieb in der Hundsgasse 1058 von seinem Vater (* Bonn, 1754; † Bonn, 2. Juni 1817) übernommen. Er war seit dem 18. Dezember 1839 verheiratet mit Margaretha Schrick; siehe Amtliches Verzeichniß 1844, S. 191 (Nr. 2136); StArch Bonn, Sterbeurkunde 12/1848; Weffer, S. 526.

Ein Vorfall] Es dürfte sich hierbei um eine familiäre Angelegenheit des Schlossers handeln.

Hℓ Laßßen] Christian Lassen, Schüler und Nachfolger August Wilhelm von Schlegels auf dem Bonner Lehrstuhl; siehe die Erläuterungen zu Brief Nr. 1.

brieffchen von 10 June Erhalten] A. W. von Schlegels Brief an Christian Lassen vom 10. Juni 1827 (Kirfel 1914, Nr. 70, S. 199–200).

das kleine Marichen] Marianne Danco, Nichte Maria Löbels; siehe die Erläuterungen zu Brief Nr. 19.

31   AUGUST WILHELM VON SCHLEGEL AN MARIA LÖBEL, 25. JUNI 1827

Überlieferung: Bibliothèque nationale et universitaire de Strasbourg, Ms 2882.76 (1 egh. B. ohne Unterschrift, 1 Ebl., 2 S. beschr., B 12,4 cm x H 20,9 cm).

Erläuterungen:

Oblate] Eine Oblate bzw. ein *orbiculus signatorius* diente zum Versiegeln eines Briefes; siehe Krünitz 103, 1806, S. 161–168, hier S. 166–167: »Das Versiegeln der Briefe mit Oblaten, die man bekanntlich vorher erst naß machen muß, um sie aufzuweichen, hat einen dreyfachen Vortheil: denn erstlich kann ein Brief, der damit gesiegelt und wohl getrocknet ist, ohne Verletzung des Siegels nicht aufgemacht werden, vorausgesetzt, daß man das Petschaft mit einer kleinen Handpresse gehörig eingedrückt, oder mit einem Hammer eingeschlagen hat; dann wird auch ein Brief nicht so schwer als sonst, und endlich können wohl 2 bis 3 Briefe, ohne daß es sonderlich fühlbar wird, in einander geschlossen werden. [...] Eine der besten Arten, Briefe vor dem Aufmachen zu sichern, besteht darin, wenn man den Brief erst mit einer Oblate versiegelt, und wenn diese trocken geworden ist, ein Lacksiegel oben auf setzt.«

die Meister Röttgen und Emmel] Heinrich Röttgen und Nikolaus Joseph Emmel; siehe die Erläuterungen zu Brief Nr. 30 und zu Brief Nr. 8.

Hofagenten] Samuel Wolff, Bankier, Handelsmann und Hofagent; siehe die Erläuterungen zu Brief Nr. 18.

Hrn. Lassen danke ich bestens für seinen Brief] Gemeint ist Lassens Brief an Schlegel vom 28. Mai 1827 (Kirfel 1914, Nr. 68, S. 196–197). Schlegels Ausbleiben hatte in der Fakultät für Verärgerung gesorgt, zumal manche Kollegen, allen voran der Klassische Philologe Karl Friedrich Heinrich, der »Dämon von der Maargasse« (siehe Hoffmann, S. 97, Anm. 3), ihm wegen seiner Ehrungen in Berlin mit Missgunst begegneten. Durch seine Intervention beim Dekan konnte Lassen verhindern, dass Schlegel brieflich zur baldigen Rückkehr nach Bonn aufgefordert wurde.

Hrn Thormann] Carl Emanuel Friedrich Thormann war seit 1818 als Buchdrucker der Universität tätig. Er heiratete vor dem 4. November 1822 Maria Elisabeth Windisch; siehe Weffer, S. 623–624.

Wind. Mann] Karl Josef Hieronymus Windischmann, Professor der Philosophie in Bonn; siehe die Erläuterungen zu Brief Nr. 3.

Papier-Fabricant in Düren] Düren gehörte im 19. Jahrhundert zu den Zentren der Papierproduktion in Deutschland. 1816 zählte der Kreis 14 Papierfabriken, von denen vor allem die Gebrüder Hoesch und Johann Schüll feines Papier herstellten und überregional vertrieben; siehe Geuenich, S. 29–32; Schmidt-Bachem, S. 844–848.

Velin-Papiers] Velinpapier ist ein in der Durchsicht ebenmäßiges, glattes und dem Pergament ähnliches Papier. Seine Glätte erhielt es durch die Verwendung feinmaschiger, aus Kupferdraht bestehender Egoutteursiebe beim Schöpfen. Es wurde aus Hadern hergestellt und blieb hochwertigen Drucken vorbehalten. Nach dem Schweizer Papier war Velinpapier die hochwertigste und zugleich teuerste Papiersorte, die für den Buchdruck verwendet wurde. Es kostete gegenüber ordentlichem Druckpapier etwa das Acht- bis Neunfache; siehe Reimer, S. 247.

zweiten Band des Ramayana] Schlegel meint den Teilband 1.2 seiner Edition des altindischen *Ramayana*, der 1829 erschien; siehe den Bibliographischen Anzeiger Nr. 48 zum Repertorium der gesammten deutschen Literatur 18, 1838, S. 263. Das ehrgeizige Unternehmen war zunächst auf 10 Bände zu jeweils zwei Halbbänden angelegt. Wegen des Ausbleibens der Subskribenten erschienen jedoch nur der erste Band sowie der erste Teil des zweiten Bandes. Schlegels Ausgabe bietet neben dem Sanskrit-Text eine Übersetzung ins Lateinische. Sie wurde von dem Bonner Verleger Eduard Weber auf Velinpapier gedruckt. Zu Schlegels Übersetzungen aus dem Sanskrit siehe Windisch, S. 75–82; Schwindt; Czapla 2006/2007.

Bezahlung] Schlegel finanzierte die Drucklegung des *Ramayana* aus eigenen Mitteln. Über den nicht unbeträchtlichen Aufwand berichtet er Alexander von Humboldt in einem Brief vom 23. Juni 1829 (Leitzmann 1908, Nr. 35, S. 242–246, hier 242): »Die Subscription ist noch sehr kümmerlich, und jeder Band des Râmâyana kostet mir wenigstens 1000 Thaler. Alles zusammengenommen, Anschaffung kostbarer Bücher und Kunstsachen, Reisen, Unterstützung und Entschädigung meines Mitarbeiters, habe ich, mäßig angeschlagen, auf die Sanskrit-Studien schon über 5000 Thaler verwendet.« Ähnlich lässt er sich gegenüber seinem Bonner Kommissionsverleger Eduard Weber vernehmen (Körner 2, 1930, S. 212): »Ich wußte im Voraus, daß die Herausgabe des Ramayana mit großer Aufopferung meines Vermögens, meiner Mühe und meiner Zeit (die ich zu einträglichen Schriften hätte verwenden können) verbunden sey. Ich unternahm sie dennoch, zur Förderung der Gelehrsamkeit und für den Ruhm der Universität. Neun Jahre sind wahrlich kein zu langer Zeitraum für drei solche, so ausgestattete und ausgearbeitete Bände. Es thut mir leid, wenn Sie bei dem langsamen Absatz nur wenig einnehmen. Mir aber ist es ziemlich gleichgültig. Der übrige Vorrath bleibt für meine Erben, oder vielleicht als Vermächtniß für einen der Fortsetzung gewachsenen Gelehrten – es giebt nur Einen in Deutschland.« Schlegel meint seinen Mitarbeiter Christian Lassen, dem er testamentarisch das Eigentum an seinen indischen Werken übertrug; siehe A. W. von Schlegels Testament vom 27. März 1845 (SLUB Dresden, Mscr. Dresd. e. 90, I, 1, 3, fol. 2^v–3^r). Schließlich lässt er Friedrich Tieck am 11. Juni 1836 (Körner 2, 1930, S. 212) wissen: »Welche Summen habe ich für die Wissenschaft und den Ruhm an den Indischen Werken und den Vorbereitungen dazu aufgeopfert. Und glaube ja nicht, daß ich es übrig gehabt hätte! Ich habe mir dagegen manches andre versagt, und meine Mittel sind sehr erschöpft.«

Buchhändler Reimer] Während seines Aufenthalts in Berlin ließ sich Schlegel seine Post an den Buchhändler und Verleger Reimer nachsenden. Zu Reimer siehe auch die Erläuterungen zu Brief Nr. 18.

Dresden] Den Plan, im Sommer 1827 nach Dresden zu reisen, um dort Ludwig Tieck (* Berlin, 31. Mai 1773; Berlin, † 28. April 1853) und dessen jüngeren Bruder Christian Friedrich (* Berlin, 14. August 1776; † Berlin, 12. Mai 1851) zu besuchen, hatte Schlegel aufgeben müssen, da letzterer zu diesem Zeitpunkt verhindert war und familiäre Angelegenheiten Schlegel selbst nach Hamburg zogen. Dort war am 29. Januar 1826 sein Bruder Moritz verstorben und hatte seine Familie in finanziellen Schwierigkeiten zurückgelassen (siehe Brief Nr. 35 und die Erläuterungen dazu). Rückblickend schrieb er am 30. März 1828 Ludwig Tieck aus Bonn (Lohner, Nr. 85, S. 183–184, hier S. 183): »Es war mir sehr Ernst, Dich vorigen Sommer von Berlin aus zu besuchen: ich foderte deinen Bruder dazu auf; er konnte sich nicht los machen; und so unterblieb es, da mich ohnehin Familien-Verhältnisse ganz den entgegengesetzten Weg nach Hamburg und Hannover hinzogen.«

eilfte Vorlesung] Schlegel hielt seine elfte Vorlesung am 19. Juli 1827 über die Baukunst, Skulptur und Malerei der Ägypter; siehe Berliner Conversationsblatt 1 (1827), Nr. 142 (20. Juni 1827), S. 565–567.

ein hübsches Kreuz von Amethysten] Beim Amethyst handelt es sich um eine violette Varietät des Quarz, der man im Altertum nachsagte, sie schütze vor der berauschenden Wirkung des Weins; siehe Adelung 1, 1808, Sp. 248. Dass Schlegel sich in Berlin nach passendem Schmuck für seine Haushälterin umsah, unterstreicht deren Bedeutung für ihn.

kleine Mariann] Schlegel meint hier Maria Löbels Nichte Marianne Danco, die von seiner Haushälterin zumeist als das »kleine Marichen« bezeichnet wird; siehe die Erläuterungen zu Brief Nr. 19.

32   MARIA LÖBEL AN AUGUST WILHELM VON SCHLEGEL, 28. JUNI 1827

Überlieferung: SLUB Dresden, Mscr. Dresd. e. 90, XIX, Bd. 14, Nr. 87 (1 egh. B. mit Paraphe), 1 Ebl., 1 S. beschr., B 20,8 cm x 25,1 cm).

Erläuterungen:

Schonn 2 brieffe geschrieben] Maria Löbels Briefe an August Wilhelm von Schlegel vom 10. und 17. Juni 1827; siehe die Briefe Nr. 29 und Nr. 30 sowie die Erläuterungen dazu.

in ihrem letzten brieffe die Wahl zu laßen ... Ein Kreutz oder Armbändchen] Da Schlegel sich seinem Brief vom 25. Juni 1827 (siehe Brief Nr. 31) zufolge für den Kauf eines Kreuzes entschieden hatte, ist sein Brief, in dem er Maria anbot, sich zwischen Kreuz und Armband zu entscheiden, offenbar verloren gegangen.

das Maß von meinem Arm] Da Maria Löbel keine Maßangaben macht, hat sie ihrem Brief wohl eine Schnur oder einen Faden in der Länge des Umfangs ihres Handgelenks beigelegt.

in Meinen letzten 2 briefen] Gemeint sind Maria Löbels Briefe vom 10. Juni 1829 (Nr. 29) und vom 17. Juni 1827 (Nr. 30).

Emmel und Rödchen] Nikolaus Joseph Emmel und Heinrich Röttgen; siehe die Erläuterungen zu den Brief Nr. 8 und Nr. 30.

Hℓ. Laßßen] Christian Lassen, Schüler und Nachfolger August Wilhelm von Schlegels auf dem Bonner Lehrstuhl; siehe die Erläuterungen zu Brief Nr. 1.

33 MARIA LÖBEL AN AUGUST WILHELM VON SCHLEGEL, 30. JUNI 1827

Überlieferung: SLUB Dresden, Mscr. Dresd. e. 90, XIX, Bd. 14, Nr. 88 (1 egh. B. mit Beil. und Unterschrift, 2 Ebl., 1½ S. beschr., B 20,8 cm x H 25,1 cm; B 20, 2 cm x H 12,5 cm).

Erläuterungen:

mein letzter brief ... von 26 June] Maria Löbels Brief an A. W. von Schlegel vom 28. Juni 1827; siehe Brief Nr. 32 und die Erläuterungen dazu.

das Maß für Armbändchen überschickt] Siehe die Erläuterungen zu Brief Nr. 32.

Brief von 25 June] Brief A. W. von Schlegels an Maria Löbel vom 25. Juni 1827; siehe Brief Nr. 31 und die Erläuterungen dazu.

die beite Einliegenden briefe an Hℓ Spitz und Hoffagenden] Joseph Andreas Spitz, Quästor und Rendant der Universität Bonn; siehe die Erläuterungen zu Brief Nr. 10. – Samuel Wolff, Bankier, Handelsmann und Hofagent; siehe die Erläuterungen zu Brief Nr. 18.

Hℓ laßßen ist heute Brumufirt worden] Christian Lassen wurde am 30. Juni 1827 promoviert. Am selben Tag teilt er Schlegel mit (Kirfel 1914, Nr. 72, S. 204–205): »Ich beeile mich, Ihnen die Nachricht zukommen zu lassen, daß meine Promotion heute vor sich gegangen; Heinrich ist dabei äußerst guter Laune gewesen und hat sich auf die verbindlichste Weise geäußert. Auch Augusti hat opponirt, zuletzt Dr. Grauert. Eine Thesis hatte mir Heinrich gegeben, die vielen Anstoß erregt hat und auch wohl mußte; sie lautet folgendermaßen: philologiae non opus est philosophia [Die Philologie bedarf der Philosophie nicht]. Wenn Sie vielleicht glauben, daß diese Thesis auch drüben anstößig sey, wäre es vielleicht gut, mitzutheilen, wie ich dazu gekommen.«

Herr Professor Wünschte zu Wießen] Siehe Brief Nr. 31.

Cassa] Lehnwort aus dem Italienischen, das nicht vor dem Ende des 16. Jahrhunderts in Deutschland als ›Kasse‹ gebräuchlich wurde; siehe Grimm 15, 1873, S. 259–260.

34 AUGUST WILHELM VON SCHLEGEL AN MARIA LÖBEL, 24. JULI 1827

Überlieferung: Bibliothèque nationale et universitaire de Strasbourg, Ms 2882.77 (1 egh. B. mit Paraphe, 1 Ebl. mit Wasserzeichen, ½ S. beschr., B 19,5 cm x H 16,8 cm).

Korrektur:

hieher schreiben] hieher zu schreiben.

Erläuterungen:

Rückweg über Hamburg, Harburg, Hannover und Münster] Schlegels Reiseroute führte von Münster über Dorsten, Essen, Mühlheim an der Ruhr, Düsseldorf und Köln nach Bonn; siehe Fick, S. 273–275.

Herrn Reimer's Adresse] Georg Andreas Reimer, Berliner Verleger; siehe die Erläuterungen zu Brief Nr. 25.

Hrn. Rath und Consistorial=Secretär Schlegel] Johann Carl Fürchtegott Schlegel, ältester Bruder August Wilhelm von Schlegels; Auditor, Sekretär und Rat beim Konsistorium in Hannover, Verfasser des *Churhannöverschen Kirchenrechts* (5 Bde; Hannover: Hahn, 1801–1806); siehe die Erläuterungen zu Brief Nr. 8.

Heinrich] Heinrich von Wehrden, Schlegels Kammerdiener, Reitknecht und Kutscher; siehe die Erläuterungen zu Brief Nr. 21.

35 AUGUST WILHELM VON SCHLEGEL AN MARIA LÖBEL, 8. AUGUST 1827

Überlieferung: Bibliothèque nationale et universitaire de Strasbourg, Ms 2882.78 (1 egh. B. mit Paraphe, 1 Ebl. mit Wasserzeichen, ½ S. beschr., B 20,3 cm x H 24,6 cm).

Erläuterungen:

meine Verwandten besucht] In Harburg lebte Charlotte, die Witwe von Schlegels Bruder Carl August Moritz, mit ihren Kindern; siehe die Erläuterungen zu den Briefen Nr. 8 und Nr. 34. Charlotte war nach dem Tod ihres Mannes in große finanzielle Schwierigkeiten geraten. A. W. von Schlegel ließ ihr deshalb wiederholt seine Hilfe zukommen.

Ihren Brief vom 29sten Jul.] Maria Löbels Brief an A. W. von Schlegel vom 29. Juli 1827 ließ sich nicht nachweisen.

Westphalen] Westfalen war eine von zehn Provinzen, in die Preußen nach dem Wiener Kongress durch die Verordnung wegen verbesserter Einrichtung der Provinzialbehörden vom 30. April 1815 eingeteilt worden war. Die Provinzialhauptstadt war Münster; siehe Hartlieb von Wallthor.

die Geschwister hier] In Hannover lebten Schlegels Brüder Gotthelf Adolph Friedrich, George Adolph Bonaventura, Friedrich Anton Heinrich und Johann Carl Fürchtegott; siehe die Erläuterungen zu Brief Nr. 8.

36   AUGUST WILHELM VON SCHLEGEL AN MARIA LÖBEL, 12. SEPTEMBER 1831

Überlieferung: Bibliothèque nationale et universitaire de Strasbourg, Ms 2882.80 (1 egh. B. ohne Unterschrift, 1 Ebl., 1 S. beschr., B 19 cm x H 23,5 cm).

Erläuterungen:

auf einem sehr unbequemen Wege] Die Beschwerlichkeiten der Reise nach Paris, die er gegenüber Maria Löbel nur andeutet, präzisiert Schlegel gegenüber Sibilla Forstheim in seinem Brief vom 3. Oktober 1831 (Kaufmann 1933, S. 236–238, hier S. 236): »Die Eile womit ich abreiste und von Ihnen, von Ihnen allein, Abschied nahm, war dringend nöthig: nur vier Stunden vor Thorschluß, nämlich den 7. Sept. Abends um acht Uhr, habe ich die französische Grenze erreicht. Bei dem Zollamte sah ich das zur Quarantäne ausgewählte Haus mit doppelten Palisaden umgeben. Stellen Sie sich die Verzweiflung vor, wenn ich da eine Anzahl Tage eingesperrt hätte verweilen müssen. Ich hätte lieber meinen ganzen Plan geändert, und wäre durch die Niederlande nach England gereist. Es ist aber so weit besser. In Coblenz traf ich außer Herrn Forstheim die Generalin von Paulsdorf, meine weitläufige Cousine, die mich sehr warnte, nicht bei Nacht nach Trier zu reisen. Die Straße sey zwar gut unterhalten, aber wegen der steilen Berge gefährlich. Ich ließ mich indessen nicht abhalten; es war allerdings eine unangenehme Nacht. Auch in Trier hielt ich mich nur eine halbe Stunde auf, so habe ich dreißig Postmeilen ziemlich in einem Striche gemacht. In Frankreich fand ich viel schlechte Wege, noch überdies durch den Regen und Ueberschwemmungen verdorben. Man reist in Frankreich etwas wohlfeiler als bei uns, aber die Wege sind mit den unsrigen garnicht zu vergleichen. Die Mosel-Gegenden sind noch schön, dann kommt der häßliche Theil der Champagne, äußerst trübselig. Kriegerische Tätigkeit bemerkte ich nur in Thionville, nachher im Inneren garnicht weiter; überall nur ruhiges Gewerbe. Am Sonntag Mittag, gestern vor drei Wochen, war ich in Paris.«

Pallisaden] Palisaden (frz. *palissade*, ›Pfahlzaun‹) sind nach oben hin zugespitzte und zuweilen durch Latten miteinander verbundene Pfähle, die im militärischen Schanzwerk der Abwehr feindlicher Angriffe dienen.

Quarantäne] Bei der im 19. Jahrhundert auch als Kotumaz bezeichneten Quarantäne (ital. *quarantina di giorni*, frz. *quarantaine de jours* – ›vierzig Tage‹) handelt es sich um die zeitlich befristete Isolierung von Personen oder von

Haustieren, die im Verdacht stehen, an hochansteckenden Erregern infiziert oder Überträger von Krankheiten zu sein.

durch die Niederlande nach England gereist] Die Reiseroute durch die Niederlande führte von Brüssel nach Ostende. Von Ostende erreichte man bei guten Wetterbedingungen in 15 bis 20 Stunden den Fährhafen Harwich, von dem man nach London weiterreiste; siehe Fick, S. 443–444.

Herzogs von Broglie] Achille Charles Léonce Victor de Broglie (* Paris, 1. Dezember 1785; † Paris, 25. Januar 1870), französischer Staatsmann und Diplomat aus der Familie der Herzöge de Broglie. Der Sohn des 1794 auf der Guillotine hingerichteten Generals Claude Victor de Broglie wurde unter Napoléon I. Staatsrat, Auditeur, Militärintendant in Illyrien und Valladolid, später Attaché und Gesandtschaftsrat in Wien, Prag und Warschau. Nach dem Tod seines Großvaters Victor François de Broglie wurde er 1804 dritter Herzog de Broglie. 1814 zum Pair ernannt, war er entschieden liberal, stimmte bei Neys Prozess für nichtschuldig und bekämpfte in der Pairskammer mit Entschiedenheit die reaktionäre Politik der Restauration. Victor de Broglie gehörte zur Partei der Doktrinäre und vertrat als Gesinnungsgenosse Guizots die Grundsätze der konstitutionellen Erbmonarchie. Nach der Julirevolution wurde er am 30. Juli 1830 provisorischer Innenminister, am 11. August Minister des Kultus und öffentlichen Unterrichts und Präsident des Staatsrats, trat aber im November mit den übrigen Doktrinären zurück. Von Oktober 1832 bis April 1834 sowie von November 1834 bis Februar 1836 war er Außenminister und von März 1835 an bis zu seinem Austritt zugleich Ministerpräsident. Als solcher führte er mit Großbritannien die Verhandlungen über das gegenseitige Durchsuchungsrecht und die Abschaffung der Sklaverei. Seitdem lehnte er wiederholt Anträge zur Bildung eines Ministeriums ab. 1847 wurde er französischer Botschafter in London, im März 1848 aber von der provisorischen Regierung abberufen. Im Mai 1849 wurde er Mitglied der Nationalversammlung. Im Januar 1851 wurde er Präsident des Sicherheitsausschusses, betrieb namentlich die Verfassungsrevision, protestierte gegen den Staatsstreich vom 2. Dezember 1851 und zog sich dann ins Privatleben zurück. Seit 1855 war Victor de Broglie Mitglied der Académie française. Seit 1816 war er mit Baroness Albertine Staël von Holstein (* Paris, 8. Juni 1797; † Paris, 22. September 1838), Tochter der Anne Louise Germaine de Staël, verheiratet. Mit ihr hatte er vier Kinder: Pauline (1817–1831), Louise (1818–1882), Albert (1821–1901) und Paul (1834–1895); siehe NBG 7, 1853, Sp. 478–479 und 479–481 (Loius Artaud). August Wilhelm von Schlegel war von September 1831 bis Februar 1832 zu Gast in seinem Haus. In seinem Brief an Anna Maria Windischmann vom 7. Dezember 1820 (Körner 1, 1930, Nr. 267, S. 381–383, hier S. 382–383) zeichnet Schlegel ein einfühlsames Porträt von Alber-

tine: »Die Herzogin, eine Frau von zwey und zwanzig Jahren, von einer eigentlich idealischen Schönheit, von unendlich gebildetem Geiste, von tiefem regsa-
men Gefühl, das unter einer nachläßigen Grazie verhüllt ist. Nichts großes und
schönes, auch nur leise angedeutet, geht bey ihr verloren. Sie hat zwey Töchter
von solcher Fülle des Stoffes, daß es zum Erstaunen ist, wenn man die zarte
Mutter daneben sieht. Sie ist wieder schwanger, ich hoffe mit einem kleinen
Prinzen, denn das wünschen sie doch.« Von seiner Wertschätzung für die Herzogin zeugt überdies sein Kondolenzschreiben an Victor von Broglie vom 21.
Dezember 1838 (Schlegel, Ausgewählte Briefe, Nr. 101, S. 212–213).

Rue de l'Université No. 90] Wohnsitz des Herzogs von Broglie und seiner Familie am linken Seine-Ufer in Paris.

Hrn. Lassen ... alles neue zu schreiben] Lassens Briefe an Schlegels dürften den
rigiden Quarantänebestimmungen zum Opfer gefallen sein, mit denen versucht
wurde, die Ausbreitung der Cholera zu verhindern; siehe die Erläuterungen zu
Brief Nr. 41.

Cholera] Bei der Cholera handelt es sich um eine bakterielle Infektionskrankheit
des Dünndarms. Die Infektion erfolgt zumeist über verunreinigtes Trinkwasser
oder Nahrung. Die Cholera-Pandemie erreichte Europa 1830 über Russland und
endete 1851. Sie wurde von russischen Truppen, die 1830 gegen den polnischen
Novemberaufstand zusammengezogen worden waren, von der indischen Grenze
nach Europa eingeschleppt. 1831 trat sie in Preußen auf. Allein in Berlin forderte sie 1.462 Menschenleben, das prominenteste Opfer war der Philosoph Georg Wilhelm Friedrich Hegel, der am 14. November 1831 verstarb. In Bonn war
von 1832 bis 1834 in der Armenschule ein Choleralazarett eingerichtet worden;
siehe Körschner. Im Februar 1832 erreichte die Cholera London, wohin sie
vermutlich von Hamburg aus gelangt war, und die französische Hauptstadt
Paris, das mit 18.402 Toten die größte Mortalität unter der Bevölkerung zu
verzeichnen hatte; siehe Kolvenbach, S. 54; Higgins.

37   AUGUST WILHELM VON SCHLEGEL AN MARIA LÖBEL, 16. SEPTEMBER 1831

Überlieferung: Bibliothèque nationale et universitaire de Strasbourg, Ms 2882.81 (1 egh. B. mit Paraphe, 1 Ebl. mit Wasserzeichen [Muschel], 2 S. beschr., B 12,7 cm x H 19 cm).

Erläuterungen:

Heinrichen] Heinrich von Wehrden, Schlegels Kammerdiener, Reitknecht und Kutscher; siehe die Erläuterungen zu Brief Nr. 21.

Schelling] Friedrich Wilhelm Joseph Ritter von Schelling (* Leonberg, 27. Januar 1775; † Bad Ragaz, 20. August 1854). Der Sohn eines Geistlichen und Orientalisten studierte seit 1790 am Tübinger Stift und schloss dort Freundschaft mit Hölderlin und Hegel, mit denen er Platon, Leibniz und Kant studierte. Nachdem er 1792 mit einer Abhandlung über den Ursprung des Bösen zum Magister promoviert worden war, legte er seit 1794 philosophische Schriften vor. In Leipzig, wo er im Herbst 1795 eine Anstellung als Hauslehrer der Söhne des Barons von Riedesel gefunden hatte, studierte er von 1796 bis 1797 Mathematik und Naturwissenschaften. Durch Goethes Vermittlung erhielt Schelling 1798 eine Professur in Jena, wo er überdies mit Schiller, Fichte und den Romantikern um August Wilhelm von Schlegel verkehrte, deren Philosophie er beeinflusste und die ihrerseits seine spekulativen Anschauungen beeinflussten. In dieser Zeit lernte er Caroline, die Frau A. W. von Schlegels, kennen, die er nach ihrer Scheidung 1803 heiratete; siehe NDB 22, 2005, S. 652–655 (Otto zu Stolberg-Wernigerode); DBE[2] 8, 2007, S. 806–807 (Wilhelm G. Jacobs); Killy[2] 10, 2011, S. 291–296 (Siegbert Peetz). Bei dem von Schlegel erwähnten Brief handelt es sich um das ebenfalls vom 16. September 1831 datierende Billet Victor Cousins an Schelling; siehe Saint-Hilaire 3, 1895, S. 61:

16 septembre 1831.

Voici, mon cher ami, deux petites pièces, sur l'un des plus grands géomètres et physiciens de l'Europe, auquel le hasard m'a fait succéder à l'Académie française. Je vous prierais de les communiquer à l'Académie de Munich, si je savais où j'en suis avec elle. Pour vous, vous savez quels sentiments inviolables je vous ai voués. Si vous rencontrez M. Thiersch, remerciez-le bien de son utile document sur l'état de l'instruction publique en Bavière.

Mille tendres amitiés. Victor Cousin.

[16. September 1831. Anbei, mein lieber Freund, zwei kleinere Stücke über einen der größten europäischen Geometriker und Physiker, dessen Nachfolger bei der Académie Française ich durch Zufall geworden bin. Bitte übermitteln Sie diese der Bayerischen Akademie der Wissenschaften in München, wenn ich nur wüsste, woran ich mit ihr bin. Aber Sie wissen, welche unwandelbaren Gefühle ich für Sie hege. Wenn Sie Herrn Thiersch begegnen, danken Sie ihm bitte für seine nützliche Abhandlung über den gegenwärtigen Zustand des öffentlichen Unterrichts in Bayern. Tausend herzliche Grüße, Victor Cousin.]

Schlegel stand mit Cousin ebenfalls in brieflichem Kontakt. Erhalten sind aber wohl nur Briefe politischen Inhalts; siehe Saint-Hilaire 2, 1895, S. 445.

Commissionar Grossgarten] Reiner Grossgarten, Commissionär, wohnhaft in der Wenzelgasse 1081 in Bonn. Er vermietete auch Zimmer an Studenten der Universität; siehe Bonner Adress-Buch 1865, S. 83; Amtsblatt der Königlichen Regierung zu Köln 33, 1848, S. 109. Zum Tätigkeitsfeld des Commissionärs siehe Krünitz 8, 1776, S. 250: »Commissionär, aus dem Franz. Commissionaire, heißt eben das, was Commissarius; nur daß jenes mehr unter Privatpersonen, unter Personen gleiches Standes üblich ist. Ueberhaupt bedeutet dieser Ausdruck einen jeden, dem eine gewisse Commission aufgetragen worden; bey den Kaufleuten aber insbesondere einen Agenten oder Factor. In diesem leztern Verstande ist also ein Commissionär derjenige, der jemanden in Commission für Geld bedienet, für ihn ein- und verkaufet, Waaren und Geld empfängt oder wegsendet.«

Hrn. Lassen] Christian Lassen, Schüler und Nachfolger August Wilhelm von Schlegels auf dem Bonner Lehrstuhl; siehe die Erläuterungen zu Brief Nr. 1.

Exemplar von meinem lateinischen Gedicht mit der Übersetzung] August Wilhelm von Schlegel schrieb das lateinische Gedicht auf die Rheinfahrt des Preußenkönigs am 14. September 1825 aus eigenem Antrieb und nicht – wie zuweilen angenommen – im Auftrag der Universität. Von diesem Gedicht kursierten 1825 drei verschiedene Drucke: Nachdem bei Carl Friedrich Thormann in Bonn zunächst eine lateinische Fassung erschienen war (Schlegel 1825/1), verlegte Gottfried Carl Nauck in Berlin im November eine zweisprachige Ausgabe mit einer deutschen Übersetzung des Justizrats Ludwig Bardua (* 1795; † Berlin, 20. Oktober 1843), die einen von den *Berlinischen Nachrichten von Staats- und gelehrten Sachen* ausgeschriebenen Wettbewerb für sich entschieden hatte (Schlegel 1825/2). Noch im selben Monat brachte Schlegel bei Eduard Weber in Bonn im Paralleldruck mit dem lateinischen Original eine eigene Übersetzung heraus

(Schlegel 1825/3); siehe August Wilhelm von Schlegels Brief an Jeremias David Reuß, Bonn, 28. Februar 1826 (Körner 2, 1930, S. 190): »Dieser Abdruck meines Lateinischen Gedichtes mit einer metrischen Übersetzung wurde nicht von Universitätswegen, sondern von mir selbst zur Überreichung an Se. Majestät veranstaltet.« Schlegel hielt seine lateinische Ode offenbar für eines seiner gelungensten Gedichte. Verschiedentlich ist überliefert, dass er es bei Empfängen oder Besuchen rezitiert habe; siehe die Erläuterungen zu Brief Nr. 18. Auch Kollegen im Ausland bedachte er damit; siehe August Wilhelm von Schlegels Brief an Christian Lassen, Bonn, 28. November 1825 (Kirfel 1914, Nr. 55, S. 166–171, hier S. 169): »Ich ließ bei Niederlegung des Rectorats ein lateinisches Gedicht auf die Rheinfahrt des Königs auf einem Dampfbote drucken. Ich habe bisher versäumt, es mehreren Pariser Gelehrten zu schicken, will dieß aber doch jetzt nachholen. Dieß Gedicht hat große Sensation gemacht. Nach einem von Berlin erhaltenen Winke habe ich es nun auch in deutsche Verse übersetzt, um es dem Könige selbst zu überreichen. Original und Nachbildung ist nun zusammengedruckt, und von diesem neuen Abdruck werden Sie in ein paar Tagen ein Exemplar für Herrn Baron von Werther empfangen.« Offenbar hatte Schlegel sein Vorhaben, die zweisprachige Ausgabe französischen Gelehrten zukommen zu lassen, erst anlässlich seines Besuchs in Paris 1831 in die Tat umsetzen können. Seine deutsche Nachdichtung fand eine breite Rezeption. Bereits 1826 wurde sie in der Gedichtsammlung von Dilschneider, S. 262–263, abgedruckt. Später nahm Eduard Böcking beide Fassungen in seine Ausgabe von Schlegels Werken auf (Schlegel, Werke 2, 1846/1971, S. 41; ebd. 16, 1847/1972, S. 434–435).

Docteur Koreff] David Ferdinand Koreff, nach seiner Konversion zum Luthertum 1816 Johannes Ferdinand Koreff (* Breslau, 1. Februar 1783; † Paris, 15. Mai 1851). Nach seinem Studium der Medizin in Halle, ging Koreff zur klinischen Ausbildung nach Berlin, wo er in Verbindung zu den Frühromantikern um Karl August Varnhagen von Ense und Adalbert von Chamisso trat. Von 1806–1811 ordinierte er als Arzt in Paris, wo vor allem gesellschaftlich etablierte Kreise zu seinen Patienten zählten. Des Medizinerdaseins überdrüssig, reiste er von 1811 bis 1813 mit der Marquise Delphine de Custine durch Italien und die Schweiz, ehe er 1815 durch die Vermittlung Caroline von Humboldts Leibarzt des preußischen Staatskanzlers von Hardenberg wurde. Mit größtem Unwillen übernahm der überzeugte Anhänger des Magnetismus 1816 eine Professur für Medizin. in Berlin, Als Geheimer Oberregierungsrat gewann er seit 1818 großen politischen Einfluss. Gemeinsam mit Hardenberg betrieb er die Berufung A. W. von Schlegels nach Bonn. 1822 wurde er nach einer Intrige beurlaubt und ging als Arzt zurück nach Paris; siehe NDB 12, 1980, S. 583–584 (Hans Sohni); Renger 1982, S. 162–163, 178–184, 216–222, 253–257, 264–267.

Place de la Madeleine 4] Der Platz an der Maria Magdalena gewidmeten Kirche La Madelaine, an dem sich die Wohnung von Koreff befand, zählte im 19. Jahrhundert zu den nobelsten Adressen von Paris.

38 AUGUST WILHELM VON SCHLEGEL AN MARIA LÖBEL, 30. SEPTEMBER 1831

Überlieferung: Bibliothèque nationale et universitaire de Strasbourg, Ms 2882.82 (1 egh. B. mit Paraphe, 1 Dbl. mit Wasserzeichen [Ritter mit Wappenschild], 1½ S. beschr., B 11,8 cm x H 19 cm).

Erläuterungen:

Ihren Brief vom 17ten Sept] Maria Löbels Brief vom 17. September 1831 lässt sich nicht nachweisen.

spazieren gehen … ein Bad nehmen] Maria Löbel genoss bei Schlegel eine Sonderstellung. Dass Bedienstete die Badewanne des Dienstherrn nutzen durften, ist für diese Zeit ungewöhnlich.

auserlesenen u nahrhaften Kost] Die französische Küche und die französische Tischkultur hatten nach vorübergehendem Verfall während der Französischen Revolution unter Napoléon eine neue Blüte erlebt. Die Zutaten sollten schonend zubereitet werden, um ihre geschmacklichen Eigenheiten zu erhalten; siehe Teuteberg/Wiegelmann, S. 41.

Hühnerpflücker] Ein Mann, der mit Schlachthühnern handelt; siehe Müller 3, 1935, S. 923.

Wild] Franz Peter Wild, Malermeister in Bonn; siehe die Erläuterungen zu Brief Nr. 19.

Ende Novembers] Schlegel blieb bis Ende Februar in Paris, ehe er über Calais weiter nach London reiste. Seinen Plan, bereits im November 1831 wieder in Bonn zu sein, gab er wegen geschäftlicher Verhandlungen in London auf. Erst im April 1832 kehrte er nach Hause zurück; siehe die Briefe Nr. 50 und 54 sowie die Erläuterungen dazu.

bei dem Preußischen … Gesandten] Heinrich Wilhelm Freiherr von Werther (* Königsberg, 7. August 1772; † Berlin, 7. Dezember 1859) war von 1824 bis 1837 preußischer Gesandter in Paris und von 1837 bis 1841 Außenminister; siehe ADB 42, 1897, S. 111–113 (Hermann von Petersdorff).

Österreichischen ... Gesandten] Anton Apponyi de Nagy-Appony (* Pressburg, 7. Dezember 1782; † Groß-Apponitz, 17. Oktober 1852) war vom 8. Januar 1826 bis zum 16. April 1848 österreichischer Botschafter in Paris, nachdem er zuvor in gleicher Funktion in London und Rom tätig gewesen war; siehe BLKÖ 1, 1856, S. 57 (Constantin von Wurzbach).

Russischen Gesandten] Carlo Andrea Pozzo di Borgo (* Alata/Korsika, 8. März 1764; † Paris, 15. Februar 1842) entstammte einer verarmten korsischen Adelsfamilie. Nach einem Studium der Rechtswissenschaft arbeitete er als Anwalt, ehe er 1791 in die Politik ging. Als Abgeordneter der Stadt Ajaccio wurde er in die französische Gesetzgebende Nationalversammlung gewählt. Nach seiner Rückkehr nach Korsika schloss er sich der korsischen Unabhängigkeitsbewegung unter Pascal Paoli an. Nach deren Scheitern ging er als Gegner Napoléons zunächst nach England, eher er 1802 als Staatsrat in russische Dienste trat. In dieser Eigenschaft betrieb er vehement die Restauration der Bourbonenherrschaft in Frankreich. Nach der Niederlage Napoléons wurde Pozzo di Borgo 1814 russischer Botschafter in Paris und nahm dieses Amt bis 1835 wahr; siehe Ordioni; McErlean.

Baronin Salomon von Rothschild auf dem Lande, wo alles ganz herrlich eingerichtet war] Baron Jakob (seit 1822 James) von Rothschild (* Frankfurt/Main, 15. Mai 1792; † Paris, 15. November 1868) und seine Gattin Betty (* Frankfurt am Main, 5. Juni 1805; † Paris, 1. September 1886) besaßen bei Lagny unweit von Paris einen Landsitz, auf den sie u.a. Minister, Diplomaten und Gesandte zu Jagdgesellschaften luden. Trotz der Verwandtschaft dritten Grades – Jakob war als jüngster Bruder ihres Vaters, des Bankiers Salomon Meyer von Rothschild (* Frankfurt/Main, 9. September 1774; † Paris, 28. Juli 1855), zugleich ihr Onkel – waren beide am 11. Juli 1824 in Frankfurt die Ehe eingegangen, ein nachmals in der Familie des Öfteren praktiziertes Verfahren, um das beträchtliche Vermögen zusammenzuhalten. Fünf gemeinsame Kinder sicherten den Fortbestand der Bankiersdynastie. Jakob von Rothschild lebte seit 1814 in Paris, wo er 1817 die Filiale der Bank MM. de Rothschild Frères gründete. In seinem Stadthaus in der Rue Laffitte unterhielten er und Betty einen Salon, der zum Treffpunkt zahlreicher Persönlichkeiten des politischen, unternehmerischen, gesellschaftlichen und künstlerischen Lebens avancierte und in dem u.a. auch Honoré de Balzac, Ludwig Börne und Heinrich Heine zu Gast waren; siehe Lottman, S. 12–57; NDB 22, 2005, S. 135–136 (Fritz Backhaus); Schor.

Indische Schnupftücher] Ostindische Schnupftücher galten im 18. und 19. Jahrhundert als besonders edel. Sie bestanden aus feinster Baumwolle und wurden von Handelskompagnien nach Europa importiert; siehe Schedel 2, 1814, S. 547.

Tuilerien] Der Palais des Tuileries wurde ab 1564 auf Betreiben Katharinas von Medici erbaut. Es diente den französischen Herrschern als Stadtschloss und befand sich unweit der königlichen Residenz des Louvre, mit der es im 19. Jahrhundert durch einen Flügel verbunden wurde; siehe Devèche. Eine detaillierte Beschreibung der Tuilerien bietet Jule Janin: König Ludwig Philipp (Fortsetzung.). In: Frankfurter Konversationsblatt, Nr. 260/20. September 1842, S. 1038–1039, hier S. 1038: »Dieser Palast der Tuilerien war lange Zeit von Königen bewohnt, die nur an ihre äußere Würde dachten, der gegenwärtige König dachte vor Allem daran, sich in diesem Schlosse aufs bequemste einzurichten, und hat es demgemäß völlig umgewandelt, wie es fast unmöglich schien. Die, welche den Palast nicht damals gesehen, als der König dort einzog, können sich keinen richtigen Begriff von dieser Ruine machen. Die Tuilerien waren zu jener Zeit in einem grauenerregenden Zustand der Unordnung und Verwirrung, und um die ganze Welt würde der König, dessen Häuser aufs prächtigste und angenehmste eingerichtet sind, sich nicht dazu verstanden haben, die Tuilerien in dieser traurigen Beschaffenheit zu bewohnen. Der eigentliche Schöpfer des Tuilerien-Schlosses ist der Kaiser Napoleon, er hatte es nach seinem Schnitt verbessert und vergrößert, er hatte zur Beförderung einer reineren und gesunderen Luft eine Cloake anbringen lassen, er hatte die Decke und Wände vergolden und malen lassen. Indeß alle diese beträchtlichen Verbesserungen waren so zu sagen aus dem Stegreife gemacht, sie waren das Werk des Augenblicks, und dieser Palast, wie glänzend er sich auch, sowohl im Innern als von Außen ausnahm, behielt trotzdem immer, den Anstrich eines Palastes, der eben dazu bestimmt schien, einstweilen von einem unstäten Helden bewohnt zu werden, der die Hälfte seines Lebens unter dem Zelte zubrachte und keinen anderen Hof hatte als seine Krieger. Der Kaiser hatte im Tuilerien-Schlosse sein Feldlager, nicht aber seine Wohnung aufgeschlagen. Bei ihrer Rückkehr nach Frankreich brachten die Bourbonen jene erstaunenswerthe Sorglosigkeit um die Gegenwart, Vergangenheit und Zukunft mit, wodurch sie zu einer Familie von Prädestinirten geworden sind. Ludwig XVIII. und die Seinigen hatten gar zu viel Eile, den Tuilerienpalast wieder zu betreten, als das sie sich die Zeit hätten gönnen sollen, ihn zu seinem Gebrauch wiederherzustellen; höchstens machte man sich das Vergnügen, an den Wänden die kaiserlichen Adler und die übrigen aus der Kaiserzeit herrührenden Sinnbilder auszukratzen. Dies war die ganze Verbesserung, welche das neue Königthum in den Tuilerien vornahm, wonach man sich so gut einrichtete und behalf, als es ging. Der König, der Graf von Artois, der Herzog und die Herzogin von Angoulème, der Herzog und die Herzogin von Berry, der Almosenier, die Garde-Offiziere, die Kammerjunker, sämmtliche Emigrirte, sie quartieren sich theils gut, theils schlecht in diesem Schlosse ein; wahrlich, es war dies ein grauses Kunterbunt, ein sonderbares Durcheinander von alten und neuen Ideen, von Charte und Königthum, von Revolution und Contre-Revolution.«

dem Könige] Louis Philippe I. d'Orléans, König von Frankreich; siehe ausführlich die Erläuterungen zu Brief Nr. 42.

39 AUGUST WILHELM VON SCHLEGEL AN MARIA LÖBEL, 7. OKTOBER 1831

Überlieferung: Bibliothèque nationale et universitaire de Strasbourg, Ms 2882.83 (1 egh. B. mit Unterschrift, 1 Ebl. mit Wasserzeichen [Ritter mit Wappenschild], 2 S. beschr., B 16 cm x H 20,3 cm).

Erläuterungen:

Briefe aus England] Von wem Schlegel Post erwartete, ist unklar.

spät im Winter zurückkommen] Schlegel kehrte erst im April 1832 nach Bonn zurück; siehe die Erläuterungen zu Brief Nr. 38.

die beiden Mädchen] Henriette Jakobine Cronrath (* Bendorf, 23. April 1817), elftes von zwölf Kindern des Steigers Wilhelm Ludwig Cronrath (* Bendorf, 6. Dezember 1771; † Bendorf, 22. November 1819) und seiner Ehefrau Elisabeth Neff, trat als junges Mädchen in Schlegels Dienste und blieb dort bis zu seinem Tod 1845. Schlegel bedachte sie in seinem Testament mit einem nach Dienstjahren bemessenem Legat; siehe A. W. von Schlegels Testament vom 27. März 1845 (SLUB Dresden, Mscr. Dresd. e. 90, I, 1, 3, fol. 2ᵛ); Theisen/Weidenbach 1, 2005, S. 119. Über das Küchenmädchen Mina ist weiter nichts bekannt.

schwarzen Brand] Veraltete Bezeichnung für Kohlebriketts; siehe Adelung 1, 1808, Sp. 1147–1148.

Sauerkraut] Im Rheinland wie in den übrigen deutschen Provinzen beliebtes Gericht, das verschiedene Formen der Zubereitung kennt; siehe Adelung 3, 1808, Sp. 1296: »[K]lein geschnittenes, und mit Essig, oder auch nur, wie am häufigsten geschiehet, mit Salz allein eingemachtes Weiß- oder Kappiskraut.«

letzthin schon darüber geschrieben] A. W. von Schlegels Brief an Maria Löbel vom 30. September 1831; siehe Brief Nr. 38 und die Erläuterungen dazu.

Lambris] Lambris, Schutzbekleidung für eine Mauer; siehe die Erläuterungen zu Brief Nr. 16.

Hofkleidung] Siehe Brief Nr. 20 und die Erläuterungen dazu.

von unserm Gesandten] Heinrich Wilhelm von Werther, preußischer Gesandter am französischen Hof; siehe die Erläuterungen zu Brief Nr. 38.

Audienz in den Tuilerien] Siehe die Erläuterungen zu Brief Nr. 38.

König] Louis Philippe I. d'Orléans, König von Frankreich; siehe die Erläuterungen zu Brief Nr. 42.

seine Schwester und die Königin] Louise Marie Adélaïde Eugénie d'Orléans, Schwester des Königs, und Maria Amalia von Neapel-Sizilien, Königin von Frankreich; siehe die Erläuterungen zu Brief Nr. 42.

Ruhm als Schriftsteller] August Wilhelm von Schlegel genoss in Deutschland und im Ausland höchste Wertschätzung, die er gerne erwiderte. Am 28. März 1828 schrieb er seinem Bruder Friedrich aus Bonn (Walzel, Nr. 238, S. 656–658, hier S. 657): »Wenn das Lesepublicum so elend ist, warum laßen wir denn drucken? Ich habe vor dem meinigen in Deutschland, in Frankreich, in England, in Schweden und in Nord-Amerika die größte Hochachtung.«

nächstens zur Tafel eingeladen] Am 10. Oktober wurde Schlegel zur Mittagstafel des Königs geladen; siehe Brief Nr. 40 und die Erläuterungen dazu.

berühmten Maler Gérard] Baron François Pascal Simon Gérard (* Rom, 12. März 1770 in Rom; † Paris, 11. Januar 1837) genoss als Porträtmaler französisch-italienischer Herkunft sowohl die Wertschätzung der Revolutionsführer als auch diejenige Napoléons und des Hauses Bourbon. 1819 adelte ihn König Louis XVIII. für sein Bild *Einzug Heinrichs IV. in Paris* zum Baron. Außerdem wurde er zum königlichen Hofmaler ernannt und mit dem Kreuz der Ehrenlegion ausgezeichnet. Gérard war mit zahlreichen Persönlichkeiten des literarischen und künstlerischen Lebens befreundet, u.a. mit Honoré de Balzac; siehe den Nekrolog im *Kunst-Blatt* zum *Morgenblatt für gebildete Stände* 18 (1837), S. 129–131 und S. 134–136; AKL 52, 2006, S. 4–9 (Maria Teresa Caracciolo Arizzoli). Mit A. W. von Schlegel stand Gérard seit den zwanziger Jahren in Kontakt. Anlass bot offenbar Gérards Porträt der Madame de Staël als *Corinna auf dem Vorgebirge Miseno*, das Schlegel 1822 in einem Aufsatz für Cottas *Kunst-Blatt* würdigte [Kunst-Blatt 3 (1822), S. 25–27, dazu als Beilage ein Umriss des Gemäldes; Schlegel, Werke 9, 1846/1971, S. 360–368]; siehe den Briefwechsel in: Gérárd 2, 1888, S. 232–234.

Kaufmann Dael in Mainz] Johann Georg Simon Hugo Dael, Kommerzienrat und Präsident des großherzoglich hessischen Handelsgerichts, unterhielt eine

Weinhandlung in Mainz, F 220 (Bischofsplatz 12); siehe die Erläuterungen zu Brief Nr. 21.

Brief von dem Buchhändler Koller in London] Die Verlagsbuchhandlung Koller & Cahlmann in London stand im Besitz von Wilhelm Heinrich Koller und Julius Cahlmann und befand sich in Middlesex, Soho-Square 21. Sie vertrieb u.a. auch deutsche Bücher; siehe Koller/Cahlmann. Koller, geb. um 1800 in Zürich als Sohn eines Müllers, studierte 1819 in Jena, 1820 in Göttingen und dann bis 1823 in Berlin Jura. Seit 1828 ist er in London als Buchhändler nachweisbar. Am 17. Juli 1831 trennte er sich von seinem Geschäftspartner Cahlmann; siehe The Law Advertiser for the Year 9 (1831), S. 335. Schlegel bezieht sich hier auf einen Brief Wilhelm Heinrich Kollers aus London vom 20. September 1831 (SLUB Dresden, Mscr. Dresd. e. 90., XIX, Bd. 13, Nr. 39).

Hrn Lassen] Christian Lassen, Schüler und Nachfolger August Wilhelm von Schlegels auf dem Bonner Lehrstuhl; siehe die Erläuterungen zu Brief Nr. 1.

40 AUGUST WILHELM VON SCHLEGEL AN MARIA LÖBEL, 18. OKTOBER 1831

Überlieferung: Bibliothèque nationale et universitaire de Strasbourg, Ms 2882.84 (1 egh. B. ohne Unterschrift, 1 Dbl. mit Wasserzeichen, 2½ S. beschr., B 13 cm x H 21 cm).

Korrektur:

Vor acht] Zu ergänzen ist: Tagen.

Erläuterungen:

Ihren lieben Brief vom 13ten d. M.] Maria Löbels Brief an A. W. von Schlegel vom 13. Oktober 1831 ließ sich nicht nachweisen.

Cholera gar nicht nach Bonn] Die Cholera erreichte am 29. August 1831 Berlin und forderte insgesamt 1.426 Todesopfer. Karl Gutzkow beschreibt ihren Ausbruch in seinem *Kastanienwäldchen in Berlin*, S. 311–312 (desgl. Briese 4, 2003, S. 383–385): »Die Cholera, der ›asiatische Gast‹, wie sie hieß, die ›Seuche‹, wie sie auf den Kanzeln genannt wurde, besuchte zum ersten Male Europa. Sie war das Schreckbild der Menschheit. Auf einem dürren Kosakenklepper schien sie zu kommen, die sieben Plagen als siebensträngige Knute in der Hand, diese asiatische Giftmischerin, die in alle Brunnen, alle Ströme, in jede Nahrung den Keim des Todes warf. Ein hageres, fahles Weib mit zerzaustem Haar – Schmutz an ihren Kleidern – das personifizierte – Erbrechen –! Das war wahrscheinlich ein Gegensatz zur – Idealitätsphilosophie! Die Welt des Lichtes, der Ahnung und Schönheit in unserer Brust, und nun diese Cholerapräservative, diese wollenen Leibbinden, diese mit dunklem Wachstuch überzogenen Totenkörbe, diese besonderen, der Ansteckung wehrenden Anzüge der Wärter, diese Tafeln, die an die Häuser geheftet werden sollten, diese Cholerastationen in jedem Stadtviertel! Man glaubte an Ansteckung und Einschleppung. Man hatte gewiß recht. Denn sie war ja auf der Wanderung von Indien her, über den Ural, durch die Steppen Rußlands gekommen. Rußlands Freundschaft für uns, die heilige Allianz, die soeben den polnischen Aufstand niedergeworfen hatte, schien uns ein Geschenk des Dankes damit machen zu wollen. Von dem Elend, das zu erwarten stand, hatte das Volk entsetzliche Vorstellungen. Es fürchtete die Brunnen vergiftet, glaubte die Reichen von den Krallen der Harpyie verschont und sah ein Strafgericht Gottes verhängt über die Welt für all die Sünden, die sich seit dem durch Gottes Gnade verhängten Sturz Napoleons so bedenklich gemehrt hätten, besonders für den Unglauben. Und die Denker litten nicht minder. Diese standen unter dem gefährlichen Einfluß ihrer Phantasie und – ihrer Gelehrsamkeit. Die Seuche kam aus Indien, dem Lande der freiwilligen Selbstvernichtung. Es wurden Szenen des Entsetzens, der Verzweiflung, des Aufruhrs berichtet, die ganze Städte ergriffen haben sollten, andrerseits wieder Szenen des absoluten Gleichmuts, der dumpfen Ergebung in Leben und Tod, wo sich die Bande der Freundschaft und Liebe lockerten, die Mutter die Kinder vergaß, der Gatte die Gattin.« Ebenfalls 1831 wurde Wien, 1836 München von der Cholera erfasst. Bonn blieb von ihr jedoch verschont. Die Unterbringung eines Cholerahospitals in der Armenschule war höchst umstritten; siehe Körschner.

Römische Camillen] Die Kamille galt als Medikament gegen vielfältige Erkrankungen und Formen des Unwohlseins, die Römische zudem als Mittel gegen Herzbeschwerden; siehe Zedler 5, 1733, Sp. 1977–1981, hier Sp. 1978–1979. Ein Aufguss aus Kamille diente sowohl zur äußerlichen als auch zur innerlichen Anwendung gegen die Cholera, galt in seiner medizinischen Wirkung aber als umstritten; siehe Sachs, S. 79: »Laues Wasser, Esslöffelweise gereicht, ist das beste Getränk für Cholera-Kranke. Kamillen- und Pfefferminzthee sind bei weitem nicht so wohlthätig, und die Kranken mögen das bloße warme Wasser lieber.«

Kampfersalbe] Weiße Salbe mit einer Zumischung von Kampfer, dessen Konzentration variieren konnte. Kampfer diente als Mittel gegen Erkältungen, zur Herzstärkung, aber auch zur Behandlung von Muskelbeschwerden oder sogar Rheuma und Neuralgien; siehe Zedler 5, 1733, Sp. 467–473 sowie ebd. 54, 1747, Sp. 1253–1254. Schlegel schließt sich in seinen Empfehlungen für die Prävention und Behandlung der Cholera dem Arzt Christian Friedrich Samuel Hahnemann (* Meißen, 10. April 1755; † Paris, 2. Juli 1843) an, der die Homöopathie im Kampf gegen Cholera-Epidemien der Jahre 1830 und 1831 als medizinische Disziplin etablierte. Kampferanwendungen spielten wegen ihrer antiseptischen Wirkung eine wichtige Rolle; siehe Briese 1, 2003, S. 107–109; Jütte.

Herrn Dr. Wolff] Heinrich Wolff (* Bonn, 1793; † Bonn, 1875) wurde 1817 als praktischer Arzt, Operateur und Geburtshelfer approbiert und ordinierte in der Josefstraße 666. Bereits sein Vater Jakob (* Marburg, 1758; † Bonn, 1822) hatte in Bonn als Arzt praktiziert (siehe Schulte, S. 539–543; Velten, S. 179, Anm. 145, und S. 412, Anm. 413) und gehörte neben dem Juristen Georg Christian Burchardi (Weffer, S. 123) zu Schlegels Partnern beim Schachspiel; siehe dazu Schlegels Brief an Dr. Wolff, Bonn, 19. November [1821] (StArch, SN 19/572). Das lange Zeit in Familienbesitz befindliche Haus auf der Josefstraße wurde nach dem Tod Heinrich Wolffs durch Notar Carl Eilender verkauft; siehe Bonner Wochenblatt, 28. September 1845.

beim Könige] Louis Philippe I. d'Orléans, König von Frankreich, siehe ausführlich die Erläuterungen zu Brief Nr. 42.

Diana=Gallerie] Pracht- und Festsaal im Palast der Pariser Tuilerien; siehe Joanne, S. 192: »Die Gallerie der Diana (galerie de Diane) am Ende der grossen Appartements, nach dem Hofe zu gehend, ist mit Gobelins, dann mit zwei egyptischen, 2 Meter 60 Centimeter hohen Vasen geschmückt. Ihre Decke ist mit Copien der Farnesina geziert, welche die Eleven der französischen Kunstschule in Rom ausgeführt haben.

ersten Minister] Casimir Pierre Périer (* Grenoble, 11. Oktober 1777; † Paris, 16. Mai 1832), stammte aus einer großbürgerlichen Kaufmannsfamilie. Er wirkte als Bankier und Regent der Banque de France, ehe er 1817 Mitglied der Nationalversammlung wurde. Zwar opponierte er gegen die Versuche König Charles X. und seiner Minister, die Monarchie zu stärken, stellte sich aber auch gegen die Julirevolution von 1830. Nach der Revolution war er vom 6. bis 21. August 1830 und vom 11. November 1830 bis zum 31. Mai 1831 zunächst Parlamentspräsident, seit dem 13. März 1831 bis zu seinem Tod Premierminister und gleichzeitig Innenminister von Frankreich. Er starb an der Cholera; siehe NBG 39, 1862, Sp. 602–607; Bourset.

bei unserm Gesandten Hrn. von Werther] Heinrich Wilhelm von Werther, preußischer Gesandter am französischen Hof; siehe die Erläuterungen zu Brief Nr. 38.

Hr. Michel Beer] Michael Beer (* Berlin, 19. August 1800; † München, 22. März 1833), der auch Goethes Wertschätzung genoss, war Schlegel von Alexander von Humboldt empfohlen worden; siehe Humboldts Brief an Schlegel, Paris, 15. Mai 1824 (Körner 1, 1930, Nr. 287, S. 411): »Der Ueberbringer dieser Zeilen Herr Michael Beer, der Verfasser des Paria ist ein talentvoller junger Dichter der durch Geist und Sitten sich hier beliebt gemacht hat. Nehmen Sie ihn schon um meinethalben in freundlichen Schuz [...].« Schlegel hatte eine Aufführung von Beers *Paria* am 30. Juni 1827 während eines Aufenthaltes in Berlin am königlichen Theater gesehen und zeigte sich in einem Brief vom 1. Juli 1827 sehr beeindruckt (Körner 2, 1930, S. 180–181). Zu Leben und Werk Michael Beers siehe Kahn; Schirmer 2004.

mit seinen Brüdern u seiner Mutter] Amalie Beer (* Berlin, 10. Februar 1767; † Berlin, 27. Juni 1854), Tochter des preußischen Hoffaktors Liepmann Meyer Wulff (* Berlin, 1. November 1745; † Berlin, 16. August) und seit 1788 Gattin des jüdischen Zuckerfabrikanten Jacob Hertz Beer (* Frankfurt/Oder, 12. Juni 1769; † Berlin-Tiergarten, 27. Oktober 1825), unterhielt in Berlin einen musikalisch-literarischen Salon, in dem vor allem zwar das aufgeklärte, gebildete Bürgertum verkehrte, der aber auch Angehörige des Hochadels anzog. Neben Michael hatte sie noch drei weitere Söhne, den Komponisten Jacob Liebmann »Giacomo« Meyerbeer (* Tasdorf bei Berlin, 5. September 1791; † Paris, 2. Mai 1864), den Berufslosen Heinrich Beer (1794–1842) sowie den Ökonom und Amateurastronom Wilhelm Beer (* Berlin, 14. Januar 1797; † Berlin, 27. März 1850); siehe Meyerbeer 1, 1959, S. 29–54, sowie die Beiträge bei Kuhrau/Winkler.

Restaurateur] Gastwirt; siehe Grimm 17, 1905, Sp. 2126 (s.v. ›Speisewirt‹).

der Englische Gesandte] Granville Leveson-Gower (* Trentham, 12. Oktober 1773; † London, 8. Januar 1846) wurde im Juli 1800 von Premierminister William Pitt (* Hayes, Kent, 28. Mai 1759; † Putney, 23. Januar 1806) zum Lord of the Treasury und 1804 in dessen zweiter Amtsperiode zum Botschafter in Russland ernannt, wo er den Vertrag abschloss, der 1805 zum Feldzug gegen Napoléon führte. Nachdem er kurzzeitig Staatssekretär im Kriegsministerium gewesen war, wirkte er von 1807 bis 1814 als Botschafter in Russland und von 1814 bis 1824 als Botschafter in Den Haag, ehe er 1824 in gleicher Funktion nach Paris ging. Dort verblieb er mit einer Unterbrechung (1828–1830) bis 1841; siehe ODNB 23, 2004, S. 118–119 (K[im] D[enise] Reynolds).

Herzog von Broglie] Achille Charles Léonce Victor, französischer Staatsmann und Diplomat; siehe die Erläuterungen zu Brief Nr. 36.

es ist dort zu unruhig] Im Oktober 1831 wurde London von der Cholera heimgesucht.

Beitrag für die Armen] In Bonn nahmen sich im ersten Viertel des 19. Jahrhunderts verschiedene evangelische Armenvereine der Mittellosen und Bedürftigen der Stadt an. Die Hilfe bestand in Geldzuwendungen und Sachspenden, aber auch in der seelsorgerischen Betreuung und – über die sog. Armenschulen – in der Vermittlung von Bildung. Die Namen der Geber, unter denen sich zahlreiche Professoren der Universität befanden, wurden im *Bonner Wochenblatt* veröffentlicht, das überdies zum Gesprächsforum über das Armenwesen avancierte. Ein am 1. Dezember 1831 im *Bonner Wochenblatt* ohne Nennung eines Verfassers erschienener Artikel *Ueber das Armenwesen* verweist auf die prekäre Lage der Armenversorgung zu Beginn der 1830er Jahre. Im November 1832 wurde in Bonn eine zusätzliche Kommunalsteuer für die Versorgung der Armen eingeführt; siehe Kolvenbach, S. 54–55; Eichner, S. 80–98.

Hrn Lassen] Christian Lassen, Schüler und Nachfolger August Wilhelm von Schlegels auf dem Bonner Lehrstuhl; siehe die Erläuterungen zu Brief Nr. 1.

**41   AUGUST WILHELM VON SCHLEGEL AN MARIA LÖBEL,
        7. NOVEMBER 1831**

Überlieferung: Bibliothèque nationale et universitaire de Strasbourg, Ms
2882.85 (1 egh. B. mit Unterschrift, 1 Dbl., 3 S. beschr., B 13 cm x H 21 cm).

Korrektur:

habe ich ich denn] habe ich denn.

Erläuterungen:

Ihren Brief vom 2ten Nov. empfangen; der vorige war vom 13ten October.]
Maria Löbels Briefe an A. W. von Schlegel vom 13. Oktober 1831 und vom 2.
November 1831 ließen sich nicht nachweisen.

Brief von Hrn. Lassen] Lassens Brief datierte vom 25. Oktober 1831. Er ist
allerdings nicht erhalten; siehe August Wilhelm von Schlegel, Brief an Christian
Lassen, Paris, 2. Dezember 1831 (Kirfel 1914, Nr. 79, S. 214–216, hier S. 214):
»Sie schreiben mir gar zu selten, theuerster Freund: Ihr letzter Brief war vom
25sten Oct. Ich habe immer gleich geantwortet, auch alles Neue aus unserm
Fache gemeldet.«

Mahagony] Tropisches Edelholz, mit dem August Wilhelm von Schlegel die
Gesellschaftszimmer seines Hauses hatte möblieren lassen; siehe Schlegels Brief
an Friedrich Tieck, Bonn, 1. November 1830 (Körner 2, 1937, Nr. 570, S. 457–
459, hier S. 457–458).

Postament unter meiner Büste] Es handelt sich hierbei um die Büste, die Lud-
wig Tiecks Bruder Christian Friedrich von August Wilhelm von Schlegel fer-
tigte; siehe Schlegels Brief an Christian Friedrich Tieck, Bonn, 6. März 1831
(Holtei 2[3], 1872/1971, Nr. 15, S. 103–104; in Auszügen auch: Körner 3, 1958,
S. 632–633): »Schon vor vierzehn Tagen hätte ich Dir melden sollen, daß die
Marmorbüste nebst dem Postament gesund und wohlbehalten angelangt ist.
[...] Alles gerieth auf's Beste, und die Büste wurde an dem vortheilhaftesten
Platze aufgestellt, der sich in meinem Hause dafür ausmitteln läßt. [...] Allen
Fremden, die mich besuchen, fällt die Büste gleich beim Eintritte in die Augen;
und deren kommen im Sommer viele, sowohl Ausländer als Deutsche, so daß
Dein Licht hier gewiß nicht unter einen Scheffel gestellt ist. Auch steht das
Kunstwerk in einer würdigen Umgebung: meine beiden Gesellschaftszimmer,

das eine, (der Speisesaal,) das Indische, – das andre das Chinesische genannt, sind, ich darf sagen, auf eine geschmackvolle und geniale Art möblirt und ausgeschmückt.« Schlegel hatte Tieck in Jena kennen gelernt und war ihm seitdem freundschaftlich verbunden. Offenbar dauerte es rund 14 Jahre, ehe Tieck den bereits 1816 genommenen Entwurf in Mamor setzte. Schlegels Büste wurde von den Hinterbliebenen der Universitätsbibliothek für die »Gelehrtengalerie« gestiftet; siehe den Briefwechsel Schlegel – Tieck in Holtei 2(3), 1872, Nr. 10–14, S. 89–103; Holzhausen, S. 86–89; Bloch/Einholz/von Simson, S. 312–313 (Christa Schreiber) sowie die Erläuterungen zu Brief Nr. 25.

Winterfenster] Beim Winterfenster handelt es sich um ein zusätzliches Fenster, das während der kalten Jahreszeit als zweites Fenster hinter das Außenfenster montiert wird; siehe Breymann 2, 1860, S. 204–207.

durch Essig gezogen] Mit der Räucherung von Briefen und anderen die Grenze passierenden Dokumenten suchten die preußischen Behörden gegen die Cholera vorzugehen. Zur Räucherung wurde ein dreigeteilter hölzerner Kasten verwendet. In das oberste Fach wurden die zu desinfizierenden Papiere gelegt, das unterste wurde mit glühenden Kohlen aufgefüllt, die den in der Mitte deponierten Essig sowie ein aus Schwefel, Salpeter sowie aus Kleie bestehendes Räucherpulver zum Verdampfen bringen sollten. Nachdem die Briefe fünf Minuten geräuchert worden waren, wurden sie »mit einem Pfriemen vielfach durchstochen, bei besonders verdächtiger Beschaffenheit wohl auch zur Seite aufgeschnitten und dann wieder durch fünf Minuten in die Räuchermaschine gelegt.« (siehe Instruction für den Quarantaine-Arzt. In: Sammlung der von den Regierungen der Deutschen Bundesstaaten ergangenen Verordnungen und Instructionen wegen Verhütung und Behandlung der asiatischen Brechruhr (Cholera morbus), Heft 1, Frankfurt/Main: Andreä, 1831, S. 343–349, hier 347). Die solchermaßen behandelten Briefe wiesen charakteristische Einstichlöcher auf und waren zudem mit einem Sanitätsstempel versehen. Schlegel quittierte die Sicherheitsvorkehrungen gegen die Ausbreitung der Cholera mit Spott; siehe August Wilhelm von Schlegel, Brief an Christian Lassen, Paris, 30. September 1831 (Kirfel 1914, Nr. 77, S. 209–212, hier S. 209 und 211): »Ich war sehr erfreut, Ihren Brief vom 22sten d. M., zwar einigermaßen wie einen Salat zubereitet, zu empfangen. [...] Hierher gesandt, würde er [sc. der Kontrakt mit Treuttel und Richter] unbarmherzig durch den Essig gezogen werden, wie alles, was mir geschickt wird, auch Ihre Übersetzung.«

der Cordon u die Speere an der französischen Gränze] Militärkordons dienten seit dem 18. Jahrhundert als Vorkehrung, um die Ausbreitung einer Seuche zu verhindern. Ihre Wirksamkeit war jedoch begrenzt; siehe Briese 1, 2003, S. 242–249.

Staatsrock] Schlegel legte größten Wert auf die Einhaltung der Etikette. Der Staatsrock, den er Maria Löbel ihm nachzusenden bittet, damit er bei den Empfängen an den Höfen zu Paris und London, entsprechend repräsentieren kann, ist nicht identisch mit dem Hofkleid, das er in Berlin getragen hatte; siehe Brief Nr. 20 und die Erläuterungen dazu.

Halsbinden] Binde zur Bekleidung oder zum Schmuck des Halses; siehe Adelung 2, 1808, Sp. 924; Grimm 10, 1877, Sp. 258; Bertrich, S. 48.

Wachsleinwand] Wachstuch, »mit einem glänzenden ölfirnisz überzogene leinwand, zu überzügen oder zum einpacken von waren verwendet«; siehe Grimm 27, 1922, Sp. 140–141, hier Sp. 140; Adelung 4, 1808, Sp. 1325.

Vieux effets d'habillement] Staats- und Hofkleidung.

Frau Hofagentin Wolff … Verwandte in Nancy] Hofagent Samuel Caesar Wolff war seit 1817 mit Babette Türck, der Witwe des Meyer Cahen-Goudchaux, aus Nancy verheiratet; siehe Schulte, S. 530 und S. 533.

20 Franken] Franc, französische Rechnungsmünze; siehe Schrötter, S. 201–203.

dem Könige vorgestellt] William IV. Henry (* London, 21. August 1765; † Windsor, 20. Juni 1837) war von 1830 bis 1837 König des Vereinigten Königreichs von Großbritannien und Irland und König von Hannover; siehe ADB 43, 1898, S. 13–20 (Ferdinand Frensdorff).

nach England reisen] Schlegel reiste erst im Februar 1832 nach England; siehe dazu Brief Nr. 52 und die Erläuterungen dazu.

Herrn Hofagenten] Samuel Wolff, Bankier, Handelsmann und Hofagent; siehe die Erläuterungen zu Brief Nr. 18. A. W. von Schlegels Dankesschreiben an Wolff ließ sich nicht nachweisen.

Haus Rothschild] Die Rothschilds, deren Stammhaus M. A. Rothschild & Söhne in Frankfurt/Main lag, zählten im 19. Jahrhundert zu den einflussreichsten Bankiers und wichtigsten Finanziers europäischer Staaten. Dem Gründer der Dynastie, dem im jüdischen Ghetto geborenen Mayer Amschel Rothschild (* Frankfurt/Main, 23. Februar 1744; † Frankfurt/Main, 19. September 1812) war es noch verboten, außerhalb der Frankfurter Judengasse Grundbesitz zu erwerben. Bis 1860 war die Firma N. M. Rothschild & Sons als eine Unternehmensgruppe mit fünf eigenständigen Niederlassungen organisiert. Der Besitzstand wurde durch Heiraten innerhalb der Familie gesichert. Die Bezeichnung ›Haus Rothschild‹, die sowohl von den Familienmitgliedern als auch von ihren Zeitgenossen im 19. Jahrhundert verwendet wurde, weist auf die enge Verbindung zwischen der Geschichte des Unternehmens und der Familiengeschichte hin; siehe Heuberger, S. 90–100. Schlegels Kontakt mit der Familie des Barons Rothschild war durch die Vermittlung des Bonner Hofagenten Samuel Wolff zustande gekommen. Sein Empfehlungsschreiben ließ sich allerdings nicht nachweisen.

Baron von Rothschild] Baron Jakob (seit 1822 James) von Rothschild, Pariser Bankier; siehe die Erläuterungen zu Brief Nr. 38.

seiner Schwiegermutter] Caroline Stern (* Frankfurt/Main, 1782; † Paris, 1854), Tochter des Weinhändlers Samuel Hayum Stern (* Frankfurt/ Main, 1758/1760; † Frankfurt/Main, 18. Januar 1819), hatte 1800 in Frankfurt/Main Salomon Meyer von Rothschild (* Frankfurt/Main, 9. September 1774; † Paris, 28. Juli 1855) geheiratet.

Herzog von Broglie] Achille Charles Léonce Victor de Broglie (* Paris, 1. Dezember 1785; † Paris, 25. Januar 1870), französischer Staatsmann und Diplomat; siehe die Erläuterungen zu Brief Nr. 36.

Beim Könige] Louis Philippe I. d'Orléans, König von Frankreich; siehe ausführlich die Erläuterungen zu Brief Nr. 42.

beim Österreichischen, Russischen, Englischen und Preußischen Gesandten] Anton Apponyi de Nagy-Appony, Carlo Andrea Pozzo di Borgo, Granville Leveson-Gower und Heinrich Wilhelm Freiherr von Werther; siehe die Erläuterungen zu den Briefen Nr. 38 und 40.

Baronin Salomon Rothschild auf dem Lande] Betty Salomon von Rothschild (* Frankfurt/Main, 5. Juni 1805; † Paris, 1. September 1886), Ehefrau von Jakob (James) Baron von Rothschild. Betty von Rothschild veranstaltete in ihrem Haus drei Soireen in der Woche, zu der die Aristokratie geladen war. Sie knüpfte Freundschaften mit Rossini, Chopin, Balzac und Heine, den sie zu seinem Gedicht *Die Engel* inspirierte; siehe die Erläuterungen zu Brief Nr. 38.

Baron Gérard, dem berühmten Mahler auf dem Lande] Baron François-Pascal Simon Gérard, Porträtmaler; siehe die Erläuterungen zu Brief Nr. 39.

bei dem ersten Staatsminister Casimir Perier] Casimir Pierre Périer, französischer Premierminister von 1831 bis 1832; siehe die Erläuterungen zu Brief Nr. 40.

Gräfin Rumford] Marie Anne Pierrette Paulze Lavoisier (* Montbrison, 20. Januar 1758; † Paris, 10. Februar 1836), Tochter des auf der Guillotine hingerichteten Direktors der französischen Ostindienkompanie Jacques Paulze (* 1723; † Paris, 8. Mai 1794) und seiner Frau Claudine Catherine Thoynet de Rozières († Mai 1761), heiratete am 16. Dezember 1771 als Dreizehnjährige den Chemiker Antoine Laurent de Lavoisier (* Paris, 26. August 1743; † Paris, 8. Mai 1794). Gemeinsam führten die beiden chemische Experimente durch, zudem erstellte Marie Lavoisier zahlreiche Illustrationen zu den Werken ihres Ehemannes, der am 8. Mai 1794 vom Revolutionstribunal zum Tode verurteilt und tags darauf enthauptet wurde. Nachdem die Opfer des Grande Terreur 1795 in einem Revisionsprozess rehabilitiert und ihre Angehörigen entschädigt worden waren, lebte sie in vermögenden Verhältnissen. Am 12. Oktober 1805 heiratete sie den als Count Rumford bekannten Benjamin Thompson (* Woburn, Massachusetts, 26. März 1753; † Auteuil bei Paris, 21. August 1814), doch wurde die Ehe bereits 1810 nach dreijähriger Trennung geschieden. In der napoleonischen Ära unterhielt sie in dem Pariser Hôtel de la rue d'Anjou-Saint-Honoré einen Salon, der von führenden Wissenschaftlern wie Joseph Louis Lagrange, Pierre Simon Laplace, Claude Louis Berthollet, François Arago und Jean Baptiste Biot frequentiert wurde; siehe Ogilvie, S. 119–120; Eagle/Solan.

Baron von Humboldt] Wilhelm von Humboldt, preußischer Staatsmann und Gelehrter; siehe die Erläuterungen zu Brief Nr. 20.

Hrn Michel Beer] Deutscher Dramatiker jüdischer Herkunft; siehe die Erläuterungen zu Brief Nr. 40.

Hrn. Guizot … Minister] François Pierre Guillaume Guizot (* Nîmes, 4. Oktober 1787; † Saint-Ouen-le-Pin, 12. September 1874) wuchs, nachdem sein Vater, ein französischer Advokat, am 8. April 1794 mit der Guillotine hingerichtet worden war, in Genf auf. Nach dem Studium der Rechtswissenschaften in Paris übernahm er 1807 eine Stelle als Hauslehrer. 1812 heiratete er die 14 Jahre ältere französische Schriftstellerin Elisabeth Charlotte Pauline de Meulan (* Paris, 2. November 1773; † Paris, 1. August 1827) und wurde als Professor für Geschichte an die Sorbonne berufen. Nach der Ersten Restauration wurde er 1814 von

Innenminister Abbé Montesquiou zum Generalsekretär ernannt. Als Mitglied des Zensurausschusses wirkte er an der Ausarbeitung des neuen Pressegesetzes mit. In der Folge bekleidete er verschiedene Verwaltungsämter. Anfang der 1820er Jahre kehrte er auf seine Professur zurück. Wegen kritischer Äußerungen über das Kabinett des Ministerpräsidenten Jean Baptiste de Villèle von 1824 bis 1828 mit einem Lehrverbot belegt, profilierte sich Guizot in dieser Zeit als Herausgeber und Publizist. Mit Beginn der Julirevolution betrat er die politische Bühne: Er verfasste den Protest gegen die Juliordonnanzen, wurde am 30. Juli provisorischer Minister des öffentlichen Unterrichts und am 11. August Innenminister. Wegen Differenzen mit der Politik des Ministerpräsidenten Jacques Laffitte trat er bereits im November 1830 von seinem Amt zurück. Als Führer der konstitutionellen Monarchisten unterstützte Guizot den 1831 zum Innenminister bestellten Casimir Pierre Périer. Von 1832 bis 1837 wirkte er als Unterrichtsminister und reformierte das Schulwesen, ehe er 1839 für kurze Zeit als Botschafter in London tätig war. Von Oktober 1840 bis zur Februarrevolution 1848 fungierte er als Außenminister und bestimmte als starker Mann der nominell von Marschall Nicolas Jean de Dieu Soult geführten Regierung auch die Innenpolitik seines Landes. Mit seinem autoritären Führungsstil, der sich nicht zuletzt in der Unterdrückung der Meinungsfreiheit sowie in der Ablehnung der Wahlreform kundtat, und seinen intriganten Einmischungen in die politischen Belange Englands und der Schweiz erregte er Unmut, der sich in der Revolution von 1848 entlud. Guizot musste fliehen und hielt sich seit März 1848 in London auf. Nach seiner Rückkehr nach Paris 1849 bekleidete er zwar kein Regierungsamt mehr, machte aber weiterhin seinen politischen Einfluss geltend. Im Januar 1854 wurde er Präsident der Académie des sciences morales et politiques, die 1832 auf seine Initiative hin eingerichtet worden war; siehe Europa-Historiker 3, 2007, S. 89–111 (Dirk Hoeges). Schlegel stand mit Guizot spätestens seit dem Beginn der dreißiger Jahre in Kontakt. Am 7. März 1830 empfahl er ihm in einem Brief aus Bonn den nach Paris reisenden Berliner Historiker Friedrich von Raumer (StArch Bonn, SN 19/604).

Staatsrath Cuvier, berühmtem Gelehrten] Georges Léopold Chrétien Frédéric Dagobert Baron de Cuvier (* Mömpelgard, 23. August 1769; † Paris, 13. Mai 1832), studierte von 1784 bis 1788 Rechts- und Wirtschaftswissenschaften sowie Naturgeschichte und vergleichende Anatomie an der Karlsakademie in Stuttgart. 1795 wurde er Assistent von Étienne Geoffroy Saint-Hilaire, dem Direktor des Jardin des Plantes in Paris, und stieg binnen kurzer Zeit zunächst zum Professor für Naturgeschichte an der Zentralschule des Pantheons und 1799 als Nachfolger Louis Jean Marie Daubentons zum Ordinarius für Naturgeschichte am Collège de France auf. Auf Betreiben Saint-Hilaires wurde er 1802 zum Professor für vergleichende Anatomie am Naturgeschichtlichen Museum ernannt, dessen Direktion er 1808 übernahm. Mit seinem Hauptwerk *Recherches sur les ossements fossiles des quadrupèdes* legte Cuvier 1812 die Grundlagen für die Paläontologie. Cuvier emanzipierte sich früh von der Lehrmeinung seiner Pariser Kollegen Saint-Hilaire und Lamarck, derzufolge sich sämtliche Lebewesen kontinuierlich aus den einfachsten Lebensformen entwickelt hätten, und teilte die Fauna aufgrund der anatomischen Baupläne in vier Hauptzweige, Wirbeltiere, Gliedertiere, Strahlentiere und Weichtiere, ein. Aus seinen Untersuchungen zahlreicher Fossilien entwickelte er seine Katastrophentheorie, die besagt, dass der Artenwechsel eher abrupt durch plötzliche lokale Umweltveränderungen zu erklären sei, die zum Aussterben von Tierarten geführt hätten. Neben seinen wissenschaftlichen Forschungen erfüllte Cuvier eine wichtige Rolle in der Reform des Erziehungs- und des Hochschulwesens. Als Inspektor des öffentlichen Unterrichts 1802, später als Berater der Universität richtete er die Lycées von Marseille, Bordeaux und Nizza ein. Er organisierte 1810 die Akademien in Oberitalien neu, dann die Hochschulen in den französischen Départements in Niederdeutschland und in den Niederlanden. 1813 führte er das öffentliche Unterrichtswesen in den bischöflichen Staaten wieder ein und errichtete in Frankreich die kantonalen Komitees für die Leitung der Grundschulen; siehe NBG 12, 1855, Sp. 663–695 (Camille Dareste).

Herzog Decazes] Élie, Herzog von Decazes und Glücksberg (* Saint Martin de Laye, 28. September 1780; † Paris, 24. Oktober 1860), begann zunächst eine Laufbahn als Jurist, die ihn bis ins Richteramt führte, ehe König Louis XVIII. ihn wegen seiner royalistischen Gesinnung am 7. Juli 1815 zum Polizeipräfekten von Paris und am 24. September 1815 als Nachfolger von Joseph Fouché zum französischen Polizeiminister ernannte. Nach dem Rücktritt des Herzogs Richelieu übernahm Decazes die Führung des Kabinetts, obwohl General Jean Joseph Paul Dessolles ihm nominell als Präsident vorstand. Zugleich übernahm er die Leitung des Innenministeriums. Als Liberaler unterdrückte er das Polizeiministerium, milderte die Zensurbestimmungen für die Presse, ordnete die Finanzen neu und stellte die Industrie unter Schutz. Der dadurch erlangte nationale Wohlstand machte ihn populär, bis er in den Verdacht geriet, bei der Ermordung des Herzogs von Berry am 13. Februar 1820 beteiligt gewesen zu sein, und er beim König sein Entlassungsgesuch einreichte. Louis erhob Decazes in den Rang eines Herzogs und sandte ihn als Botschafter nach England. Im Dezember 1821 kehrte er in die Pairkammer zurück, wo er weiterhin seine liberalen Ansichten vertrat. Nach 1830 hielt er an der Julimonarchie fest, 1848 ging er in den Ruhestand; siehe NBG 13, 1855, Sp. 304–310 (François Sicard).

Cabriolets] Zweispännige Kutsche ohne Verdeck.

Die Fiaker sind schmutzig] Zweispännige Lohnkutsche, die ihren Namen nach der Rue de Saint Fiacre in Paris trägt. In ihr befand sich der erste Standplatz für die erstmals 1662 von dem Kaufmann und Pferdehändler Nicolas Souvage eingesetzten Gefährte. Später war der Begriff nur noch in Bayern und vor allem in Österreich gebräuchlich. Eine Beschreibung der Wiener Fiaker, die nicht »so schlecht und schmutzig, wie die Fiaker in Paris oder Berlin« seien, gibt Friedrich Nicolai in seiner *Beschreibung einer Reise durch Deutschland und die Schweiz;* siehe Nicolai 3, 1784, S. 260–262, hier S. 261.

Hr. Forstheim] Nikolaus Forstheim übernahm die Essigfabrikation seines Vaters Mathias (* 1748; † Bonn, 8. Juli 1817), die sich zunächst am Markt 1114 befand und im Juni 1817 in die Stockenstraße 1002 verlegt wurde (siehe Bonner Wochenblatt, 15. Juni 1817). Nach dem Tod seiner ersten Frau Agnes Helena Bernhardina Hellermann (* 1782; † Bonn, 19. August 1817), mit der er seit dem 6. Dezember 1802 verheiratet gewesen war, heiratete er am 27. Juli 1818 Maria Sibilla Wilhelmina Johanna Falkenstein, die Tochter des Notars und Kunstsammlers Heinrich Falkenstein. Seit 1817 gehörte Forstheim dem Bonner Stadtrat an. Sein Haus befand sich Am Hof 50, wo er seit 1819 auch Stallungen vermietete (siehe Bonner Wochenblatt, 16. September 1819). 1824 wurde es – Forstheim lebte zu dieser Zeit als Rentner in Düsseldorf – an die Lese verkauft, der Forstheim seit 1816 als Mitglied angehörte; siehe Kaufmann 1933, S. 235; Kolvenbach, S. 30–31; Ruckstuhl, S. 88–89; Weffer, S. 201–202.

Musik-Kästchen von Schildpat] Beim Schildpatt handelt es sich um die oberen Platten des Panzers bestimmter Schildkrötenarten. Es wird oftmals als Besatz für Schmuckkästchen oder Spieldosen verwendet.

42 AUGUST WILHELM VON SCHLEGEL AN MARIA LÖBEL, 22. NOVEMBER 1831

Überlieferung: Bibliothèque nationale et universitaire de Strasbourg, Ms 2882.86 (1 egh. B. mit Paraphe, 1 Dbl. mit Wasserzeichen [Muschel], 2½ S. beschr., B 13 cm x H 21 cm).

Erläuterungen:

Rue de Bourbon 78] Unter dieser Adresse ist im Pariser *Almanach des 25000 adresses* von 1832 der französische Politiker Louis Clair de Beaupoil Comte de Saint Aulaire (* Baguer-Pican, 9. April 1778; † Paris, 13. November 1854) gemeldet, der 1823 Goethes *Faust* ins Französische übersetzt hatte und von 1829 bis 1832 als französischer Botschafter in Rom residierte; siehe Dulac, S. 24.

Brief vom 16ten Nov.] Maria Löbels Brief an A. W. von Schlegel vom 16. November 1831 ließ sich nicht nachweisen.

mit Hrn. Lassen verabreden] Christian Lassen, Schüler und Nachfolger August Wilhelm von Schlegels auf dem Bonner Lehrstuhl; siehe die Erläuterungen zu Brief Nr. 1.

Ritter der Ehrenlegion] Die Légion d'honneur ist ein 1802 von Napoléon Bonaparte als Konsul gestifteter Verdienstorden, mit dem militärische und zivile Verdienste ausgezeichnet werden; siehe Gritzner, S. 83–88. In Deutschland wurde Schlegels Ernennung zum Ritter der Ehrenlegion zuweilen mit Missgunst aufgenommen; siehe Steinmann 1, 1832, S. 70–74.

Königlichen Familie] Louis Philippe I. d'Orléans (* Paris, 6. Oktober 1773; † Claremont House, 26. August 1850), auch »Roi Citoyen« genannt, regierte während der Julimonarchie als letzter König von Frankreich. Er heiratete am 25. November 1809 Maria Amalia von Neapel-Sizilien (* Neapel, 26. April 1782; † Claremont House, 24. März 1866), eine Tochter Ferdinands I. di Borbone, des Königs beider Sizilien, und der Erzherzogin Maria Karolina von Österreich. Aus ihrer Ehe gingen zehn Kinder hervor, von denen acht bei der Feierlichkeit zugegen waren: Ferdinand Philippe (1810–1842), Louise (1812–1850), Marie Christine (1813–1839), Louis (1814–1896), Clementine (1817–1907), François Ferdinand (1818–1900), Henri Eugene (1822–1897) und Antoine (1824–1890). Zwei weitere Kinder, Françoise (1816–1818) und Charles (1820–1828), waren im Kindesalter verstorben. Seine Schwester Louise Marie Adélaïde Eugénie d'Orléans

(* Paris, 23. August 1777; † Paris, 31. Dezember 1847) diente Louis Philippe als Beraterin; siehe Birch; Vidal; Arnaud.

Oper ... außerordentliches Schauspiel] Es handelt sich um Meyerbeers neue Oper *Robert le Diable*, die innerhalb weniger Wochen mehrmals in Paris aufgeführt wurde; siehe Schlegels Brief an Sibilla Forstheim, Paris, 30. November 1831 (Kaufmann 1933, S. 238–239, hier S. 239): »In das Schauspiel komme ich nicht oft; es collidiert zu sehr mit dem Mittagsessen und der Gesellschaft. Am meisten besuche ich die musikalischen Theater, die spät anfangen. Meyer-Beers neue Oper, R o b e r t l e D i a b l e, wird heute zum viertenmal aufgeführt. Ich habe sie noch nicht sehen können, und kann auch heute nicht wegen einer Gesellschaft, wo Rubini singen wird. Der Zulauf ist noch immer sehr groß, da aber das Stück (von Scribe) viel grause Wunderbegebenheiten darbietet, Decorations-Zaubereien usw., so läßt sich noch nicht genau unterscheiden, wieviel Antheil daran die bloße Neugier und der eigentliche Kennerbeifall hat. Gestern sah ich Don Juan bei den Italienern. Mad. Schröder-Devrient in der zweiten Rolle nicht sehr zu ihrem Vortheil.«

Adjudanten] Der Adjutant ist ein dem Major zur Unterstützung beigegebener Offizier.

Hrn. Lassen] Christian Lassen, Schüler und Nachfolger August Wilhelm von Schlegels auf dem Bonner Lehrstuhl; siehe die Erläuterungen zu Brief Nr. 1.

mehrere Personen in Bonn] Schlegel teilte am 24. November 1831 Rehfues (ULB Bonn, S 1392:14) und am 2. Dezember 1831 Lassen (ULB Bonn, S 860:3:33; abgedruckt bei: Kirfel 1914, Nr. 79, S. 214–216, hier S. 214–215) seine Auszeichnung durch den französischen König mit.

Abendgesellschaft bei dem Österreichischen Gesandten] Anton Apponyi de Nagy-Appony, österreichischer Gesandter in Paris 1826–1848; siehe die Erläuterungen zu Brief Nr. 38.

Vermählung seines Neffen mit der Tochter eines hiesigen Herzogs] Carlo Geronimo Pozzo di Borgo (* Alata, 2. September 1791; † Paris, 20. Februar 1879), der Neffe des russischen Gesandten, heiratete am 9. November 1831 Louise Victurnienne Valentine de Berton des Balbes de Crillon (* Paris, 12. Januar 1812; † Paris, 10. Januar 1890), die dritte von fünf Töchtern des Herzogs Félix Rodrigue de Berton des Balbes de Crillon (* Paris, 15. Dezember 1782; † Paris, 22. April 1870); siehe DBF 9, 1961, Sp. 1256–1257 (Roman d'Amat). Schlegel beschreibt die Feierlichkeiten ausführlich in seinem Brief an Sibilla Forstheim,

Paris 30. November 1831 (Kaufmann 1933, S. 238–239): »Der Russische Gesandte gab ein glänzendes Abendfest, der Vermählung seines Neffen mit der
Tochter des Herzogs von Grillon [...] zu Ehren. Heinrich war ganz außer sich
über die Pracht. Im Vorsaal standen zwölf Bediente in scharlachnen Staatsliv-
reyen mit goldenen Tressen auf allen Näthen, die Aufwartung besorgten Kammerdiener in Hoftracht. Hätte er nun erst die Herrlichkeit im Innern sehen
können! Die endlose Reihe blendend erleuchteter Zimmer, verziert mit Gemälden, seidenen Tapeten und kostbaren Teppichen, das Buffet mit Silbergeschirr
und vergoldeter Bronze, welches die Länge eines ganzen Saales einnahm, endlich die mit Diamanten und weißen Schultern strahlenden Damen! Ich kann
nicht sagen, daß ich alle Moden des weiblichen Putzes billige, doch ist mir ein
kleines Stirnjuwel, das mit einer querlaufenden Schnur unter der Scheitelung
der Haare befestigt wird, als eine gefällige und orginelle Neuerung aufgefallen.«

Staatslivreeien mit goldenen Tressen] Uniforme Dienstkleidung; siehe Adelung
2, 1808, Sp. 2081: »Kleidung eines Bedienten, so fern sie von einem Herrn auf
eine einförmige Art allen seinen Bedienten gegeben wird.«

schreibe ich an Hℓ. Lassen.] Schlegels Brief an Christian Lassen, Paris, 2.
Dezember 1831 (Kirfel 1914, Nr. 79, S. 214–216).

43 AUGUST WILHELM VON SCHLEGEL AN MARIA LÖBEL, 2. DEZEMBER 1831

Überlieferung: Bibliothèque nationale et universitaire de Strasbourg, Ms 2882.87 (1 egh. B. mit Paraphe, 1 Ebl., ½ S. beschr., B 13,4 cm x H 21 cm).

Erläuterungen:

vor zehn Tagen geschrieben] A. W. von Schlegels Brief an Maria Löbel vom 22. November 1831; siehe Brief Nr. 42.

Auftrages an Herrn Lassen] Schlegel bat Lassen in seinem Brief vom 2. Dezember 1831 (Kirfel 1914, Nr. 79, S. 214–216, hier S. 215–216) um die Zusendung seiner indologischen Schriften.

Brief ... vom 16ten Nov.] Maria Löbels Brief an A. W. von Schlegel vom 16. November 1831 ließ sich nicht nachweisen.

König] Louis Philippe I. d'Orléans, König von Frankreich; siehe die Erläuterungen zu Brief Nr. 42.

Orden ... ausführlich beschrieben] Schlegel war am 20. November 1831 vom französischen König zum Ritter der Ehrenlegion ernannt worden. Früher noch als dem Staatsminister Karl Freiherr von Altenstein (Brief vom 25. November 1831; Körner 1, 1930, Nr. 351, S. 497–498) hatte er Maria Löbel von dieser Ehrung in Kenntnis gesetzt und ihr ausführlich von der Zeremonie berichtet, während er Sibilla Forstheim in seinem Brief vom 30. November 1831 (Kaufmann 1933, S. 238–239, hier S. 238) kaum mehr als die bloßen Fakten mitteilte: »Sie werden vielleicht nun schon wissen, daß mir der König vor zehn Tagen eigenhändig den Orden der Ehrenlegion ertheilt hat. Das nähere kann Herr Lassen erzählen, die Art und Weise war unendlich schmeichelhaft.« Schlegel betrachtete die Dekoration mit dem Ordenskreuz als Nobilitierung seiner wissenschaftlichen Arbeit: »Was dieser Ehrenbezeugung einen noch höheren Werth für mich giebt, ist die Art, wie sie mir ertheilt worden. Ich habe keinen Schritt darum gethan; ich stehe, einige Höflichkeits-Besuche ausgenommen, in keinem näheren Verhältnisse zu den Ministern; ich habe alle Ursache zu glauben, daß Ludwig Philipp selbst den Gedanken gehabt, und die Verleihung dieser Gnade aus eignem Antriebe beschlossen hat.« Am 9. Januar 1832 teilte Altenstein Schlegel mit, dass der preußische König mit Kabinettsordre vom 23. Dezember 1831 die Annahme des Ritterordens gestattet habe (SLUB Dresden, Mscr. Dresd. e. 90,

Dresd. e. 90, XIX, Bd. 2(2), Nr. 49). Zur Verleihung des Ordenskreuzes siehe die Erläuterungen zu Brief Nr. 42. Theodor Mundt persifliert in *Posthorn-Symphonie* Schlegels Stolz auf den ihm verliehenen Orden. Der Beitrag erschien 1835 in dem von Mundt herausgegebenen *Literarischen Zodiacus. Journal für Zeit und Leben, Wissenschaft und Kunst* (S. 97–112, hier S. 101–102): »Mein einziges Tagebuch, das ich mir über die sogenannten großen Männer Deutschlands geführt, bestand darin, mir anzunotiren, wen ich im Schlafrock gefunden, und wen nicht. Der einer orientalischen Priestertracht ähnlich sehende Schlafrock Schelling's, in dem er jedem Besuchenden feierlich entgegenschreitet, ist in der ganzen Welt berühmt, und der aristotelische Hegel ließ sich in seinem Schlafpelz sogar in Kupfer stechen. Schiller dichtete seine feurigsten Tragödien bei Nacht im Schlafrock, und Friedrich Schlegel verkaufte an seinen Bruder Wilhelm Schlegel einige tiefsinnige Ideen, die er gerade zu viel hatte, für eine warme Nachtjacke, welche ihm gerade fehlte und dieser besaß. Wilhelm Schlegel trägt den Orden der französischen Ehrenlegion auch auf seinem Schlafrock aufgeheftet, und der alte Musäus schreibt einmal an Nicolai, daß er gern sein ganzes Dichtertalent für einen guten Bärenpelz hingeben wolle, indem er vielleicht meint, daß Nicolai, um ihm zu helfen, nur irgend einem Bärenhäuter aus der Allgemeinen deutschen Bibliothek das Fell abziehen zu lassen brauche. Genug, Sie sehen ein, mein Freund, die Schlafröcke und die Bärenpelze haben eine große Rolle in Deutschland gespielt.«

44 AUGUST WILHELM VON SCHLEGEL AN MARIA LÖBEL, 6. DEZEMBER 1831

Überlieferung: Bibliothèque nationale et universitaire de Strasbourg, Ms 2882.88 (1 egh. B. mit Paraphe, 1 Ebl., ½ S. beschr., B 13,4 cm x H 21 cm).

Erläuterungen:

Porto] Brief- bzw. Postgeld. Als Briefgeld definiert Adelung 1, 1808, Sp. 1193: »Geld für einen oder mehrere überbrachte Briefe; mit einem ausländischen Worte das Porto«; als Postgeld dagegen »dasjenige, was man für die Fortschaffung der Briefe und Packete mit der Post bezahlet: mit einem Italiänischen Worte das Porto. Dasjenige, was Personen für ihre Fortschaffung auf der Post erlegen, ist unter dem Nahmen des Passagier-Geldes am bekanntesten.«; siehe Adelung 3, 1804, Sp. 815.

Hrn. Lassen den kleinen Zettel] Schlegels Notizzettel lässt sich nicht nachweisen.

ein paar letzthin vergessene Bücher] Schlegel hatte Lassen in seinem Brief aus Paris vom 2. Dezember 1831 ein Verzeichnis von Büchern zugeschickt, darunter seine Editionen der *Bhagavad-Gita*, des *Ramayana* und des *Hitopadesas*, die er ihm nach Paris nachsenden sollte (Kirfel 1914, Nr. 79, S. 214–216, hier S. 215). Dieses Verzeichnis war anscheinend unvollständig, weshalb Schlegel Maria Löbel einen Zettel mit Ergänzungen zukommen ließ.

König] Louis Philippe I. d'Orléans, König von Frankreich; siehe die Erläuterungen zu Brief Nr. 42.

die ihm präsentirten prächtigen Bücher] Schlegel hatte anlässlich seiner Ernennung zum Ritter der Ehrenlegion dem französischen König, der auch Protektor der Asiatischen Gesellschaft war, seine Schriften zur Indologie zugeschickt; siehe Schlegels Brief an Lassen vom 2. Dezember 1831 (Kirfel 1914, Nr. 79, S. 214–216, hier S. 215).

Schreiben des Generals Atthalin] Louis Marie Jean Baptiste d'Atthalin, Brief an August Wilhelm von Schlegel, Paris, 2. Dezember 1831 (SLUB Dresden, Mscr. Dresd. e. 90, XIX, Bd. 14, Nr. 91). Louis Marie Jean Baptiste Baron d'Atthalin (* Colmar, 22. Juni 1784; † Colmar, 4. September 1856) war ein französischer General, nach der Julirevolution 1830 Flügeladjutant und Vertrauter des Königs Louis Philippe, Pair von Frankreich, 1835 Gouverneur der Tuillerien; flüchtete nach der Februarrevolution 1848 nach Belgien; siehe Meyer 1, 1884, S. 195–198; Laurent-Atthalin.

Hrn. Geh. R. von Rehfues] Philipp Joseph von Rehfues (* Tübingen, 2. Oktober 1779; † Römlinghoven bei Bonn, 21. Oktober 1843), Sohn des Tübinger Bürgermeisters Johann Jakob Rehfues und Zögling des evangelischen Stifts, stand während seines Italienaufenthalt von 1801 bis 1805 im diplomatischen Dienst der Königin Maria Karolina von Neapel-Sizilien. Nachdem er seit 1814 in Bonn als Kreisdirektor und Lokalkommissar gewirkt hatte, wurde er 1819 Kurator der Bonner Universität. 1826 wurde er in den Adelsstand erhoben. Nach wiederholten Auseinandersetzungen mit dem katholischen Klerus wurde er 1842 aus seinem Amt als Kurator entlassen. Rehfues zog sich auf sein Gut bei Königswinter zurück, das seine Gattin mit in die Ehe gebracht hatte. Im Jahr darauf starb er an einem Magenleiden. Sein Tod wurde dem Bürgermeisteramt Bonn von seinem Freund, dem Regierungsrat Wilhelm Thiel, und seinem Vetter, dem Rittergutsbesitzer Balduin von Neufville, angezeigt; siehe StArch Bonn, Sterbeurkunde 275/1843; Kaufmann; ADB 27, 1888, S. 590–594 (Alexander Kaufmann).

**45 AUGUST WILHELM VON SCHLEGEL AN MARIA LÖBEL,
22./23. DEZEMBER 1831**

Überlieferung: Bibliothèque nationale et universitaire de Strasbourg, Ms
2882.89 (1 egh. B. mit Unterschrift, 1 Dbl., 3½ S. beschr., B 13,4 cm x H 21
cm).

Erläuterungen:

an den Hofagenten geschrieben] Samuel Wolff, Bankier, Handelsmann und
Hofagent; siehe die Erläuterungen zu Brief Nr. 18. Schlegels Brief an Wolff ließ
sich nicht nachweisen.

Ableben meines guten Bruders in Hannover] Johann Carl Fürchtegott Schlegel,
Auditor, Sekretär und Rat beim Konsistorium in Hannover; siehe die
Erläuterungen zu den Briefen Nr. 8 und Nr. 34.

die Witwe] Johann Carl Fürchtegott Schlegel war seit dem 6. April 1795 mit
Henriette Philippine Juliane (~ Göttingen, St. Jacobi, 9. September 1774;
† Hannover, 11. Oktober 1838), der Tochter des Physikers und Chemikers Johann Christian Polycarp Erxleben (* Quedlinburg, 22. Juni 1744; † Göttingen,
18. August 1777), verheiratet.

Hannöverische Gesandtschaft] Adolf Christian Börries Otto Graf Grote
(* Breese, 3. Mai 1769, † Nizza, 30. Dezember 1841) war von 1814 bis 1835
Hannoverscher Gesandter in Paris. Seit dem 17. Dezember 1825 war er mit
Karoline Dorothea Marianne Gräfin von und zu Schachten (* Schachten, 12.
Juli 1799, † Hannover, 8. März 1885) verheiratet, die nach seinem Tod großen
Einfluss am Hof Ernst August I. gewann; siehe Hartmann, S. 524–525; Bring-
mann, S. 210.

Hunters ... ganz in meiner Nachbarschaft] David und Sophie Marie Wilhelmine
Caroline Juliane Hunter, geb. Spall. Wilhelmine Sophie Hunter war die Pflegetochter Johann Carl Fürchtegott Schlegels; siehe Körner 1924. Nach einem Besuch bei August Wilhelm von Schlegel im Winter 1828/1829 in Bonn – logiert
hatte das Ehepaar auf dessen Vorschlag im Hôtel de Cologne, und zwar über einen Zeitraum von mehreren Monaten (siehe A. W. von Schlegels Briefe an David Hunter, Bonn, o. D. [StArch Bonn, SN 19/625], und an Friedrich Schlegel,
Bonn, 19. September 1828 [Walzel, Nr. 241, S. 660–661, hier S. 660]) – war es
offenbar zum Bruch mit dem Onkel gekommen. Am 17. Januar 1835 schrieb er

Dorothea Schlegel aus Bonn: »Von der adoptiven Tochter [sc. des verstorbenen Bruders] und ihrem Manne wünsche ich nie wieder etwas zu hören und hoffe mich für immer von ihren Zudringlichkeiten frei gemacht zu haben. Beide waren im Winter 1831–32 in Paris, sie wohnten sogar in meiner Nachbarschaft, aber ich habe keine Notiz von ihnen genommen.« (Körner 1924, S. 190).

Heinrich] Heinrich von Wehrden, Schlegels Kammerdiener, Reitknecht und Kutscher; siehe die Erläuterungen zu Brief Nr. 21.

Hrn. Hunter] Der Engländer David Hunter, Ehemann der Wilhelmine Spall, wurde in Familienkreisen durchaus beargwöhnt, wie sich Friedrich Schlegels Brief an seinen Bruder August Wilhelm aus Wien vom 1. November 1827 entnehmen lässt (Schlegel 1890, Nr. 235, S. 650–652, hier S. 651): »Die Nichte Sophie aus Hannover hat allerdings einen geistreichen und wohlhabenden jungen Engländer geheiratet, den ich da er hier war oft gesehen habe. Karl war mit allem einverstanden und so ist nichts darüber zu sagen, obwohl ich nicht so ganz ohne Besorgnis bin, wie es ihr ferner gehen wird.«

lächerlichen Geschichten in Bonn] Gemeint sind die Vorfälle während des Besuchs der Hunters bei A. W. von Schlegel in Bonn. Das Ehepaar hatte Schlegel offenbar Geld abzuringen versucht; siehe oben.

Visiten=Carte] Mit dem Namen, dem Berufsstand und mitunter auch der Adresse versehene Karte kleinen Formats, die beim Besuch in hohem Hause dem Empfangspersonal übergeben wurde, damit dem Hausherrn oder der Dame des Hauses die Ankunft gemeldet würde.

der Witwe u der kleinen Emilie] A. W. von Schlegel hatte seinem Bruder geraten, seine Frau und, da seine Ehe kinderlos geblieben war, Emilie Büchting, eine von drei Kindern der Wilhelmine Spall aus erster Ehe, testamentarisch als alleinige Erben einzusetzen und seine Pflegetochter vom Erbe auszuschließen.

Frau Hunter] Sophie Marie Wilhelmine Caroline Juliane Hunter, geb. Spall († 8. Oktober 1843), Pflegetochter Johann Carl Fürchtegott Schlegels, hatte 1827 in Wien den Engländer David Hunter geheiratet. Ihre erste Ehe mit dem Kaufmann und Hofkrämer Christian Wilhelm Büchting, geschlossen am 10. April 1817 in der Marktkirche zu Hannover, war geschieden worden. Die drei aus ihr hervorgegangen Kinder hatte sie beim Vater zurückgelassen; siehe Schlegel 1980, S. 606, Anm. 8. Wilhelmine Spall war ebenso attraktiv wie unstet und in der Familie Schlegel sehr umstritten. Dorothea Schlegel schreibt in einem Brief aus Wien vom 18.–21. März 1829 ihrem Schwager August Wilhelm (Geiger, S. 144–149, hier S. 148–149): »Jetzt noch einige Worte zur Beantwortung die Minna-Sophia-Huntersche Angelegenheit betreffend. Das sind ja alles recht besondre Geschichten, die mir sehr leid thun; auch den armen Hunter bedaure ich, er ist gar kein übler Mensch; wir mochten ihn hier alle sehr gern leiden, und Sophie hätte gwiß mit ihm zufrieden seyn können, wenn sie einer ordinären Vernunft gemäßen Aufführung fähig wäre; eine kleine Anlage zur Unordnung im Oberstübchen zeigte sich gleich Anfangs bey ihr, als wir sie kennen lernten; sie war jedoch in den ersten drey Monathen recht gut hier; sie lebte ruhig mit uns, und in den Kreisen unsrer Bekannten beschäftigte sich auch ziemlich regelmäßig, gab mir ihre ganze Baarschaft in Verwahrung, von welcher nach Abzug ihres Kostgeldes, immer etwas blieb um ihre rückständigen Schulden in Dresden zu tilgen und obgleich sie manchmal durch Lächerlichkeiten Veranlassung zu Witz und Spott gab, so hatten wir doch keine gegründete Ursache uns zu beklagen. Sie schrieb auch sehr oft ihrem angenommenen Vater, und erhielt Briefe von ihm, und wir glaubten alles wäre so ziemlich in der Ordnung. Alles war aber wie umgedreht, als sie, ich weiß noch nicht durch wen, Bekanntschaft mit einigen Engländern machte, unter denen der arme Sir David. Anfangs hielt sich die Sache noch so ziemlich in den Gränzen einer ordinären Courmacherey, englisch lesen und schreiben etc. Wir giengen auf ein paar Monathe aufs Land, hier fieng dann die Sache an, eine so bestimmte Gestalt zu gewinnen, ohne daß wir im Stande waren auf den Grund ihrer lügenhaften Umtriebe zu kommen, daß wir froh waren, als sie uns verließ, ohne daß sie uns eigentlich in ihr ganzes Geheimniß blicken ließ; nämlich daß sie schon mit Hunter eine Zusammenkunft verabredet habe. Uns hatt sie blos gesagt sie wolle nach Italien reisen. Als sie uns in der Folge schrieb daß sie mit ihm, und verheyrathet sei, hielten wir es für ein sehr glückliches Eräugniß, insbesondere als wir sie in England, in der Familie daselbst etabliert wußten, hielten wir ihre Zukunft für gesichert, und Friedrich schrieb in diesem Sinne an die Familie in Hannover. Was Sie damit meynen daß Friedr. dem Bruder die Augen über sie hätte öffnen sollen, verstehe ich nicht. War denn etwa die verrückte Verkehrtheit dieser Person ein Geheimniß für ihre Erzieher? War die sich uns nicht zu verbergende Bemerkung, daß sie ohne Grundsätze, ohne Bildung und ohne alles sittliche Gefühl, überhaupt, ohne alles was man Erziehung nennt, aufgewachsen sey, etwas, worauf man den armen Bruder aufmerksam zu machen habe? Sollten wir, ihn zu kränken und zu betrüben für unseren Beruf halten? Besonders da sie Anfangs wirklich sich ganz gut betrug und zuletzt uns beschwor, ihre Verirrungen nur dem Vater (wie sie ihn nennt) nicht anzuzeigen, weil eine solche neue Nachricht über sie, sein Tod seyn würde sollten wir riskieren dies für eine übertriebene Aeußerung zu halten? Sie war uns überhaupt auf keine Weise von der Familie zur Auffsicht anvertraut, sondern sie kam uns sehr willkürlich und aus eignen Willen ins Haus; sie war alt genug um auf sich selber acht zu geben, wir nicht jung genug dieses Amt übernehmen zu wollen und wir hielten den Bruder Karl und die Schwägerin nicht im Geringsten über ihre Ziehtochter getäuscht oder verblendet, da man sie nur zu leicht richtig beurtheilen konnte.«

die älteste Tochter des Herzogs von Broglie] Pauline de Broglie, die älteste Tochter des Herzogs von Broglie, fand stets Schlegels bewundernde Aufmerksamkeit; siehe Schlegels Brief an Sibilla Forstheim, Paris, 3. Oktober 1831 (Kaufmann 1933, S. 236–238, hier S. 236): »Die schönen und geistreichen Kinder machen mir große Freude: Ich beschäftige mich viel mit ihnen im Scherz und im Ernst. Die älteste Tochter, noch nicht fünfzehn Jahre alt, ist eine schöne Brünette mit schwarzen Augen und langen Wimpern; die jüngere Blonde [sc. Louise] verbirgt unter dem Schein der Indolenz einen zarten Sinn und eine lebhafte Regsamkeit. Der Sohn [sc. Albert], ein kraußlockiger Bube von 10 Jahren, ist ganz Feuer und Leben.«

der König u die Königin] Louis Philippe I. d'Orléans und Maria Amalia von Neapel-Sizilien; siehe die Erläuterungen zu Brief Nr. 42.

zum Conzert bei Hofe eingeladen] Im Dezember 1831 gaben renommierte Musiker und Komponisten wie Frédéric Chopin, Ferdinand Hiller, Franz Liszt und Felix Mendelssohn, Konzerte in Paris. Wer am 14. Dezember am französischen Hof aufspielte, lässt sich nicht feststellen.

das Klopfen] Wäsche wurde im 19. Jahrhundert mit einem Schlagholz, dem sog. Pleuel, ausgeschlagen und so von Schmutz gereinigt. Dazu wurde die in Wasser eingeweichte und mit Seife behandelte Wäsche auf ein Brett gelegt. Durch das Schlagen wurde der Schmutz von den Fasern gelöst und das Laugenwasser mitsamt dem Schmutz aus dem Gewebe gepresst; siehe Barleben, S. 26; Bertrich, S. 61 und 141.

Jabots] Ein Stück gerüschter Spitze oder in Falten gelegter Stoff, das am Kragen oder Halsausschnitt eines Hemdes oder Bluse befestigt ist und der Zierde dient.

Camisöler von Flanell] Wams bzw. Unterjacke; siehe die Erläuterungen zu Brief Nr. 2.

p] Abkürzung für lat. *perge* (›und so weiter‹).

Seidne Schnupftücher] Siehe die Erläuterungen zu Brief Nr. 38.

Rechnungen ... sämtlich um Neujahr einreichen] Zu den Neujahrsrechnungen siehe die Erläuterungen zu Brief Nr. 48.

Hofagenten oder seinem Sohne] Samuel Wolff, Bankier, Handelsmann und Hofagent; siehe die Erläuterungen zu Brief Nr. 18. Sein Sohn Abraham Hirsch Wolff (* Bonn, 1792) war bis 1839 Bankier in Bonn und ging danach vermutlich nach Frankreich, wo er 1848 in Nancy nachgewiesen ist. Er war verheiratet mit Rosa Landau (* Bonn, 1796); siehe Schulte, S. 530.

guten Credit] Siehe Adelung 1, 1808, Sp. 1353–1354: »Besonders, die Überredung anderer von unserm Vermögen, das zu bezahlen, was wir schuldig sind. Der Mann hat guten Credit, man hat von seinem Vermögenszustande einen guten Begriff.«

Rentmeister Trimborn] Friedrich Ferdinand Trimborn (* Buschfeld, 1777; † Bonn, 26. Juli 1857), Sohn des Kölner Rentsmeisters Thomas Trimborn und der Maria Sophia Frohn, war in Bonn als Rentmeister tätig. Er war verheiratet mit Helena Franziska Scheiff. Seit 1825 gehörte er dem Rat der Stadt Bonn an; siehe StArch Bonn, Sterbeurkunde 271/1857; Weffer, S. 627.

Weinhändlers Dael in Mainz] Johann Georg Simon Hugo Dael, Kommerzienrat und Präsident des großherzoglich hessischen Handelsgerichts, unterhielt eine Weinhandlung in Mainz, F 220 (Bischofsplatz 12); siehe die Erläuterungen zu Brief Nr. 21.

Coupons] Zinsscheine; siehe die Erläuterungen zu Brief Nr. 47.

Interessen Ihrer Staatsschuldscheine] Rothschild'schen Lose; siehe die Erläuterungen zu Brief Nr. 47.

Frau Forstheim ... einen Brief] Maria Sibilla Wilhelmina Johanna Forstheim, geb. Falkenstein, war seit dem 27. Juli 1818 zweite Ehefrau des verwitweten Bonner Essigfabrikanten Nikolaus Forstheim, der Schlegel Unterstände für seine Pferde vermietete. Schlegel stand mit Sibilla Forstheim während seines Aufenthalts in Paris in Briefkontakt und erkundigte sich bei ihr wiederholt nach dem Zustand seiner Pferde, die er ihr und ihrer Tochter offenbar auch zur privaten Nutzung überließ; siehe August Wilhelm von Schlegel, Brief an Sibilla Forstheim, Paris, 30. November 1831: »Ich höre, daß meine Pferde noch in Ihrem Hause gut aufgehoben sind; ich hoffe, daß sie den ehrenvollen Dienst, Sie und Ihr Fräulein Tochter spazieren zu fahren, gehörig verrichten und der genossenen Erziehung Ehre machen.« (Kaufmann 1933, S. 238–239, hier S. 239).

Ähnlich hatte sich Schlegel bereits im Vormonat vernehmen lassen; siehe August Wilhelm von Schlegel, Brief an Sibilla Forstheim, Paris, 3. Oktober 1831 (Kaufmann 1933, S. 236–238, hier S. 238).

Herrn Lassen] Christian Lassen, Schüler und Nachfolger August Wilhelm von Schlegels auf dem Bonner Lehrstuhl; siehe die Erläuterungen zu Brief Nr. 1.

Bücher-Kiste] Siehe die Erläuterungen zu Brief Nr. 44.

46 AUGUST WILHELM VON SCHLEGEL AN MARIA LÖBEL, 1. JANUAR 1832

Überlieferung: Bibliothèque nationale et universitaire de Strasbourg, Ms 2882.90 (1 egh. B. mit Unterschrift, 1 Dbl., 2½ S. beschr., B 13,4 cm x H 21 cm).

Erläuterungen:

Tod der ältesten Tochter des Herzogs von Broglie] Pauline, die älteste und wegen ihrer Schönheit von Schlegel bewunderte Tochter des Herzogs von Broglie, erkrankte Anfang Dezember an Tuberkulose und starb am 28. Dezember 1831 (Pflaum, S. 334; Halévy, S. 150). Schlegel schrieb seinen Brief an Maria Löbel unter dem noch frischen Eindruck des Ereignisses. Dass Pauline bereits am 22. Dezember starb (La Varende, S. 195), ist nicht anzunehmen, da Schlegel just an diesem Tag eine Besserung ihres Gesundheitszustandes vermeldete (siehe Brief Nr. 45). Ausschließen lässt sich anhand des vorliegenden Briefes zudem eine Datierung ihres Todes auf Anfang Januar 1832 (Witmeur, S. 30).

wohlbehaltene Bücherkiste] Siehe die Erläuterungen zu Brief Nr. 44.

Hrn. Lassen] Christian Lassen, Schüler und Nachfolger August Wilhelm von Schlegels auf dem Bonner Lehrstuhl; siehe die Erläuterungen zu Brief Nr. 1.

interessanten Brief] Christian Lassens Brief an A. W. von Schlegel vom Dezember 1831 ließ sich nicht ermitteln.

nächstens ausführlich schreiben] A. W. von Schlegels Brief an Christian Lassen, Paris, 11. Januar 1832 (Kirfel 1914, Nr. 80, S. 216–218).

Hrn. Forstheims Anerbieten] Nikolaus Forstheim hatte Schlegel ein Angebot für den Kauf seiner Pferde unterbreitet, die er während der Auslandsreise des Gelehrten nutzte und versorgte.

Fortunio] Ein im Romanischen gebräuchlicher Name; siehe Becker 2009, S. 510–519. Wer Schlegel vorschwebte, als er sein Pferd Fortunio nannte, lässt sich nicht sicher ausmachen. Zu denken wäre an die gleichnamige Figur aus Paolo Veraldo Romanos Komödie *L'intrico et torti intricati* (Venedig 1610), aber auch an Giovanfrancesco Fortunio, den italienischen Grammatiker des 16. Jahrhunderts.

Nelson] Pate für den Namen des Pferdes stand vermutlich der britische Admiral Horatio Nelson (* Burnham Thorpe, 29. September; † Kap Trafalgar, 21. Oktober 1805), der durch die Siege 1797 bei St. Vincent, 1798 bei Abukir, 1801 bei Kopenhagen und 1805 bei Trafalgar legendär wurde.

40 Friedrichs d'or] Preußische Pistole aus 21karätigem Gold mit einem Feingewicht von 6,032 Gramm und einem Nominalwert von fünf silbernen, preußischen Reichstalern in Gold. Der Friedrich d'or war zwischen 1740 und 1855 in Gebrauch; siehe Schrötter, S. 206–207; Kahnt/Knorr, S. 95.

Kutschpferde ... Düsseldorf ... Frankfurt] Die Pferdemärkte von Düsseldorf und Frankfurt, die zumeist im Frühjahr stattfanden, galten im 19. Jahrhundert als Gelegenheit für den Ankauf von Nutzpferden; siehe Dietz 2, 1970, S. 99–100.

Vorlesungen im Winter] Schlegel verbrachte den Winter 1831/1832 in Paris und las deshalb nicht in Bonn.

die Wagenpferde nicht entbehren] Obwohl die Universität von seinem Wohnhaus fußläufig zu erreichen war, fuhr Schlegel stets mit der Kutsche vor. Joh[annes] Ed[uard] B[öcking], seit 1829 Ordinarius der Rechtswissenschaften an der Universität Bonn und von Schlegel später zu seinem Nachlassverwalter bestimmt, gibt in Gutzkows *Telegraph für Deutschland*, Nr. 105 (July 1839), eine stimmungsvolle Schilderung des Beginns einer Vorlesung aus dem Wintersemester 1838/1839: »In Bonn fährt Mittags um 12 Uhr (im Winter 1838–39) eine glänzende Karosse über den Markt. Ein buntes Wappen, von vielen Ordenskreuzlein umgeben, ist auf ihre Thüren gemalt. In dem Innern ruht bequem ein alter Mann mit freundlichem, aber faltenreichem Gesichte. Seine Kleidung ist modisch, die Frisur sorgfältig, an dem Finger blitzt ein Solitär, auf der Brust eine Vorstecksnadel, aus dem Knopfloche schaut ein Bändchen. Am Universitätsgebäude hält der Wagen, der Bediente öffnet den Schlag, der alte Mann legt das Buch weg, in dem er gelesen, und steigt aus. Dies ist A u g u s t W i l h e l m v o n S c h l e g e l. Das Auditorium ist sehr zahlreich. Zwar versteht nicht die Hälfte der Zuhörer Sanskrit, hat auch gar nicht den Vorsatz, die heilige Sprache der Inder mühsam zu erlernen, und doch harret sie begierig der Ankunft des gefeierten Professors entgegen. Die Leutchen wollen nicht in Rom gewesen seyn, ohne den Papst gesehen zu haben. Sie wollen dereinst in der Heimath von dem hochberühmten Dichter, von dem feinen Kritiker und Kunstkenner, von dem Chorführer des nun bleich gewordenen Romanticismus, dem Heine so böse Dinge nachsagt, erzählen. Schlegel tritt ein und fängt mit nicht unangenehmer Stimme langsam an zu lesen.«

Herrn Lassen ... auf seine Anfrage] Schlegel bezieht sich an dieser Stelle ebenfalls auf Lassens Brief vom Dezember 1831, der jedoch nicht zu ermitteln war.

Cabinetchen] Kleines Nebenzimmer.

hôtel garni] Frz. ›ausgestattete, d.h. möblierte Herberge‹. Oftmals
familiengeführter Hotelbetrieb mit einer kleinen Anzahl von Zimmern, der
Unterkunft, Frühstück, Getränke und allenfalls kleine Speisen anbietet.

die Herzogin] Albertine Staël von Holstein, seit 1816 Gattin des Herzogs Victor
von Broglie; siehe die Erläuterungen zu Brief Nr. 36.

Fußsack] Beutel aus Fell, Wolle oder Leder zum Wärmen der Füße; siehe
Grimm 4, 1878, Sp. 1040.

öfter den Besuch Ihrer Schwestern] Marias Schwestern Elisabeth Johanna Löbel und Maria Theresia Danco, geb. Löbel, lebten in Siegburg; siehe die
Erläuterungen zu den Briefen Nr. 25 und Nr. 27.

Ernennung zum Ehrenmitgliede der Königℓ Akademie der schönen Künste in
Berlin] August Wilhelm von Schlegel war am 11. April 1831 zum Ehrenmitglied
der Königlich preußischen Akademie der Künste gewählt worden.

Zeitungen gemeldet] Die Meldung erschien u.a. im *Münchner Tagsblatt* vom 1.
Mai 1831: »Die k. Akademie der Künste zu Berlin hat den k. bayerischen geheimen Rath und Hofbauintendanten v o n K l e n z e zum ordentlichen Mitgliede,
dann den k. preußischen General-Postmeister und Bundestagsgesandten v o n
N a g l e r, den Freyherren Max v. S p e c k zu S t e r n b u r g in Leipzig, den Professor August Wilhelm v. S c h l e g e l in Bonn und den Hofrath T i e c k in Dresden
zu Ehrenmitgliedern erwählt.«

Hrn. Lassen] Christian Lassen, Schüler und Nachfolger August Wilhelm von
Schlegels auf dem Bonner Lehrstuhl; siehe die Erläuterungen zu Brief Nr. 1.

Hrn. Geh. R. von Rehfues] Philipp Joseph von Rehfues, Schriftsteller und
Kurator der Bonner Universität; siehe die Erläuterungen zu Brief Nr. 44.

47   AUGUST WILHELM VON SCHLEGEL AN MARIA LÖBEL, 11. JANUAR 1832

Überlieferung: Bibliothèque nationale et universitaire de Strasbourg, Ms 2882.91 (1 egh. B. mit Paraphe, 1 Ebl., 1 S. beschr., B 12,1 cm x H 15,5 cm, Adresse auf S. 2 beschädigt: »À | [Mademoise]lle M. Löben | [chez M. le p]rof. de Schlegel | à | Bonn | Prusse Rhenane«).

Korrektur:

Mit den Anstalten … bezahlen müssen] Der Anakoluth ist wohl der raschen Niederschrift des Briefes geschuldet. Aufschluss könnte der vorangegangene Brief von Maria Löbel geben, der sich jedoch nicht nachweisen ließ. Der Tod der Pauline de Broglie steht in keinem Zusammenhang mit dem Auftreten der Cholera.

Erläuterungen:

Ihren letzten Brief empfangen] Dieser Brief Maria Löbels an August Wilhelm von Schlegel ließ sich nicht nachweisen.

Hause einer trostlosen Familie] Pauline, die älteste Tochter der Herzogin und des Herzogs von Broglie war am 28. Dezember 1831 an einer Krankheit gestorben; siehe die Briefe Nr. 45 und 46.

Cholera] Im Winter 1831/1832 grassierte die Cholera in Frankreich.

Rothschildischen Loosen] Bei den Rothschildschen Losen handelt es sich um eine Staatsanleihe mit Lotterieverlosung und einer festen Zinsquote, die sowohl Preußen als auch Österreich in Anspruch nahmen. Die *Allgemeine Encyclopädie für Kaufleute* bietet in der fünften Auflage von 1843 unter »Darlehen mit Verloosung vom Jahre 1820, oder kleine Rothschild'sche Loose« die folgende Definition (S. 782): »Um die Menge des circulirenden Papiergeldes zu verringern, schloß die österr. Regierung im April 1820 ein freiwilliges Anlehn mit den Käufern David Parish und M. A. Rothschild und Söhne in Frankfurt a. M. ab, im Betrage von 20,800,000 Gulden Conventionsmünze, worüber 208,000 Schuldverschreibungen, jede zu 100 Gulden C. M., ausgestellt wurden, welche im Handel gewöhnlich kleine Rothschild'sche Loose oder Partial-Loose von 1820 genannt werden. Die sämmtlichen Loose sind in 800 Serien zu 260 Nummern (Loose) getheilt. Sie sind vom 1. Mai 1820 datirt, lauten auf den Inhaber, und werden nach einem bestimmten Plane innerhalb 20 Jahren (bis zum J. 1840) durch jährlich Verloosungen in Conv.-Mze. zurückbezahlt. Diese Verloosungen sind mit vielen, bis auf 120,000 Gulden C. M. steigenden Gewinnen verbunden. Die geringsten Gewinne vergrößern sich von Jahr zu Jahr um 5 Gulden C. M. Sie werden drei Monate nach der Ziehung, gegen Zurückstellung der Loose, in Wien, oder, auf Verlangen, auch in Frankfurt a. M. bei M. A. Rothschild und Söhne, ausbezahlt.«

Coupons] Die Zinsauszahlung für die Staatsschuldscheine erfolgte über die Einlösung von Zinsscheinen bzw. Coupons; siehe Rothschilds Taschenbuch, S. 286: »Zur Erleichterung der Zinserhebung werden jeder Obligation s. g. Zinsbogen beigefügt, von denen man die, gewöhnlich auf ½ Jahr lautenden Zinsscheine (Coupons) abtrennt und solche bei den betreffenden Staatskassen gegen baares Geld einwechselt. Sind auf diese Art allmälig alle Zinscoupons zur Einlösung gelangt, so empfängt der Inhaber der Obligation gegen Rückgabe der dem Zinsbogen beigedruckten Anweisung (Talon) vom Staats eine neue Serie von Zinsscheinen ausgefolgt.«

Peter Busch] Peter Busch (* Bonn, 24. Mai 1813; † Stuttgart, 19. Mai 1841), Genremaler und Lithograph, war der vierte Sohn des Strumpfwebers Joseph Busch und der Tagelöhnerin Anna Catharina Drager bzw. Droger. Überzeugt von seinem künstlerischen Talent hatte August Wilhelm von Schlegel ihn zunächst bei dem Bonner Bildhauer Emil Cauer (* Dresden, 19. November 1800; † Bad Kreuznach, 4. August 1867) im Zeichnen und Modellieren ausbilden lassen, ehe er ihn 1830 an die von Friedrich Wilhelm von Schadow (* Berlin, 6. September 1788; † Düsseldorf, 19. März 1862) seit 1826 geleitete Düsseldorfer Kunstakademie schickte, an der er die Historien- und Genremalerei erlernte. 1837 wechselte Busch an die lithographische Anstalt der Brüder Johann Philipp und Karl Kehr nach Köln und von dort schon wenig später nach Stuttgart, wo ihn der Lithograph Friedrich Federer in der Ölmalerei unterrichtete. Seit Kindesbeinen litt Busch an einer Brust- und Lungenerkrankung, die es ihm unmöglich machte, ein Handwerk zu erlernen. Eine 1841 von seinem Stuttgarter Arzt Dr. Oesterlin angeratene Kur verschob er aus Geldnot, da er hoffte, mit dem Verkauf seines durch eine Ballade Ludwig Uhlands inspirierten Gemäldes *Des Sängers Fluch*, das er im Stuttgarter Kunstverein ausgestellt hatte, seine Schulden begleichen zu können. Als der Graf von B. das Gemälde für 500 Reichstaler erwerben wollte und ein entsprechendes Billet bei Buschs Hauswirtin Catharina Kreuziger abgeben ließ, fand diese den jungen Künstler am Morgen des 19. Mai tot in seinem Bett, erstickt offenbar vom Rauch glühender Kohlen; siehe Beiblatt der Sundine (Stralsund), 28. Juli 1841. Der Journalist Gustav Friedrich Nord gibt in seinem Nekrolog den Anblick wieder, der sich der Hauswirtin beim

Öffnen der Tür bot (Neuer Nekrolog, S. 526): »Die Kohlen, welche in dem auf den Fußboden, dicht an das Bett gestellten blechernen Waschbecken glimmten, hatten dasselbe durchgeglüht und bereits brannte ein Bret, so daß, um gefährlichen Brand zu verhüten, schleunigst gelöscht werden mußte. Mit sanften Zügen, die langen schwarzen Locken über den Nacken gebreitet, unverändert, wie sich der junge Mann zu Bette gelegt haben mußte, lag er entseelt darin; die schnell angewandten Rettungsversuche blieben erfolglos. Die begonnene Skizze zu einem Gemälde ›Tilly's Einzug in Magdeburg‹ war auf der Staffelei, seine wenige Habe in größter Ordnung und auf dem Schreibepulte ein Brief, adressirt: ›An den hochwohlgeborenen Professor Dr. A. W. v. S., Ritter verschiedener Orden in Bonn‹, woraus sich der mit entsetzlicher Besonnenheit ausgeführte Entschluß offenbarte.« Peter Busch wurde auf dem Neuen Friedhof in Stuttgart im Beisein eines katholischen Geistlichen bestattet, nachdem Freunde sich für den Toten verwendet hatten. Die Unterstützung, die Schlegel ihm für seine künstlerische Ausbildung hatte zukommen lassen, und Buschs Unsicherheit, sich zu seiner schlichten Herkunft zu bekennen, ließen das Gerücht aufkommen, Busch sei ein unehelicher Sohn des Bonner Gelehrten. In seinem Brief an Kirchenrat Paulus vom 18. Juni 1841 entkräftet der Maler Friedrich Müller den Verdacht, Busch selbst sei der Urheber dieses Gerüchts. Lediglich die Fehldeutung seines Verhaltens gegenüber Schlegel habe zu dieser Annahme geführt (Körner 1933, S. 127). Im *Neuen Nekrolog der Deutschen* rückt Gustav Friedrich Nord, der bereits im *Bazar für Kunst. Literatur, Theater und Geselligkeit* Nr. 183 (1841) eine entsprechende Erklärung veröffentlicht hatte, Buschs Herkunft daher ins rechte Licht: »B. wurde 1813 geboren und S. kam erst im Jahr 1819 in dessen Vaterstadt, wo viele andere junge Leute ihre Ausbildung und Unterstützung dem großen Dichter und Gelehrten verdanken, darunter auch B., der laut Auszügen des Civilregisters das vierte eheliche Kind des Strumpfwebers Joseph Busch war, der, 1805 nach Elberfeld gezogen, mit Anna Katharina Droger verehelicht war.« (Neuer Nekrolog, S. 527–528). Obwohl Schlegel diese Gerüchte widerlegen konnte, ging ihm noch am 5. Februar 1842 ein Schreiben von Buschs Hauswirtin Catharina Kreuziger zu, die ihn aufforderte, die ausstehende Rechnung seines Sohnes Peter Busch in Höhe von 96 fl. zu begleichen (Körner 1933, S. 129); siehe StArch Bonn, Geburtsurkunde 1813, fol. 72^r; Müller 1841; Neuer Nekrolog der Deutschen 19.1841 (1843), Nr. 165, S. 524–527 (G[ustav] F[riedrich] Nord); Beilage zum Adler. Allgemeine Welt- und National-Chronik, 11. Juni 1841; Münchner politische Zeitung, 8. Juni 1841; AKL 15, 1997, S. 310 (Sally Schöne).

Anweisung nach Düsseldorf] August Wilhelm von Schlegel unterstützte Peter Buschs Ausbildung finanziell; siehe Schlegels Brief an Christian Friedrich Tieck, Bonn, 1. November 1830 (Körner 2, 1937, Nr. 570, S. 457–459, hier S. 458–459:

»Seit ein paar Jahren lasse ich einen armen Knaben, der ausgezeichnetes Talent zeigte, zum Künstler erziehen. Erst gab ich ihn bei Kauer in die Lehre; vorigen Frühling brachte ich ihn nach Düsseldorf. Meine Zuhörerinnen haben dazu beigesteuert, doch werde ich schon aus eigenen Mitteln fortfahren müssen. Schadow erteilt ihm das beste Lob. Es wird sich nun zeigen, ob er mehr Anlage zum Maler oder zum Bildner hat. In dem letzten Falle send ich ihn einmal nach Berlin, und nehme deine Güte und Leitung für ihn in Anspruch.«

48   AUGUST WILHELM VON SCHLEGEL AN MARIA LÖBEL,
25. JANUAR 1832

Überlieferung: Bibliothèque nationale et universitaire de Strasbourg, Ms 2882.92 (1 egh. B. mit Paraphe, 1 Ebl., 1 S. beschr., B 12,1 cm x H 15,5 cm, Adresse auf S. 2 beschädigt: »Mademoiselle | [Marie L]öben | [chez M. le prof.] de Schlegel | à | Bonn | [Pr]usse Rhenane«).

Erläuterungen:

Ihr letzter Brief war vom 30sten December] Maria Löbels Brief an A. W. von Schlegel vom 30. Dezember 1831 ließ sich nicht nachweisen.

Betrag der Neujahrs-Rechnungen] Im 19. Jahrhundert wurden Waren, die im abgelaufenen Jahr bezogen wurden, oftmals erst zu Beginn des neuen Jahres in Rechnung gestellt. Manch ein Haushalt war mit der Begleichung dieser Rechnung überfordert, wie Theodor Storms Brief an seinen Sohn Ernst aus Husum vom 10. Dezember 1869 exemplarisch zeigt (Storm Briefwechsel, Nr. 18, S. 47f., hier S. 47): »[D]ie Nahrungssorge sitzt wie eine schwarze Spinne auf meinem Gehirn; wenn nicht eine Erleichterung eintritt, so weiß ich nicht wie es werden soll, und – wie ich's ertragen soll, ohne krank zu werden. Ich habe 1000 M aufgenommen; aber ich sehe, daß ich wenigstens 1500 M aufnehmen muß, damit ich mit den Neujahrsrechnungen fertig werde. Die Ausgaben sind ungeheuer und mein armer Kopf ist krank, ich kann außeramtlich nichts mehr erwerben.«

Hr. Lassen] Christian Lassen, Schüler und Nachfolger August Wilhelm von Schlegels auf dem Bonner Lehrstuhl; siehe die Erläuterungen zu Brief Nr. 1.

Hrn. Dr. Wolff] Dr. Heinrich Wolff, praktischer Arzt; siehe die Erläuterungen zu Brief Nr. 40.

nach London abzureisen] Schlegel verließ Paris am 22. Februar in Richtung Calais, um von dort nach Dover überzusetzen; siehe Brief Nr. 50.

49 AUGUST WILHELM VON SCHLEGEL AN MARIA LÖBEL, 28. JANUAR 1832

Überlieferung: Bibliothèque nationale et universitaire de Strasbourg, Ms 2882.93 (1 egh. B. mit Unterschrift, 1 Ebl., 1½ S. beschr., B 14 cm x H 21,2 cm).

Erläuterungen:

vorgestern geschrieben] A. W. von Schlegels Brief an Maria Löbel vom 26. Januar 1832 ließ sich nicht nachweisen

Ihren Brief vom 23sten.] Maria Löbels Brief an A. W. von Schlegel vom 23. Januar 1832 ließ sich nicht nachweisen.

Hofagenten Wolff] Samuel Wolff, Bankier, Handelsmann und Hofagent; siehe die Erläuterungen zu Brief Nr. 18.

Avis=Brief] Briefliche Meldung [...] »über die Ausstellung eines Wechsels, einer Anweisung oder eines Kreditbriefs an Denjenigen, welcher die Zahlung leisten soll. Im letzteren Falle gibt der Avisbrief an: die Summe, die Ordre, an welche der Wechsel gezogen ist, d.h. den Namen Desjenigen, an dessen Ordre er gestellt ist, die Zahlungszeit, wie sie im Wechsel ausgedrückt ist, endlich auf wessen Rechnung der Bezogene den Betrag der Tratte zu bringen habe«; siehe Meyer 2, 1862, S. 558.

Metzenmacher] Der Friseur Andreas Metzenmacher bzw. Metzermacher (* Bonn, 1791; † Bonn, 7. März 1860), Sohn des Perückenmachers Carl Metzenmacher († Bonn, 14. April 1819) und seiner Frau Anna Barbara Margaretha Demer, betrieb einen Damen- und Herrensalon in Frankfurt am Main und in Kassel. 1819 übernahm er das Geschäft von seinem Vater in der Sternstraße 308 (siehe Bonner Wochenblatt, 4. März 1819), mit dem er 1822 in die Acherstraße 227 umzog (siehe Bonner Wochenblatt, 25. Mai 1822); siehe StArch Bonn, Sterbeurkunde 92/1860; Weffer, S. 419.

Wild] Franz Peter Wild, Malermeister in Bonn; siehe die Erläuterungen zu Brief Nr. 19.

Emmel] Nikolaus Joseph Emmel, Schreinermeister in Bonn; siehe die Erläuterungen zu Brief Nr. 8.

Coupons ... am 1sten Febr. 1832] Zinsscheine; siehe die Erläuterungen zu Brief Nr. 47.

Rothschildisches Loos] Staatsanleihe mit Lotterieverlosung und fester Zinsquote; siehe die Erläuterungen zu Brief Nr. 47.

in Casse] Siehe die Erläuterungen zu Brief Nr. 33.

Hrn. Lassen] Christian Lassen, Schüler und Nachfolger August Wilhelm von Schlegels auf dem Bonner Lehrstuhl; siehe die Erläuterungen zu Brief Nr. 1.

50 AUGUST WILHELM VON SCHLEGEL AN MARIA LÖBEL, 13. FEBRUAR 1832

Überlieferung: Bibliothèque nationale et universitaire de Strasbourg, Ms 2882.94 (1 egh. B. mit Paraphe, 1 Ebl., 1 ½ S. beschr., B 13,4 cm x H 21 cm).

Erläuterungen:

Ihren Brief vom 2ten Febr.] Maria Löbels Brief an A. W. von Schlegel vom 2. Februar 1832 ließ sich nicht nachweisen.

an Flüssen gelitten] Gemeint sind rheumatische Beschwerden. Der französische Arzt Guillaume de Baillou (* Paris 1538; † Paris 1616) beschrieb in seinem *Liber de rheumatismo et pleuritide dorsali*, das auf der Humoralpathologie basiert und 1642 bei Thevart in Paris erstmals gedruckt worden war, Rheuma (von griech. ῥεῖν ›fließen‹) als das Herabfließen kalten Schleims vom Gehirn zu den Extremitäten, wodurch die typischen Beschwerden ausgelöst würden; siehe Kaiser/Keitel, S. 743.

Den 21sten … abzureisen] Schlegel verließ Paris am 22. Februar in Richtung Calais, um von dort nach Dover überzusetzen; siehe Brief Nr. 50.

Londoner Adresse] Schlegel ließ sich die Post zunächst über die preußische Botschaft zustellen; siehe die Briefe Nr. 51 und Nr. 52 sowie die Erläuterungen dazu.

Coupons] Zinsscheine; siehe die Erläuterungen zu Brief Nr. 47.

mit den Mädchen] Schlegels Hausmädchen Henriette Cronrath und das Küchenmädchen Mina; siehe die Erläuterungen zu Brief Nr. 39.

wie ich es erwähnte] Siehe Brief Nr. 46.

Ameublement] Einrichtung, Möblierung.

Drapperien] Eine Draperie (frz. *drap*, ›Tuch‹) ist ein dekorativer Stoffbehang, der, gerafft und in Falten gelegt, u.a. für die Aufteilung von Räumen verwendet wird.

Alkofen] Auch: Alkoven; ein durch Stellwände oder Vorhänge als Schlafraum abgetrennter Teil eines Zimmers; siehe Adelung 1, 1808, Sp. 199; Grimm 1, 1854, Sp. 206.

Geschäfte in London] Schlegel hielt sich von Ende Februar bis Anfang April 1832 in London auf, um dort in politischen und in wissenschaftlichen Kreisen für seine Sankrit-Editionen zu werben; siehe Brief Nr. 52 und die Erläuterungen dazu.

Frau Forstheim] Maria Sibilla Wilhelmina Johanna Forstheim und ihre Tochter Gertrud Bertha (* Bonn, 19. April 1821; † Bonn, 26. Februar 1861) nutzten während Schlegels Abwesenheit dessen Pferde; siehe die Erläuterungen zu Brief Nr. 45.

51 AUGUST WILHELM VON SCHLEGEL AN MARIA LÖBEL, 22. FEBRUAR 1832

Überlieferung: Bibliothèque nationale et universitaire de Strasbourg, Ms 2882.95 (1 egh. B. ohne Unterschrift, 1 Ebl., 1 S. beschr., B 19,2 cm x H 16,1 cm).

Erläuterungen:

nach Calais abzureisen] Wegen des Ausbruchs der Cholera hatten sich die Reisenden in Calais strengen Quarantänebestimmungen zu unterwerfen, wie ein Privatschreiben an ein Handelshaus aus London vom 9. März 1832 zeigt, das am 20. März in der *Aachener Cholera-Zeitung* erschien (Briese 3, 2003, S. 250): »Unsere Nachbarn in Frankreich machen es mit ihren Maaßregeln nicht besser. Reisende von hier über Dover werden in Calais einer mehrtägigen Quarantaine unterworfen; von hier über Southampton kann man aber in 24 Stunden nach Havre gelangen, wo man sich keiner Contumaz zu unterziehen hat.«

Cholera in London ... leere Gerüchte] Die Cholera war im Februar 1832 in London ausgebrochen. Schlegel versucht Maria offenbar zu beruhigen, falls er überhaupt das Ausmaß der Pandemie überblickte. Anders lassen sich etwa zur selben Zeit Johann Philipp von Wessenberg und Ludwig Börne in ihren Korrespondenzen vernehmen, die nicht nur vom Ausbruch der Krankheit wissen, sondern auch eine rasche und verheerende Ausbreitung befürchten (Briese 3, 2003, S. 243 und 244).

Herrn Hofagenten Wolff] Samuel Wolff, Bankier, Handelsmann und Hofagent; siehe die Erläuterungen zu Brief Nr. 18.

300 Franken bei Rothschild aufgenommen] Franc, französische Rechnungsmünze; siehe Schrötter, S. 201–203. Das Bankhaus Rothschild verhalf Schlegel während seiner Studienreise mit mehreren Krediten zu einem größeren finanziellen Spielraum.

Monsieur le Baron de Bülow ... Ambassadeur de Prusse] Heinrich Freiherr von Bülow (* Schwerin, 16. September 1792; † Berlin, 6. Februar 1846), studierte in Jena, Heidelberg und Genf Rechtswissenschaft, ehe er 1813 als Leutnant in das Walmodensche Korps eintrat und Adjutant des russischen Obersten August Ludwig Ferdinand von Nostitz wurde. Nach dem Friedensschluss ging er in den diplomatischen Dienst und arbeitete unter dem Staatsminister Wilhelm von

Humboldt, als dieser in Frankfurt am Main die Grenzregulierung der deutschen Territorien leitete. 1817 folgte er ihm als Gesandtschaftssekretär nach London, 1819 nach Berlin, wo er im Auswärtigen Amt für die Handels- und Schiffahrtsangelegenheiten zuständig war. 1820 heiratete er Wilhelm von Humboldts jüngere Tochter Gabriele (1802–1887), mit der er sich 1815 verlobt hatte. 1827 wurde er preußischer Botschafter in London, als welcher er sich das Vertrauen der englischen Staatsmänner erwarb und 1840–1841 maßgeblichen Anteil an den Verhandlungen über Belgien und die orientalische Frage hatte. Am 2. April 1842 folgte er Graf Mortimer von Maltzahn im Amt des Ministers der auswärtigen Angelegenheiten, das er 1845 aufgab; siehe ADB 3, 1876, S. 529–533 ([Jakob] Caro).

**52   AUGUST WILHELM VON SCHLEGEL AN MARIA LÖBEL,
10./11. MÄRZ 1832**

Überlieferung: Bibliothèque nationale et universitaire de Strasbourg, Ms
2882.96 (1 egh. B. ohne Unterschrift, 1 Ebl., 2 S. beschr., B 20,1 cm x H 25 cm).
Mit einem abzutrennenden Brief von August Wilhelm von Schlegel an Christian
Lassen vom 12. März 1832 (1 egh. B. mit Umschlag, 1 S., 24,2 cm x 18,8 cm,
Briefumschlag adressiert an »Mademoiselle | Marie Löben | chez M. le prof. de
Schlegel | à | Bonn«, separat überliefert Universität- und Landesbibliothek
Bonn, S860).

Erläuterungen:

14 Tage voll] Schlegel war am 26. Februar 1832 in London eingetroffen.

Gestern erhielt ich … Ihren Brief] Maria Löbels Brief an A. W. von Schlegel ließ
sich nicht nachweisen.

dem Könige] William IV. Henry, König des Vereinigten Königreichs von
Großbritannien und Irland und König von Hannover; siehe die Erläuterungen
zu Brief Nr. 41.

dem großen Hof-Cirkel Vormittags] Schlegel war am Donnerstag, den 1. März
1832, zu Gast beim König.

Indischen Sprache … französischen Schreiben] Siehe dazu A. W. von Schlegels
Brief an Altenstein aus London vom 16. März 1832 (Körner 1, 1930, Nr. 354, S.
501): »Der König von England äußerte, als ich ihm durch den Königl. Preußischen Gesandten vorgestellt ward, er sey von meinen Arbeiten im Gebiete der
Indischen Litteratur wohl unterrichtet. Hiedurch aufgemuntert, erbat ich mir
die Erlaubniß, die herausgegebenen Werke Sr. Majestät zu Füßen legen zu dürfen. Ich beehre mich, das Schreiben, womit ich dieselben begleitete, abschrift-
lich beizulegen.« Zu den Bänden, die Schlegel dem König überreichte, siehe die
Erläuterungen zu Brief Nr. 44.

Windsor] Windsor Castle liegt nahe der Themse in der gleichnamigen Stadt in
der Grafschaft Berkshire. Das Schloss, das seit dem späten 11. Jahrhundert seine Gestalt mehrmals geändert hatte, erfuhr unter George IV. seit 1824 noch
einmal einen tiefgreifenden Umbau, für den der Architekt Jeffry Wyatville verantwortlich zeichnete. Als George IV. 1830 starb, waren die Arbeiten zwar noch

im Gange, doch konnte Wyatville sie bis zu seinem Tod 1840 abschließen. Seit Queen Victoria ist Windsor Hauptresidenz der britischen Königinnen und Könige; siehe Ravenstein, Sp. 401–402.

Hannöverischen Minister Baron von Ompteda] Ludwig Karl Konrad Georg von Ompteda (* Wulmstorf, 18. November 1767; † Celle, 26. August 1854 in Celle), studierte 1787 in Göttingen Jura, ehe er 1790 Auditor bei der Justizkanzlei in Hannover, 1791 Legationssekretär in Dresden und 1795 Geschäftssekretär in Berlin wurde. 1800 wurde er zum Kriegsrat und Generalpostdirektor in Hannover ernannt. Jahre im diplomatischen Dienst schlossen sich an: 1803 war er hannöverscher Gesandter am preußischen Hof in Berlin, 1806 Gesandter am sächsischen Hof, 1813 Gesandter am Berliner Hof und 1817 Gesandter in Dresden. Nachdem er 1823 zum Staats- und Kabinettsminister in Hannover ernannt worden war, wirkte er vom 13. Februar 1831 bis zum 20. Juni 1837 als Minister und Leiter der Deutschen Kanzlei in London am Hof von St. James. Nach der Thronbesteigung des Königs Ernst August I. schied er aus dem Dienst aus und lebte bis zu seinem Tod in Celle; siehe NDB 19, 1999, S. 535–536 (Dieter Brosius); Bringmann, S. 208.

Commandeur des Guelfen=Ordens] Der Guelphen-Orden war eine Auszeichnung des Königreichs Hannover und wurde am 12. August 1815 von dem Prinzregenten und späteren König George IV. gestiftet. Er wurde sowohl im Königreich Großbritannien (bis 1837) als auch im Königreich Hannover verliehen, da beide bis zum Tod König Williams IV. in Personalunion verbunden waren. Der Kommandeur I. Klasse war die zweithöchste Ordensklasse nach dem Großkreuz; siehe Gritzner, S. 124–125. Am 12. März 1832 zeigte Schlegel Rehfues (ULB Bonn, S 1392:15), vier Tage später Minister Altenstein (Körner 1, 1930, Nr. 354, S. 501) brieflich die Verleihung des Ordens an. Der König genehmigte sie, wie Altenstein am 16. April 1832 mitteilte (SLUB Dresden, Mscr. Dresd. e. 90, XIX, Bd. 2(2), Nr. 51), mit Kabinettsordre vom 7. April 1832.

Ordensbande und Kreuze] Beim Ordenszeichen handelt es sich um ein achtspitziges, an den Enden mit Kugeln besetztes Kreuz, in dessen Winkeln vorwärtsgewandte Löwen stehen. Über dem Kreuz befindet sich die hannoversche Königskrone. In der Mitte zeigt das Medaillon ein galoppierendes weißes Pferd auf grünem Grund. Den blauen Reif ziert in goldenen Majuskeln das Motto »Nec aspera terrent« (›Widrigkeiten schrecken nicht‹). Die Rückseite ist mit den Initialen des Stifters sowie mit dem Stiftungsjahr versehen. Das Medaillon wurde für Zivilisten mit Eichenlaub und für Militärs mit Lorbeeren umschlossen. Das Ordensband ist hellblau. Für die Träger des Großkreuzes und die Kommandeure der ersten Klasse bestand die Dekoration aus einem Kreuz und einem Stern. Für die anderen Klassen bestand sie nur aus einem Stern. Bei festlichen Anlässen wurde das Großkreuz an einer goldenen Halskette getragen, die abwechselnd die von zwei Löwen gehaltene königliche Krone und die Initialen G[eorgius] R[ex] zeigt; siehe Gritzner, S.124–127.

Herzog von Sussex] Augustus Frederick (* London, 27. Januar 1773; † London, 21. April 1843), sechster Sohn von König George III. von Großbritannien und Irland und Sophie Charlotte von Mecklenburg-Strelitz, studierte von 1786 bis 1790 in Göttingen Bibelkunde und Hebraistik. 1801 wurde er zum Herzog von Sussex ernannt. Von 1830 bis 1838 stand er als Präsident der Royal Society in London vor. 1830 ernannte ihn die Bayerische Akademie der Wissenschaften in München zu ihrem Ehrenmitglied. Das Interesse des Herzogs galt den Naturwissenschaften. Auf Vorschlag Alexander von Humboldts ließ er ab 1836 weltweit geomagnetische Stationen einrichten; siehe Nissen, S. 16; ODNB 2, 2004, S. 950–951 (T. F. Henderson/John Van der Kiste).

Club der Königl. Societät] Die Royal Society wurde am 28. November 1660 zunächst als Verein zur Förderung Naturwissenschaftlicher Experimente gegründet und erlange später den Status einer nationalen Akademie für die Pflege der Wissenschaften; siehe Gleick.

ersten Minister Lord Lansdowne] Henry Petty-Fitzmaurice (* London, 2. Juli 1780; † Wiltshire, 31. Januar 1863), 3rd Marquess of Lansdowne, gehörte im Juli 1827 als Innenminister dem Kabinett von George Canning an und stand von 1829 bis 1831 als Rektor der University of Glasgow vor. Zwischen November 1830 und 1834 war er Lord President of the Council in den Kabinetten von Charles Grey und William Lamb. Premierminister, wie Schlegels Formulierung vermuten lässt, war er jedoch nie; siehe ODNB 19, 2004, S. 900–904 (C[hristopher] J[ohn] Wright).

freien Eintritt in drei Clubs] Englische Clubs waren geschlossene Gesellschaften, deren zunächst ausschließlich männliche Mitglieder aus der Aristokratie stammten. Adelung 1, 1808, Sp. 1339, merkt an, dass ›Club‹ ein »erst in den neuesten Zeiten ohne alle Noth aus dem Engl. Club erborgtes Wort« sei.

Hofagenten] Samuel Wolff, Bankier, Handelsmann und Hofagent; siehe die Erläuterungen zu Brief Nr. 18. Schlegel Brief an Wolff ließ sich nicht nachweisen.

Zwei Rothschildische Loose sind zur Auszahlung ausgeloost] Siehe die Erläuterungen zu Brief Nr. 47.

Metzenmacher] Andreas Metzenmacher, Frisör und Perückenmacher in Bonn; siehe die Erläuterungen zu Brief Nr. 49.

neue Perücke] Schlegel besaß eine Sammlung von 31 Perücken unterschiedlicher Länge, mit denen er einen natürlichen Haarwuchs vortäuschte; siehe Kaufmann 1919, S. 118–119; Bach, S. 38. Heine berichtet in der *Romantischen Schule* spöttisch von seinem Wiedersehen mit Schlegel in Paris (Heine 8/1, 1979, S. 176: »Auf meinem Wege, unfern von jenem geheiligten Hause, erblickte ich ein Wesen, in dessen verwebten Zügen sich eine Aehnlichkeit mit dem ehemaligen A. W. Schlegel kund gab. Ich glaubte seinen Geist zu sehen. Aber es war nur sein Leib. Der Geist ist todt und der Leib spukt noch auf der Erde, und er ist unterdessen ziemlich fett geworden; an den dünnen spiritualistischen Beinen hatte sich wieder Fleisch angesetzt; es war sogar ein Bauch zu sehen, und oben drüber hingen eine Menge Ordensbänder. Das sonst so feine greise Köpfchen trug eine goldgelbe Perücke. Er war gekleidet nach der neuesten Mode jenes Jahrs, in welchem Frau v. Staël gestorben. Dabey lächelte er so veraltet süß wie eine bejahrte Dame, die ein Stück Zucker im Mund hat, und bewegte sich so jugendlich wie ein kokettes Kind. Es war wirklich eine sonderbare Verjüngung mit ihm vorgegangen; er hatte gleichsam eine spaßhafte zweite Auflage seiner Jugend erlebt; er schien ganz wieder in die Blüte gekommen zu seyn, und die Röthe seiner Wangen habe ich sogar in Verdacht, daß sie keine Schminke war, sondern eine gesunde Ironie der Natur.« In den letzten Lebensjahren hat Schlegel diese Gewohnheit aufgegeben, wie Jacob Grimm Friedrich Christoph Dahlmann in einem Brief aus Berlin vom 11. Juni 1841 wissen lässt (Ippel 1, 1885, Nr. 261, S. 453–459, hier S. 455: »Der dreiundsiebzigjährige Mann hat seine Eitelkeit nur gewechselt, statt der vielen schwarzen Perücken trägt er jetzt ein Wielandskäppchen und nährt unten einen dünnen weißen Ziegenbart, sonst ist er ziemlich frisch und gutmüthig gesprächig.«

Schneiden Sie das andre Blatt ab u geben es Hrn. Lassen.] Gemeint ist der Brief August Wilhelm von Schlegels an Christian Lassen vom 12. März 1832 (Kirfel 1914, Nr. 82, S. 219–220). Brief und Briefumschlag finden sich im Nachlass Lassen (Universitäts- und Landesbibliothek Bonn, S860); der Briefumschlag ist adressiert an »Mademoiselle Marie Löben | chez M. le prof. de Schlegel | à | Bonn«.

Baron de Bulow] Heinrich Freiherr von Bülow, seit 1827 preußischer Gesandter in London; siehe die Erläuterungen zu Brief Nr. 51.

10 Great Cumberland Place] Schlegel ließ sich die Briefe an die preußische Botschaft in London schicken, deren Sitz sich in unmittelbarer Nähe zum Wohn-

haus Sir Alexander Johnstons in Nr. 19 befand. Zu Johnston siehe die Erläuterungen zu Brief Nr. 16. Der unweit vom Hyde Park gelegene Great Cumberland Place gehörte mit seinen Bankhäusern, Gesandtschaften und Konsulaten im 19. Jahrhundert zu den nobelsten Adressen der englischen Hauptstadt. Am 27. November 1852 verstarb in Nr. 16 die Mathematikerin Lady Ada Lovelace (* London, 10. Dezember 1815), eine Tochter des spätromantischen Dichters Lord Byron (* London, 22. Januar 1788; † Messolongi/Griechenland, 19. April 1824).

53   AUGUST WILHELM VON SCHLEGEL AN MARIA LÖBEL,
8. APRIL 1832

Überlieferung: Bibliothèque nationale et universitaire de Strasbourg, Ms 2882.97 (1 egh. B. mit Paraphe, 1 Dbl., 2½ S. beschr., B 18,2 cm x H 22,5 cm, Adresse in vertikaler Laufrichtung und Poststempel auf S. 4: »A Mademoiselle | Mlle Marie Löben | chez M. le prof. de Schlegel | à | Bonn | Prusse Rhenane«).

Erläuterungen:

Mlle Marie Löben] Siehe die Erläuterungen zu Brief Nr. 8.

Prusse Rhenane] Die Rheinprovinz war eine von zwölf preußischen Provinzen, die seit dem 22. Juni 1822 das Königreich Preußen und den Freistaat Preußen bildeten. Sie umfasste das Rheinland zwischen Bingen am Rhein und Kleve. Der Sitz der staatlichen Verwaltungsbehörden für die Rheinprovinz befand sich in Koblenz; siehe Rheinprovinz 1, 1833, S. 1–2.

Calais] Nordfranzösische Hafenstadt Ärmelkanal, nur 34 km von der Südküste Englands entfernt liegt und Fährbetrieb mit Dover unterhält; siehe die Erläuterungen zu Brief Nr. 14.

von meiner Abreise von London geschrieben] Schlegels Brief lässt sich nicht nachweisen.

Heinrich] Heinrich von Wehrden, Schlegels Kammerdiener, Reitknecht und Kutscher; siehe die Erläuterungen zu Brief Nr. 21.

Quarantäne in Calais] Siehe die Erläuterungen zu Brief Nr. 51 sowie Richter, S. 218: »Nach Privatnachrichten aus Paris vom 17ten November 1831, war die officielle Nachricht von dem Ausbruche der Cholera zu Granville, Departement de Calvados, der Insel Jersey gegenüber, eingetroffen. Französische Blätter meldeten unter dem 20sten December, daß in den Côtes du nord mehrere Gemeinden durch eine bösartige Dysenterie verwüstet würden, und dort die Furcht vor der Ansteckung so groß sei, daß man die Lebensmittel vor die Thüren der Krankenhäuser legt, ohne selbst hinein zu gehen. Lange vor dem förmlichen Ausbruche der Krankheit in Frankreich war in diesem Lande von sporadischen, selbst wohl tödtlich ablaufenden Fällen der Cholera die Rede. […] Es ist auffallend, daß Calais als einer der ersten Orte genannt wird, an dem in Frankreich nach Paris, und zwar acht Tage nachher, die Cholera ausbrach.« Abhängig davon, ob der

Reisende aus von der Cholera befallenen oder nur aus der Cholera verdächtigen Gebieten kam, musste er an der Grenze zwanzig oder zehn Tage in Quarantäne zu bringen. Während dieser Zeit war er von jedem Kontakt mit der Außenwelt, aber auch von anderen Reisenden abgeschnitten und musste sich täglich einer ärztlichen Untersuchung unterziehen. Erst nach der festgesetzten Frist konnte er im Besitz eines Entlassungsschein einreisen.

Cholera in Paris] Die ersten Cholera-Fälle waren in Paris am 22. März 1832 aufgetreten. Das Treiben des Maskenballs, des Mi-carême, am 27. März führte wohl zu ihrer Ausbreitung, die zunächst noch auf die Stadt beschränkt blieb, ehe sie am Anfang April auch Estampes und Calais ergriff; siehe Kleinert, S. 636–637, sowie die Briefzeugnisse bei Briese 3, 2003, S. 254–255. Richter, S. 223–224, beziffert die Zahl der Opfer: »Wie groß eigentlich die durch die Cholera in Paris angerichteten Verheerungen waren, läßt sich nicht bestimmen. [...] Vom 8ten bis zum 9ten April scheint die Seuche ihr Maximum erreicht zu haben, an welchem Tage der Moniteur 1.020 Erkrankungen, 385 Sterbefälle angiebt. Allein mehrere Nachrichten stimmen darin überein, daß an diesem Tage über 2.000 erkrankten.« Heinrich Heine berichtet am 19. April 1832 in der Augsburger *Allgemeinen Zeitung* ausführlich über das Wüten der Cholera in Paris und die damit einhergehende sittliche Depravation (Heine 12/1, 1980, S. 129–142, hier S. 132–142).

angränzenden Fischerdorfe] Schlegel meint vermutlich Granville oder Audresselles.

Gesundheits=Cordon an der Belgischen Gränze] Militärcordons um infizierte Gebiete, die Verhängung von Quarantäne und Häuserabsperrungen sowie die Reinigung und Räucherung verdächtiger Stoffe gehörten zu den vorrangigen Maßnahmen, um das Vordringen der Pandemie zu stoppen. Die Militärcordons erwiesen sich jedoch als wirkungslos; siehe Briese 1, 2003, S. 242–249. Im Frühjahr 1832 erfasste die Cholera auch Belgien.

Lille] Auf seiner Rückreise von London nach Bonn wählte Schlegel diesmal die Route über Lille. wo er sich einige Tage in Quarantäne begeben musste. Zu Lille siehe Fick, S. 440–441: »Lille, 1½ Post. Die Hauptstadt des Norddepartements mit 55.000 Einwohnern, ist sehr befestigt, hat eine Citadelle, wichtigen Handel und sehr beträchtliche Manufakturen in Tuch, Kamelot, Stoffen, Leinewand, Spitzen, Tressen, Tapeten, Hüthe, Leder, Strümpfen, Seife, Papier, Zwirn und eine Zuckerraffinerie. Das prächtige Hospital, das Stadthaus, Schauspielhaus, die Börse, die Casernen, die Collegiatkirche St. Petri mit den Grabmälern, einige

Kirchen mit sehenswerthen Gemälden, die Promenaden auf der Esplanade, auf den Wällen und in der schönen Gegend sind zu bemerken.«

Belgischen Agenten ... Gesundheits=Certificat] Ein Sachwalter des belgischen Königs gab in Lille die Entlassungsscheine aus.

Boulogne] Boulogne-sur-Mer, eine an der Küste des Ärmelkanals gelegene französische Hafenstadt in dem 1790 eingerichteten Département Pas-de-Calais.

Dover] Englische Hafenstadt am Ärmelkanal mit der geringsten Entfernung zum europäischen Festland.

Königlichen Packet-Boot] Großbritannien war durch regelmäßig verkehrende Dampfpaketboote mit dem Festland verbunden, die den Postverkehr sicherstellten. So führen z.B. Linien von Dover nach Ostende und nach Calais; siehe die Erläuterungen zu den Briefen Nr. 14 und 15 sowie Poppe, S. 85: »Das Dampfpaketboot, welches seit etlichen Jahren über den Kanal von Calais nach Dover und wieder zurück geht, hat seinen Nutzen ebenfalls bewiesen. Und so auch andere Dampfschiffe, die nach verschiedenen andern Richtungen aus englischen Gewässern abgehen. Die Geschwindigkeit der englischen Dampfboote ist übrigens, im Mittel bei stillem Wasser, sechs englische Meilen in der Stunde.« Eine Beschreibung britischer Dampfboote findet sich bei Poppe, S. 85–87.

Furcht ... nachtheilig auf den Körper] Die Erkenntnis, dass Gefühle wie Trauer, Angst, Furcht und Zorn die Gesundheit des Körpers beeinflussen, findet sich bereits in der *Ars medica* 23–24 des griechischen Arztes Galen (* Pergamon, 129/131; † Rom, um 216 n. Chr.), die sich insbesondere auf Hippokrates (* Kos, um 460; † Larisa, um 370 v. Chr.) stützt. In den Gesundheitslehren des 19. Jahrhunderts, deren sprachlichen Gestus Schlegel offenkundig imitiert, wurde sie im Rahmen von Empfehlungen für eine gesunde Lebensführung kodifiziert. So heißt es etwa 1846 bei dem Militärarzt Grisselich, S. 87: »Nachtheilig und herabstimmend auf die Gesundheit wirken F u r c h t , A n g s t und S c h r e c k .«

Hofagenten Wolff] Samuel Wolff, Bankier, Handelsmann und Hofagent; siehe die Erläuterungen zu Brief Nr. 18.

40 Pfund Sterling] Britische Rechnungsmünze; siehe die Erläuterungen zu Brief Nr. 15.

Hrn Lassen] Christian Lassen, Schüler und Nachfolger August Wilhelm von Schlegels auf dem Bonner Lehrstuhl; siehe die Erläuterungen zu Brief Nr. 1.

54   AUGUST WILHELM VON SCHLEGEL AN MARIA LÖBEL, 15. APRIL 1832

Überlieferung: Bibliothèque nationale et universitaire de Strasbourg, Ms 2882.98 (1 egh. B. mit Paraphe, 1 Ebl. mit Wasserzeichen, ½ S. beschr., B 20,5 cm x H 13,5 cm, mit unvollständiger Adresse auf S. 2: »À | [Mademoiselle Marie] Löben | [chez M. le prof. d]e Schlegel | [à] | Bonn | [Pruss]e Rhenane«).

Erläuterungen:

Brüssel] Schlegel war am 8. April 1832 von Calais in Richtung Brüssel aufgebrochen und dort am 14. April 1832 eingetroffen. Für die Rückreise wählte er die Route über Lille, wo er sich 6 Tage in Quarantäne begeben musste, nach Brüssel; siehe die Erläuterungen zu Brief Nr. 53.

in Bonn einzutreffen] Die Entfernung von Brüssel nach Bonn betrug etwa 29 Preußische Meilen und führte über Lüttich, Aachen und Köln. Da eine Kutsche pro Tag etwa 80 Meilen zurücklegen konnte, ist die Einschätzung Schlegels, Bonn am Dienstagabend noch zu erreichen, durchaus realistisch; siehe Fick, S. 436–439.

55 August Wilhelm von Schlegel an Maria Löbel, 19. Mai 1841

Überlieferung: Bibliothèque nationale et universitaire de Strasbourg, Ms 2882.100 (1 egh. B. mit Unterschrift, 1 Ebl., 1 S. beschr., B 15 cm x H 21 cm).

Erläuterungen:

Mainz] Die Entfernung von Bonn nach Mainz betrug rund 20, die von Mainz nach Berlin 69 Preußische Meilen; siehe Allgemeines Post- und Reise-Handbuch, S. 151 und 152.

poste restante] Postlagernd. Briefe konnten einer Poststelle zugestellt werden, wo sie nach preußischem Gesetz drei Monate für den Adressaten zur Abholung aufbewahrt wurden; siehe Das Preußische Postwesen, S. 37.

Heinrich] Heinrich von Wehrden, Schlegels Kammerdiener, Reitknecht und Kutscher; siehe die Erläuterungen zu Brief Nr. 21.

abgeäschert] Bei ›abäschern‹ bzw. ›abeschern‹ handelt es sich nach Adelung 1, 1808, Sp. 32, um ein Wort, das »nur an einigen Orten in Ober- und Niedersachsen im gemeinen Leben üblich«, ansonsten aber ungebräuchlich ist. Es meint ›sich abmühen‹ oder – stärker noch – »sich durch eine heftige Bewegung sich in Schweiß und außer Athem bringen«. Maria Löbel dürfte den Bedeutungsinhalt des Verbs, das Schlegel möglicherweise von seinem ebenfalls aus Norddeutschland gebürtigen Kutscher Heinrich von Wehrden übernahm, aus dem Kontext der Briefstelle erschlossen haben. Siehe ferner Grimm 1, 1854, Sp. 35.

56 AUGUST WILHELM VON SCHLEGEL AN MARIA LÖBEL, 22. MAI 1841

Überlieferung: Bibliothèque nationale et universitaire de Strasbourg, Ms 2882.101 (1 egh. B. mit Paraphe, 1 Ebl., 1 S. beschr., B 15 cm x H 21 cm).

Erläuterungen:

Gotha] Hauptstadt des Fürstentums Gotha und Residenz des Herzogs mit rund 12.400 Einwohnern. Reisende stiegen gemeinhin in den Gasthöfen Der Mohr, Die Schelle, Der Riese und Die Stadt Altenburg ab; siehe Fick, S. 52.

schwere Berge] Gemeint sein dürfte wohl die Gebirgsformation der Drei Gleichen, die sich von 9 km südöstlich von Gotha bis 5 km nordwestlich von Arnstadt ziehen.

Heinrich] Heinrich von Wehrden, Schlegels Kammerdiener, Reitknecht und Kutscher; siehe die Erläuterungen zu Brief Nr. 21.

Anlegen des Hemmschuhes ... Nachlaufen] Aus Eisen oder eisenbeschlagenem Holz bestehende Vorrichtung zur Fixierung des Rades, um auf abschüssiger Straße ein Fuhrwerk zu bremsen; detaillierte Beschreibung bei Ersch/Gruber, Sect. 2, Th. 5, 1829/1969, S. 283. Die Anlegung eines Hemmschuhs an einen Kutschwagen, um ein unkontrolliertes Zurückrollen zu verhindern, war vielerorts gesetzliche Pflicht. So schreibt Willibald Alexis 1833 in den *Wiener Bildern*, S. 378: »Keine Verordnung findet sich im Oestreichischen so häufig, als die, daß man den Hemmschuh anlegen soll an abschüssigen Wegen. Auf jedem Berge durch das ganze Land, wo die Straße sich senkt, findest Du eine Tafel, und daran einen Hemmschuh abgebildet und die Warnung und Strafbestimmung darunter für den Fall, daß Du herabfährst ohne einen Hemmschuh.«

nach Weimar ab] Weimar war eine reguläre Station auf dem Postweg von Gotha nach Berlin; siehe die Erläuterungen zu Brief Nr. 57.

Dienstag Abend oder Mittwoch Vormittag ... in Berlin] Schlegel erreichte am Dienstag, den 25. Mai 1841, nach siebentägiger Reise Berlin. Ein Brief Bettina von Arnims an ihren Bruder Clemens Brentano vom 26. Mai 1841 lässt vermuten, wie groß die Strapazen der Kutschfahrt für den fast 74jährigen Gelehrten gewesen sein mussten (Pfülf, Nr. 9, S. 83–87, hier S. 86): »Gestern ist Schlegel hier angekommen, ohne Perücke, aber mit einem großen Bart, der frisiert ist und von seinen Lippen abstehen soll wie ein Paar Taubenflügel, zur großen Verwunderung der Herren Minister, bei denen er sich zeigte. So erwartet man noch alle veralteten Raritäten Deutschlands. Es wird eine schöne Gräberstraße berühmter Männer auf dem Friedhof geben. Es ist auch eine gute Spekulation für ihre Unsterblichkeit, denn wenn sie alle beisammen liegen, so zeugen sie füreinander.«

poste restante] Postlagernd; siehe die Erläuterungen zu Brief Nr. 55.

Rosensträuße an die beiden Damen] In ihrem Brief an A. W. von Schlegel vom 20. Juli 1841 (SLUB Dresden, Mscr. Dresd. e. 90, XIX, Bd. 8, Nr. 59) bedankt sich Auguste von Flotow für das Blumengeschenk.

57 AUGUST WILHELM VON SCHLEGEL AN MARIA LÖBEL, 27. MAI 1841

Überlieferung: Bibliothèque nationale et universitaire de Strasbourg, Ms 2882.102 (1 egh. B. mit Unterschrift, 1 Ebl., 1½ S. beschr., B 15 cm x H 21 cm).

Erläuterungen:

Berlin] Schlegel erreichte Berlin am 25. Mai 1841. Eine Beschreibung Berlins um 1809 gibt Fick, S. 342–345, hier S. 342: »Diese Haupt- und Residenzstadt der noch übrigen preussischen Provinzen an der Spree in der Mittelmark, hat über 7000 Häuser und kaum mehr als 135000 Einwohner; sie besteht aus 5 Städten und 4 Vorstädten, ist eine der schönst gebauten Städte der Welt, aber in einer sandigen Gegend. Die Stadt hat im letzten Kriege vieles von ihren Merkwürdigkeiten verlohren.«

in dem stark besetzten Gasthofe] Das Hôtel de Russie befand sich am Platz an der Bauakademie Nr. 1, unweit der Schlossbrücke und der Straße Unter den Linden. Es gehörte zu den besten Adressen in Berlin. Gäste wurden dort mit einem umfangreichen Kulturprogramm unterhalten; siehe Fick, S. 345; Cosmar, S. 4, 32 und 44.

Heinrich] Heinrich von Wehrden, Schlegels Kammerdiener, Reitknecht und Kutscher; siehe die Erläuterungen zu Brief Nr. 21.

poste restante angelangt] Postlagernd; siehe die Erläuterungen zu Brief Nr. 55.

Hôtel de Russie] Das Gasthaus trug ursprünglich den Namen Zur goldenen Sonne, wurde aber um 1800 wegen der zahlreichen russischen Gäste in Hôtel de Russie umbenannt; zur Geschichte des Hauses siehe Wagner, S. 202.

Von Gotha ... in einem Striche gefahren] Orientiert man sich an den Poststationen, dürften Schlegel und sein Kutscher die folgende Route genommen haben: Gotha, Erfurt, Weimar, Jena, Naumburg, Weißenfels, Leipzig, Düben, Wittenberg, Jüterbock, Potsdam, Berlin; siehe Allgemeines Post- und Reise-Handbuch, S. 99.

Visiten gefahren] ›Besuche gemacht‹.

mein Geschäft] Schlegel meint die Herausgabe der Werke Friedrichs II. des Großen; siehe dazu die Erläuterungen zu Brief Nr. 58.

König ist abwesend] Friedrich Wilhelm IV. (* Berlin, 15. Oktober 1795;
† Potsdam, 2. Januar 1861), Preußenkönig aus dem Hause Hohenzollern von
1840 bis 1861, besuchte vom 25. bis zum 28. Mai 1841 die Altmark. Am 26. Mai
1841 war er in Salzwedel zu Gast, am 28. Mai kam er mit seinem Gefolge von
Oebisfelde über Weteritz nach Letzlingen, wo er den Plan zur Restaurierung der
Hirschburg fasste, den er mit Unterstützung seines Baumeisters Friedrich August Stüler (* Mühlhausen, 28. Januar 1800; † Berlin, 18. März 1865) bis 1860 in
die Tat umsetzte.

58 AUGUST WILHELM VON SCHLEGEL AN MARIA LÖBEL, 29. MAI 1841

Überlieferung: Bibliothèque nationale et universitaire de Strasbourg, Ms 2882.103 (1 egh. B. mit Unterschrift, 1 Ebl., 2 S. beschr., B 15 cm x H 21 cm).

Erläuterungen:

Ihren ersten Brief] Maria Löbels Brief an A. W. von Schlegel lässt sich nicht nachweisen.

poste restante] Postlagernd; siehe die Erläuterungen zu Brief Nr. 55.

Badecur] Gemeint sind wohl die Schwefelbäder, von denen Schlegel in den Briefen Nr. 59 und 61 spricht.

Herausgabe ... der Werke Friedrich II] Philipp Joseph von Rehfues hatte der Preußischen Akademie in Berlin August Wilhelm von Schlegel als Herausgeber für die geplante Edition der französischen Werke des Preußenkönigs Friedrich II. des Großen vorgeschlagen. Am 27. Mai 1841 stellte Schlegel bei der Akademie sein Konzept vor, das u.a. eine sprachlich-stilistische Bearbeitung der Texte vorsah, während ihn die Mitglieder auf die Wiedergabe der überlieferten Textfassung auch an solchen Stellen zu verpflichten suchten, wo die Sprache hölzern wirkt. Zudem trauten sie dem 74jährigen, bereits kränklichen und überdies sehr langsam arbeitenden Gelehrten die Bewältigung der großen Aufgabe nicht mehr zu und wollten seine Tätigkeit als Herausgeber auf die Briefe und Gedichte des Preußenkönigs beschränken. Schlegel freilich wollte sich nicht in Grenzen weisen lassen und sprach bei Minister Eichhorn, dem Nachfolger von Altensteins, vor. Um das Vorhaben doch noch zu realisieren, versuchte er zudem seinen Freund August Boeckh zu gewinnen; siehe Schlegels Korrespondenz mit Boeckh in: Körner 1, 1930, S. 552–554 (Nr. 384–385), S. 557–561 (Nr. 388–391), S. 562–564 (Nr. 393), S. 567–572 (Nr. 396), S. 576–579 (Nr. 400), 587–590 (Nr. 408), S. 591–594 (Nr. 411), S. 413–414 (Nr. 413), S. 615–618 (Nr. 424), S. 621 (Nr. 427). Nach mehreren Sitzungen wurde Schlegel schließlich nur die Berichtigung grammatikalischer Fehler zugestanden, da bei etwaigen Eingriffen in den Stil die Eigentümlichkeit von Friedrichs Sprache verloren gehe. Schlegel legte daraufhin eine vierhundertseitige Proposition einer Revision der Werke Friedrichs des Großen vor; siehe auch Körner 1932.

Briefe … nebst meinen Antworten] Schlegel hat seine Korrespondenz sorgsam aufbewahrt und wohl auch Abschriften von seinen Gegenbriefen angefertigt.

Remarques sur la methode à suivre] Möglicherweise Arbeitstitel bzw. Konzept der späteren Eingabe (Körner 2, 1930, S. 257): »*Revision des Œuvres de Frédéric II Roi de Prusse. Histoire de mon temps. T. I. Comparaison des variantes extraites d'un manuscript autographe de cet ouvrage, avec les passages correspondants dans l'édition publiée en 1788* (Schreiberhandkopien erliegen bei den Akademieakten Vol. I, Fol. 217/30 und im Schlegel-Nachlass Dresd. Mscr. e 90 LXXV/VI Nr. 27–30, an letzterer Stelle auch eine *Analyse grammaticale des variantes du manuscrit autographe de 1775, comparées avec les passages correspondants dans l'édition des Oeuvres posthumes publiée à Berlin en 1788. Histoire de mon temps chap. VIII–XII.* Es sind umfangreiche Ausarbeitungen von insgesamt rund 400 geschriebenen Quartseiten). Diesen Aufsatz schickte Schlegel in zwei Teilen (am 14. und 29. Juli 1841) an Boeckh zur Mitteilung an die Ausschussmitglieder der Preussischen Akademie in Berlin.«

p] Abkürzung für lat. *perge* (›und so weiter‹).

Hrn Lassen] Christian Lassen, Schüler und Nachfolger August Wilhelm von Schlegels auf dem Bonner Lehrstuhl; siehe die Erläuterungen zu Brief Nr. 1.

**59   AUGUST WILHELM VON SCHLEGEL AN MARIA LÖBEL,
       9. JUNI 1841**

Überlieferung: Bibliothèque nationale et universitaire de Strasbourg, Ms 2882.104 (1 egh. B. mit Paraphe, 1 Dbl. mit Wasserzeichen [Siegel], 2½ S. beschr., B 13 cm x H 21 cm).

Erläuterungen:

Brief vom 2ᵗᵉⁿ Jun.] Maria Löbels Brief an A. W. von Schlegel vom 2. Juni 1841 lässt sich nicht nachweisen.

Schwefelbäder] Der Branntweinbrenner Lorenz Lörper betrieb seit dem 8. Mai 1820 in der Maargasse 395 in Bonn eine Badeanstalt, in der er ab 1826 den Bürgern auch Schwefelbäder anbot; siehe Velten, S. 142.

Dr. Wolff] Dr. Heinrich Wolff, praktischer Arzt; siehe die Erläuterungen zu Brief Nr. 40.

beim Könige] Friedrich Wilhelm IV., Preußenkönig aus dem Hause Hohenzollern von 1840 bis 1861; siehe die Erläuterungen zu Brief Nr. 57.

Mittagstafel in Sans-Souci] Schlegel war am 4. Juni 1841 zur Mittagstafel des Königs geladen, von der er ausführlich Auguste von Flotow in seinem Brief vom 24. Juni 1841 berichtet (Deetjen, S. 19). Folgt man Wilhelm Grimm, so war Schlegels Auftritt höchst eigenwillig. Am 13. Juni 1841 schreibt er dem Rechtswissenschaftler Gustav Hugo (Bialas, Nr. 214, S. 283–286, hier S. 284): »AW Schlegel war neulich zur tafel nach sanssouci eingeladen. Jeder andere geht in einem schwarzen frack hin, er aber, der als ein mann von welt erscheinen wollte, nahm schon um 9 uhr früh keine besuche mehr an, um vollständige toilette machen zu können. Sie bestand aus einem zimmetfarbigen hofrock mit großen stahlknöpfen, ditto weste mit etwas kleinern stahlknöpfen, schwarzseidenen beinkleidern, weißseidenen strümpfen, großen goldenen schnallen auf den schuhen, claquehut mit weißem plumage, spitzenjabot, und spitzen manschetten, galanteriedegen; daß alle orden die brust zierten versteht sich von selbst, der nordsternorden war bis unter den arm zurückgedrängt. Auf dem haupt ein schwarzes sammtkäppchen, während das gesicht unten von einem weißen bart, wie von einem zarten pelz, ganz eingefaßt war. Bei der königin soll dieser elegante anzug viel heiterkeit erregt haben. Dem Jacob [sc. Grimm] hat er gesagt, er werde nicht hier bleiben, sondern nach Bonn zurückkehren, wo er mehr bequemlichkeiten habe, ein badezimmer im haus und das einsteigen in den wagen im thorweg, während er hier auf die straße heraus müße.« Nach seinem Tod gelangte Schlegels Hofrock in einen Kostümverleih und bot im Karnevalstreiben des Jahres 1847 Anlass zu einem reichlich primitiven Scherz über seinen einstigen Besitzer (Ribbeck 2, 1881, S. 72): »Auch der preussische Prinz Friedrich Carl, der damals in Bonn studierte […], erschien […], begleitet von seinen beiden Gouverneuren, Major v. Roon und Graf Bismarck-Bohlen. Letzterer hatte sich in einen braunen Phantasiefrack geworfen, den er bei einem Maskenverleiher aufgetrieben: mit höchstem Gaudium erkannten die Professoren hierin das ehemalige Galakleid ihres seligen Collegen Schlegel, welches sich derselbe einst für eine Berliner Hofsaison hatte anfertigen lassen.«

Sans-Souci] Preußenkönig Friedrich Wilhelm IV. ließ 1841/1842 das von Georg Wenzeslaus von Knobelsdorff im Auftrag Friedrichs II. des Großen errichtete Schloss Sanssouci in Potsdam umbauen und erweitern. Der Architekt Ludwig Persius (* Potsdam, 15. Februar 1803; † Potsdam, 12. Juli 1845), ein Schüler Karl Friedrich Schinkels, fertigte nach Skizzen des Königs dazu die Entwürfe.

außer den Generalen] Wer konkret gemeint ist, lässt sich aus dem Inhalt des Briefs nicht erschließen. Zu den preußischen Generälen vom Regierungsantritt König Friedrich Wilhelm IV. bis zum Jahr 1858 siehe Priesdorff, T. 6, 1938.

noch andre berühmte Künstler und Gelehrte] In seinem Brief an Auguste von Flotow vom 24. Juni 1841 nennt Schlegel namentlich die Bildhauer Bertel Thorwaldsen (* Kopenhagen, 19. November 1770; † Kopenhagen, 24. März 1844) und Christian Daniel Rauch (* Arolsen, 2. Januar 1777; † Dresden, 3. Dezember 1857), den Maler Peter von Cornelius (* Düsseldorf, 23. September 1783; † Berlin, 6. März 1867), den Botschafter Christian Carl Josias Bunsen (* Korbach, 25. August 1791; † Bonn, 28. November 1860) sowie den Mineralogen und Naturphilosophen Henrich Steffens (* Stavanger/Norwegen, 2. Mai 1773; † Berlin, 13. Februar 1845), die gleich ihm bei der Mittagstafel »einen ehrenvollen Platz den Majestäten gegenüber« einnahmen (Deetjen, S. 19). Ludwig Persius berichtet in seinem Tagebuch unter dem 4. Juni 1841 zudem von einem Gespräch Friedrich Wilhelms IV. mit Christian Carl Josias Bunsen, dem ehemaligen Assistenten und späteren Nachfolger Barthold Georg Niebuhrs als Botschafter in Rom, über frühchristliche Sakralarchitektur: »S. M zeigen Hr v. Bunsen den Entw. f. das Monument F II., der manches geistreiche dabei bemerkt. Vorher waren S. M u Hr v B im Gespräch über Basiliken, wobei der Entwurf f. d. Kirche bei Charlottenhof vorlag. Hr v B. ist nicht für die Anlage der Schranken mit den beiden Ambonen, da es nicht mehr evangelisch u aus der späteren Zeit des 13t Jahrhunderts sei, wo sich die Geistlichkeit so ausdehnte in das Schiff der Kirche hinein, daß damit die Gemeine ganz verdrängt wurde. S. M hören dies aber nicht gern und sind der Meinung daß dies wohl statthaft sein mögte.« (Persius, S. 54).

Frau Wolper] Amalie Henriette Schlegel, Tochter von Schlegels Bruder, dem Superintendenten Carl August Moritz, war seit dem 10. Oktober 1820 mit dem Schulmann August Friedrich Wolper (* Göttingen, 17. März 1795; † Lingen, 15. Oktober 1832) verheiratet; siehe Staats- und Gelehrte Zeitung des Hamburgischen unpartheyischen Correspondenten, 14. Oktober 1820. Wolper arbeitete seit 1815 als Collaborator an der Bürgerschule zu Harburg und wurde 1817 in Göttingen mit einer Dissertation über die *Medea* des Euripides zum Doktor der Philosophie promoviert. Im selben Jahr wurde er Lehrer am Johanneum in Lüneburg, Ostern 1820 wurde er mit der zweiten Lehrerstelle am neu eingerichteten Gymnasium zu Lingen betraut; siehe Neuer Nekrolog der Deutschen 10.1832 (1834), Nr. 312, S. 722–725 (Josef von Lucenay).

Harburg] Schlegels Nichte Amalie war nach dem frühen Tod ihres Mannes offenbar zu ihrer Familie nach Harburg zurückgekehrt.

den Umschlag ab] Von wem die erwähnten Briefe stammen, ist unklar. Offenbar war ihr Inhalt aber so wichtig, dass Schlegel sie sich nachsenden ließ. Die Entfernung des Briefumschlags sollte helfen, die Portokosten zu reduzieren.

Packet aus Stuttgart] Vermutlich enthielt dieses Paket die Hinterlassenschaften des Malers Peter Busch. Ein Abschiedsbrief, den Busch bei seinem Freitod hinterlassen hatte, war Schlegel durch die Stuttgarter Stadtdirektion zugestellt worden; siehe Friedrich Müllers Brief an Heinrich Eberhard Gottlob Paulus, Stuttgart, 18. Juni 1841 (Körner 1933, S. 126–127).

Peter Busch] Peter Busch, Genremaler und Lithograph; siehe die Erläuterungen zu Brief Nr. 47.

Kohlendampf aus der Welt geschafft] Peter Busch hatte sich am 19. Mai 1841 wegen seiner Nahrungs- und Geldnöte mit Kohlenmonoxid selbst getötet. Auch Nikolaus Lenau hielt ihn offenbar für einen leiblichen Sohn August Wilhelm von Schlegels, wie er Sophie von Löwenthal am 20. Mai 1841 aus Stuttgart mitteilte (Lenau 6/1, 1990, S. 206–207, hier S. 207): »Gestern hat sich hier ein junger, talentvoller Maler, namens Busch, mit Kohlen erstickt; auf seinem Tische lag ein Brief an August Wilhelm Schlegel, dessen natürlicher Sohn er war. Besonders glücklich soll er Bettelbuben gemacht haben, im Geschmack Murillos.«

gegen mich gelogen] Schlegel glaubte offenbar, dass das Gerücht, Peter Busch sei sein unehelicher Sohn, von diesem selbst in Umlauf gebracht worden sei; siehe die Erläuterungen zu Brief Nr. 47. Der Maler Friedrich Müller erweist in seinem Brief an Paulus vom 18. Juni 1841 (Körner 1933, S. 127) Schlegels Annahme jedoch als Irrtum: »Busch hat hier niemals gesagt, daß er Schlegel's Sohn sey, obgleich es in Düsseldorf, wo er die Akademie besuchte, allgemein bekannt war, wie mich ein Maler der wirklich hier ist, und mit B. in Düsseldorf war, versicherte. Wenn wir ihn im Gespräch über seine Eltern fragten, kam er in peinliche Verlegenheit, äußerte daß seine Mutter todt sei, er noch 2 oder 3 Geschwistern habe, aber keines kenne, daß er von Schlegel unterstützt worden, aber der Unterstützung des kalten Mannes müde geworden sei. Kam die Rede auf Schlegel so war eine eigene Gespanntheit an ihm zu bemerken, und als wir einmal – die erste Veranlassung dazu war eine Composition von mir nach einem Schlegelschen Gedicht – über Schlegel und seine literarischen und moralischen Gemeinheiten loszogen, färbte sich seine blasse Wange wohl etwas röther, und er sagte wörtlich: ›Ich kann hier nicht mitstreiten, ich bin hier zu sehr Parthei; Schlegel steht mir zu nahe.‹« Die Vermutung, Schlegel sei Buschs leiblicher Vater, beruhte demnach auf einer Fehlinterpretation seines Verhaltens gegenüber seinem früheren Förderer: »Aus diesem Allem, und namentlich aus seinem letzten Briefe, wo das Ihr doppelt unterstrichen war, gieng für mich die moralische Ueberzeugung hervor, daß Busch Schlegel's natürlicher Sohn sei.« (Körner 1933, S. 127).

Brief eines Doctors in Stuttgart] Dr. Johann Ehrenbaum informierte Schlegel in seinem Brief vom 23. Mai 1841 über die Spekulationen, die der Selbstmord Peter Buschs über das Verhältnis Schlegels zu Busch ausgelöst hatte; siehe die Erläuterungen zu Brief Nr. 47.

das Nöthige geantwortet] Schlegel reagierte in seinem Brief vom 6. Juni 1841, dessen Konzept sich in seinem Nachlass befindet (SLUB Dresden, Mscr. Dresd. e 90 XII b), empört auf das Gerücht, er sei der Vater Peter Buschs, und lehnte jegliche Verantwortung für dessen Verhalten entschieden ab.

Marianne und Mina] Schlegels Köchin Marianne Brenig und das Küchenmädchen Mina. Ludwig Börne berichtet in seinem Brief vom 20. September 1819 Jeanette Wohl von einem Besuch bei Schlegel in Bonn, bei dem er auch die Bekanntschaft mit Marianne Brenig und Heinrich von Wehrden machte (Börne 4, 1968, Nr. 7, S. 232–236, hier S. 233): »Schlegel ist, wie ich ihn mir dachte und er mir geschildert worden. Ein an Leib und Gemüt gedörrter Mensch. Sehr elegant gekleidet und ebenso im Hause eingerichtet. Eine geschmeidige Köchin meldete mich dem Kammerdiener und dieser dem Herren, und so ging es wieder zurück.

Er ist artig, spricht aber sehr langweiliges und unbedeutendes Zeug. […] Unsere Unterhaltung war wie ein Schachspiel; wir zogen langsam und bedächtig hin und her und hörten auf, weil wir plötzlich merkten, daß wir beide schon längst matt waren.«

Buchbinder Blume] Johann Carl Christian Blume (* Rössing, 1792; † Bonn, 16. Dezember 1856), Buchbinder mit Betrieb in der Neugasse 1089 (seit 1846: Neugasse 995). Er war seit dem 12. September 1821 in erster Ehe mit Susanna Maria Mandt/Mand/Mant (* Dietz, 1796; † Bonn, 24. Juli 1823), in zweiter Ehe mit Jacobina Geiss (* Kirberg, 1803; † Bonn, 18. November 1871) verheiratet. Sein Sohn Heinrich Carl August Blume (* Bonn, 1. August 1829), der seinen Tod bezeugte, unterhielt eine Buchbindewerkstatt in Siegburg; ein weiterer Sohn, Otto Heinrich Wilhelm Blume (* Bonn, 24. Mai 1834), lebte als Handschuhmacher in Bonn; siehe StArch Bonn, Heiratsurkunde 68/1821; StArch, Geburtsurkunde, 281/1829; Bonner Sackkalender 1838 und 1846; StArch Bonn, Sterbeurkunde 379/1856; StArch Bonn, Sterbeurkunde 659/1871; Weffer, S. 94. Blume gehörte zu den Zeugen des Testaments, das Schlegel am 27. März 1845 auf dem Sterbebett Notar Eilender diktierte, sowie des Zusatzes vom 21. April 1845; siehe SLUB Dresden, Mscr. Dresd. e. 90, I, 1, 3, fol. 3^v–4^r, und Mscr. Dresd. e. 90, I, 1, 4, fol. 2^v).

60 AUGUST WILHELM VON SCHLEGEL AN MARIA LÖBEL, 9. JULI 1841

Überlieferung: Bibliothèque nationale et universitaire de Strasbourg, Ms 2882.105 (1 egh. B. mit Paraphe, 1 Dbl., 3½ S. beschr., B 13 cm x H 21 cm).

Erläuterungen:

gute Nachrichten aus Bonn gehabt] Zu den guten Nachrichten gehörte vermutlich auch die Meldung vom Verbleib Christian Lassens in Bonn, der einen Ruf nach Kopenhagen erhalten hatte; siehe Christian Lassens Brief an A. W. von Schlegel aus Bonn vom 26. Juli 1841 (Kirfel 1914, Nr. 90, S. 227–229, hier S. 228): »Ich habe bei der Anzeige des Rufes an Herrn von Rehfues nach seinem Rathe mich dahin erklärt, in Erwägung der Verpflichtungen, die sich gegen das Preußische Ministerium habe, den Ruf ablehnen zu wollen.« Außerdem wurde Bonn an das Eisenbahnnetz angeschlossen.

Hr. Oberste v. Flotow freundschaftlich besucht] Karl Friedrich Theodor von Flotow (* Pritzwald, 9. November 1791; † Berlin, 9. Februar 1871) trat 1809 in das brandenburgische Kürassier-Regiment ein und wurde im Dezember 1813 in die Adjutantur versetzt. 1814 wurde er zum Premier-Lieutnant befördert, 1815 zum Rittmeister und 1821 zum Major. Seit 1836 befehligte er als Kommandeur das 7. Ulanen-Regiment zu Bonn. 1836 wurde er Oberst. Ab 1843 stand er als Kommandant der Stettiner Brigarde vor. Am 30. März 1844 wurde der in Feldzügen mehrfach ausgezeichnete und dekorierte Flotow zum Generalmajor ernannt, am 5. März 1846 mit Pension schließlich zur Disposition gestellt; siehe Flotow, S. 46; Priesdorff 6, 1937, S. 92–93.

Brief des Hrn. Thomas vom 2ten Jul.] Theodor Thomas (* Bonn, 1812; † Bonn, 10. Februar 1882), Sohn des Gärtners Paul Thomas und seiner Frau Catharina Mertens (∞ Poppelsdorf, 28. November 1808), unterhielt in der Endenicher Allee 2 eine Privatschule mit Internat für englische Knaben (»Pension anglaise«), die seine Witwe Lucy, geb. Preston, ab 1883 in der Colmantstraße 33 und seit Mitte der 1890er Jahre in der Goebenstraße 15 weiterführte; siehe StArch Bonn, Sterbeurkunde 103/1882. Thomas erhielt für die Einrichtung des Instituts Empfehlungsschreiben von Friedrich Gottlieb Welcker (10. Mai 1838), August Ferdinand Naeke (11. Mai 1838), vom Preußischen Innenministerium (3. Februar 1840) und schließlich von August Wilhelm von Schlegel (13. Januar 1843), mit dem er diesbezüglich am 2. Juli 1841 und am 28. September 1843 korrespondierte (SLUB Dresden, Mscr. Dresd. e. 90, XIX, Bd. 27, Nr. 5 und Nr. 6); siehe

StArch Bonn, Pr 5402 (Registratur des Bürgermeister-Amtes Bonn. Titel VI.
Religions- und Unterrichtssache. Section 2. Unterricht. Litera B. Specielle Sachen. Acta speciala betreffend die Privat-Erziehungs-Anstalt des Theodor Thomas. Anfang des Stücks: 8te Januar 1840), Anlage D:

<u>Zeugniß.</u>

Nach mehrjähriger Bekanntschaft und vielen mir gelieferten Arbeiten be-
zeuge ich, daß Herr Theodor Thomas, gebürtig aus Bonn, <u>eine eben so
gründliche als umfassende Kenntniß der französischen Sprache</u> besitzt. Er
beobachtet mit Sicherheit die Regeln der Grammatik und der classischen
Orthographie, wie sie durch die neueste Ausgabe des Dictionnaire de
l'Académie festgestellt ist. Auch in der französischen Litteratur ist er
nicht unbewandert. Durch verschiedene Proben hat er bewiesen, daß er
diese Sprache schriftlich mit Gewandtheit zu behandeln versteht. Nach
allem Obigen ist Hr. Thomas meines Erachtens vollkommen befähigt,
nicht nur die Anfangsgründe des Französischen zu lehren, sondern auch
an Lehranstalten, wo höhere Anforderungen gemacht werden, Unterricht
zu ertheilen.

In seiner <u>Muttersprache</u> hat er sich, mit Ablegung aller fehlerhaften
Gewöhnungen der hiesigen Mundart, einen reinen und gewählten Ausdruck angeeignet. Im <u>Englischen</u> hat er ebenfalls hinreichende Fortschritte gemacht, um sich mit Engländern, die von ihm Deutsch lernen,
zu verständigen.

Durch die erwähnten Kenntnisse und Fertigkeiten <D^v> hat Hr.
Thomas ein ausgezeichnetes Sprachtalent um so mehr bewährt, als er
sich dieselben großentheils ohne Hülfe eines Lehrers, durch eigenen Fleiß,
erworben.

Bonn, d. 13. Jan. 1843.

(Gez.)   A. W. von Schlegel,
Professor.

Schlegel bedachte Theodor Thomas im Zusatz zu seinem Testament vom 21.
April 1845 mit einer silbernen Tabaksdose (SLUB Dresden, Mscr. Dresd. e. 90,
I, 1, 4, fol. 2^r).

den Ihrigen vom 3ten Jul.] Maria Löbels Brief an A. W. von Schlegel vom 3. Juli
1841 ließ sich nicht nachweisen.

Baumeister Leydel] Peter Joseph Leydel (*Köln, 4. Februar 1798; † Bonn, 11. Juli 1845), Kommunalbaumeister in Bonn und seit 1830 Universitätsarchitekt, war das sechste von neun Kindern des Michael Leydel (* Bonn, 18. Oktober 1760; † Köln, 14. März 1841). Leydels Vater war seit 1800 als Architekt in Köln tätig und wurde 1811 Baumeister der Domfabrik. Dem Kölner Adressbuch von 1822 zufolge stand das Elternhaus am Marsplatz 9. Für die Universität Bonn erbaute Peter Joseph Leydel 1839–1845 die Sternwarte in Poppelsdorf. Sein Büro befand sich in der Stockenstraße 2; siehe Amtliches Verzeichnis des Personals, S. 4; Brües, S. 54–59; Mahlberg, S. 9–12 (mit Genealogie der Familie auf S. 11); Müller 1975, S. 131–137; Müller 1992, S. 97–101.

Schreiner Krumb] Friedrich Wilhelm Krumm, Schreiner in Bonn, wohnte in der Kölnstraße 412; siehe Erstes Adressbuch der Universität-Stadt Bonn, S. 105. Er bezeugte das Testament, das Schlegel am 27. März 1845 auf dem Sterbebett Notar Eilender diktierte, sowie den Zusatz vom 21. April 1845 (SLUB Dresden, Mscr. Dresd. e. 90, I, 1, 3, fol. 3ᵛ–4ʳ, und Mscr. Dresd. e. 90, I, 1, 4, fol. 2ᵛ).

Quantius] Andreas Quantius (* Bonn, 1770; † Bonn, 13. Juli 1841), Sohn der Eheleute Heinrich Quantius und Anna Catharina Steffens (⚭ Bonn, St. Remigius, 21. September 1756), wohnte als Maurermeister in der Josefstraße 762. Er war verheiratet mit Elisabetha Meyer; siehe StArch Bonn, Sterbeurkunde 246/1841; Weffer, S. 499; Pauli, S. 282.

Falz] Fuge bzw. Rinne zwischen zwei Brettern; siehe Adelung 2, 1808, Sp. 37.

chinesischen Zimmer] Siehe die Erläuterungen zu Brief Nr. 25.

zerstoßene Glas gegen die Mäuse] Glassplitter, die unter Nahrung gemischt wurden, dienten im 18. und 19. Jahrhundert als wirksames Mittel gegen Ratten und Mäuse; siehe Schuhkrafft, Th. 3, 1824, S. 260–261: »Mäuse sind in den Wohnungen, wie in den Feldern, besonders beim Anwachsen ihrer Menge höchst beschwerlich. Ihre natürlichen Feinde, Katzen und Eulen &c. sind dann nicht hinreichend. Man hat daher viele Mittel ausgefunden, sie wenn auch nicht zu vertilgen, doch zu vermindern und einzuschränken. Man fängt sie mit Fallen, oder sezt ihnen Gift. Am besten mit Speck an Holz, die untern Wände &c. gerieben. Man muß jedoch immer vorsichtig seyn, denn eine vergiftete Maus geräth zuweilen noch über Eßwaaren, oder Getränke, deren Genuß nachher Menschen oder andern Thieren gefährlich werden kann. Weniger hat man zu fürchten, wenn man Kügelchen von Sauerteig und Eisenfeile, zu gleichen Theilen gemischt, macht, und in ihre Löcher wirft, wovon sie ebenfalls sterben; zerstoßenes Glas oder Gypsmehl mit Butter, Mehl oder andern Fetten vermischt, oder auch fein geriebenes Gips- oder Kalkmehl mit Käse vermischt und in die Nähe Wasser gestellt, da sie dann Durst bekommen und hierauf der Gips &c. sich entzündet oder verhärtet und sie also tödtet.«

Medaillon mit meinem Brustbilde in Bronze] Der Pariser Bildhauer Pierre Jean David d'Angers (* Angers, 12. März 1788; † Paris, 5. Januar 1856) hatte 1830 Schlegels Berliner Vorlesungen in einer französischen Übersetzung kennen und schätzen gelernt, wie seinem Brief an Victor Pavie, Paris, 12. Oktober 1830 (David d'Angers, Nr. 51, S. 51) zu entnehmen ist. Bei einem Besuch 1840 in Bonn fertigte er von Schlegel eine Zeichnung an, die ihm als Vorlage für ein Bronzerelief diente. Am 24. Juni 1841 teilt Schlegel aus Berlin Auguste von Flotow die bevorstehende Ankunft des Medaillons mit, das David am 3. Juni 1841 aus Paris nach Bonn geschickt hatte, und verspricht ihr, dass Maria Löbel es ihr zeigen werde (Deetjen, S. 19). Als er am 30. Juli immer noch keine Empfangsbestätigung erhalten hatte, erkundigte sich der Künstler nach dem Verbleib des Kunstwerks (siehe Körner 2, 1930, S. 260), worauf Schlegel ihn am 27. August beschwichtigte (d'Angers, Nr. 180, S. 182; Körner 1, 1930, Nr. 392, S. 561). Offenbar gingen die Ansichten über den Wert von Davids künstlerischer Arbeit weit auseinander. Auguste von Flotow bedachte sie mit Zustimmung, sparte aber auch nicht mit Kritik; siehe ihren Brief an A. W. von Schlegel vom 20. Juli 1841 (SLUB Dresden, Mscr. Dresd. e. 90, XIX, Bd. 8, Nr. 59): »Mina [zeigte] mir das Broncemedaillon von David vor wenigen Tagen [...]. Es ist gut und gleicht ihnen, doch erscheint es zu alt, und der Kopf durch die zurück gekämmten Haare zu stark; vielleicht auch fremd weil der Bart fehlt. Es ist schade daß Thorwaldsen sich dieser Arbeit nicht unterzogen hat: ich denke es müßte ihm noch besser gelungen seyn.« Davids Relief diente offenbar als Vorlage für das Bronzerelief, das Joseph Ernst von Bandel (* Ansbach, 17. Mai 1800; † Neudegg, 25. September 1876), der Schöpfer des Hermannsdenkmals, für Schlegels Grabmal anfertigte; siehe Bötel, S. 356–357; AKL 6, 1992, S. 563–564 (P[eter] H[einz] Feist). Dass diese Plastik 1846 entstand, ist trotz Bötels Zweifel (S. 357) unstreitig, wie der Brief Eduard Böckings an Amalie Wolper vom 12. November 1846 belegt (SLUB Dresden, Mscr. Dresd. e. 90, I, 4, 6); zu David siehe AKL 24, 2000, S. 451–455 (P[atrick] Le Nouëne).

Frau von Flotow] Auguste Luise Adolfine von Cramm (* Völkerskeim, 13. Juli 1793; † Berlin, 15. Oktober 1854), älteste Tochter des Braunschweigischen Landdrosten Theodor Friedrich Albert Ernst von Cramm Sproß und seiner Frau Charlotte Adriana Caroline Amalie von der Schulenburg-Emden, war seit dem 10. Juli 1812 in erster Ehe mit dem Regierungspräsidenten Graf Friedrich von der Schulenburg (* Angern, 10. Februar 1769; † Magdeburg, 16. Mai 1821), seit dem 19. Juni 1822 in zweiter Ehe mit dem preußischen Generalmajor Karl

Friedrich von Flotow verheiratet. Sie wurde am 19. Oktober 1854 in einem Anbau unweit der Schulenburgschen Gruft in der Kirche St. Mauritius in Angern
beigesetzt, in die am 12. Februar 1871 auch ihr Mann überführt wurde; siehe
Danneil 2, 1847, S. 653; Priesdorff 6, 1937, S. 92–93.

den alten Psalter] Gemeint ist die Erstausgabe von Ambrosius Lobwassers Ü-
bersetzung des Genfer Psalters aus dem Jahre 1573: Der Psalter dess Königlichen Propheten Dauids. In deutsche reymen verstendiglich vnd deutlich gebracht, mit vorgehender anzeigung der reymen weise, auch eines jeden Psalmes
Inhalt/ Durch den Ehrnuesten Hochgelarten Herrn Ambrosium Lobwasser, der
Rechten Doctorn, vnd Fürstlicher Durchlauchtigkeit in Preussen Rathe. Vnd
hierüber bey einem jeden Psalmen, seine zugehörige vier stimmen, vnd laut der
Psalmen, andechtige schöne Gebet. [Kolophon:] Gedruckt zu Leipzig: bey Hanß
Steinman: Typis Voegelianis, 1573. In Schlegels nachgelassener Bibliothek befand sich ein von einem Buchbinder hergestelltes »[s]chönes Exempl. in gepreß-
tem Bande und Goldschnitt«; siehe Heberle, S. 26, Nr. 349½.

welchen Blume prächtig einbinden sollte] Johann Carl Christian Blume, Buchbinder in Bonn; siehe die Erläuterungen zu Brief Nr. 59.

Papiere aus Stuttgart ... die verwünschte Geschichte] Der Suizid Peter Buschs;
siehe die Erläuterungen zu den Briefen Nr. 47 und Nr. 59.

Banquier Cahn] Das Bankhaus Cahn wurde 1772 von dem erst 23jährigen Jonas
Hirsch Cahn gegründet und entwickelte sich rasch zur bevorzugten Bank der
Oberschicht. Nach seinem Tod am 21. September 1819 übernahm sein Sohn
Heinrich Hirsch Cahn (* Bonn, 1780; † Bonn, 22. August 1858), der bereits 1793
dem väterlichen Unternehmen beigetreten war, die Leitung. Im selben Jahr erwarb er das Gebäude am Vierecksplatz 858 (heute Berliner Freiheit) und verlegte die Geschäfte dorthin. Am 22. Juni 1837 wurde er zum ersten, am 12. Mai
1846 zum zweiten Mal in den Rat der Stadt Bonn gewählt. Cahn war maßgeb-
lich an der Gründung der Bonn-Cölner Eisenbahn beteiligt, die im Februar 1844
ihren Betrieb aufnahm. Von 1839 bis zu seinem Tod war er weltliches Mitglied
des Consistoriums der Bonner Juden. Das Bankhaus Jonas Cahn bestand bis
1896. Die Gräber der Familie befinden sich auf dem jüdischen Friedhof in
Schwanzrheindorf. Aaronshände zieren die Grabsteine; siehe Brocke/Bondy, S.
269–270 und 390–393; Weffer, S. 129; Niesen, S. 83–84.

Marianne und Mina] Schlegels Köchin Marianne Brenig und das Küchenmädchen Mina.

61 AUGUST WILHELM VON SCHLEGEL AN MARIA LÖBEL, 30. JULI 1841

Überlieferung: Bibliothèque nationale et universitaire de Strasbourg, Ms 2882.106 (1 egh. B. mit Paraphe, 1 Dbl. mit Wasserzeichen [Siegel], 2 S. beschr., B 13 cm x H 21 cm).

Korrektur:

Lassen ja] Lassen Sie ja.

Erläuterungen:

Meister Krumb] Friedrich Wilhelm Krumm, Schreiner in Bonn; siehe die Erläuterungen zu Brief Nr. 60.

Fachwerk] Bauweise, bei der mittels eines Gerüsts aus Holzbalken hergestellte Fächer mit Lehm oder Backsteinen ausgefüllt werden; siehe Adelung 2, 1808, Sp. 7.

Kupferstichen] Abdruck einer in kupferne Platten gestochenen Graphik auf Papier; siehe Adelung 2, 1808, Sp. 1841. Beim Kupferstich bzw. der Chalkographie handelt es sich um ein Tiefdruckverfahren, das sich im ersten Drittel des 15. Jahrhunderts nahezu gleichzeitig in Italien und im oberdeutschen Raum entwickelte. Als Matrix dient eine bis zu drei Millimetern starke Kupferplatte, die nach dem Polieren mit einem dünnen Firnis oder einer Wachsschicht überzogen und anschließend mit Ruß schwarz oder mit Kreide weiß gefärbt wird. Sobald die Umrisse der Graphik seitenverkehrt aufgetragen worden sind, werden mit einem Stichel diejenigen Linien, die später schwarz erscheinen sollen, eingefurcht. Auf die erwärmte Platte wird die Druckerschwärze aufgetragen. Anschließend wird die Platte gesäubert, so dass nur noch in den Furchen Farbe zurückbleibt. Der Druck erfolgt mit einer Presse, wobei das angefeuchtete Papier die Farbe aus den Vertiefungen aufnimmt. Szenen aus der Bibel und der antiken Mythologie, aber auch Ansichten von Landschaften, Städten und Gebäuden gehörten zu den beliebtesten Motiven der Kupferstechkunst. Kupferstiche waren für ein gebildetes und gesellschaftlich gut situiertes Publikum gedacht. In Rahmen gesetzt, gehörten sie im 18. und 19. Jahrhundert zum bevorzugten Wandschmuck. Goethe erzählt in *Dichtung und Wahrheit* von einer entsprechenden Einrichtung seines Elternhauses (Goethe SW 15/1, 1993, S. 135).

Jalousie-Laden] Sonnen- und Sichtschutz in Form eines Gitters; siehe Voit, S. 50: »Die Jalousieläden gewähren dem Bewohner, auch außer dem, daß sie das Fenster schützen einige Bequemlichkeit, indem man sich durch solche im Sommer gegen die Sonnenhitze schirmt und dennoch einiges Licht im Zimmer behält. Sie werden an vorzüglichen bürgerlichen Gebäuden angebracht.«

chinesischen Zimmern] Das chinesische Zimmer gehörte wie das indische zu den Gesellschaftsräumen in Schlegels Haus und befand sich im Erdgeschoss; siehe die Erläuterungen zu Brief Nr. 25. Die Chinoiserie war als europäische Kunstrichtung Mitte des 18. Jahrhunderts populär geworden, da man mit China die Vorstellung von der vermeintlich heilen Welt eines Riesenreiches verband, in dem alle Gesellschaftsschichten an literarischer und philosophischer Bildung teilhatten. Im 19. Jahrhundert wurde dieser Stil vor allem in der Innendekoration von Wohnhäusern gepflegt (Stukkaturen, bemalte Tapeten etc.); siehe Wappenschmidt.

Schwefelbädern] Siehe die Erläuterungen zu Brief Nr. 59.

noch andre Briefe] Weitere Briefe August Wilhelm von Schlegels vom 30. Juli 1841 ließen sich nicht ermitteln.

die beiden Mädchen] Schlegels Hausmädchen Henriette Cronrath und das Küchenmädchen Mina; siehe die Erläuterungen zu Brief Nr. 39.

62 AUGUST WILHELM VON SCHLEGEL AN MARIA LÖBEL, 25. AUGUST 1841

Überlieferung: Bibliothèque nationale et universitaire de Strasbourg, Ms 2882.107 (1 egh. B. mit Paraphe, 1 Ebl. mit Blindstempel, 1 S. beschr., B 12,2 cm x H 19,5 cm).

Erläuterungen:

der letzte war vom 24sten Jul.] Maria Löbels Brief an A. W. von Schlegel vom 24. Juli 1841 ließ sich nicht nachweisen.

Brief von Hrn. Lassen vom 13ten August] Christian Lassens Brief an A. W. von Schlegel, Bonn, 13. August 1841 (Kirfel 1914, Nr. 91, S. 229–231, hier S. 230): »In ihrer Wohnung herrscht große Thätigkeit und die fertigen Kammern glänzen in neuem Staate.«

Mina] Das Küchenmädchen Mina gehörte neben der Haushälterin Maria Löbel, dem Kutscher Heinrich von Wehrden, der Köchin Marianne Brenig sowie dem Hausmädchen Henriette Cronrath zu den Bediensteten August Wilhelm von Schlegels.

in vier bis fünf Tagen abreisen] Schlegel kehrte im September 1841 von seinem viermonatigen Aufenthalt in Berlin nach Bonn zurück. Als Entschädigung erhielt er eine Summe von 1000 Talern; siehe Körner 2, 1930, S. 253.

Heinrich] Heinrich von Wehrden, Schlegels Kammerdiener, Reitknecht und Kutscher; siehe die Erläuterungen zu Brief Nr. 21.

MARIE LÖBEL
IN LITERARISCHEN ZEUGNISSEN
AUS DEM SCHLEGEL-KREIS

1 AUGUST WILHELM VON SCHLEGEL AN PHILIPP JOSEPH VON REHFUES, 9. JULI [1842]

Überlieferung: Universitäts- und Landesbibliothek Bonn, S 1392: 76. (1 egh. B. ohne Unterschrift, o. O., 9. Juli [1842], 1 Dbl., 2 S. beschr., B 13,5 cm x H 22,8 cm).

Mein hochverehrter Herr und Freund,

Ihrer Theilnahme gewiß, kann ich nicht unterlassen Ihnen von mir Nachricht zu geben. Seit acht Tagen habe ich in lauter Todesgedanken gelebt. Meine Marie, die seit drei u zwanzig Jahren meinem Hauswesen vorsteht, ist von einem Schlage getroffen worden. Am vorigen Sonntag schien alles verloren zu seyn, u ich mußte mich jeden Augenblick auf eine plötzliche Katastrophe gefaßt machen, die jedoch durch heroische Mittel abgewendet worden ist. Indessen zittre ich immer noch vor einem Rückfall, u die Fortschritte zur Besserung sind langsam.

In diesem Zustand war ich nicht in der Fassung, das Antwortschreiben der Facultät an Sie übernehmen zu können, wie meine Collegen es wünschten.

Vom Könige habe ich ein paar Zeilen in Erwiederung auf meine Essais empfangen u zwar aus Danzig datiert.<2>

Mögen Sie Ihr freies Landleben recht heiter u gesund genießen.

Verehrungsvoll mit den freundschaftlichsten Gesinnungen

Sonnabend   Ihr ergebenster
d. 9ten Jul.   AWv Schlegel

2   AUGUSTA VON BUTTLAR AN MARIA LÖBEL,
       22. DEZEMBER 1842

Überlieferung: Sächsische Landesbibliothek – Staats- und Universitätsbibliothek, Mscr. Dresd. e 90, XIX, Bd. 3, Nr. 154 (1 egh. B. mit Unterschrift, 1 Dbl., 3½ S. beschr., B 10,4 cm x H 13,6 cm).

Wien den 22en Dezember 1842

Meine beste Marie!

der sehnliche Wunsch einmal wieder zu hören wie es Ihnen allen in dem lieben Bonn geht, veranlasst mich Sie mit einem Schreiben zu belästigen, und zu fragen ob der liebe Onkel wohl meinen Brief ~~unleserlich~~ vom vergangenen Juli, den ich ihm von Tetschen aus schrieb erhalten hat? ich hoffe zu Gott daß es ihm gut geht, da ich aber hier so entfernt bin, und lange nichts vom ihm gehört habe, so wünschte ich sehr einmal direckte Nachrichten über ihm zu erhalten, und ich bitte Sie daher meine liebste Marie mir gütigst einige Worte darüber zu schreiben. – Wir sind seit einigen Monaten hier in Wien, und werden wohl auch bis Ende März oder Anfang April hier bleiben. Ich war sehr schwankend in der Wahl meines Winteraufenthaltes, da manches dabei zu berücksichtigen war, hauptsächlich die Casse, endlich entschloss ich mich für Wien, ~~dass~~das ich noch wie meine halbe Heimath ansehe, und mein Entschluss hat mich auch nicht gereut, da wir recht angenehm hir <2> wohnen und leben, und mir der Aufenthalt nur wenig mehr kostet wie in Dresden, wo es diesen Winter durch den Mißßwachs im vergangenen Sommer recht ⌜theuer⌝ sein soll, daßelbe ist auch der Fall in Berlin, wohin ich nicht übel Lust gehabt hätte zu gehen, da ich aber nach eingezogenen Nachrichten erfuhr dass es hier nicht theurer sei wie sonst, so folgte ich dem Zürnden meiner hiesigen Freunde, und verfügte mich auf einige Winter Monate hieher. – Leider sind hier sehr viele meiner ~~meiner~~ besten Freunde und Bekannten gestorben, und während meines jetzigen Aufenthaltes sind wieder zwei heimgegangen, so dass mir recht viel schmerzliche und wehmüthige Erinnerungen hir begegnen, aber es ist dies nicht der Fall! – der traurige Zufall den Tiek betroffen hat, wird gewiss den Oheim geschmerzt haben, ich hatte Tiek noch acht Tage zuvor in Dresden gesehen und Abschied von ihm genommen nicht ahndend was dem guten Mann so bald bevorstand; so viel ich höre ist er immer der Sprache noch nicht wieder mächtig! –

Wie geht es denn mit Ihrer Gesundheit meine liebe Marie, was machen Ihre Seiten schmerzen? <3> ist Ihr Hausstand noch immer der alte, und sind der

Heinrich die Marianne und die Mina noch beim Oheim? grüssen Sie doch die guten Leute alle recht herzlich von mir. Wie geht es denn der Flotowschen Familie? ich denke recht oft an diese lieben Leute die so gütig und freundlich gegen uns waren; Überhaupt denke ich nur an Bonn mit Freuden zurück, und abgerechnet der großen Güte und Gastfreundlichkeit meines theuren Oheim's, der uns in jeder Hinsicht den dortigen Aufenthalt so interessant gemacht hat, so ist mir auch der Ort an sich selbst so lieb dass ich ihm jeden Andern vorziehe, und er hat nur einen Fehler, dass er so weit von uns entfernt ist. – Ich hatten dem guten Oheim in meinem letzten Briefe versprochen ihm etwas von meiner Arbeit zu schicken aber leider fand sich bis jezt keine Gelegenheit dazu, vielleicht dass es von hier aus eher möglich ist; Sie erhalten diesen Brief durch Courier Gelegenheit die alle Wochen von hir nach Frankfurt geht, aber leider nimmt der Courier nur Briefe und keine größeren Paquete mit, sonst hätte ich es längst schon geschickt. – Nun meine beste <4> Marie leben Sie wohl, haben Sie noch den herzlichsten Dank für alle ⌈uns⌉ erwiesenen Güte und Freundlichkeit. Meine Marianne empfiehlt sich Ihnen herzlich, und ich bitte den Sie dem guten Oheim zu sagen dass »jung und alt Nissel« ihm ein recht glückliches neues Jahr wünschen, und sich seinem Andenken und freundlichen Wohlwollen empfehlen. bis Ende März bleiben wir auf jedem fall hier, dann sind wir aber wieder in Tetschen. Meine Adresse in Wien ist »Himmelpfortgasse No 966 im dritten Stock«. meine Adresse in Tetschen ist: Tetschen in Böhmen im Leitmeritzer Kreis an der Elbe.

Nun noch einmal Adieu, von herzen

Ihre Auguste von Buttlar

**3   AUGUST WILHELM VON SCHLEGEL AN AUGUSTE VON FLOTOW,
      [6. Juli 1842]**

Überlieferung: Goethe- und Schiller-Archiv Weimar, 96/3650,22 (1 egh. B. mit Unterschrift, [Bonn], [6. Juli 1842], 1 Ebl., 1 S. beschr., B 13,3 cm x H 22,7 cm).

Gnädige Frau!

Seit dem Sonnabend habe ich in schweren Leiden u Ängstigungen geschwebt, jeden Augenblick für das Leben meiner guten Marie gezittert. Ein Schlag – der rechte Arm gelähmt – die Zunge war es auch in hohem Grade Am Sonntage schien alles verloren: Besinnung, Sprache, Gesicht, Gehör. Nun sie lebt noch, eine Art von Waffenstillstand mit dem Tode scheint eingetreten zu seyn. Aber die möglichen Rückfälle! Wie kommt es nur, daß Sie nichts davon erfahren haben? Sonntag Mittag war die ganze Nachbarschaft in Aufregung, weil man den Priester mit dem Sacrament in mein Haus treten sah.

   Es wird mir sehr schwer mich von dem dumpfen Hinbrüten über meine trostlose Zukunft abzulenken. Ich habe, fürchte ich, zu lange gelebt.
Mittwoch Vormittag   Schl.

4 AUGUST WILHELM VON SCHLEGEL AN AUGUSTE VON FLOTOW, [Juli 1842]

Überlieferung: Goethe- und Schiller-Archiv Weimar, 96/3650,20a (1 egh. B. mit Unterschrift, [Bonn], [Juli 1842], 1 Ebl., 1 S. beschr., B 13,5 cm x H 22,7 cm).

Erlauben Sie mir, gnädige Frau, Ihnen meine häuslichen Leiden zu klagen. Meine gute Marie erholt sich nur sehr langsam von ihrer Krankheit und der peinlichen Cur die sie hat ausstehen müssen. Dabei klagt sie über die Trübung des einen Auges. Hoffentlich ist es nur ein Rest des Rheumatismus; aber da es so lange anhält, so erfüllt es mich von lebhafter Besorgniß. Die Gesundheit meines Kutschers ist auch seit dem Anfalle von Asthma noch nicht wieder fest. Die frühe und strenge Kälte endlich ist eine wahre Calamität für mich: ich habe es mir zum Gesetz machen müssen, so lange sie anhält, meine Zimmer nicht zu verlassen. Wäre dieß nicht, so würde ich schon wieder aufgewartet haben. Empfangen Sie also schriftlich meine ehrerbietigsten Empfehlungen.
Sonntag Mittag   Schlegel

5   AUGUST WILHELM VON SCHLEGEL AN AUGUSTE VON FLOTOW,
      10. August [1842]

Überlieferung: Goethe- und Schiller-Archiv Weimar, 96/3650,21 (1 egh. B. mit Unterschrift, [Bonn], 10. August [1842], 1 Ebl., 1 S. beschr., B 12,9 cm x H 21 cm).

Erlauben Sie mir, gnädige Frau, gehorsamst anzufragen, ob ich Ihnen vielleicht heute gegen die Mittagsstunde aufwarten dürfte. Ich möchte Ihnen meine häuslichen Leiden erzählen, die mich seit mehreren Tagen lebhaft beschäftigt haben. Ohne vorgängige Anfrage, fürchte ich, würde es mir eben so gehen wie gewöhnlich, daß ich nämlich an der Thüre wieder umkehren muß. Die Geschichte ist wirklich interessant.

Mit den ehrerbietigsten Empfehlungen,

Sonnabend Morgen
    d. 10ten Aug.   ergebenster
                                                         AW von Schlegel

6   AUGUST WILHELM VON SCHLEGEL AN AUGUSTE VON FLOTOW, [1842]

Überlieferung: Goethe- und Schiller-Archiv Weimar, 96/3650,23 (1 egh. B. mit Unterschrift, [Bonn], [1842], 1 Ebl., 1 S. beschr., B 13,3 cm x H 22,7 cm).

Gnädige Frau!

Die Ärzte sind jetzt eben ziemlich zufrieden weggegangen. Aber die Fortschritte zum Bessern sind langsam. Die Zunge ist immer nicht ganz frei ⌐in ihren Bewegungen¬ wiewohl sie zuweilen ganz vernehmlich spricht. Ihr Bewußtseyn ist meistens halb. Heute morgen hat sie viel über ihren Zustand geweint, was ich durch Ernst und Scherz zu zerstreuen suchte. Ich zage immer noch vor einem Rückfall, u dann vor einer nur halben Genesung, die ein dauerhaftes Unglück wäre.

Mit den besten Empfehlungen

Sonnabend Mittag

Schl

7 AUS DEM TAGEBUCH DES PHILIPP JOSEPH VON REHFUES, 17. MÄRZ 1843

Überlieferung: Alexander Kaufmann: Zur Erinnerung an August Wilhelm von Schlegel. In: Monatsschrift für rheinisch-westfälische Geschichtsforschung und Alterthumskunde 1 (1875), S. 239–253, hier S. 249–252.

<249> Ich habe Schlegel in diesen Tagen […] in einer Lage gesehen, welche die Wärme seines Herzens und manche seiner Ansichten über die wichtigsten Interessen des Menschen offener legten, als jemals früher.

Seine langjährige Haushälterin war schon vor 8 Monaten vom Schlag gerührt worden. Sie schien allmälig zu genesen und ihre gänzliche Wiederherstellung ganz nahe zu sein, bis sie auf einmal von einem ungeheuern Schmerz im Innern niedergeworfen wurde. Der Arzt erklärte gleich, es müsse ein Geschwür sein, das sich auf einen edlen Theil geworfen und plötzlich sich geöffnet hätte. Er meinte, es müsse am Magen sein und sie würde schwerlich mehr 24 Stunden leben können.

Diesen Ausspruch hatte er eben erhalten, als ich am Montag zu ihm kam. Mit Thränen im Aug' und zitternder Stimme sagte er mir dieses und sprach von dem Verluste, der ihm bevorstand, mit einer Innigkeit und Dankbarkeit gegen die Kranke, die sich in der That, bei dem Tode der Frau von Staël nicht stärker hätte aussprechen können.

Wirklich starb die Frau die Nacht darauf, und als ich ihn gestern […] besuchte, fand ich diesen Schmerz bis zum Ungeheuern gewachsen. Dieses drückte sich hauptsächlich darin aus, daß er auf das rascheste von der tiefsten Betrübniß zu Stimmungen übergieng, in welchen sich Witz und Humor in den Aeußerungen über den Werth der Dinge, über Gott und Religionen, über Literatur und Nazionalität mit einer fast wilden Kraft aussprachen. Eine tiefe Verachtung des Lebens, eine Geringschätzung aller menschlichen Strebungen, ein bitterer Unmuth über das deutsche Volk, eine Verachtung der Franzosen, ein Standpunkt hoch über allen Religionen, aber nicht bis zur entschiedensten Gewißheit von der Existenz Gottes u. dergl. Alles wogte mit außerordentlicher Geisteskraft zwischen <250> den Aeußerungen des schneidendsten Schmerzes, der sanftesten Liebe gegen die Todte durcheinander.

»Was ist Alles, was wir wirken?« rief er einmal aus. Ich erinnerte ihn an sein bedeutendes Wirken in der Literatur, an die Wichtigkeit seiner Schriften. »Die Deutschen verdienen alles das nicht, und ich bedaure Sie«, rief er mit der mächtigen Kraft seiner Stimme, indem er auf meine Schrift »über Vermögen und Sicherheit des Besitzes« [Stuttgart/Tübingen: Cotta, 1843] zeigte, die auf dem Tische lag. Dann faßte er die Stelle S. 170 in derselben auf, wo ich die verschiedenen Ruchlosigkeiten, welche man Bonaparte'n nachgesagt, wie die Ermordung Pichegru's u. dergl. in Zweifel stellte, und meinte, ich hätte in diesen Dingen zu gutmüthige Ansichten. Ein Mann, wie Pichegru, könne sich nicht selbst tödten; er würde seinen öffentlichen Tod zu irgend welchen Machtworten an die Franzosen benützt haben. Zeugen seien keine mehr übrig; auch dieses schaffe man in solchen Fällen aus dem Weg. Eine Schrift von Horaz Walpole, in welcher die Verbrechen Richard III alle wegräsonirt wären, mit außerordentlicher Kunst und Scharfsinn, würde mich sehr ansprechen. Er habe einen Band von Walpole's Schriften übersetzt [Leipzig: Hartknoch, 1800], aber die Arbeit liegen lassen müssen, weil sie keine Theilnahme gefunden. Die Deutschen hätten keinen Sinn für Schriften von höherem Rang.

Dann gieng er auf die Preßfreiheit über, verfluchte die Buchdruckerkunst, die uns die Preßfreiheit genommen, welche man früher gehabt. Mit welcher Freiheit sei vor dieser Kunst über Religionen, Clerus, Päbste, Kaisermacht geschrieben worden.

Mit einem Sprung kam er auf den katholischen Cultus, rühmte die sanfte Weise, mit der der Kaplan in den letzten Stunden mit der Kranken gebetet, mit welchem Lächeln innerer Beruhigung und Glückseligkeit sie ihn angehört. Dann von dem starren, gemüthlosen Cultus der Protestanten und insbesondere der Calvinisten. Wenn man doch einmal eine Religion haben müßte, würde er die katholische vorziehen, wenn sie ohne ihre Priester zu haben wäre. Erinnerung an eine Stelle von Friedrich dem Großen, wo er sagte, man müßte Gott erfinden, wenn er nicht existirte; und an <251> ein Gespräch von Voltaire, wo Gott alle Häupter der Religionen vor sich ruft und zuletzt auch den Skeptiker, der zu Gott sagt: Entre nous, je ne crois pas que vous existez. Diese Erinnerung war fast mit Lachen angebracht und führte den mir seit einiger Zeit mehrmals geäußerten Gedanken herbei, wie interessant eine Geschichte der Feinde des Christenthums geschrieben werden könnte. Bei dieser Gelegenheit äußerte er, wie mächtig die Zeit sei. Nur sie halte noch das Christenthum aufrecht, wie sie das sociale Gebäude noch halte. Alles sei morsch. Wir giengen einer schweren Zukunft entgegen und wir in Preußen hätten unsere Aufgabe ganz mißverstanden. Wir machten immer zwei Schritte vorwärts und drei rückwärts; wohin würde dieß führen?

Ich weiß nicht mehr, wovon er auf die Franzosen übersprang. »Wissen Sie, was die Franzosen sind?« schrie er. »Nur halbe Menschen sind sie. Es fehlt ihnen das Herz und fehlt ihnen die Phantasie. Aber zu handeln, zu sterben und selbst mit Anstand und Größe zu sterben, das verstehen sie. Sehen Sie ganz Frankreich an, wie öd, wie traurig sehen diese Häuser in den Provinzen aus? Wie heiter, wie lachend dagegen unsere deutschen Dörfer! Ueberall Verschönerung für sich und Andere durch Bäume, durch Gärten. Sehen Sie die Wohnungen der

Franzosen an! Sie sind im Stande, sie mit dem möglichsten Luxus auszustatten; aber es ist nicht, um sie selbst zu genießen, sondern nur sie Andern zu zeigen, damit zu prunken.«

Dann wieder von den Deutschen. »Sie haben für nichts mehr Sinn, als für Gewinn oder Gewinnst, wie sie sagen, und für Zerstreuungen. Gewinnst, Gewinnst!« schrie er die Zähne knirschend mit ungeheuerm Unwillen.

Mit einem Sprung dann wieder auf die Todte zurück. Wie sie so oft ihm im Unglück Trost gewährt. »Hier diese Zimmer konnte sie doch schon wieder mit mir auf und abgehen. Zehn-, zwölfmal; ich glaubte sie gerettet; da fährt dieser Blitzstrahl wie aus heiterm Himmel in mein Leben.« Hierauf eine Erinnerung an seine Stieftochter Böhmer, die in Boklet begraben liege. Die Geistlichkeit habe wohl gewußt, daß sie Protestantin gewesen, habe es aber ignorirt und ihr das Grab in der geweihten Erde gegönnt. »Und warum nicht?« <252>

> »Legt sie in den Grund
> Und ihrer schönen, unbefleckten Hülle
> Entsprießen Veilchen. – Ich sag Dir, harter Priester,
> Ein Engel am Thron wird meine Schwester sein,
> Dieweil du heulend liegst.«

Diese Stelle aus Hamlet declamirte er mit einem Ausdruck so ungeheuern Schmerzes, daß es mich tief erschütterte. »O, Shakspeare«, rief er, »sieht Alles von Oben herab an.« Diesen Ausdruck habe ich in letzten Zeiten oft von ihm gehört. Er zeigte mir auch vor ein Paar Tagen ein angefangenes Heft in französischer Sprache, worin er seine Ansichten über die wichtigsten Interessen aus dem höhern Standpunkt niedergeschrieben hatte.

Diese ganze Unterredung war für mich höchst rührend. Welche Macht übt das Gemüth in den wichtigsten Verhältnissen! Diese Person stand in Geist und Bildung, in jeder Art von Verhältniß tief, unendlich tief unter einem der gebildetsten Männer der Zeit und vielleicht aller Jahrhunderte. Aber ihr Herz, ihre Treue hatte sie zu ihm emporgehoben und wäre sie seine Gattin gewesen, er hätte sie nicht mit tieferem Schmerz betrauern und ehren können. Frau von Staël mit allem ihrem Geist und ihrer Bildung konnte diesem Mann unmöglich so viel gewesen sein.

8 AUGUST WILHELM VON SCHLEGEL AN ALEXANDER VON HUMBOLDT, 22. MAI [18]43

Überlieferung: Körner 1, 1930, Nr. 419, S. 604–605.

Mon illustre patron,

Je vous ai fait trois dépêches, toutes relatives à votre ambassade. Cette lettre est pour vous seul: permettez-moi de vous parler, comme à mon plus ancien ami, de mes peines et de mes souffrances. Depuis plus de deux mois je suis plongé dans le deuil. J'ai perdu une personne qui m'était infiniment chère, qui pendant 23 ans da dirigé mon ménage avec une parfaite sagesse et avec und ésintéressement bien rare, qui m'a épargné mille chagrins, qui m'a consolé dans la situation la plus pénible de ma vie: Elle jouissait de la santé la plus brillante, lorsqu'elle est entrée chez moi, de sorte que je pouvais espérer qu'elle me survivrait. Dans les derniers temps seulement elle se plaignait de rhumatismes. Au commencement du mois Juillet dernier elle fut frappée d'un coup d'apoplexie. Le danger instantané avait été écarté, mais hors de votre passage je flottais encore entre la crainte et l'espérance. J'ai imité Admète, je n'ai pas voulu que mon deuil anticipé troublât mon hospitalité. Après huit mois de langueur, malgré tous les soins imaginables, elle fut enlevée en trois jours, par un mal jusqu'alors méconnu, un ulcère dans l'estomac, au milieu d'atroces souffrances. Deux sœurs qui l'aimaient tendrement ont receuilli son heritage. J'ai honoré sa mémoire et témoignè ma reconnaissance par les obsèques les plus solennelles.

Cette perte est irréparable, aussi je ne pense pas à la réparer. J'ai encore des domestiques fidèles parce que je tâche de les rendre heureux. Vous avez trouvé ma maison agréablement arrangée: c'était dû principalement à ses soins pendant mes absences. Mais je m'y trouve bien tristement solitaire, car après tout, avec beaucoup d'esprit naturel et les sentiment les plus délicats, elle était ma société la plus agréable. [...]

Adieu, cher protecteur! Les affaires à demain!

Bonn 22 Mai [18]43   Schl.

Übersetzung

Mein erlauchter Herr,

ich habe Ihnen drei Depeschen zugesandt, die sich auf ihren Auftrag beziehen. Dieser Brief nun ist einzig für Sie bestimmt: Bitte erlauben Sie mir, dass ich zu Ihnen wie zu einem ältesten Freund von meinem Kummer und meinem Schmerz spreche. Seit mehr als zwei Monaten bin ich in Trauer versunken. Ich habe einen von mir sehr geliebten Menschen verloren, der 23 Jahre lang meinen Haushalt mit großem Verstand und ohne jeglichen Eigennutz geführt hat, der mir tausend Probleme erspart und mich in einer der schmerzlichsten Situationen meines Lebens getröstet hat. Als sie in meinen Dienst trat, verfügte sie über eine hervorragende Gesundheit. Daher dachte ich annehmen zu können, sie würde mich überleben. Erst in jüngster Zeit klagte sie über rheumatische Beschwerden. Anfang Juli des vergangenen Jahres erlitt Sie jedoch einen Schlaganfall. Zwar war es möglich, die akute Gefahr zu bannen, doch wurde ich, abgesehen von der Zeit Ihres Besuches, umhergetrieben zwischen Hoffen und Bangen. Ich verhielt mich wie Admete, da ich nicht wollte, dass die vorgegriffene Trauer meine Gastfreundschaft trübt. Nach acht langen Monaten wurde sie [sc. Marie] mir trotz aller Anwendungen innerhalb von drei Tagen genommen. Dies geschah durch ein bisher unbekanntes Leiden, ein Magengeschwür, das von fürchterlichen Schmerzen begleitet wurde. Zwei Schwestern, die ihr liebend zugetan waren, nahmen ihre Hinterlassenschaft an sich. Ich habe ihr Andenken geehrt und meiner Dankbarkeit in einem festlichen Begräbnis Ausdruck verliehen.

Dieser Verlust ist unersetzlich, deshalb denke ich nicht daran, sie zu ersetzen. Ich habe noch treue Diener, für die ich verantwortlich bin. Sie hat mein Haus schön hergerichtet. Dies geschah durch die Pflege, die sie ihm während meiner Abwesenheit angedeihen ließ. Jetzt aber fühle ich mich traurig und einsam, denn sie besaß Mutterwitz und sehr viel Gefühl. Ihre Gesellschaft war mir die liebste [...].

Leben sie wohl, mein lieber Gönner. Die Geschäfte dann morgen!
Bonn, 22 Mai [18]43   Schl.

9 ALEXANDER VON HUMBOLDT AN AUGUST WILHELM VON SCHLEGEL, 12. [JUNI 1843]

Überlieferung: Körner 1, 1930, Nr. 422, S. 609–612.

Mein theuerer Freund! [...] Ehe ich nun der Werke des grossen Königs erwähne muß ich einem menschlichen Gefühle nachgeben. Sie haben mir einen herrlichen Brief am 22 Mai über den Verlust geschrieben den Sie in Ihrer angenehmen Häuslichkeit erlitten. Nach 23 Jahren ist eine solche Lücke sehr fühlbar, man trennt leichter als man anknüpft. Ich habe Ihren Brief in dem sich ein schönes Gemüth anmuthig spiegelt, dem König und der Königin vorgelesen. Er war dazu von der größten Eleganz des Styles, was ich hinzuzusezen wage ob gleich Sie versichern »daß in dem ganzen von Ihnen geächteten Comitté Olfers allein etwas Französisch verstehe«. Dem König und der Königin hat dieser Ausdruck Ihrer Gefühle viel Freude gemacht und ich habe die Schwachheit mich auch zu freuen wenn man meinen Freunden Bewunderung zollt. [...]

Mit alter Liebe und Verehrung
Ihr treuer

Berlin 12ten [Juni 1843] Nachts   Al. Humboldt

LITERATURVERZEICHNIS

LITERATURVERZEICHNIS

ADB – Allgemeine Deutsche Biographie. Auf Veranlassung und mit Unterstützung Seiner Majestät des Königs von Bayern Maximilian II. hg. durch die Historische Commission bei der Königl. Akademie der Wissenschaften. 56 Bde. Leipzig: Duncker & Humblot, 1875–1912 [Nachdruck 1967–1971].

Adelung – Johann Christoph Adelung: Grammatisch-kritisches Wörterbuch der Hochdeutschen Mundart, mit beständiger Vergleichung der übrigen Mundarten, besonders aber der Oberdeutschen. Mit D. W. Soltau's Beyträgen revidirt und berichtiget von Franz Xaver Schönberger. 4 Bde. Wien: Pichler, 1808.

AKL – Allgemeines Künstler-Lexikon. Die Bildenden Künstler aller Zeiten und Völker. Begr. und mithg. von Günter Meißner. Bd. 1–3, Leipzig: Seemann, 1983–1990; Bd. 5–65, München/Leipzig: Saur, 1992–2009; Bd. 66ff., Berlin/New York: de Gruyter, 2010ff.

Alexis – Willibald Alexis. Wiener Bilder. Leipzig: Brockhaus, 1833.

Allgemeine Encyclopädie für Kaufleute 1843 – Allgemeine Encyclopädie für Kaufleute und Fabrikanten so wie für Geschäftsleute überhaupt. Oder Vollständiges Wörterbuch des Handels, der Fabriken und Manufacturen, des Zollwesens, der Münz-, Maaß- und Gewichtskunde, des Bank- und Wechselwesens, der Staatspapier- und Usanzenkunde, der Buchhaltung, des Handelsrechts, mit Einschluß des See- und Wechselrechts, der Schifffahrt, des Fracht- und Assecuranz-Wesens, der Handels-Geographie und Statistik, so wie der Waarenkunde und Technologie. Hg. von einer Gesellschaft Gelehrter und praktischer Kaufleute. Fünfte, mit Supplementen vermehrte Auflage. Leipzig: Wigand, 1843.

Allgemeines Post- und Reise-Handbuch – Allgemeines Post- und Reise-Handbuch für Deutschland, Frankreich, die Schweiz, Italien, Spanien, Gros-Britannien, die nordischen Reiche und einige andere Länder, nebst statistischen Notizen über die vorzüglichsten Orte in Europa, dann verschiedenen dem Reisenden nützlichen Nachrichten, einer Uebersicht der vorzüglichsten europäischen Münzen und einer ganz neuen Postkarte. Vierte nach den neuesten Quellen durchaus umgearbeitete Auflage. Nürnberg: Stein, 1827.

Amtliches Verzeichnis des Personals – Amtliches Verzeichnis des Personals und der Studirenden auf der Königlich Rheinischen Friedrich-Wilhelms-Universität zu Bonn für das Winter-Halbjahr 1833–34, aufgestellt von Krüger, erstem Pedell der Königl. Universität. Bonn: Universität, 1833.

Amtliches Verzeichniß – Amtliches Verzeichniß der aus den Staaten des Deutschen Bundes, dem Königreich Preußen und Großherzogthum Posen zur Gewerbe-Ausstellung in Berlin 1844 eingesandten Gegenstände. Berlin: Petsch, 1844.

Arnaud – Raoul Arnaud: L'égérie de Louis-Philippe. Adélaïde d'Orléans (1777–1847). D'après des documents inédits. Paris: Perrin, 1908.

Arndt 1804 – Ernst Moritz Arndt: Reisen durch einen Theil Teutschlands, Ungarns, Italiens und Frankreichs in den Jahren 1798 und 1799. 4 Thle. Leipzig: Gräff, ²1804.

Arndt 1819–1821 – Ernst Moritz Arndt: Die Stadt Bonn und ihre Gegend. In: Jahrbuch der Preußischen Rhein-Universität 1 (1819–1821), S. 61–70.

Arnim 1986[–2004] – Bettine von Arnim: Werke und Briefe in vier Bänden. Hg. von Walter Schmitz und Sibylle von Steindorff. Frankfurt/Main: Deutscher Klassiker Verlag, 1986–2004 (Bibliothek deutscher Klassiker, 12, 76, 119 und 186).

Arntz – Helmut Arntz (Hg.): Frühgeschichte des deutschen Sektes. Bd. 2: Erster Firmenteil. Wiesbaden: Gesellschaft für Geschichte des Weines, 1987 (Schriften zur Weingeschichte, 82).

Augustin – F[riedrich] L[udwig] Augustin: Die königlich Preußische Medicinalverfassung oder vollständige Darstellung aller, das Medicinalwesen und die medicinische Polizei in den Königlich Preußischen Staaten betreffenden Gesetze, Verordnungen und Einrichtungen. Bd. 4. Potsdam: Horvath, 1828.

Bach – Hans Israel Bach: Jacob Bernay. Tübingen: Mohr/Siebeck, 1974 (Schriftenreihe wissenschaftlicher Abhandlungen des Leo Baeck Instituts, 30).

Barleben – Ilse Barleben: Kleine Kulturgeschichte der Wäschepflege. Düsseldorf: Henkel, 1951.

Becker 2008 – Thomas P. Becker: Jubiläen als Orte universitärer Selbstdarstellung. Entwicklungslinien des Universitätsjubiläums von der Reformationszeit bis zur Weimarer Republik. In: Rainer Christoph Schwinges (Hg.): Universität im öffentlichen Raum. Basel: Schwabe, 2008 (Veröffentlichungen der Gesellschaft für Universitäts- und Wissenschaftsgeschichte, 10), S. 77–107.

Becker 2009 – Lidia Becker: Hispano-romanisches Namenbuch. Untersuchung der Personennamen vorrömischer, griechischer und lateinisch-romanischer Etymologie auf der iberischen Halbinsel im Mittelalter (6.–12. Jahrhundert). Tübingen: Niemeyer, 2009 (Patronymica romanica, 23).

Becker 2010 – Thomas P. Becker: Diversifizierung eines Modells? Friedrich-Wilhelms-Universitäten 1810, 1811, 1818. In: Rüdiger vom Bruch (Hg.): Der Berliner Universität im Kontext der deutschen Universitätslandschaft nach 1800, um 1860 und um 1910. München: Oldenbourg, 2010, S. 43–69.

Behler – Ernst Behler: Das Indienbild der deutschen Romantik. In: Germanisch-Romanische Monatsschrift N.F. 18 (1968), S. 21–37.

Berend – Jean Pauls Sämtliche Werke. Historisch-kritische Ausgabe. Im Auftrag der Preußischen Akademie der Wissenschaften begr. von Eduard Berend. 4 Abt. Bd. 1ff. Weimar: Böhlau, 1927ff.

Bertrich – Fred Bertrich: Kulturgeschichte des Waschens. Düsseldorf/Wien: Econ, 1966.

Bezold – Friedrich von Bezold: Geschichte der Rheinischen Friedrich-Wilhelm-Universität zu Bonn am Rhein. Bd. 1: Von der Gründung bis zum Jahr 1870. Bonn: Marcus & Weber, 1920; Bd. 2: Institute und Seminare 1818–1933. Bonn: Cohen, 1933.

Bhagavad-Gita – Bhagavad-Gita, id est ΘΕΣΠΕΣΙΟΝ ΜΕΛΟΣ, sive almi Krishnae et Arjunae colloqium de rebus divinis, Bharatae episodium. Textum recensuit, adnotationes criticas et interpretationem Latinam adiecit Augustus Guilielmus a Schlegel. Bonnae, In Academia Borussica Rhenana, Typis Regiis, Prostat apud Eduardum Weber 1823.

Bhatti – Anil Bhatti: August Wilhelm Schlegels Indienrezeption und der Kolonialismus. In: Jürgen Lehmann (Hg.): Konflikt – Grenze – Dialog. Kulturkontrastive und interdisziplinäre Zugänge. Festschrift für Horst Turck zum 60. Geburtstag. Frankfurt a. M./Berlin/Bern/New York/Paris/Wien: Lang, 1997, S. 185–205.

Bialas – Briefwechsel der Brüder Jacob und Wilhelm Grimm mit Gustav Hugo. Hg. von Stephan Bialas. Stuttgart: Hirzel, 2003 (Briefwechsel der Brüder Jacob und Wilhelm Grimm. Kritische Aushabe in Einzelbänden, 3)

Birch – Christian Birch: Ludwig Philipp der Erste, Kaiser der Franzosen. Darstellung seines Lebens und Wirkens. 3 Bde. Stuttgart: Hallberger, 1851.

Blei – Franz Blei: Romantikerbriefe. In: Die Zeit. Wiener Wochenschrift für Politik, Volkswirtschaft, Wissenschaft und Kunst 49 (1904), S. 78–80.

BLHÄ – Biographisches Lexikon der hervorragenden Aerzte aller Zeiten von Völker. Hg. von August Hirsch. 6 Bde. Wien/Leipzig: Urban & Schwarzenberg, 1884–1888.

Bloch u.a. – Peter Bloch/Sibylle Einholz/Jutta von Simson (Hg.): Ethos und Pathos. Die Berliner Bildhauerschule 1786–1914. Ausstellungskatalog. Berlin: Mann, 1990.

BNKÖ – Biographisches Lexikon des Kaiserthums Oesterreich, enthaltend die Lebensskizzen der denkwürdigen Personen, welche seit 1750 in den österreichischen Kronländern geboren wurden oder darin gelebt und gewirkt haben. Hg. von Constantin von Wurzbach. Bd. 1, Wien: Zamarski, 1856; Bd. 2–60, Wien: Verlag der Typografisch-literarisch-artistischen Anstalt, 1857–1891.

Böcking – Joh[ann] Ed[uard] B[öcking]: Zwei Deutsche Dichter am Rhein. In: Telegraph für Deutschland, Nr. 105 (Juli 1839), S. 833–838.

Bodsch 1995 – Ingrid Bodsch (Hg.): Monument für Beethoven. Zur Geschichte des Beethoven-Denkmals (1845) und der frühen Beethoven-Rezeption in Bonn. Katalog zur Ausstellung des Stadtmuseums Bonn und des Beethoven-Hauses im Ernst-Moritz-Arndt-Haus vom 12. August 1995 bis zum 5. November 1995. Bonn: Stadtmuseum, 1995.

305

Bodsch 2008 – Ingrid Bodsch (Hg.): Edle und unedle Metalle mit Verzeichnissen der Bonner Gold- und Silberschmiede sowie der Zinngießer. Bearbeitet von Matthias von der Bank und Sigrid Lange. Bonn: Stadtmuseum, 2008 (Bestandskataloge des StadtMuseums Bonn, 4).

Boisserée – Sulpiz Boisserée: Briefwechsel/Tagebücher. Faksimiledruck nach der 1. Auflage von 1862. Mit einem Nachdruck von Heinrich Klotz. 2 Bde. Göttingen: Vandenhoeck & Ruprecht, 1970 (Deutsche Neudrucke. Texte des 19. Jahrhunderts).

Börne – Ludwig Börne: Sämtliche Schriften. Neu bearbeitet und hg. von Inge und Peter Rippmann. 5 Bde. Darmstadt: Melzer, 1964–1968.

Bötel – Brigitte Bötel: Joseph Ernst von Bandel. Das bildhauerische Werk. Göttingen: Diss. phil., 1984.

Bourset – Madeleine Bourset: Casimir Perier. Un prince financier au temps du romantisme Paris: Publications de la Sorbonne, 1994 (Histoire de la France aux XIXe et XXe siècles, 35).

Braubach 1949 – Max Braubach: Kurköln. Gestalten und Ereignisse aus zwei Jahrhunderten rheinischer Geschichte. Münster: Aschendorff, 1949.

Braubach 1966 – Max Braubach: Die erste Bonner Hochschule. Maxische Akademie und Kurfürstliche Universität 1774/77 bis 1798. Bonn: Bouvier & Röhrscheid, 1966 (Academica Bonnensia, 1).

Brentano – Bernard von Brentano: August Wilhelm Schlegel. Geschichte eines romantischen Geistes. Mit einem Nachwort von Hans Mayer. Frankfurt/Main: Insel, 1986 [Stuttgart: Cotta, 1943; ²1949].

Breymann – G[ustav] A[dolf] Breymann: Allgemeine Bau-Constructions-Lehre, mit besonderer Beziehung auf das Hochbauwesen. Ein Leitfaden zu Vorlesungen und zum Selbstunterrichte. 2. Teil: Constructionen in Holz. Stuttgart ³1860.

Briese – Olaf Briese: Angst in den Zeiten der Cholera. Seuchen-Cordon. 4 Bde. Berlin: Akademie-Verlag, 2003.

Bringmann – Tobias C. Bringmann: Handbuch der Diplomatie 1815–1963. Auswärtige Missionschefs im Ausland von Metternich bis Adenauer. München: Saur, 2001.

Brocke/Bondy – Michael Brocke/Dan Bondy: Der alte jüdische Friedhof Bonn-Schwarzrheindorf 1623–1956. Bildlich-textliche Dokumentation. Köln: Rheinland-Verlag, 1998 (Arbeitsheft der rheinischen Denkmalpflege, 50).

Brudzyńska-Němec 2006 – Gabriela Brudzyńska-Němec: Polenvereine in Baden. Hilfeleistung süddeutscher Liberaler für die polnischen Freiheitskämpfer 1831–1832. Heidelberg: Winter, 2006.

Brudzyńska-Němec 2007 – Gabriela Brudzyńska-Němec: Die liberale Männerwelt und die weibliche Polenbegeisterung 1832. In: Convivium. Germanistisches Jahrbuch Polen 2007, S. 39–56.

Brües – Eva Brües: Institutsgebäude des 19. Jahrhunderts. In: Heinrich Lützler (Hg.): 150 Jahre Rheinische Friedrich-Wilhelms-Universität zu Bonn 1818–1968. Die Bonner Universität. Bauten und Bildwerke. Bonn: Bouvier und Röhrscheid, 1968, S. 53–84.

Brüning – Rüttger Brüning (Hg.): Offizielles Adreß-Buch für Rheinland-Westphalen. Zum Vortheil armer Kranken. Bearbeitet von Goswin Krackrügge. Elberfeld: Lucas, [1834].

Calder u. a – William M. Calder III/Adolf Köhnken/Wolfgang Kullmann/Günther Pflug (Hg.): Friedrich Gottlieb Welcker. Werk und Wirkung. Vorträge, gehalten auf der Welcker-Tagung in der Werner-Reimers-Stiftung in Bad Homburg vom 5.–7. November 1984 und zur Eröffnung der Ausstellung »Friedrich Gottlieb Welcker (1784–1868): Philologe, Archäologe und Oberbibliothekar in Bonn« in der Universitätsbibliothek Bonn am 5. November 1984. Stuttgart: Steiner, 1986 (Hermes. Einzelschriften, 49), S. 79–104.

Calmberg – E[rnst] Ph[ilipp] L[udwig] Calmberg: Geschichte des Johanneums zu Hamburg. Hamburg: Meissner, 1829.

Chézy – Wilhelmine-Christine Chézy: Unvergessenes. Denkwürdigkeiten aus dem Leben von Helmina von Chézy. Von ihr selbst erzählt. 2 Theile. Leipzig: Brockhaus, 1858,

Clemen – Paul Clemen: Die Kunstdenkmäler der Stadt und des Kreises Bonn. Düsseldorf: Schwann, 1981 [Nachdruck der Ausgabe Düsseldorf: Schwann, 1905] (Die Kunstdenkmäler der Rheinprovinz, 5,3).

Cosmar – Alexander Cosmar: Neuester und vollständigster Wegweiser durch Berlin und Potsdam für Fremde und Einheimische. Berlin: Grieben, [13]1851.

Czapla 1998 – Ralf Georg Czapla: Die Apologie des Lateinischen als Wissenschaftssprache. Anmerkungen zu August Wilhelm Schlegels letzter öffentlicher Rede als Bonner Professor. In: Jahrbuch für Internationale Germanistik 30,1 (1998), S. 28–49.

Czapla 2006/2007 – Ralf Georg Czapla: Annäherungen an das ferne Fremde. August Wilhelm Schlegels Kontroverse mit Friedrich Rückert und Franz Bopp über die Vermittlung von indischer Religion und Mythologie. In: Rückert-Studien. Jahrbuch der Rückert-Gesellschaft 17 (2006/2007), S. 131–151.

d'Angers – David d'Angers et ses relations littéraires correspondance du maître avec Victor Hugo, Lamartine, Chateaubriand, de Vigny, Lamennais, Balzac, Charlet, Louis et Victor Pavie, Lady Morgan, Cooper, Humboldt, Rauch, Tieck, Berzelius, Schlegel, etc. Publiée par M. Henry Jouin. Paris: Plon, 1890.

Danneil – Johann Friedrich Danneil: Das Geschlecht der von der Schulenburg. Salzwedel: Schmidt, 1847.

Das Preußische Postwesen – Das Preußische Postwesen. Eine Darstellung seines gegenwärtigen Zustandes, seiner innern Einrichtung und der Rechte und Anforderungen des Publikums an dasselbe, von einem Sachverständigen. Iserlohn/Elberfeld: Bädecker, 1847.

Davidis – Henriette Davidis: Die Hausfrau. Praktische Anleitung zur selbständigen und sparsamen Führung des Haushalts. Eine Mitgabe für angehende Hausfrauen. Leipzig: Seemann, ³1865.

DBE – Deutsche biographische Enzyklopädie. Hg. von Walther Killy und (ab Bd. 4) Rudolf Vierhaus. 13 Bde. München/Leipzig: Saur, 1995–2003.

de Pange – Pauline de Pange: August Wilhelm Schlegel und Frau von Staël. Eine schicksalhafte Begegnung. Nach unveröffentlichten Briefen erzählt. Hamburg: Goverts, 1940.

Deetjen – Werner Deetjen: August Wilhelm Schlegel in Bonn. In: Zeitschrift für Bücherfreunde 20 (1928), S. 16–20.

Dehio – Ludwig Dehio: Friedrich Wilhelm IV. Ein Baukünstler der Romantik. Hg. von Hans-Herbert Möller. Berlin: Mann 2001 [Nachdruck der Ausgabe Berlin/München: Deutscher Kunstverlag, 1961].

Delbrück – Max Delbrück: Illustriertes Brauerei-Lexikon. Berlin: Parey, 1910.

Devèche – André Devèche: Das Schloss der Tuilerien und seine Gärten. Paris: Maloine, 1981.

Dietz 1962[–1963] – Josef Dietz: Topographie der Stadt Bonn vom Mittelalter bis zum Ende der kurfürstlichen Zeit. 2 Bde. Bonn: Stadtarchiv und Heimatverein, 1962–1963 (Bonner Geschichtsblätter, 16–17).

Dietz 1970 – Alexander Dietz: Frankfurter Handelsgeschichte. 4 Bde. Glashütten im Taunus: Auvermann, 1970 [Nachdruck der Ausgabe Frankfurt/Main: Minjon, 1910 (Bd. 1), Frankfurt/Main: Selbstverlag, 1921–1925 (Bd. 2–4,2)].

Dilschneider – Johann Joseph Dilschneider: Die deutsche Sprache in Proben aus allen Jahrhunderten. Köln: Schmitz, 1826.

Dorow 1843[–1845] – Wilhelm Dorow: Wilhelm: Erlebtes aus den Jahren 1813–1820. 4 Bde., Bd. 3 und 4 unter dem Titel »Erlebtes aus den Jahren 1790–1827«. Leipzig: Hinrichs, 1843–1845 (Aufzeichnungen, Aktenstücke und Briefe zur Begründung historischer Wahrheit und zur Berichtigung der Memoiren aus der neuesten Zeit, 1–2).

Dotzauer – Winfried Dotzauer: Bonner aufgeklärte Gesellschaften und geheime Sozietäten bis zum Jahr 1815 unter besonderer Berücksichtigung des Mitgliederbestandes der Freimaurerloge »Frères courageux« in der napoleonischen Zeit. In: Bonner Geschichtsblätter 24 (1971), S. 78–142.

Dulac – Henri Dulac (Hg.): Almanach des 25000 adresses des principaux habitans de Paris, pour l'année 1832. Dix-huitième année. Paris: Panckoucke, 1831.

Dyroff – Adolf Dyroff (Hg.): Festschrift zur Feier des 150jährigen Bestehens der Lese- und Erholungsgesellschaft zu Bonn (1787–1937). [Bonn:] Scheuer, 1937.

Eagle/Solan – Cassandra T. Eagle/Jennifer Solan: Marie Anne Paulze Lavoisier: The Mother of Modern Chemistry. In: The Chemical Educator 3,5 (1998), S. 1–18.

Effmert – Viola Effmert: Sal. Oppenheim jr. & Cie. Kulturförderung im 19. Jahrhundert. Köln/Weimar/Wien: Böhlau, 2006.

Eichner – Wolfgang Eichner: Evangelische Sozialarbeit im Aufbruch. Aus der Geschichte der Kirchengemeinde in Bonn. Bonn: Röhrscheid, 1986 (Veröffentlichungen des Bonner Stadtarchivs, 39).

Ennen – Edith Ennen (Hg.): Rheinischer Städteatlas. Lfg. I/6: Bonn. Bearbeitet von Klaus Flink. Bonn: Röhrscheid, 1972.

Ersch/Gruber – Johann Samuel Ersch/Johann Gottfried Gruber: Allgemeine Enzyklopädie der Wissenschaften und Künste. 168 Bde. Sektion I: A–G, 99 Bde.; ☐Sektion II: H–Li, 43 Bde.; Sektion III: O–Ph, 25 Bde. 1 Tafelbd. zu Sektion I, Bd. 1–14. Graz: Akademische Druck- und Verlagsanstalt, 1969 [Nachdruck der Ausgabe Leipzig: Gleditsch, 1818–1889].

Erstes Adressbuch 1856 – Erstes Adressbuch der königlich-preussischen Universität-Stadt Bonn für 1856 & 1857. Mit einer kurzgefassten Geschichte der Stadt, von ihrer Gründung bis zur Gegenwart. Bonn: König, 1856.

Eschnauer – Heinz R. Eschnauer: Das Capitulare de villis und der Karolinger-Wein. Ein Beitrag zur Ingelheimer Weingeschichte. In: Karl Heinz Henn/Ernst Kähler (Hg.): Karl der Große in Ingelheim. Bauherr der Pfalz und europäischer Staatsmann. Katalog zur Ausstellung im Alten Rathaus Nieder-Ingelheim, 29. August bis 27. September 1998. Ingelheim: Historischer Verein Ingelheim am Rhein, 1998 (Beiträge zur Ingelheimer Geschichte, 43), S. 68–81.

Eschnauer/Schwedt – Heinz R. Eschnauer/Georg Schwedt: Als Goethe in Ingelheim den »Eilfer Rote« suchte. In: Heimatjahrbuch Landkreis Mainz-Bingen 51 (2007), S. 188–191.

Europa-Historiker – Europa-Historiker. Ein biographisches Handbuch. Hg. von Heinz Duchhardt, Malgorzata Morawiec, Wolfgang Schmale und Winfried Schulze. 3 Bde. Göttingen: Vandenhoeck & Ruprecht, 2006–2007.

Ferguson – Niall Ferguson: Die Geschichte der Rothschilds. Propheten des Geldes. Aus dem Englischen von Irmela Arnsperger und Boike Rehbein. 2 Bde. Stuttgart/München: Deutsche Verlags-Anstalt, 2002.

Fick – Johann Christian Fick: Neues Handbuch für Reisende jeder Gattung durch Deutschland und die angränzenden Länder oder der treue Führer auf allen deutschen und den Hauptstrassen der benachbarten Länder. Nürnberg: Campe, 1809.

Finke – Der Briefwechsel Friedrich und Dorothea Schlegels 1818–1820. Hg. von Heinrich Fink. München: Kösel & Pustet, 1923.

Flotow – Gustav von Flotow: Beiträge zur Geschichte der Familie von Flotow, mit einer Stammtafel det sämmtlichen dermalen in fünf Abtheilungen, zehn Urkunden und sechs Abbildungen des Familien-Wappens. Dresden: Heinrich, 1844.

Framke – Gisela Framke: Der Beruf der Jungfrau. In: Gisela Framke/Gisela Marenk (Hg.): Beruf der Jungfrau. Henriette Davidis und Bürgerliches Frauenverständnis im 19. Jahrhundert. Oberhausen: Graphium, 1988, S. 12–28.

Fröschle – Hartmut Fröschle: Goethes Verhältnis zur Romantik. Würzburg: Königshausen & Neumann, 2002.

Gaál – Károly Gaál: Zum bäuerlichen Gerätebestand im 19. und 20. Jahrhundert. Forschungsergebnisse zur vergleichenden Sachvolkskunde und volkskundlichen Museologie. Wien: Böhlau, 1969 (Sitzungsberichte der Österreichischen Akademie der Wissenschaften. Philosophisch-Historische Klasse, 261,1).

Geiger – Ludwig Geiger: Dichter und Frauen. Abhandlungen und Mitteilungen. Neue Sammlung. Berlin: Paetel, 1899.

General-Tabelle – General-Tabelle der vorzüglichsten Fabricken und Manufakturen in den Königlich Preußischen Provinzen Niederrhein, Cleve, Jülich und Berg, Westphalen und Sachsen. Köln: Thiriart, 1820.

Gérard – François Gérard: Lettres adressées au Baron François Gérard, peintre d'histoire, par les artistes et les personnages célèbres de son temps. Troisième édition avec quatorze portraits a l'eau-forte. Publiée par le Baron Gérard, son neveu, et précédée d'une notice sur la vie et les oeuvres de François Gérard et d'un récit d'Alexandre Gérard, son frère. 2 Bde. Paris: Quantin, 1888.

Geuenich – Josef Geuenich: Geschichte der Papierindustrie im Düren-Jülicher Wirtschaftsraum. Düren: Hamel. 1959.

Gleick – James Gleick: At the Beginning. More Things in Heaven and Earth. In: Bill Bryson (Hg.): Seeing Further. The Story of Science and the Royal Society. London: Harper, 2010, S. 17–35.

Goethe MA – Johann Wolfgang Goethe: Sämtliche Werke nach Epochen seines Schaffens. Münchner Ausgabe. Hg. von Karl Richter in Zusammenarbeit mit Herbert G. Göpfert, Norbert Miller, Gerhard Sauder und Edith Zehm. 20 Bde. in 32 und ein Registerbd. München/Wien: Hanser, 1985–1998.

Goethe SW – Johann Wolfgang von Goethe: Sämtliche Werke. Briefe, Tagebücher und Gespräche. Hg. in Hendrik Birus [u.a.]. 2 Abt. mit 40 Bdn. in 45. Frankfurt/Main: Deutscher Klassiker Verlag, 1985–1999.

Goethe WA – Goethes Werke (›Sophienausgabe‹). Hg. im Auftrag der Großherzogin Sophie von Sachsen. Abt. I: Werke. 55 Bde. Weimar: Böhlau, 1887–

1918; Abt. II: Naturwissenschaftliche Schriften. 13 Bde. Weimar: Böhlau, 1890–1904; Abt. III: Tagebücher. 15 Bde. Weimar: Böhlau, 1887–1919; Abt. IV: Briefe. 50 Bde. Weimar: Böhlau, 1887–1912; Nachträge und Register zur IV. Abt. hg. von Paul Raabe. 3 Bde. München: dtv, 1990.

Goldsmith – Ulrich K. Goldsmith: Wilhelm von Humboldt, Mentor und Freund von Friedrich Gottlieb Welcker. In: Calder [u.a.], Friedrich Gottlieb Welcker, S. 35–52.

Görres – Joseph von Görres: Gesammelte Schriften. Hg. von Marie Görres. 9 Bde. in 2 Abt. München: Literarisch-Artistische Gesellschaft, 1854–1874.

Grimm – Jacob Grimm/Wilhelm Grimm: Deutsches Wörterbuch. Hg. von der Deutschen Akademie der Wissenschaften zu Berlin. 32 Bde. und ein Quellenverzeichnis. Leipzig: Hirzel, 1854–1971.

Grisselich – Ludwig Grisselich: Gesundheitslehre oder leichtfaßliche Darstellung der Grundsätze zur Erhaltung und Befestigung der Gesundheit. Mit Rücksicht auf bürgerliche und häusliche Verhältnisse, Erziehung, Unterricht, Staatsanstalten, Stände und Berufsarten. Leipzig: Grunow, 1846.

Gritzner – Maximilian Gritzner: Handbuch der Ritter- und Verdienstorden aller Kulturstaaten der Welt innerhalb des XIX. Jahrhunderts. Graz: Akademische Druck- und Verlagsanstalt, 1962 [Nachdruck der Ausgabe Leipzig: Weber, 1893].

Gubitz – Friedrich Wilhelm Gubitz: Erlebnisse. 3 Bde. Berlin: Vereins-Buchhandlung, 1868–1869.

Guthke – Karl S. Guthke: Benares am Rhein – Rom am Ganges. Die Begegnung von Orient und Okzident im Denken August Wilhelm Schlegels. In: Jahrbuch des Freien Deutschen Hochstifts 1978, S. 396–419.

Gutzkow – Karl Gutzkow: Das Kastanienwäldchen in Berlin. In: ders.: Berliner Erinnerungen und Erlebnisse. Hg. von Paul Friedlaender. Berlin: Das Neue Berlin, 1960, S. 265–315.

Gutzkow 1852 – Karl Gutzkow: Die Ritter vom Geiste. Roman in 9 Büchern. 9 Bde. Leipzig: Brockhaus, [2]1852.

Haagen – Friedrich Haagen: Aachen oder Achen? Vorangehen die verschiedenen Bezeichnungen früherer Jahrhunderte für die Karolingische Pfalz und Pfalzkapelle und Aachen, sowie gelegentliche Erörterungen zur Geschichte Aachens. Eine Festgabe zum 14. Oktober 1867, dem Tage des 50jährigen Amtsjubelfeier des Directors des Aachener Gymnasiums Herrn Dr. J. J. Schön gewidmet. Aachen: Kaatzer, 1867.

Halévy – Daniel Halévy: La duchesse de Broglie. In: Cahiers staëliens N.S. 56 (2005), S. 117–167.

Halm –Familiengeschichte Danco in 3 Bden. Verfasst von Max Halm. Aus dem Ms. übertragen und ergänzt von Günter Halm. Ergänzt ab 1940 und überarbeitet von Armin Danco unter Mitwirkung zahlreicher Familienangehöriger. Düsseldorf: Privatdruck, 2000.

Hammermayer – Ludwig Hammermayer: Graf Rumford (1753–1814) zwischen Nordamerika, Großbritannien, Bayern und Frankreich. Einige Bemerkungen zu Biographie, Werk und Umfeld. In: Dieter Albrecht/Karl Otmar Freiherr von Aretin/Winfried Schulze (Hg.): Europa im Umbruch 1750–1850. München: Oldenbourg, 1995, S. 51–69.

Handbuch Rheinprovinz – Die Rheinprovinz der preussischen Monarchie, oder Beschreibung der systematischen Einteilung in Regierungsbezirke, Kreise, Bürgermeistereien und Honnschaften, so wie der Städte, Flecken, Dörfer, einzelner Etablissments, mit Angabe der Einwohnerzahl, Gewerbe, Merkwürdigkeiten, Anstalten u. s. w. Ein historisch-geographisch-statistisches Handbuch zum Gebrauch aller Stände. Aus den neuesten Quellen geschöpft und zusammengestellt von mehreren Gelehrten. 2 Bde. Düsseldorf: Werbrunn, 1833.

Hansen – Joseph Hansen: Quellen zur Geschichte des Rheinlandes im Zeitalter der französischen Revolution 1780–1801. 4 Bde. Düsseldorf: Droste, 2004 [Nachdruck der Ausgabe Bonn: Hanstein, 1931–1938 (Publikationen der Gesellschaft für Rheinische Geschichtskunde, 42)].

Hartlieb von Wallthor – Alfred Hartlieb von Wallthor: Die Eingliederung Westfalens in den preußischen Staat. In: Peter Baumgart (Hg.): Expansion und Integration. Zur Eingliederung neugewonnener Gebiete in den preußischen Staat. Köln/Wien: Böhlau, 1984 (Neue Forschungen zur brandenburgpreußischen Geschichte, 5), S. 227–254.

Hartmann – R[ichard] Hartmann: Geschichte Hannovers von den ältesten Zeiten bis auf die Gegenwart. Mit besonderer Rücksichtnahme auf die Entwickelung der Residenzstadt Hannover. Hannover: Kniep, ²1886.

Heberle – J[ohann] M[atthias] Heberle: Katalog der von Aug. Wilh. von Schlegel, Professor. an der Königl. Universität zu Bonn, Ritter, etc., nachgelaßenen Büchersammlung, welche Montag den 1ten December 1845 und an den folgenden Tagen Abends 5 Uhr präcise bei J. M. Heberle in Bonn öffentlich versteigert und dem Letztbietenden gegen gleich baare Zahlung verabfolgt wird. Nebst einem chronologischen Verzeichnisse sämmtlicher von dem verstorbenen Prof. Aug. Wilh. von Schlegel verfaßten und herausgegebenen Druckschriften. Köln/Bonn: Eigenverlag, 1845.

Heine 1976[–1997] – Heinrich Heine: Historisch-kritische Gesamtausgabe der Werke (Düsseldorfer Ausgabe). Hg. von Manfred Windfuhr. 16 Bde. Hamburg: Hoffmann und Campe, 1975–1997.

Heinekamp – Rudolf Heinekamp: Siegburgs Vergangenheit und Gegenwart. Siegburg: Dietzgen, 1897.

Hergemöller – Bernd-Ulrich Hergemöller (Hg.): Mann für Mann. Biographisches Lexikon zur Geschichte von Freundesliebe und mannmännlicher Sexualität im deutschen Sprachraum. Berlin/Münster: Lit, 2010.

Hessel – K[arl] H[essel]: Zum hundertjährigen Bestehen der Verlagsbuchhandlung A. Marcus und E. Weber in Bonn. In: Bonner Zeitung, 21. Januar 1918.

Heßelmann – Peter Heßelmann: Unveröffentlichte Briefe von August Wilhelm Schlegel. In: Athenäum 5 (1995), S. 345–350.

Heuberger – Georg Heuberger (Hg.): Die Rothschilds. Eine europäische Familie. Begleitbuch und Essaybd. anläßlich der Ausstellung »Die Rothschilds – eine europäische Familie« im Jüdischen Museum der Stadt Frankfurt am Main, 11. Oktober 1994 – 27. Februar 1995. Sigmaringen: Thorbecke, 1994.

Higgins – Robert M. C. R. Higgins: The 1832 cholera epidemic in East London. In: East London Record 2 (1979), S. 2–14.

Hitopadesas – Hitopadesas, id est Institutio salutaris. Textum codd. mss. collatis recensuerunt, interpretationem Latinam et annotationes criticas adiecerunt Augustus Guilelmus a Schlegel et Christianus Lassen. Pars I. Bonnae ad Rhenum typis regiis 1829–1831. Prostat apud Eduardum Weber bibliopolam Bonnensem.

Hoffmann – Paul Theodor Hoffmann: Der indische und der deutsche Geist von Herder bis zur Romantik. Eine literarhistorische Darstellung. Tübingen: Laupp, 1915.

Holtei – Karl von Holtei (Hg.): Dreihundert Briefe aus zwei Jahrhunderten. 4 Thle. in 2 Bden. Bern: Lang, 1971 [Nachdruck der Ausgabe Hannover: Rümpler, 1872].

Holzhausen – Walter Holzhausen: Die Plastik des 19. Jahrhunderts. In: Heinrich Lützler (Hg.): 150 Jahre Rheinische Friedrich-Wilhelms-Universität zu Bonn 1818–1968. Die Bonner Universität. Bauten und Bildwerke. Bonn: Bouvier und Röhrscheid, 1968, S. 85–102.

Horst Theisen/Markus Weidenbach: Familienbuch Bendorf von 1480 bis 1875. 2 Bde. Ochtendung: Cardamina, 2005.

Humboldt –Wilhelm von Humboldts gesammelte Schriften. Hg. von Albert Leitzmann. 17 Bde. Berlin: Behr, 1903–1935.

Hundeshagen – Bernhard Hundeshagen: Topographisch-architectonischer Grundriss der Stadt Bonn und Umgebung bis Poppelsdorf. Bonn: Stollfuß, 1819 [Nachdruck der Ausgabe Bonn: Bonner Universitäts-Buchdruckerei, 1819].

Ippel – Briefwechsel zwischen Jacob und Wilhelm Grimm, Dahlmann und Gervinus. Hg. von Eduard Ippel. 2 Bde. Berlin: Dümmler, 1885–1886.

Jäck – Joachim Heinrich Jäck: Reise durch Frankreich, England und die beiden Niederlande im Sommer und Herbste 1824. 2 Theile. Weimar: Landes-Industrie-Comptoir, 1826.

Jersch-Wenzel – Jersch-Wenzel (Hg.): Quellen zur Geschichte der Juden in polnischen Archiven. Im Auftrag der Berlin-Brandenburgischen Akademie der Wissenschaften. 2 Bde. München: Saur, 2003 (Bd. 1); Berlin/New York: de Gruyter, 2005 (Bd. 2).

Joanne – Adolphe Joanne: Paris-Diamant. Neuer Führer. Paris/Leipzig: Hachette, 1867.

Jütte – Robert Jütte: Samuel Hahnemann. Mehr als nur ein Denkmal. In: Deutsches Ärzteblatt 102 (2005), H. 15, S. 1048–1050.

Kahl – Willi Kahl: Drei Briefe August Wilhelm Schlegel an Matthias DeNoel. In: Jahrbuch des Kölnischen Geschichtsvereins 15 (1933), S. 130–134.

Kahn – Lothar Kahn: Michael Beer (1800–1833). In: Leo Baeck Institute Yearbook 12 (1967), S. 149–160.

Kahnt/Knorr – Helmut Kahnt/Bernd Knorr: Alte Maße, Münzen und Gewichte. Mannheim/Wien/Zürich: Bibliographisches Institut, 1987.

Kaiser/Keitel – Hanns Kaiser/Wolfgang Keitel: Guillaume de Baillou (1538–1616) – Vater des »Rheumatismus«? In: Zeitschrift für Rheumatologie 65 (2006), S. 743–746.

Kasper-Holtkotte – Cilli Kasper-Holtkotte: Jüdischer Kultus in napoleonischer Zeit. Aufbau und Organisation der Konsistorialbezirke Krefeld, Koblenz/Bonn, Trier und Mainz. Wien/Köln/Weimar: Böhlau, 1997 (Aschkenas. Beiheft, 2).

Kaufmann 1875 – Alex[ander] Kaufmann: Zur Erinnerung an August Wilhelm von Schlegel. In: Monatsschrift für rheinisch-westfälische Geschichtsforschung und Alterthumskunde 1 (1875), S. 239–254.

Kaufmann 1881 – Alexander Kaufmann: Philipp Joseph von Rehfues. Ein Lebensbild. In: Zeitschrift für Preußische Geschichte und Landeskunde 18 (1881), S. 89–224.

Kaufmann 1933 – Paul Kaufmann: Auf den Spuren August Wilhelm von Schlegels. In: Preußische Jahrbücher 234 (1933), S. 226–243.

Kaufmann 1936 – Paul Kaufmann: Mein rheinisches Bilderbuch. Jugenderinnerungen. Berlin: Stargardt, 1936.

Keeß/Blumenbach – Steph[an] von Kees/W[enzel] C[arl] W[olfgang] Blumenbach (Hg.): Systematische Darstellung der neuesten Fortschritte in den Gewerben und Manufacturen und des gegenwärtigen Zustandes derselben. Als Fortsetzung und Ergänzung des im J. 1823 beendigten Werkes »Darstellung des Fabriks- und Gewerbswesens etc.«. Mit besonderer Rücksicht auf den österreichischen Kaiserstaat. Wien: Gerold, 1829–1830.

Keyser – Erich Keyser: Rheinisches Städtebuch. Stuttgart: Kohlhammer, 1956 (Deutsches Städtebuch. Handbuch städtischer Geschichte, 3,3).

Killy – Killy Literaturlexikon. Autoren und Werke des deutschsprachigen Kulturraums. Begründet von Walther Killy. Zweite, vollständig überarbeitete

Auflage hg. von Wilhelm Kühlmann. 12 Bde. Berlin/New York: de Gruyter, 2008–2011.

Kirfel 1914 –Briefwechsel A[ugust] W[ilhelm] von Schlegel – Christian Lassen. Hg. von W[illibald] Kirfel Bonn: Cohen, 1914.

Kirfel 1915 – Willibald Kirfel: Die Anfänge des Sanskrit-Druckes in Europa [1915]. In: Willibald Kirfel: Kleine Schriften. Hg. von Robert Birwé. Wiesbaden: Steiner, 1976 (Glasenapp-Stiftung, 11), S. 375–381.

Kirfel 1944 – Willibald Kirfel: August Wilhelm von Schlegel und die Bonner indologische Schule [1944]. In: Willibald Kirfel: Kleine Schriften. Hg. von Robert Birwé. Wiesbaden: Steiner, 1976 (Glasenapp-Stiftung, 11), S. 3–20.

Klein – Ansgar Sebastian Klein: Bonner Straßennamen. Herkunft und Bedeutung. Bonn: Stadtarchiv und Stadthistorische Bibliothek, ²2012 (Veröffentlichungen des Stadtarchivs Bonn, 70).

Kleinert – Carl Ferdinand Kleinert: Cholera orientalis. Extrablatt zum Allgemeinen Repertorium der gesammten deutschen medizinisch-chirurgischen Journalistik. H. 1. Nr. 1–20. Leipzig: Kollmann, 1831.

Klette – Anton Klette: Verzeichnis der von A. W. v. Schlegel nachgelassenen Briefsammlung. Bonn: Privatdruck, 1868.

Köhnken – Adolf Köhnken: F. G. Welcker und die Bonner philologische Tradition. In: Calder [u.a.], Friedrich Gottlieb Welcker, S. 79–104.

Koller/Cahlmann – Wilhelm Heinrich Koller/Julius Cahlmann: Catalogue of German publications. London 1829.

Kolvenbach – Josef Kolvenbach: Bonn 1814–1848. Verwaltung, Verfassung und Verhältnis zum preußischen Staat. In: Bonner Geschichtsblätter 8 (1954, S. 5–91.

Körner 1917/1918 – Josef Körner: August Wilhelm Schlegel und die Frauen. In: Donauland. Monatschrift für alle Gebiete des Wissens, der Literatur und Kunst 1 (1917/1918), S. 1219–1227.

Körner 1918 – Josef Körner. Aus Friedrich Schlegels Brieftasche. Ungedruckte Briefe. In: Deutsche Rundschau 174 (1918), S. 377–388; ebd. 175 (1918), S. 104–127.

Körner 1924 – Josef Körner: Wilhelmine Sophie Schlegel, recte Spall. In: Germanisch-Romanische Monatsschrift 12 (1924), S. 189–190.

Körner 1929 – Josef Körner: August Wilhelm Schlegel und der Katholizismus. In: Historische Zeitschrift 139 (1929), S. 62–83.

Körner 1930 – Josef Körner (Hg.): Briefe von und an August Wilhelm Schlegel. 2 Bde. Zürich/Leipzig/Wien: Amalthea, 1930.

Körner 1932 – Josef Körner: August Wilhelm Schlegel über Friedrich den Großen. In: Die Neueren Sprachen 40 (1932), S. 157–161.

Körner 1933 – Josef Körner: Ein unehelicher Sohn August Wilhelm Schlegels. In: Jahrbuch des Kölnischen Geschichtsvereins 15 (1933), S. 120–129.

Körner 1936[–1937; 1958] – Josef Körner (Hg.): Krisenjahre der Frühromantik. Briefe aus dem Schlegelkreis. 3 Bde. Brünn/Wien/Leipzig: Rohrer, 1936–1937 (Textbde.), Bern/München: Francke, 1958 (Kommentarbd.).

Körner/Wieneke – August Wilhelm und Friedrich Schlegel im Briefwechsel mit Schiller und Goethe. Hg. von Josef Körner und Ernst Wilhelm Wieneke. Leipzig: Insel, [1926].

Korschner – Heinrich Korschner: Der Kampf ums Cholerahospital in Bonn im Jahre 1832. In: Bonner Geschichtsblätter 42 (1992), S. 277–310.

Korzendorfer – Adolf Korzendorfer: Von Postreutern und Postillionen. Leipzig: Bibliographisches Institut, 1936.

Kraus – Thomas Kraus: Auf dem Weg in die Moderne. Aachen in französischer Zeit 1792/93, 1794–1814. Handbuch-Katalog zur Ausstellung im Krönungssaal des Aachener Rathauses vom 14. Januar – 5. März 1995. Aachen: Aachener Geschichtsverein, 1994 (Beihefte der Zeitschrift des Aachener Geschichtsvereins, 4).

Krünitz – Johann Georg Krünitz (Hg.): Oekonomische Encyklopädie, oder allgemeines System der Land- Haus- und Staats-Wirthschaft, in alphabetischer Ordnung. 242 Bde. Berlin: Pauli, 1773–1858.

Kuhrau – Sven Kuhrau/Kurt Winkler (Hg.): Juden Bürger Berliner. Das Gedächtnis der Familie Beer – Meyerbeer – Richter. Katalog zur gleichnamigen Ausstellung im Märkischen Museum, Berlin, 19. März – 27. Juni 2004. Berlin: Henschel, 2004.

Kurth-Voigt/MacClain – Lieselotte E. Kurth-Voigt/William H. MacClain: Three unpublished August Wilhelm Schlegel letters in the Kurrelmeyer Collection. In: Modern Language Notes 101 (1986), S. 592–608.

La Varende – Jean de La Varende: Les Broglie. Paris: Fasquelle, 1950.

Langlotz – Ernst Langlotz: Friedrich Gottlieb Welcker 1784–1868. In: 150 Jahre Rheinische Friedrich-Wilhelms-Universität zu Bonn 1818–1968. Bonner Gelehrte. Beiträge zur Geschichte der Wissenschaften in Bonn: Philosophie und Altertumswissenschaften. Bonn: Bouvier und Röhrscheid 1968, S. 215–220.

Laurent-Atthalin – Marcel Laurent-Atthalin: Vie du général baron Atthalin 1784–1856. [Paris:] Éditions Alsatia, 1978.

Lebensbilder – Ingeborg Schnack (Hg.): Lebensbilder aus Kurhessen und Waldeck 1830–1930. 6 Bde. Marburg: Elwert, 1939–1958.

Leitzmann 1908 – Albert Leitzmann (Hg.): Briefwechsel zwischen Wilhelm von Humboldt und August Wilhelm Schlegel. Halle: Niemeyer, 1908.

Leitzmann 1927 – Briefwechsel der Brüder Jacob und Wilhelm Grimm mit Karl Lachmann. Hg. von Albert Leitzmann. Mit einer Einleitung von Konrad Burdach. 2 Bde. Jena: Frommann, 1927.

Lenau – Nikolaus Lenau: Werke und Briefe. Historisch-kritische Gesamtausgabe. Hg. im Auftrag der Internationalen Lenau-Gesellschaft von Helmut Brandt [u.a.]. 7 Bde. Wien: Deuticke [Bd. 5/1 und Bd. 6/1: Wien: Österreichischer Bundesverlag]; Stuttgart: Klett-Cotta, 1989–2004.

Lenz – Max Lenz: Geschichte der königlichen Friedrich-Wilhelms-Universität zu Berlin. 4 Bde. Halle a. d. Saale: Verlag und Buchhandlung des Waisenhauses, 1910.

Levison – Wilhelm Levison: Die Siegburger Familie Levison und verwandte Familien. Bonn: Röhrscheid, 1952.

Lohner 1972 – Ludwig Tieck und die Brüder Schlegel. Briefe. Auf der Grundlage der von Henry Lüdeke besorgten Edition neu hg. und kommentiert von Edgar Lohner. München: Winkler, 1972.

Lohner 1974 – August Wilhelm Schlegel: Kritische Schriften und Briefe. Bd. 7: Ausgewählte Briefe. Hg. von Edgar Lohner. Stuttgart/Berlin/Köln/Mainz: Kohlhammer, 1974.

Loménie – Louis de Loménie: August Wilhelm Schlegel. Vom französischen Gesichtspunkte. In: Die Grenzboten. Zeitschrift für Politik und Literatur 4 (1845), S. 433–444.

Lottmann – Herbert R. Lottman: Die Rothschilds in Frankreich. Geschichte einer Dynastie. Aus dem Englischen von Ilse Utz. Hamburg: Europäische Verlagsanstalt, 1999.

Lundson – Thomas Lundson: Reise von Indien durch Persien und Armenien nach England. Aus dem Englischen. In: Ethnographisches Archiv 24 (1824), S. 169–397.

Maaßen – German Hubert Christian Maaßen: Geschichte der Pfarreien des Dekanates Bonn. Teil 1: Stadt Bonn. Köln: Bachem, 1894 (Geschichte der Pfarreien der Erzdiöcese Köln, V/1).

Mahlberg – Hermann Josef Mahlberg: Der Architekt und Bildhauer Johann Georg Leydel. Ein Beitrag zur rheinischen Architekturgeschichte des 18. Jahrhunderts. Köln: Diss. phil., 1973.

Mannheims/Oberem – Hildegard Mannheims/Peter Oberem: Versteigerung. Zur Kulturgeschichte der Dinge aus zweiter Hand. Ein Forschungsbericht. Münster: Waxmann, 2003 (Beiträge zur Volkskultur in Nordwestdeutschland, 103).

Mauthner 1920[–1923] – Fritz Mauthner: Der Atheismus und seine Geschichte im Abendlande. 4 Bde. Stuttgart/Berlin: Deutsche Verlags-Anstalt, 1920–1923.

McErlean – J[ohn] M[ichael] P[eter] McErlean: Napoleon and Pozzo di Borgo in Corsica and after, 1764–1821. Not quite a vendetta. Lewiston, NY [u.a.]: Mellen, 1996 (Studies in French civilization, 10).

Meyer 1861[–1868] – Hermann Julius Meyer (Hg.): Neues Konversations-Lexikon. Ein Wörterbuch des allgemeinen Wissens. 16 Bde. Hildburghausen: Bibliographisches Institut, ²1861–1868.

Meyer 1884[–1890] – Antoine Meyer: Biographies alsaciennes avec portraits en photographie. Série 3. 5 Bde. Colmar: Meyer, 1884–1890.

Meyerbeer – Giacomo Meyerbeer: Briefwechsel und Tagebücher. Mit Unterstützung der Akademie der Künste Berlin in Verbindung mit dem Institut für Musikforschung Berlin. Hg. und kommentiert von Heinz Becker, Gudrun Becker [Bde. 1–4] und Sabine Henze-Döhring [Bde. 5–8]. 8 Bde. Berlin: de Gruyter, [1959]–2006.

Minor – Jacob Minor: August Wilhelm von Schlegel in den Jahren 1805–1845. In: Zeitschrift für die österreichischen Gymnasien 38 (1887), S. 590–613 und 733–753.

Mix/Strobel – York-Gothart Mix/Jochen Strobel (Hg.): Der Europäer August Wilhelm Schlegel. Romantischer Kulturtransfer – romantische Wissenswelten. Berlin/New York: de Gruyter, 2010.

Mohl – Moriz Mohl: Aus den gewerbswissenschaftlichen Ergebnissen einer Reise nach Frankreich. Stuttgart/Tübingen: Cotta, 1845.

Monheim – Johann Peter Joseph Monheim: Die Heilquellen von Aachen, Burtscheid, Spaa, Malmedy und Heilstein, in ihren historischen, geognostischen, physischen, chemischen und medizinischen Beziehungen. Aachen/Leipzig: Mayer, 1829.

Müller 1841 – Friedrich Müller: Worte am Grabe des Peter Busch, Maler aus Bonn. Nebst einem Nekrolog von Gustav Friedrich Nord. Stuttgart: Mayer, 1841.

Müller 1906 – Rudolf Müller: Die Gründung der Weberschen Buchhandlung in Bonn. In: Börsenblatt für den deutschen Buchhandel 73 (1906), Nr. 145, S. 6284–6287.

Müller 1928[–1971] – Josef Müller (Hg.): Rheinisches Wörterbuch. Im Auftrag der Preussischen Akademie der Wissenschaften, der Gesellschaft für rheinische Geschichtskunde und des Provinzialverbandes der Rheinprovinz auf Grund der von J[ohannes] Franck begonnenen, von allen Kreisen des rheinischen Volkes unterstützten Sammlung bearbeitet und herausgegeben. 9 Bde. Bonn [ab Bd. 2: Berlin]: Klopp, 1928–1971.

Müller 1975 – Peter Müller: Sternwarten. Architektur und Geschichte der Astronomischen Observatorien. Bern/Frankfurt am Main: Lang, 1975.

Müller 1992 – Peter Müller: Sternwarten in Bildern. Architektur und Geschichte der Sternwarten von den Anfängen bis ca. 1950. Berlin [u.a.]: Springer, 1992.

NBG – Nouvelle Biographie Générale, depuis les temps les plus reculés jusqu'a nos jours, avec les renseignements bibliographiques et l'indication des sources a consulter. Publiée par MM. Firmin Didot Frères sous la direction de M. le Dr. Hoefer. 46 Bde. Paris: Didot, 1852–1866.

NDB – Neue Deutsche Biographie. Hg. von der Historischen Kommission bei der Bayerischen Akademie der Wissenschaften. Bd. 1ff. Berlin: Duncker & Humblot, 1953ff.

Neues allgemeines Künstler-Lexikon – Neues allgemeines Künstler-Lexikon oder Nachrichten von dem Leben und den Werken der Maler, Bildhauer, Baumeister, Kupferstecher, Formschneider, Lithographen, Zeichner, Medailleure, Elfenbeinarbeiter, etc. Bearbeitet von G[eorg] K[aspar] Nagler. 22 Bde. München: Fleischmann, 1835–1852.

Neues Handbuch für Reisende – Neues Handbuch für Reisende am Rheine, enthaltend die Nachweisung alles Sehenswerthen im Gebiete dieses Stroms von der Quelle bis zur Mündung. Elberfeld: Büschler, 1829.

Neuhausen – Karl August Neuhausen: Das Bild der Antike in den Bonner lateinischen Schriften August Wilhelm Schlegels. In: Astrid Steiner-Weber/ Thomas A. Schmitz/Marc Laureys (Hg.): Bilder der Antike. Göttingen: V&R unipress, 2007 (Super alta perennis, 1), S. 199–248.

Nicolai – Friedrich Nicolai: Beschreibung einer Reise durch Deutschland und die Schweiz, im Jahre 1781. Nebst Bemerkungen über Gelehrsamkeit, Industrie, Religion und Sitten. 12 Bde. Berlin/Stettin, 1783–1796.

Niesen – Josef Niesen: Bonner Personenlexikon. Bonn: Bouvier, [3]2011.

Nissen – Walter Nissen: Göttinger Gedenktafeln. Ein biographischer Wegweiser. Göttingen: Vandenhoeck & Ruprecht, 1962.

ODNB – Oxford Dictionary of National Biography. In Association with The British Academy. From the earliest times to the year 2000. Ed. by H. C. G. Matthew and Brian Harrison. 60 Bde. und 1 Registerbd. Oxford: University Press, 2004.

Oellers – August Wilhelm Schlegel: Der Briefwechsel mit Friedrich Schiller. Hg. von Norbert Oellers. Köln: Dumont, 2005.

Ogilvie – Marilyn Bailey Ogilvie: Women in Science. Antiquity through the nineteenth Century. A Biographical Dictionary with Annotated Bibliography. Cambridge, Mass. [u.a.]: MIT Press [4]1993.

Ordioni – Pierre Ordioni: Pozzo di Borgo. Diplomate de l'Europe française. Paris: Plon, 1935.

Papworth – John B[uonarotti] Papworth: Select views of London with historical and descriptive sketches of some of the most intresting of its public. London: Diggens, 1816.

Pauli – Wilhelm Pauli: Heiratsregister der Kurkölnischen Residenzstadt Bonn 1650–1798. Nach den Kirchenbüchern der Stadtpfarreien St. Petri Dietkirchen, St. Remigius, St. Gangolf, St. Martin. Köln: Westdeutsche Gesellschaft für Familienkunde, 2010 (Veröffentlichungen der Westdeutschen Gesellschaft für Familienkunde, 259).

Persius – Ludwig Persius: Das Tagebuch des Architekten Friedrich Wilhelms IV. 1840–1845. Hg. und kommentiert von Eva Börsch-Supan. München/Berlin: Deutscher Kunst-Verlag, 1980 (Kunstwissenschaftliche Studien, 51).

Petermann – Werner Petermann: Die Geschichte der Ethnologie. Wuppertal: Hammer, 2004 (Edition Trickster).

Pflaum – Rosalynd Pflaum: La famille Necker. Madame de Staël et sa descendance. Traduit de l'Anglais par Delphine Marchac. Préface de la Comtesse Jean de Pange. Paris: Fischbacher, 1969.

Pfülf – Otto Pfülf S. J.: Aus Bettinas Briefwechsel. In: Stimmen aus Maria-Laach. Katholische Blätter 64 (1903), S. 437–454 und 564–573; 65 (1903), S. 74–88.

Poppe – J[ohann] H[einrich] M[oritz] von Poppe: Populärer Unterricht über Dampfmaschinen, über die Anwendung derselben zum Treiben anderer Maschinen, insbesondere auch über Dampfschiffe und Dampfwagen; nebst einer Geschichte des gesammten Dampfmaschinenwesens. Zur Belehrung für Jedermann auf das Faßlichste dargestellt. Tübingen: Osiander, ²1834.

Priesdorff 1937[–1942] – Kurt von Priesdorff: Soldatisches Führertum. 10 Teile. Hamburg: Hanseatische Verlagsanstalt, 1937–1942.

Quilici/Ragghianti – Leana Quilici/Renzo Ragghianti: Lettres curieuses sur la Renaissance Orientale des frères Humboldt, d'August Schlegel et d'autres avec en appendice quelques lettres de Constant, Renan, Thierry et Tocqueville. In: Cromohs. Cyber review of modern historiography 6 (2001) [http://www.eliohs.unifi.it/testi/800/quilraggh/quilraggh_ schlegel.html]

Ramayana – Ramayana, id est Carmen epicum de Ramae rebus gestis, poetae antiquissimi Valmicis opus. Textum codd. mss. collatis recensuit interpretationem Latinam et annotationes criticas adiecit Augustus Guilelmus a Schlegel. 3 Vol. Bonnae ad Rhenum, Typis regiis sumtibus editoris 1829–1838,

Ravenstein – Ernst Georg Ravenstein: Reisehandbuch für London, England und Schottland. Illustrierte Ausgabe. Hildburghausen: Bibliographisches Institut, 1870.

Redding – Cyrus Redding: Literary reminiscences and memoirs of Thomas Campbell. 2 Bde. London: Skeet, 1860.

Redlich – Paul Redlich: Die letzten Zeiten der Abtei Altenberg. In: Annalen des Historischen Vereins für den Niederrhein 72 (1901), S. 102–141.

Redwitz – Ernst Freiherr von Redwitz: Philipp Franz von Walther 1782–1849. In: 150 Jahre Rheinische Friedrich-Wilhelms-Universität zu Bonn 1818–1968. Bonner Gelehrte. Beiträge zur Geschichte der Wissenschaften in Bonn: Medizin. Bonn: Rheinische Friedrich-Wilhelms-Universität, 1992, S. 36–40.

Reichlin-Meldegg – Karl Alexander Freiherr von Reichlin-Meldegg: Heinrich Eberhard Gottlob Paulus und seine Zeit, nach dessen literarischem Nachlasse, bisher ungedrucktem Briefwechsel und mündlichen Mittheilungen dargestellt. 2 Bde. Stuttgart: Verlags-Magazin, 1853.

Reimer – Doris Reimer: Passion & Kalkül. Der Verleger Georg Andreas Reimer (1776–1842). Berlin/New York: de Gruyter, 1999.

Renger 1973 – Christian Renger: August Wilhelm Schlegels frühe Bonner Jahre. Schriftliche Hausarbeit dem Wissenschaftlichen Prüfungsamt an der Universität Bonn vorgelegt, 1973. [UA Bonn, Slg. Bib. 1554].

Renger 1982 – Christian Renger: Die Gründung und Einrichtung der Universität Bonn und die Berufungspolitik des Kultusministers Altenstein. Bonn: Röhrscheid, 1982 (Academica Bonnensia, 7).

Rheinisches Conversations-Lexicon – Rheinisches Conversations-Lexicon oder Encyclopädische Handwörterbuch für gebildete Stände. Köln/Bonn: Comptoir für Kunst und Literatur, 1824.

Ribbeck – Otto Ribbeck: Friedrich Wilhelm Ritschl. Ein Beitrag zur Geschichte der Philologie. 2 Bde. Leipzig: Teubner, 1879–1881.

Richter – Georg August Richter: Die orientalische Cholera. Nach fremden und eigenen Ansichten und Erfahrungen monographisch dargestellt. Nach dessen [sc. Richters] Tode hg. von Hermann Stannius. Bd. 1: Geschichte der Cholera bis zu ihrem ersten Auftreten in Frankreich. Berlin: Stannius, 1836.

Rittmann – Herbert Rittmann: Deutsche Geldgeschichte 1484–1914. München: Battenberg, 1975.

Rothschild's Taschenbuch – L. Rothschild's Taschenbuch für Kaufleute insbesondere für Zöglinge des Handels. Enthaltend Das Ganze der Handelswissenschaft in gedrängter Darstellung. Neunte gänzlich umgearbeitete und stark vermehrte Auflage. Leipzig: Spamer, 1861.

Ruckstuhl – Karl Ruckstuhl: Geschichte der Lese- und Erholungsgesellschaft in Bonn. In: Bonner Geschichtsblätter 15 (1961), S. 26–180.

Rüegg – Walter Rüegg (Hg.): Geschichte der Universität in Europa. 4 Bde. München: Beck, 1993–2010.

Rumpf – J[ohann] D[aniel] F[riedrich] Rumpf: Landtagsverhandlungen der Provinzial-Stände in der Preußischen Monarchie. 3. Folge, Provinzial-Stände in der Preußischen Monarchie. Berlin: Hayn, 1827.

Sachs – Albert Sachs: Tagebuch über das Verhalten der bösartigen Cholera in Berlin. Eine Sammlung von Aufsätzen pathologischen-therapeutischen, gesundheits-polizeilichen und populär-medicinischen Inhalts in Bezug auf den Verlauf der Epidemie im In- und Auslande. Vom 14. September bis zum 31. Dezember 1831. Berlin: Fincke, 1831.

Saint-Hilaire – Jule Barthélémy Saint-Hilaire (Hg.): M. Victor Cousin. Sa vie et sa correspondance. 3 Bde. Paris: Hachette/Alcane, 1895.

Savelsberg – Heinrich Savelsberg: Aachener Gelehrte in älterer und neuerer Zeit. In: Jahresbericht des Königlichen Kaiser-Wilhelms-Gymnasiums 1905/06. Aachen: Aachener Verlags- und Druck-Gesellschaft, 1906, S. 3–66.

Schäfer – Wilhelm Schäfer: Prinzessin Perlenstein. In: ders.: Frühzeit. Erzählungen. Leipzig/Wien/Züric: Tal, 1921 (Die zwölf Bücher, 1), S. 69–82.

Schedel – Johann Christian Schedel: Neues und vollständiges, allgemeines Waaren-Lexikon oder deutliche Beschreibung aller rohen u. verarbeiteten Produkte, Kunsterzeugnisse und Handelsartikel. Zunächst für Kauffleute, Kommissionäre, Fabrikanten, Mäkler und Geschäftsleute; aber auch für jeden anderen, der in der Waarenkunde unterrichtet seyn will. Bearbeitet Johann Heinrich Moritz Poppe. 2 Theile. Offenbach: Brede, [4]1814.

Schiffers – Heinrich Schiffers: Der Name Aachens. Aachen: Creutzer, 1923.

Schirmer 1986 – Ruth Schirmer: August Wilhelm Schlegel und seine Zeit. Ein Bonner Leben. Bonn: Bouvier, 1986.

Schirmer 2004 – Lothar Schirmer: Michael Beer. »Die reine Absicht gleicht der guten That.« In: Kuhrau/Winkler, S. 113–124.

Schlegel 1819–1821 – August Wilhelm von Schlegel: Ueber den gegenwärtigen Zustand der Indischen Philologie. In: Jahrbuch der Preußischen Rhein-Universität 1 (1819–1821), S. 224–250.

Schlegel 1821 – August Wilhelm Schlegel: Specimen novae typographiae Indicae. Paris: Crapelet, 1821.

Schlegel 1825/1 – Faustam navigationem regis augustissimi et potentissimi Friderici Guilelmi III, quum, universo populo acclamante, navi vaporibus acta Bonnam praeterveheretur d. XIV Sept. carmine celebrat Augustus Guilelmus a Schlegel, Univ. Rhen. h. t. rector. [Bonnae:] Ex officina typopgraphica Thormanniana.

Schlegel 1825/2 – Die Rheinfahrt Sr. Majestät des Königs von Preußen auf dem Cölnischen Dampfschiffe Friedrich Wilhelm zur Einweihung desselben am 14. September 1825. In lateinischer Sprache besungen von A. W. v. Schlegel. Nebst einer deutschen Übersetzung vom Justizrath Bardua in Berlin. Berlin: Nauck, 1825.

Schlegel 1825/3 – Rhenus principem adorans hospitem. Faustam navigationem Regis Augustissimi et Potentissimi Friderici Guilelmi III, quum, universo populo acclamante, navi vaporibus acta Bonnam praeterveheretur d. XIV. Sept. MDCCCXXV. Publice pieque celebrat carmine Augustus Guilelmus a Schlegel. – Die Huldigung des Rheines an Friedrich Wilhelm III., zum Andenken an die glückliche Schiffahrt des Königs, als Se. Majestät auf einem Dampfboote unter dem Jubel des versammelten Volkes am 14. Sept. bei Bonn vorbeifuhr. Von August Wilhelm von Schlegel. Bonn: [Weber], 1825.

Schlegel 1827 – August Wilhelm Schlegel: An Herrn Professor Heeren in Göttingen. Ueber die Abtheilung von den Indern in dessen Ideen über die Politik, den Verkehr und den Handel der vornehmsten Völker der alten Welt. Erster Brief. In: Indische Bibliothek 2 (1827), S. 373–386.

Schlegel 1980 – Friedrich Schlegel: Die Epoche der Zeitschrift Concordia (6. November 1818 – Mai 1823). Mit Einleitung und Kommentar hg. von Eugène Susini. Paderborn/München/Wien: Schöningh; Zürich: Thomas, 1980 (Kritische Friedrich-Schlegel-Ausgabe, 30).

Schlegel, Sämmtliche Werke – August Wilhelm von Schlegel: Sämmtliche Werke. Hg. von Eduard Böcking. 16 Bde. Hildesheim/New York: Olms, 1971–1972 [Nachdruck des Ausgabe Leipzig: Weidmann, 1846–1848].

Schlegel-Haus – N.N.: Ein Schlegel-Haus in Bonn. In: Westdeutscher Beobachter, 30. Mai 1936.

Schloßmacher/Bodsch – Norbert Schloßmacher/Ingrid Bodsch (Hg.): Matthias Frickel (1833–1911). Bonner Stadtansichten des ausgehenden 19. Jahrhunderts. Bonn: Stadtarchiv, ²2010.

Schmidt – Ludwig Schmidt: Briefe Jacob Grimms an August Wilhelm Schlegel. In: Anzeiger für deutsches Altertum und Litteratur 29 (1904), S. 158–165.

Schmidt-Bachem – Heinz Schmidt-Bachem: Aus Papier. Eine Kultur- und Wirtschaftsgeschichte der Papier verarbeitenden Industrie in Deutschland. Berlin/New York: de Gruyter, 2011.

Schor – Laura S. Schor: The life & legacy of Baroness Betty de Rothschild. New York [u.a.]: Lang, 2006.

Schorch – Heinrich Schorch: Groß-Britannien und Ireland. Nach ihrem jetzigen Zustande, aus den besten Quellen geschöpft und bearbeitet. Mit Charten und Kupfern. Weimar: Verlag des Landes-Industrie-Comptoirs, 1810 (Neueste Länder und Völkerkunde. Ein geographisches Lesebuch für alle Stände, 7).

Schröder 1881[–1883] – Hans Schröder: Lexikon der hamburgischen Schriftsteller bis zur Gegenwart. 8 Bde. Hamburg: Verein für Hamburgische Geschichte, 1881–1883.

Schrötter – Friedrich Freiherr von Schrötter: Wörterbuch der Münzkunde. Berlin/Leipzig: de Gruyter, 1930.

Schuhkrafft 1823[–1825] – Ludwig Schuhkrafft: Allgemeines Hülfsbuch für alle Stände. 4 Thle. Reutlingen: Fleischhauer, 1823–1825.

Schulte – Klaus H. S. Schulte: Bonner Juden und ihre Nachkommen bis um 1930. Eine familien- und sozialgeschichtliche Dokumentation. Bonn: Röhrscheid, 1976 (Veröffentlichung des Stadtarchivs Bonn, 16).

Schwaben – Philipp Ernst Schwaben: Geschichte der Stadt, Festung und Abtei Siegburg. Köln: Schmitz und Schlösser, 1826.

Schwindt – Jürgen P. Schwindt: Der vergessene Schlegel. August Wilhelm von Schlegels Klassische Sanskrit-Philologie. In: Suhr☐llekha☐h☐. Festgabe für Helmut Eimer. Hg. von Michael Hahn, Jens-Uwe Hartmann und Roland

Steiner. Swisttal-Odendorf: Indica-et-Tibetica Verlag, 1996 (Indica et Tibetica, 28), S. 137–153.

SHBL – Biographisches Lexikon für Schleswig-Holstein und Lübeck [Bis Bd. 5 u. d. T.: Schleswig-Holsteinisches biographisches Lexikon]. Hg. von der Schleswig-Holsteinischen Landesbibliothek unter Mitwirkung der Gesellschaft für Schleswig-Holsteinische Geschichte und des Vereins für Lübeckische Geschichte und Altertumskunde. 13 Bde. Neumünster: Wachholtz, 1970–2011.

Sheppard – F[rancis] H[enry] W[ollaston] Sheppard [u.a.]: Survey of London. 47 Bde. London: Athlone, 1900–2008.

Spies – Britta Spies: Das Tagebuch der Caroline von Lindenfels, geb. von Flotow (1774–1850). Leben und Erleben einer oberfränkischen Adeligen am Ende der ständischen Gesellschaft. Münster: Waxmann, 2009 (Internationale Hochschulschriften, 531).

Spiller – Armin Gottlieb Spiller: Kanonikus Franz Pick. Ein Leben für die Kunst, die Vaterstadt und die Seinen. Bonn: Diss. phil., 1967.

Steinmann – Friedrich Arnold Steinmann: Briefe aus Berlin. Geschrieben im Jahr 1832. 2 Tle. Hanau: König, 1832.

Storm – Theodor Storm: Ein Doppelgänger. In: ders.: Sämtliche Werke. Bd. 3: Novellen 1881–1888. Frankfurt/Main: Deutscher Klassiker-Verlag, 1988 (Bibliothek deutscher Klassiker, 30), S. 517–579 und 999–1027.

Storm Briefwechsel – Theodor Storm – Ernst Storm. Briefwechsel. Kritische Ausgabe. Hg. von David A. Jackson. Berlin: Schmidt, 2007 (Storm-Briefwechsel, 17).

Stürmer u.a. – Michael Stürmer/Gabriele Teichmann/Wilhelm Treue: Wägen und Wagen. Sal. Oppenheim jr. & Cie. Geschichte einer Bank und einer Familie. München/Zürich: Piper, 1989.

Teuteberg/Wiegelmann – Hans Jürgen Teuteberg/Günter Wiegelmann: Nahrungsgewohnheiten in der Industrialisierung des 19. Jahrhunderts. Münster: Lit, ²2005 (Grundlagen der europäischen Ethnologie, 2).

Velten – Anton Velten: Medizinische Topographie des Kreises Bonn. Eine Beschreibung von Land und Leuten um 1825. Hg. von Dieter Körschner. Bonn: Röhrscheid, 1988 (Veröffentlichungen des Stadtarchivs Bonn, 40).

Vidal – Florence Vidal: Marie-Amélie de Bourbon-Sicile. Epouse de Louis-Philippe. Paris: Pygmalion, 2010.

Vogel – Claus Vogel: Die Anfänge des westlichen Studiums der altindischen Lexikographie. Opladen/Wiesbaden: Westdeutscher Verlag, 1999 (Nordrhein-Westfälische Akademie der Wissenschaften. Vorträge, G 360).

Voit – August von Voit: Über Fensterstöcke nebst ihren Rahmen, dann über Zimmerthüren und Thore mit ihren Beschlägen in Hinsicht einer zweckmä-

ßigen Construction und schönen Form. Augsburg/Leipzig: Jenische und Sta-
gesche Buchhandlung, 1829.

von Mering/Reischert – Friedrich Ev[erhard] von Mering/Ludwig Reischert
(Hg.): Zur Geschichte der Stadt Köln am Rhein. Von ihrer Gründung bis zur
Gegenwart, nach handschriftlichen Quellen und den besten gedruckten
Hülfsmitteln bearbeitet. 4 Bde. Köln: Dietz, 1838–1840.

Vordtriede – Achim und Bettina in ihren Briefen. Briefwechsel Achim von Arnim und Bettina Brentano. Hg. von Werner Vordtriede. Mit einer Einfüh-
rung von Rudolf Alexander Schröder. 2 Bde. Frankfurt/Main: Suhrkamp,
1961.

Wagner – Volker Wagner: Die Dorotheenstadt im 19. Jahrhundert. Vom vor-
städtischen Wohnviertel barocker Prägung zu einem Teil der modernen Berliner City. Berlin/New York: de Gruyter, 1998 (Veröffentlichungen der Historischen Kommission zu Berlin, 94).

Walzel – Friedrich Schlegels Briefe an seinen Bruder August Wilhelm. Hg. von
Oskar F. Walzel. Berlin: Speyer & Peters, 1890.

Wappenschmidt – Friederike Wappenschmidt: Chinesische Tapeten für Europa.
Vom Rollbild zur Bildtapete. Berlin: Deutscher Verlag für Kunstwissenschaft, 1989.

Weffer – Herbert Weffer: Adressbuch der Stadt Bonn 1814 bis 1822 und viel
mehr. Mit den Vororten Dottendorf, Dransdorf, Endenich, Graurheindorf,
Kessenich, Poppelsdorf. Bonn: Stadtarchiv, 2007.

Weigand – Friedrich Karl Ludwig Weigand: Deutsches Wörterbuch. 2 Bde.
Gießen: Ricker, ³1860.

Weihe – N. N.: Erste Weihe der Universität. In: Jahrbuch der Preußischen
Rhein-Universität 1819/1821, S. 37–39.

Wenig – Otto Wenig (Hg.): 150 Jahre Rheinische Friedrich-Wilhelms-
Universität zu Bonn 1818–1968. Verzeichnis der Professoren und Dozenzen
der Rheinischen Friedrich-Wilhelms-Universität zu Bonn 1818–1968. Bonn:
Bouvier und Röhrscheid, 1968.

Werquet – Jan Werquet: Historismus und Repräsentation. Die Baupolitik Wilhelms IV. in der preußischen Rheinprovinz. Berlin/München: Deutscher
Kunstverlag, 2010 (Kunstwissenschaftliche Studien, 160).

Westhoff-Krummacher – Hildegard Westhoff-Krummacher: Johann Christoph
Rincklake. Ein westfälischer Bildnismaler um 1800. Hg. im Auftrag des
Landschaftsverbands Westfalen-Lippe vom Westfälischen Landesmuseum
für Kunst und Kulturgeschichte Münster. München/Berlin: Deutscher
Kunstverlag, 1984.

Weyden – Ernst Weyden: Das Siegthal. Ein Führer von der Mündung bis zur
Quelle des Flusses und durch seine Seitenthäler. Zugleich Handbuch für Reisende auf der Deutz-Siegener Eisenbahn. Topographisch-historische Skizzen

nebst statistischen und naturgeschichtlichen Andeutungen. Leipzig : Le-simple, 1865.

Wilcke – Gero von Wilcke: August Wilhelm Schlegel, der Romantiker. In: Archiv für Sippenforschung mit Praktischer Forschungshilfe 41–42 (1975–1976), S. 100–115.

Wild – Karl Wild: Karl Theodor Welcker, ein Vorkämpfer des älteren Liberalismus. Heidelberg: Winter, 1913.

Windisch – Ernst Windisch: Geschichte der Sanskrit-Philologie und indischen Altertumskunde. 2 Teile. Straßburg: Trübner, 1917–1920 (Grundriss der indo-arischen Philologie und Altertumskunde, 1,1,B).

Witmeur – Claire Witmeur: Ximénès Doudan. Sa vie et son œuvre. Paris: Droz, 1934 (Bibliothèque de la Faculté de Philosophie et Lettres de l'Université de Liége, 60).

Zedler – Johann Heinrich Zedler (Hg.): Grosses vollständiges Universal Lexicon aller Wissenschafften und Künste, Welche bishero durch menschlichen Verstand und Witz erfunden und verbessert worden [...]. 64 Bde. und 3. Suppl.-Bde. Halle/Leipzig: Zedler, 1732–1754.

REGISTER

REGISTER

Das Register verzeichnet die Namen historischer Personen und biblischer bzw. mythologischer Gestalten aus den Briefen und den Erläuterungen. Auf die Aufnahme der Namen August Wilhelm von Schlegel und Maria Löbel wurde verzichtet. Unberücksichtigt blieben darüber hinaus auch die Namen von Verfassern wissenschaftlicher Literatur. Bei der Einrichtung des Registers wurde mit Blick auf das vermutete Benutzerinteresse flexibel verfahren. So wurden gelegentlich auch Antonomasien und Umschreibungen in das Register aufgenommen. Personen, die weder im dokumentarischen noch im argumentativen Kontext eine Rolle spielen, wurden dagegen zumeist übergangen. Mit einem Asterisk versehene Seitenzahlen beziehen sich auf die Einleitung bzw. die Erläuterungen.

INHALT

Bei doppelten Seitenangaben beziehen sich die ersten Zahlen jeweils auf die Briefe, die zweiten auf die Erläuterungen.

• TAFELTEIL •

Maria Löbel in literarischen Zeugnissen aus dem Schlegel-Kreis

DIE HERAUSGEBER

RALF GEORG CZAPLA studierte Germanistik, Latinistik und Komparatistik an der Universität
Bonn und wurde dort mit einer Dissertation über Mythenrezeption bei Arno Schmidt promoviert.
Er habilitierte sich an der Universität Heidelberg mit einer Untersuchung zum Bibelepos in der
Frühen Neuzeit. Derzeit lehrt er an der Ruperto Carola als Professor für Neuere deutsche und
vergleichende Literaturwissenschaft.

FRANCA VICTORIA SCHANKWEILER studierte Germanistik, Politikwissenschaften sowie Mittlere
und Neuere Geschichte an der Universität Heidelberg. Derzeit arbeitet sie im Rahmen ihrer
Dissertation den Briefwechsel von Goethes Schwager, dem Frankfurter Syndikus Johann Georg
Schlosser, auf.

TITELBILD
August Wilhelm von Schlegel. Gemälde von Adolf Hohneck.
Um 1830 (UArch Bonn, o. S.)

1. Auflage 2012
© Bernstein-Verlag, Gebr. Remmel (Bonn) | www.bernstein-verlag.de

Druck + Bindung: Clausen & Bosse, Leck

PRINTED IN GERMANY

Bibliografische Information der Deutschen Nationalbibliothek

Die Deutsche Nationalbibliothek verzeichnet die Publikation
in der Deutschen Nationalbibliografie; detaillierte bibliographische Daten
sind im Internet über http://dnb-d-nb.de abrufbar.

ISBN 978-3-939431-77-0